本书得到中国敦煌石窟保护研究基金会的资助

新时代敦煌学研究丛书
荣新江 主编

从长安到高昌

敦煌吐鲁番文献所见信息传播与唐代地方社会

From Chang'an to Gaochang
Information Dissemination and Local Society in the Tang Dynasty
as Revealed by Dunhuang and Turfan Manuscripts

赵 洋 著

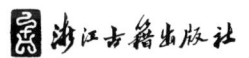

浙江古籍出版社

图书在版编目（CIP）数据

从长安到高昌：敦煌吐鲁番文献所见信息传播与唐代地方社会 / 赵洋著. -- 杭州：浙江古籍出版社，2025. 8. --（新时代敦煌学研究丛书 / 荣新江主编）. ISBN 978-7-5540-3275-6

Ⅰ. K870.64；K294

中国国家版本馆CIP数据核字第2025T1N796号

新时代敦煌学研究丛书　荣新江主编

从长安到高昌：敦煌吐鲁番文献所见信息传播与唐代地方社会

赵　洋　著

出版发行	浙江古籍出版社
	（杭州市环城北路177号　邮编：310006）
网　　址	https://zjgj.zjcbcm.com
责任编辑	林若子
文字编辑	吉宁韵
责任校对	吴颖胤
封面设计	时代艺术
责任印务	楼浩凯
照　　排	大千时代（杭州）文化传媒有限公司
印　　刷	浙江海虹彩色印务有限公司
开　　本	710mm×1000mm　1/16
印　　张	24
字　　数	430千字
版　　次	2025年8月第1版
印　　次	2025年8月第1次印刷
书　　号	ISBN 978-7-5540-3275-6
定　　价	138.00元

如发现印装质量问题，影响阅读，请与市场营销部联系调换。

"新时代敦煌学研究丛书"编纂委员会

（按姓氏音序排列）

主　　　编：荣新江

编　　　委：郝春文　刘安志　刘进宝　刘　屹
　　　　　　游自勇　于志勇　张小艳　张涌泉
　　　　　　张元林　赵声良　郑炳林

编委会助理：冯　婧　沈晓萍

编 纂 单 位：中国敦煌吐鲁番学会

总　序

如果把 1900 年敦煌藏经洞的发现作为敦煌学研究的起点，敦煌学已经走过了 120 多年的历程。郝春文教授等所著《当代中国敦煌学研究》把中国的敦煌学研究分成 1909—1949 年、1949—1978 年、1978—2000 年、2000—2019 年四个阶段。我们在此基础上，把 2020 年作为"新时代敦煌学研究"的开始。

为了展现新时代敦煌学的研究成果，我们计划编纂"新时代敦煌学研究丛书"。这套丛书由中国敦煌吐鲁番学会主持编纂，会长担任主编，以学会副会长及学术带头人组成编委会，负责质量把关。丛书由浙江古籍出版社出版，由敦煌学出版中心具体运作。大致每 5 本一辑，持续推出。

这套丛书主要收录新的学术研究论著，以成系统的专著和论集为主。内容上以敦煌学研究为主，兼收吐鲁番、于阗、龟兹以及石窟寺等方面的研究著作，是一套开放的敦煌学研究丛书。

我们希望集合老中青学者的力量，形成学术"合力"，推进敦煌学研究进步，展现新时代敦煌学的研究实力。希望本丛书吸纳近年来敦煌学者的最新研究成果，成为当今敦煌学研究最高水准的代表，共同构筑新时代敦煌学的雄伟大厦。

浙江与敦煌，一在东之南，一在西之北，相距六千余里，却有着深厚的学术渊源与文化联系。1900 年后，浙江与敦煌学就紧密联系在一起，浙江籍里研究敦煌文献的，稍早一点有叶昌炽、罗振玉、王国维等。此后代有其人，敦煌研究院两任院长常书鸿、樊锦诗均为杭州人。浙江出版联合集团多年来也是敦煌学著作的出版阵地，早年姜亮夫先生的《瀛涯敦煌韵书卷子考释》等，近期赵声良主编的《藏经洞敦煌艺术精品》，都是由浙江古籍出版社出版，获得不少好评。

当下，敦煌学界和出版界都在为敦煌学的发展而努力，浙江出版联合集团支持浙江古籍出版社成立"敦煌学出版中心"，为"新时代敦煌学研究丛书"的实施提供了大力的支持，相信未来会有更多更优秀的敦煌学相关著作由此产生。

丛书编委会
2025 年 5 月 11 日

序

赵洋从本科三年级开始随我问学,我是他的硕士、博士导师,师生情谊已历十五载。记得我博士毕业之时,郝师春文先生曾叮嘱,博士论文最好在五年之内修订出版。当时未能领悟深意,加上大部分精力转向敦煌吐鲁番文献的整理与研究,我的博士论文的修改和出版遂迁延至今,成为一块心病。2019 年夏,赵洋博士毕业之时,为免重蹈覆辙,我也很郑重地将郝师的叮嘱转赠于他。之后几年,每每见他我都要提醒此事。2024 年夏,在五年"期限"将满之际,赵洋把修改后的博士论文送交出版社,我的心才为之一宽。

敦煌吐鲁番文献对于中古历史研究的重要意义,已无须赘言。经过一百多年的学术积淀,随着大部分资料的公布以及研究选题的精细化,在敦煌学、吐鲁番学领域进行相对宏观的综合性探讨就变得尤其重要。学界同仁在这方面的思考和探索很多样,有的立足文献本位,有的强调学科定位,有的推崇地域史,路径不一。我的体会是,历史上敦煌、吐鲁番首先是一个"区域",被不同政权所统治,唐王朝的印记最重,影响也最大,中原王朝的各项制度在这里是切实推行了的。因此,敦煌、吐鲁番的区域意义不能仅仅从传统的地域社会层面来认识,它反映的是整个国家的运行体制。换言之,我们从"区域"背后要观照的其实是王朝国家。其次,敦煌、吐鲁番有其区域特色,这一点也是不争的事实。丝路沿线族群的流动、中外贸易的往来、宗教文化的传播等,对敦煌、吐鲁番的影响要远远大于内地,这也形塑了该区域多族群、多元文化交融互生的独特场域。因此,抓住敦煌、吐鲁番的区域特色,找出其历史进程的主线,以此串起一个个历史场景,构建出独特的中古时代西北区域社会史,这是我十年前就提出的设想。

因个人的机缘,我和现在被称为"华南学派"的诸位学者交往密切,上述设想深受区域社会史(历史人类学)的启发。我在课上以及平时的聊天中,也经常推介历史人类学的著作给学生，赵洋无疑是最早受到影响的。赵洋博士论文选题的另一个契机是，邓小南教授当时正着力推动"活的制度史"的构想，"信息沟通"是其研究体系中的重要主题。我协助郝师编著《英藏敦煌社会历史文献释录》时，注意到大英图书馆收藏的 S.2589 号文书中有关于"黄巢之死"的记载，是很好的研究信息传播的素材，遂让赵洋从信息传播的角度作一下讨论。他很快就写出文章，这让我意识到，可以从这个视角来统合敦煌、吐鲁番的材料，探讨央地关系、区域社会等话题。从这个意义上说，赵洋的博士论文是一篇命题作文。在随后的日子里，他联缀了诸多个案，对每个个案都进行了细致的考订与分析，分别从地方政务的日常运作、官方意识形态的地方接受、国家礼俗在地方的推行、宗教文本在地方的流传四个方面，具体而微地展现了唐朝国家制度与文化在地方的实践和运行过程，探讨了信息传播过程中国家制度与实际行用文本之间的交错与张力，以及这种张力背后所展现的国家与地方社会之间的互动关系，从区域社会史的视角，具体而生动地呈现了唐帝国的一个"地方图景"。

赵洋的博士论文虽然视角新颖，考订翔实，但对主线的提炼还不够深刻，个案之间的逻辑关系也不够明晰。五年来，赵洋在这方面显然下了很大的功夫来弥补。与博士论文相比，本书在内容上作了较大扩充，不仅增加了他入职中国社会科学院古代史研究所后新撰写的篇章，更在思考深度上有了很大推进。第一，本书旗帜鲜明地提出区域社会史的研究取径。这一取径在明清史的研究中已经十分成熟，中古史领域受到资料限制，只有长安、敦煌、吐鲁番等少数区域可以运用，但往往陷入"地方史"的叙事逻辑。本书避免了这一误区，当赵洋展现敦煌、吐鲁番本地制度运作的时候，其实让我们看到的是与长安相同的律动。如他自己所说，地方社会的底色下是国家的身影。这里除了历史人类学的理论和方法外，我们还能捕捉到葛兆光先生"从周边看中国"的影子。第二，本书突出了人的能动性。近十多年来，历史研究中"不见人"的现象受到愈来愈多的批评，个体生命史的视角渐成潮流。古代社会，信息传播既靠一套制度来维持，也与人的活动密不可分。文书行政、礼制变化、知识生衍、信仰流布，背后都承载了一个个鲜活的生命，展现他们的生活日常。这里，我们又能看到侯旭东教授"日常统治史"的光影。正因为有了以上两个维度的深入思考和借鉴，本书的章节设计紧紧抓住"信息传播"这条主线，个案与主线的逻辑关系更加清晰，形成了一个严密的整体，较博士论文有了很大提升。

赵洋个性内敛，敏而好学，踏实稳重，视功名利禄为浮云，很享受现在的生活，这在浮躁的当下尤为难得。他在社科院承担了大量的杂事，又帮我分担了中国敦煌吐鲁番学会秘书处的不少工作，不管是为人处事还是科研工作，都日益成熟，已然能独当一面。看到他的博士论文即将付梓，我由衷地为他感到高兴，也相信他在今后的学术道路上能越走越宽。

是为序！

游自勇

2025 年 7 月 4 日于壶兰轩

目 录

总　序　i
序（游自勇）　iii

引　言　制度与文本之间　001
第一章　日常与不常——信息传递视角下的文书行政　010
　　第一节　唐代的事目类文书：文书事目与文书行政　011
　　第二节　唐代的过所与公验：文书信息与人口流动　029
　　第三节　唐代的奏报与信息：文书传递与奏报难通　048
　　附　录　中国国家博物馆藏"唐人真迹"中三件转运坊文书考释　062
第二章　通祀与狂欢——制度同步视角下的长安与地方　075
　　第一节　唐代释奠礼所见长安与地方：故事与礼仪　076
　　第二节　唐代七夕所见长安与地方：乞巧与狂欢　092
第三章　景观与形象——知识传播视角下的历史书写　111
　　第一节　开远门景观的知识传播：正史记录与笔记小说　112
　　第二节　政治碑刻景观的知识传播：政治丰碑与敦煌习字　128
　　第三节　中古孝子形象的知识传播：正史史传与敦煌写本　140
　　附　录　英藏敦煌禅籍文献的定名与缀合研究——以 S.6980 号以后的残片为中心　155
第四章　增删与流布——文本传抄视角下的宗教信仰　179
　　第一节　《法苑珠林》佛经引典的来源：借鉴与私心　180

第二节　吐鲁番《玄应音义》的传抄：版本与增删　194

　　第三节　开元道藏与西州道经的传抄：流布与遗存　210

　　附　录　柏孜克里克石窟出土吐鲁番文献拾遗　266

结　语　从长安到高昌：信息传播与唐代地方社会　281

附录一　书评：郑雅如《亲恩难报：唐代士人的孝道实践及其体制化》　290

附录二　丝路研究的继承与探索——《丝绸之路新探索：考古、文献与学术史》评介　299

附录三　吐鲁番文献整理与研究的阶段性成果——《吐鲁番出土文献散录》评介　310

附录四　串起吐鲁番学的学术史——荣新江《吐鲁番的典籍与文书》评介　317

参考文献　329

图版目录　361

表格目录　363

后　记　364

Contents

General Preface *i*

Preface (You Ziyong) *iii*

Introduction: Between Institutions and Texts *001*

Chapter 1 Daily and Non-Daily: Documentary Administration through the Lens of Information Dissemination *010*

    1.1 Registries of Documents in the Tang Dynasty: Documentary Registries and Documentary Administration *011*

    1.2 Travel Passes and Official Certificates in the Tang Dynasty: Documentary Information and Population Mobility *029*

    1.3 Memorials and Information in the Tang Dynasty: Document Courier System and Administrative Difficulties *048*

    Appendix: A Critical Analysis of Three Transport Office Documents at the National Museum of China *062*

Chapter 2 State Sacrificial Rites and Communal Festive Carnivals: Chang'an and Localities through the Lens of Ritual Synchronization in the Tang Dynasty *075*

    2.1 Chang'an and Localities as Revealed by the *Shidian* Ritual in the Tang Dynasty: Institutional Narratives and Ritual Protocols *076*

2.2 Chang'an and Localities as Revealed by *qixi* Festival in the Tang Dynasty: Craftsmanship Beseeching and Festive Carnivals *092*

Chapter 3 Cultural Landscapes and Imagery: Historical Writing through the Lens of Knowledge Dissemination *111*

3.1 Knowledge Dissemination of Kaiyuan Gate's Cultural Landscape: Official Historiography and Literary Narratives *112*

3.2 Knowledge Dissemination through Political Stele Landscapes: Political Monuments and Dunhuang Writing Exercises *128*

3.3 Knowledge Dissemination of Filial Exemplars in Medieval China: From Biographies in Official Histories to Dunhuang Manuscripts *140*

Appendix: Naming and Joining Fragments of Dunhuang Chan Buddhist Texts in the Stein Collection from the British Library: Focusing on Fragments after S.6980 *155*

Chapter 4 Emendation and Dissemination: The Religious Beliefs through the Lens of Textual Dissemination *179*

4.1 Sources of Buddhist Citations in the *Fayuan Zhulin*: Borrowing and Self-interest *180*

4.2 Dissemination of the *Xuanying Yinyi* from Turfan: Versions and Emendations *194*

4.3 Transmission of the Kaiyuan Daoist Canon and Daoist Scriptures in Xizhou: Dissemination and Legacies *210*

Appendix: Addenda to the Turfan Manuscripts Excavated from the Bezeklik Grottoes *266*

Epilogue: From Chang'an to Gaochang: Information Dissemination and Local Society in the Tang Dynasty *281*

Appendix I: Review of Zheng Yaru's *Can Never Repay Your Parents' Kindness: The Literati's Practice of Filial Piety and Its Institutionalization in Tang Dynasty* 290

Appendix II: Legacy and Innovations in Silk Road Studies: A Critical Review of *New Exploration on the Silk Road: Archaeology, Texts and the Academic History* 299

Appendix III: A Milestone Achievement in Turfan Manuscripts Studies: A Critical Review of *Manuscript Remains of Chinese Texts Found in Turfan* 310

Appendix IV: Threading the Historiography of Turfanology: A Critical Review of Rong Xinjiang's *Literary Texts and Documents from Turfan* 317

Bibliography *329*

List of Figures *361*

List of Tables *363*

Postscript *364*

引　言　制度与文本之间

一、问题意识：走出制度的遮掩

　　制度，原指规矩、法度，现在通常被认为是国家制定的管理框架和社会结构[①]。制度的研究是史学研究的基础，也是我们理解一个国家结构框架的基础。传统唐代制度史研究，大多聚焦于制度的梳理与描述[②]，如中村裕一先生的《唐代制敕研究》《唐代官文书研究》和《唐代公文书研究》三大本论著，是这方面研究的集大成之作[③]。相较于此类传统制度史研究，当代唐宋史学者更提倡所谓动态的或活的制度史研究，关注制度在实际运作中的过程及其变迁，以突破传统制度史研究的藩篱。相关代表性研究，如刘后滨先生以公文形态之变迁为切入点，讨论了唐代中书门下体制下的政务运行变迁，勾勒出唐代政治体制的演进[④]，"让我们看到了一个中古国家怎样处理事务的动态过程"[⑤]。邓小南先生则是从宋史研究出发，更加重视制度史的"问题意识""过程"与"关系"，极力推动文书传递与信息沟通的研究[⑥]，并提出"研究

[①] 参张立进《政治学视阈的制度文明研究》，北京：群言出版社，2015年，第8—47页；侯旭东《什么是日常统治史》，北京：生活·读书·新知三联书店，2020年，第178—210页。
[②] 参胡戟等编《二十世纪唐研究》，北京：中国社会科学出版社，2002年，第86—215页。其中涉及"帝制与官制""兵制""法制""礼制"与"教育"。
[③] 中村裕一《唐代制敕研究》，东京：汲古书院，1991年；《唐代官文书研究》，京都：中文出版社，1991年；《唐代公文书研究》，东京：汲古书院，1996年。
[④] 刘后滨《唐代中书门下体制研究：公文形态·政务运行与制度变迁》，济南：齐鲁书社，2004年。
[⑤] 游自勇《动态的政治制度史——评刘后滨〈唐代中书门下体制研究〉》，《唐研究》第13卷，北京：北京大学出版社，2007年，第583—594页。
[⑥] 邓小南《走向"活"的制度史——以宋代官僚政治制度史研究为例的点滴思考》，包伟民主编《宋代制度史研究百年：1900—2000》，北京：商务印书馆，2004年，第10—19页；邓小南《祖宗之法：北宋前期政治述略》，北京：生活·读书·新知三联书店，2006年（2014年又有修订版）；邓小南主编《政绩考察与信息渠道：以宋代为重心》，北京：北京大学出版社，2008年；邓小南、曹家齐、平田茂树主编《文书·政令·信息沟通：以唐宋时期为主》，北京：北京大学出版社，2012年。

者的关注对象从事件原委、个人行为、制度规定本身延伸开来,进而关注其背后的社会关系和制度互动,关注其文化意义"[①]。侯旭东先生还由此提出"这一取向更可以和'事'的研究相结合,制度不过是例行化的事务,而事务由人来完成,这样,人、事务与制度便衔接在一起"[②]。可见,关于制度史研究的视角转变与取径拓展,自秦汉至唐宋史研究的相关学者正在慢慢形成一定共识。

鉴于研究视角的转向,我们不应再仅局限于某一特定点,而需将关注视角从点到线,再从线到面,从而实现研究方法的深化以及研究对象的扩展,以更加精细且全面的方式揭示当时社会的多元面相。针对制度史研究中"动态化""长时段"和"人事结合"的取向转变,我们有必要推进更深入的探讨,以促使我们"走出制度的遮掩",全面认识人在历史发展中的能动作用。亦即,我们应当站在国家制度的框架之外,去探究人的历史活动,从而发现历史发展演进的线索,以揭示历史的底色,在普遍性的制度条文规定之外,发现历史变迁的特殊性。对国家制度的构建、安排与实际运作的研究,也不该仅停留于政典的文本记载,而要与政治史、社会史、文化史等产生更为紧密的关联与互动。如陆扬《清流文化与唐帝国》取径心态史、文化史与制度史,来探求唐后期至五代的政治文化。他对特殊历史人物(如冯道)或人群(清流)在制度的框架内如何自洽地规划政治道路的分析,耐人寻味[③]。郑雅如《亲恩难报:唐代士人的孝道实践及其体制化》则以新史学的视角,集中关注唐代士人群体在面对唐代科举、选官和任官等制度时,处理孝道实践的心态与行为[④]。这类对于政治人物或人群心态与行为的集中探究,均与传统制度史、政治史研究有所区别。

需要先明确的是,"走出制度的遮掩"并非主张全然忽略国家制度在历史变迁与社会结构中所发挥的作用。事实上,作为国家运行的基本指导原则,国家制度是整个国家和社会共同享有的基础资源,也是构成社会结构与历史变迁的基础框架,更是各色人群日用而不自知的行动指南。然而,这种"日用而不自知"易于陷入"制度的遮掩",从而导致诸多历史细节被我们忽视。因此,所谓"走出制度的遮掩",实质上是要求重新发现历史中人的存在,并关注人在历史的行动中所创造和运用的"日用而不自知"的历史细节。如侯旭东先生对于日常统治史的讨论就极具启发

---

① 邓小南、曹家齐、平田茂树主编《文书·政令·信息沟通:以唐宋时期为主》,序言第 3 页。
② 侯旭东《什么是日常统治史》,第 211 页。
③ 陆扬《清流文化与唐帝国》,北京:北京大学出版社,2016 年。
④ 郑雅如《亲恩难报:唐代士人的孝道实践及其体制化》,台北:台湾大学出版中心,2014 年。另可参笔者书评,《唐研究》第 20 卷,北京:北京大学出版社,2014 年,第 531—539 页,收入本书附录。

性[①]。况且，国家制度作为历史中人活动的重要产物，必然是探究历史变迁和社会结构的核心对象。只是在研究视角上，我们应将自己置身于制度框架之外，运用显微镜般的细致去整体把握制度运行过程中历史的细节与张力。

作为国家运作的基底，国家制度归根结底是人为了治理国家而制定的基本规范。即如孔颖达所云："王者以制度为节，使用之有道，役之有时，则不伤财，不害民也。"[②] 圣人或君王效法天道以作制度。然而，尽管"天道有常"，但天道的实际运转还兼具因时而变、因地而改、因人而异的特点，制度亦不外如此。在历史变迁的过程中，受到物是人非、地域环境转变以及文化差异冲突等多方面因素的影响，国家制度所建构起来的基本框架势必会随之不断丰富、膨胀。在这一持续扩张和变形的过程中，优秀（符合天道）的国家制度可以架构起稳固的国家治理框架，而欠佳（违背天道）的国家制度则注定导致治理框架的失衡。我们无法确保优秀的国家制度始终得以确立。实际上，制度虽仿效天道，但终究并非天道本身。在实际运作过程中，制度朝向良莠不齐或不符合时代需求的方向倾斜，可能才是历史发展的主流。当框架膨胀至临界点，历史将迎来新一轮王朝更迭，国家制度随之崩溃并重建，社会结构亦随之解体且重塑，从而步入新的历史周期。这大概也是制度活起来的关键原因之一。总之，在天道运转与制度发展变迁的过程中，人无疑是最重要的主导力量，也是社会结构变革的核心要素。正如刘志伟所说，要以人的行为作为历史解释的逻辑出发点，从而"在人的行为层面上解释制度怎么运作，以及它怎样去形塑一个社会的结构"[③]。

因此，所谓"走出制度的遮掩"，旨在要求我们不仅仅满足于解决"是什么"的问题，更需要深入反思"为什么"的历史细节。具体而言，制度的具体形态与实际运作状况固然至关重要，但在此基础上，还需以超越制度本身的高维度视角，去探究制度之所以形成如此形态的具体原因，以及制度实际运作过程中的具体影响因素，如故事、政治、文化和宗教等，进而分析国家潜移默化影响地方社会的形塑方式，以及人在制度运作过程中所扮演的角色，从而把握历史变迁的内在逻辑。

[①] 参侯旭东《什么是日常统治史》，第18—34页。
[②] 孔颖达《周易正义》卷六"节"，阮元校刻《十三经注疏》，北京：中华书局，2009年影印本，第145页。
[③] 刘志伟、孙歌《在历史中寻找中国：关于区域史研究认识论的对话》，香港：大家良友书局，2014年；此据简体版，上海：东方出版中心，2016年，第58页。

二、研究取径：文本的区域社会史

基于以上关于"走出制度的遮掩"的思考，本书选取敦煌吐鲁番文献为主要研究对象，借鉴区域社会史的研究范式，立足地方社会来呈现唐代信息传播的不同面相，在地方中发现国家，并以此勾勒唐代地方社会。

所谓区域社会史，发端于区域社会经济史研究，与历史人类学的关系十分密切。该研究取径主要以近代田野调查的方法来探究明清以来的历史，较为注重个案的研究，并将区域视为一个研究单位，强调从区域人群活动与相互关系中把握社会，重建地方社会对自身身份的历史认同，在地方中发现国家，着重关注国家与社会的关系。

通过对20世纪80年代以来中国社会史研究的梳理，赵世瑜先生认为社会史是区别于传统政治史研究范式的史学新范式，区域社会史伴随着社会史的复兴而兴起，利用了国外人文科学的理论方法，注重"自下而上"地看历史，关心的是国家与社会的关系[1]。作为一种新兴的史学研究范式，区域社会史广泛利用了经济学、社会学、人类学、民族学等多学科的理论方法，主要关注区域的整体社会史以及区域社会与国家的互动过程[2]。

前揭刘志伟先生《在历史中寻找中国》提到，历史人类学的研究要"以'人'为历史的主体，以人的行为作为历史解释的逻辑出发点"，从而在特殊的区域研究中寻找中国[3]。该观点实则亦适用于区域社会史的研究范畴。区域社会史研究将"结构过程"视为其历史研究的核心概念。作为历史主体之"人"，在一定程度上影响着社会的变迁与发展。只有理解人的行为逻辑，方能更好地解释特定时段特定区域社会的"结构过程"。正如赵世瑜先生所言："研究者所要做的，就是认识特定区

---

[1] 赵世瑜、邓庆平《二十世纪中国社会史研究的回顾与思考》，《历史研究》2001年第6期，第167—171页；后收入赵世瑜《小历史与大历史：区域社会史的理念、方法与实践》，北京：生活·读书·新知三联书店，2006年，第25—33页。关于近四十年的社会史研究，还可参常建华《改革开放40年以来的中国社会史研究》，《中国史研究动态》2018年第2期，第5—15页。

[2] 区域社会史的重要论著可参王笛《跨出封闭的世界：长江上游区域社会研究（1644—1911）》，北京：中华书局，1993年；刘志伟《在国家与社会之间：明清广东里甲赋役制度研究》，广州：中山大学出版社，1997年；科大卫、刘志伟《宗族与地方社会的国家认同——明清华南地区宗族发展的意识形态基础》，《历史研究》2000年第3期，第3—14页；赵世瑜《狂欢与日常：明清以来的庙会与民间社会》，北京：生活·读书·新知三联书店，2002年；赵世瑜《小历史与大历史：区域社会史的理念、方法与实践》，北京：生活·读书·新知三联书店，2006年；赵世瑜《在空间中理解时间：从区域社会史到历史人类学》，北京：北京大学出版社，2017年。

[3] 刘志伟、孙歌《在历史中寻找中国：关于区域史研究认识论的对话》，第15页。

域内的个人或者人群怎样通过其有目的的活动,去织造出关系和意义的网络,也即制造出一个'结构',其后,这个结构又影响着他们的后续行动。这个行动—结构—行动的延续不断过程,就是历史。"[1]

葛兆光先生也曾提出要从"周边"来探寻"何为中国"[2]。这里的"周边"主要指受中华文明深刻影响的周边国家,但我们仍可以将其视为一个特定的区域社会。在这个区域社会内,人依然属于历史的主体,具有文化、社会和国家身份认同。国家仍然或多或少地影响着地方社会各类人群的行为活动,塑造他们对于当地社会关系构建的认知。这种互动过程也是特定时段特定区域社会的"结构过程",在不断循环往复的历史过程中,共同塑造了现今所见到的历史图景。

回到敦煌吐鲁番文献,自王道士发现敦煌藏经洞伊始,历经百年探索,研究队伍不断壮大,视角逐渐拓宽,文本背后的文化内涵也日益得到重视。在此过程中,一套行之有效的研究方法与规范逐渐形成,对传世文献的校勘及唐史研究的纠补发挥了重要作用[3]。近年来,敦煌写本学与中国古文书学的倡导与建立,进一步推动了敦煌学研究的体系化与学科化[4]。随着分藏世界各地的敦煌吐鲁番文献几近刊布完毕,有必要从更长时段和更宽视角出发,对其进行文本整合与精细分析,实现从文

---

[1] 赵世瑜《在空间中理解时间:从区域社会史到历史人类学》,第6页。
[2] 葛兆光《何为"中国":疆域、民族、文化与历史》,香港:牛津大学出版社,2014年。
[3] 关于敦煌吐鲁番文献的浩繁研究,前辈学者已有多篇综述性论文进行评述,此不再赘述。参郝春文《敦煌文献与历史研究的回顾和展望》,《历史研究》1998年第1期,第112—127页;荣新江《敦煌文献历史研究的回顾与展望》,原载《敦煌研究》纪念敦煌研究院成立五十周年特刊,1995年,此据氏集《鸣沙集:敦煌学学术史和方法论的探讨》,台北:新文丰出版公司,1999年,第227—233页;赵和平《敦煌学的世纪回顾与展望》,《北京理工大学学报(社会科学版)》2000年第2期,第13—16页;孟宪实、荣新江《吐鲁番学研究:回顾与展望》,《西域研究》2007年第4期,第51—62页;程喜霖、赵和平、関尾史郎、李锦绣、马德《敦煌学百年:历史、现状与发展趋势》,《新疆师范大学学报(哲学社会科学版)》2009年第2期,第96—112页;郝春文、宋雪春、武绍卫《当代中国敦煌学研究:1949—2019》,北京:中国社会科学出版社,2020年。
[4] 关于敦煌写本学,诸家说法不一,如林聪明先生提出"敦煌文书学"的概念(林聪明《敦煌文书学》,台北:新文丰出版公司,1991年),荣新江先生明确提出"敦煌写本学"的概念(荣新江《敦煌学十八讲》,北京:北京大学出版社,2001年,第340—352页),张涌泉先生则提出"敦煌写本文献学"的概念(张涌泉《敦煌写本文献学》,兰州:甘肃教育出版社,2013年)。这些说法虽各不相同,但研究对象基本重合,也都各有依据。另可参郝春文《敦煌写本学与中国古代写本学》,《中国高校社会科学》2015年第2期,第67—74页。关于中国古文书学,主要由中国社会科学院黄正建先生提出并建立,相关研究及思考可参黄正建《中国古文书学的历史与现状》,《史学理论研究》2015年第3期,第135—139页;黄正建《敦煌文书与中国古文书学》,《隋唐辽宋金元史论丛》第7辑,上海:上海古籍出版社,2017年,第55—62页;黄正建《关于"中国古文书学"的若干思考》,《中国史研究动态》2018年第2期,第46—50页。

献学研究向历史学研究的重要转变[1]。利用这批承载着历史中"人"的行动印记的出土文献，我们可以深刻挖掘文本传抄背后所蕴含的制度运作、社会知识、文学文化和文本运营等多方面信息。

利用区域社会史的研究范式，依托百年来敦煌吐鲁番学的丰厚学术积淀，立足地方社会内"人"的主体立场，开展敦煌吐鲁番文献的文本区域社会史研究具备一定可行性。正所谓"地不爱宝"，敦煌吐鲁番文献作为唐代西北"周边"地区各类人群行为活动的遗存文本，天然地承载着历史的痕迹与区域社会内"人"的行为印记。同时，作为一个相对独立且完整的地方社会，唐代的敦煌吐鲁番地区，也是展现地方社会与国家互动关系的场域，敦煌吐鲁番文献则是我们了解唐代敦煌吐鲁番地区的最佳"田野资料"。这些文献既是当时国家制度的写照，更是当时各种社会人事的投影。因此，敦煌吐鲁番文献是"人、制度与社会"相互交织、互为印证的重要载体。针对这些文本展开区域社会史的相关研究，通过诸多具有代表性的案例，从不同方面揭示地方社会的不同面相，对于深化认识与理解唐代地方社会与国家历史的变迁具有重要意义。实际上，余欣先生对于敦煌民生宗教社会史的建构[2]，以及陈于柱先生在区域社会史视野下对于敦煌禄命书的讨论[3]，都或多或少借鉴了区域社会史的相关理路，利用具有浓郁地域色彩的民间信仰材料，重新审视和解读了唐代敦煌的地方社会。

三、研究对象：信息传播视野下的制度与文本

信息传播视野下的制度与文本为本书的研究对象。具体而言，通过区域社会史"自下而上"的研究范式，本书意欲走出制度的遮掩，深入剖析敦煌吐鲁番文献中与"人"相关的一系列个人与不同社会群体之间的信息传播行为，从而揭示其背后的国家制度与文本之间的张力和互动关系，进而探讨在敦煌吐鲁番这一特殊的"周边"区域内，社会与国家之间的互动关系。

---

[1] 荣新江先生一直呼吁敦煌学的研究要从文献到历史，参荣新江《学理与学谊：荣新江序跋集》，北京：中华书局，2018年，第39—41页；原载余欣《神道人心：唐宋之际敦煌民生宗教社会史研究》，北京：中华书局，2006年，序第1—2页。
[2] 余欣《神道人心：唐宋之际敦煌民生宗教社会史研究》，北京：中华书局，2006年。
[3] 陈于柱《区域社会史视野下的敦煌禄命书研究》，北京：民族出版社，2012年。

所谓"信息传播",主要借用了传播学领域的宽泛定义,而非通常的狭义理解。狭义的"信息传播"往往聚焦于官方文书的信息传递,如邓小南等学者所关注的文书、政令以及信息沟通,基本是以官文书的传递为主要讨论对象,探讨的内容一般都是官文书中政务的讯息(Message)[①]。而作为传播学的基本概念,"传播"(Communication)的定义繁多且复杂,一般认为,"传播是人与人之间、人与社会之间,通过有意义的符号进行信息传递、信息接收或信息反馈活动的总称"[②]。在传播过程中,人(包括历史中的人)的行为活动势必会导致人与人、人与社会、地方社会与国家之间的互动,随之产生时间与空间中的信息传递。

笔者认为传播的本质在于信息的流动,信息既是传播的受体,也是其素材。宽泛地讲,信息(Information)的范畴远比讯息(Message)宽广得多,包括官文书在内,各类传播过程中产生的文本均为信息的重要载体。信息主要是指"人类社会的信息活动,或称社会信息、文化信息","既包括人内向自我传播所用的材料,也包括外化出来的、用符号形态流通的消息、新闻、文献、资料、数据等"[③]。因此,信息传播并不仅仅局限于官文书及政务运行,更是在社会人口流动、意识形态渗透和文化传播等多个过程中发生。如岸本美绪先生对于崇祯之死消息如何传播至江南地区的讨论[④],就很符合本书所论信息传播的主题。

在信息传播视角下,对制度与文本的研究主要关注二者之间的张力关系,及其背后的成因和时代特征。制度既是文本抄写的内容,同时也规范着文本的制作和传递;文本既是制度的内容载体,也是制度实际运行的产物,更是制度在国家疆域内有效运行的体现。然而,文本所呈现的内容与形态可能也会与制度规定存在差异。因此,二者既有互动,也有分离。立足这种制度与文本之间的张力关系,通过具体案例的

[①] 邓小南、曹家齐、平田茂树主编《文书·政令·信息沟通:以唐宋时期为主》,序言第1—5页;叶炜《论唐代皇帝与高级官员政务沟通方式的制度性调整》,《唐宋历史评论》第3辑,北京:社会科学文献出版社,2017年,第49—72页;刘后滨《文书、信息与权力:唐代中枢政务运行机制研究反思》,《唐宋历史评论》第3辑,第265—287页;吴丽娱《唐代信息研究的特色与展望——以信息传递的介质、功能为重点》,《唐宋历史评论》第4辑,北京:社会科学文献出版社,2018年,第174—195页。
[②] 董璐编著《传播学核心理论与概念》(第2版),北京:北京大学出版社,2016年,第1页。关于传播的定义,还可参胡正荣等《传播学总论》(第2版),北京:清华大学出版社,2008年,第50—53页。
[③] 胡正荣等《传播学总论》(第2版),第73页。
[④] 岸本美绪《崇祯十七年の江南社会と北京情报》,氏著《明清交替と江南社会:17世纪中国の秩序问题》,东京:东京大学出版会,1999年,第143—161页;此据底艳译、赵世瑜审校《崇祯十七年的江南社会与关于北京的信息》,《清史研究》1999年第2期,第25—32页。

探讨，我们可以重新审视国家制度实际运作的动态，以及各种文本"历史书写"背后所折射出的多维时代特征。

敦煌吐鲁番文献，作为信息传播过程的产物，生动展现了制度与文本之间的张力关系。它们跨越了空间与时间的界限，从长安至高昌，自开远门至高昌城门，承载着中央与地方社会之间的往来交流与信息互通。故而通过立足地方社会的视角，自下而上地审视这条信息传播之路，探讨各类信息如何持续被传播、加工与接受，进而循环往复并深刻影响敦煌吐鲁番区域内各类人群的行为活动，我们可以窥见当时唐朝地方政治、社会和文化的诸多面相。

具体而言，敦煌吐鲁番地区作为唐代丝绸之路的关键节点，不仅承载着写本之路的功能，更是信息传播的重要通道。在此"周边"区域内，国家制度与各种文本在时间与空间上发生流动，进而促进信息传播与交流。向达、姜伯勤和荣新江等诸位先生，从中外关系史的研究视角，利用敦煌吐鲁番文献探讨文明传播与交通线路等问题，也皆与唐代的信息传播息息相关[1]。此外，余欣先生《写本时代知识社会史研究——以出土文献所见〈汉书〉之传播与影响为例》聚焦敦煌吐鲁番文献中的《汉书》，详细梳理了中古时期"经典知识"的传播过程，揭示了汉籍通过节略本与类书等途径被逐渐日常化，并转化为地方社会的知识，阐发了知识社会史的理论框架[2]。朱玉麒先生一系列关于学童习字的论文，在剔除重复抄写的字后，成功复原了隋代岑德润和唐玄宗的诗，为研究敦煌吐鲁番地区当时的文化风尚以及汉文文学的流传，提供了富有启发性的思路[3]。游师自勇与笔者也受此启发，从一篇习字中复原出唐初名将史大奈的碑志[4]。荣新江先生更进一步提出了"丝绸之路也是写本之路"的观点，强调在运营的视角下重新审视写本的文献内容、用途和物质形态，将敦煌

---

[1] 向达《唐代长安与西域文明》，北京：生活·读书·新知三联书店，1957年；姜伯勤《敦煌吐鲁番文书与丝绸之路》，北京：文物出版社，1994年；荣新江《丝绸之路与东西文化交流》，北京：北京大学出版社，2015年。

[2] 余欣《写本时代知识社会史研究——以出土文献所见〈汉书〉之传播与影响为例》，《唐研究》第13卷，第463—504页；后收入氏著《中古异相：写本时代的学术、信仰与社会》，上海：上海古籍出版社，2011年，第29—73页。

[3] 李肖、朱玉麒《新出吐鲁番文献中的古诗习字残片》，《文物》2007年第2期，第62—65页；朱玉麒《中古时期吐鲁番地区汉文文学的传播与接受——以吐鲁番出土文书为中心》，《中国社会科学》2010年第6期，第182—194页；朱玉麒《吐鲁番文书中的玄宗诗》，《西域文史》第7辑，北京：科学出版社，2012年，第63—75页。

[4] 游自勇、赵洋《敦煌写本S.2078V"史大奈碑"习字之研究》，《魏晋南北朝隋唐史资料》第30辑，上海：上海古籍出版社，2014年，第165—181页；修订版收入《切偲集：首都师范大学历史学院史学沙龙论文集》第2辑，上海：上海古籍出版社，2018年，第117—135页。

吐鲁番文献叠加分析，立体地揭示了各类写本对于丝绸之路运作的重要意义[①]。

故此，本书旨在遵循当前制度史研究的新趋势，利用区域社会史的研究范式，依托百年来敦煌吐鲁番学的丰厚学术积淀，以信息传播视野下的制度与文本为研究切入点，将诸多相关个案有机串联，对唐代中央与地方的互动关系进行多维度分析，从而揭示唐代地方社会与国家的时代特质。

---

① 荣新江《丝绸之路也是一条"写本之路"》，《文史》2017年第2辑，第75—103页。

第一章　日常与不常——信息传递视角下的文书行政

唐代敦煌、吐鲁番，虽位于西北边陲，却为国家直属正州。地方官司受中央管辖与影响，官员们遵循并执行着唐朝的各项制度与规范。信息传递为地方官司政务运作过程中的"日常"，官员们严格行用过所文书、事目类文书来管理与传递往来行人、文书的信息。而在"不常"的境遇下，道路梗涩，奏报难通，各类人群又会积极探知和传递来自中原的各种情报，以实现对地方行政与社会的有效管理与控制。

相较刘后滨、顾成瑞利用开元二年（714）西州蒲昌府文书对唐代地方官府政务运行的讨论[1]，以及赵璐璐对唐代县级政务运行机制的研究[2]，本章虽也关涉敦煌吐鲁番地区的地方政务运行，但更侧重政务运行过程中的信息传播情况，以及唐代地方官司如何利用各项国家制度来保存与传递官方所关心的信息文本。在这些文本行用过程中，国家制度的规定在全国范围内得以体现，成为地方官司处理日常行政事务的依据。制度与文本的交错拉近了中央与地方的距离。

本章主要探讨官文书的信息传播，通过分析事目类文书、过所以及 S.2589 文书，从文书行政、人口流动和官方情报传递三个方面，探究地方官司如何利用国家制度和文书行政体系来掌控地方社会区域内的文书、人口和情报。通过对文书行政制度与具体施行文本的对比分析，我们可以获知地方官文书在掌控地方物、人、事方面的行政能力，了解地方官司如何借助国家制度对官文书信息进行处理与运用，并借此呈现整个唐帝国各处地方官文书行政的缩影。

本章所论的三类官文书文本，均具有时效性，且需倚赖国家政治力量以行其用，

---

[1] 刘后滨、顾成瑞《政务文书的环节性形态与唐代地方官府政务运行——以开元二年西州蒲昌府文书为中心》，《唐宋历史评论》第 2 辑，北京：社会科学文献出版社，2016 年，第 109—141 页。

[2] 赵璐璐《唐代县级政务运行机制研究》，北京：社会科学文献出版社，2017 年。

这是地方官司得以行使地方事务管理权力的来源。一旦官文书的时效性结束，或唐朝国家官方力量自地方撤离，这些官文书文本亦随之废弃。这些文本尽管废弃后即丧失其原有官方信息传播的功能，但对于窥见当时地方官司日常行政的历史面貌具有重要作用。因此，这三类文书虽为各自独立的案例，却均属于唐代官文书行政的重要组成部分，亦为国家制度与地方行用文本相结合的"日常"与"不常"。在实际行用过程中，这些官文书将两地或两地以上的不同空间联系在一起，实现了各类官方信息的交流与传播。

第一节　唐代的事目类文书：文书事目与文书行政

官文书的传递覆盖了国家统御下的所有地域。在这些地域内，各类官文书遵循规定的程限，经由各个官方驿站和各路官道，在各个官司之间进行传递。作为统治广阔地域的大帝国，唐王朝每日各处官司所收发的文书数量必定极为庞大。在敦煌吐鲁番出土的各类文献中，保存有很多抄录了不同官司收发文书事目的官文书残卷。作为官司收发文书的目录，这批残卷的性质与定名目前学界结论不一，有"事目历""抄目历""勘印历""请印历"等[①]。而按周一良先生考证，魏晋南北朝至唐代文献中，"事"不是抽象名词，而是指具体事物，原意即文书[②]，故"事目"就是文书的纲要目录。这类文书主要是按时间顺序条列各处官司日常收发的文书事目，几乎贯穿所有运作环节，在中央与地方官司的日常政务运转中占据极其重要的地位，可统称为"事目类文书"。

[①] 王永兴《吐鲁番出土唐西州某县事目文书研究》，《国学研究》第1卷，北京：北京大学出版社，1993年，第364—376页，后收入氏著《唐代前期西北军事研究》，北京：中国社会科学出版社，1994年，第353—422页；赤木崇敏《唐代敦煌县勘印簿羽061、BD11177、BD11178、BD11180小考》，《敦煌写本研究年报》第5号，2011年，第95—108页；方诚峰《敦煌吐鲁番所出事目文书再探》，《中国史研究》2018年第2期，第117—134页；管俊玮《从国图藏BD11178等文书看唐代公文钤印流程》，《文献》2022年第1期，第139—154页；包晓悦《西域发现唐代抄目再研究》，《西域文史》第17辑，北京：科学出版社，2023年，第295—311页；包晓悦《国图藏唐天宝年间敦煌县印历考——兼论唐代县级的司士类政务运作》，《文献》2024年第6期，第41—60页。

[②] 周一良《魏晋南北朝史札记》（补订本），北京：中华书局，2015年，第465—469页。

011

一、文书事目与文书行政溯源

目前所见敦煌吐鲁番出土的事目类文书，都是唐代政务与文书运作的产物，其格式已相当规范且成熟，中国古代官文书行政制度至此也已达到顶峰。而事目类文书及文书行政之滥觞，可追溯至秦汉时期[1]。在已出土的汉简中，就保存了大量与往来文书记录相关的简牍。

自19世纪末20世纪初，我国西北及南方等地出土了大量秦汉简牍，其质与量均令人惊叹。这些简牍文书主要是秦汉地方官司的档案材料，以地方行政文书为主，其中就有不少当地官府的文书往来传递记录的简牍档案。李均明曾依据云梦睡虎地秦简和张家山汉简中的《行书律》，将这些往来传递文书的记录称为"行书"[2]，汪桂海亦借助这些简牍材料，指出汉代已形成较为规范的发文、收文及启封制度[3]。

规范的文书传递制度是日常政务运作的保障。秦汉时期官文书的发送有专门的"封检题署"之法："书函之上，既施以检，而复以绳约之，以泥填之，以印按之，而后题所予之人，其事始毕。"[4]从实际文书传递过程来看，记录官文书传递的简牍大致可分为四类：奏封记录（发出）、邮书记录（邮递）、收文记录（收到）及启封记录（开封）。从发到启，这些简牍文书记录了官文书日常传递的完整过程，是秦汉文书行政制度的重要构成部分。下面分别略举相关简牍以作解读。

奏封记录的书写格式有一定规范，大致从上至下分三栏书写：

> 上栏：遣尉史承禄赍七月吏卒病九人饮药有瘳名籍，诣府会八月旦。
> 中栏：・一事一封
> 下栏：七月庚子，尉史承禄 封 。（311.6）[5]

这类记录的上栏概述官文书是因何事而递送至某处，包含了文书具体事由和收文

---

[1] 相关研究可参冨谷至著，刘恒武、孔李波译《文书行政的汉帝国》，南京：江苏人民出版社，2013年。
[2] 李均明《汉简所见"行书"文书述略》，甘肃文物考古研究所编《秦汉简牍论文集》，兰州：甘肃人民出版社，1989年，第113—135页。李均明后来对所谓"行书"文书又有重新分类，参李均明《秦汉简牍文书分类辑解》，北京：文物出版社，2009年。
[3] 汪桂海《汉代官文书制度》，南宁：广西教育出版社，1999年，第144—152页。
[4] 王国维著，胡平生、马月华校注《简牍检署考校注》，上海：上海古籍出版社，2004年，第80—81页。
[5] 中国社会科学院考古研究所编《居延汉简甲乙编》下册，北京：中华书局，1980年，第216页；简牍整理小组编《居延汉简》第四册，台北："中研院"历史语言研究所，2017年，第1页。

者,但发文者未有体现,例中即派遣尉史承禄带着"七月吏卒病九人饮药有廖"的名籍在八月旦诣府会。中栏则记录官文书的件数及封装方式,例中为"一事一封","事"指文书①,"一封"指封印的数量及方式②,如"凡制书皆玺封,尚书令重封"③,汉代皇帝制书先用玺印封,之后再用尚书令印封,这是二封。此外,还有三封、四封和五封等④。封检之数的多少代表了文书的轻重缓急,目前所见居延汉简大部分都是一封,这也是当地官文书传递的日常状态。下栏是官文书封缄的时间和经办人,例中是在"七月庚子"封缄,只记月日,经办人是"尉史承禄",只记职务与名。由于这类发文记录简札出土时都是零散状态,汪桂海曾怀疑当时的发文记录"是随时取简札书写,并无事先编制好的发文登记簿"⑤。

按照秦汉时期的邮驿制度规定,官文书发出之后,将由专门的邮吏分段递送,方式大致有"以邮行""以次行""以轻足行""以亭行""乘传驰行"和"吏马驰行"等。在官文书邮递过程中,不同地段的经由官司都会专门书写"邮书刺(过书刺)"和"邮书课"类简札对所经官文书进行记录,略举例如下:

上栏:十二月三日,北书七封。

中栏:其四封皆张掖大守章。诏书一封、书一封,皆十一月丙午起。诏书一封十一月甲辰起,一封十一月戊戌起,皆诣居延都尉府。二封河东大守章,皆诣居延都尉府,一封十月甲子起,一十月丁卯起。一封府君章,诣肩水。

下栏:十二月乙卯日入时,卒宪受介亭卒恭。夜昏时,沙头卒忠付驿北卒护。(502.9+505.22A)⑥

这件简牍为A35大湾地区出土的邮书刺,可能是汉代肩水都尉府的过往文书记录⑦。上栏中的"书"为文书,故而这是一件十二月三日当天所收七封北行文书的记录。

---

① 参周一良《魏晋南北朝史札记》(补订本),第466页。
② 汪桂海认为"封"作为官文书术语时有二义,一是印封,二是文书之件数,此处当取前义。汪桂海《汉代官文书制度》,第146页。
③ 孙星衍等辑,周天游点校《汉官六种·汉官仪》,北京:中华书局,1990年,第125页。
④ 《汉书》卷一二《平帝纪》,北京:中华书局,1962年,第359—360页。
⑤ 汪桂海《汉代官文书制度》,第145页。
⑥ 中国社会科学院考古研究所编《居延汉简甲乙编》下册,第256页;简牍整理小组编《居延汉简》第四册,第141页。
⑦ 唐俊峰《A35大湾城遗址肩水都尉府说辨疑——兼论"肩水北部都尉"的官署问题》,《简帛》第9辑,上海:上海古籍出版社,2014年,第223—240页。

根据中栏，七封文书中两封盖有河东太守印章，还有一封是来自中央国都的诏书。这三封文书都在该件简牍上，被详细记录了发送时间、接收时间和经办人。两封钤有河东太守印章的文书都是十月发出，诏书则是十一月发出，但三件文书却都是十二月三日这天同时到达，经过几个卒一同进行传付。一般来说，诏书的传递速度需快过普通文书，所以这封诏书虽然是后发，但还能与河东府发来的文书同时到达，也就不足为奇了。由此可见，在汉代的官文书传递过程中，已然施行较为严格的邮书受付登记制度，其书写格式也有一定程式可循，必须详细记录官文书上封缄的官印及其受付的精确时间与经办人，但其中具体事目则被省去。

各种文书经过邮吏递送抵达目的地之后，收文官司在收到文书后就需要记录文书的收文情况，之后还要将封缄文书的印泥拆封，故可以将文书的收文记录和启封记录合并在一起讨论。

汪桂海指出汉代官文书的封检有正背两枚，其中无封泥槽的背面封检略薄，一般被用以书写收文记录[1]。这类简札大多分为三行书写，如：

右栏：　印破
中栏：　甲渠官　　　　　　令史定（倒书）
左栏：　—正月甲辰，门卒同以来。（EPT6:36）[2]

中栏是发文者所写的大字"甲渠官"，以标识官文书的收文者。这些原本只记录收文者及要求的封检，随官文书一同被送达之后，就会被收文者在左右两侧用以书写官文书的收文记录。右侧主要记录官文书封缄时所封官印的情况，例中"印破"就被收文者如实记录。左侧则记录官文书收到的月日及邮送的人，这部分记录可能会与上述邮书刺第三栏的记录相衔接，或许也是邮书课考察官文书是否最终按时且完整被送达的证据档案。

官文书从邮卒处得到以后，除了要书写收文记录，文书的拆封也必须进行记录。与奏封记录相对，李均明将文书拆封记录归入录课类的"启封记录"[3]。举例如下：

---

[1] 汪桂海《汉代官文书制度》，第147—148页。
[2] 孙占宇《居延新简集释》（一），兰州：甘肃文化出版社，2016年，第54页。
[3] 李均明《秦汉简牍文书分类辑解》，第429—431页。

上栏：书三封、檄一。

中栏：其一封居延都尉章、一封孙根印、一封广地候印。

下栏：十二月丁丑，掾博奏发。（EPT51:81）[①]

这类启封记录以两栏书写居多，一栏详细记录每件官文书的封印，一栏记录官文书的启封时间和启封人。例中增加了一栏奏发官文书总数的记录。

汉代官文书的传递，按照汉简所见记录，其实际运作流程大致可分为发、邮、收、启四个阶段，其中收和启有时也可以合并，它们的内容与格式如下（表1-1）：

表1-1　汉代官文书传递记录

文书栏	奏封记录	邮书记录	收文记录	启封记录
第一栏（上、右）	文书事由、收文者	收文时间、数量、方向	封印	数量
第二栏（中）	封印	封印、收文者	收文者及发送要求（发文者书写）	封印
第三栏（下、左）	发送时间、发文者	处理时间、邮送者	收到时间、邮送者	启封时间、启封者

由表可知，汉代的官文书传递记录相对直观，书写结构相对规整，记录内容较为全面，并有较为固定的格式。一般而言，记录者应当都是处理文书时，随时取用单独的简札进行文书传递信息的抄录，事后可能还会将这些简札编制成簿，留档备存。各种记录中，每栏所写的内容相对固定，其中最后一栏最为统一，详细记录了文书收发时间与经手人，该部分既是明确文书传递职责与时效的重要依据，也是文书传递过程中不同阶段里程的重要节点。史载秦汉时期中央诏令与百官章奏的发送由尚书令负责："承秦所置，武帝用宦者，更为中书谒者令，成帝用士人，复故。掌凡选署及奏下尚书曹文书众事。"[②] 官文书的收受主要由御史中丞管理："御史中丞二人，本御史大夫之丞。其一别在殿中，兼典兰台秘书。外督部刺史，内领侍御史，受公卿章奏，纠察百寮。"[③] 根据这些居延汉简，地方上官文书的传递则由地方官员们的

[①] 李迎春《居延新简集释》（三），兰州：甘肃文化出版社，2016年，第18页。
[②] 司马彪撰《续汉书·百官志三》，范晔撰《后汉书·志二六》，北京：中华书局，1965年，第3596页。
[③] 《汉官六种·汉官仪》，第144页。

属吏与邮卒实际经办。不同里程时段、不同经办人都需要被明确记录，以此划分文书传递过程中不同界段稽程与破损的责任。

二、唐代发出文书事目与印历

秦汉时期的奏封、邮书、收文及启封记录等，可视为唐代事目类文书的发轫。与秦汉时期相比，敦煌吐鲁番地区出土的唐代事目类文书，主要可分为发出文书事目和收到文书事目两大类。但唐代事目类文书的内容及形态更为复杂。

唐代与汉代在文书往来记录方面的差异，很大程度上源于唐代官司的文书事目主要由发出方、文书性质、收到方、事由等要素构成，故而无需再借助印章来标识文书的发起方。不过，在发出文书的过程中，各处官司依然需要遵循严格的用印规定。《唐六典》载：

> 凡施行公文应印者，监印之官考其事目，无或差缪，然后印之；必书于历，每月终纳诸库。[1]

所有官司所发出的官文书均需由监印官勘考文书之异同，确认无误后方可钤印。这些行印后的发出文书事目还必须抄录于特定历册之上，在月终纳库存档，这类历册就是印历。

目前所见敦煌吐鲁番文献中，已发现数件印历文书，包括中国国家图书馆藏西域文书 BH1-8《唐于阗镇守军印历》、BD13185c → BD13185a《唐天宝年间（751—756）敦煌县印历》以及 S.11459g → S.11459e → S.11459d《唐瀚海军兵曹司开元十五年（727）十二月印历》等[2]。现以最具代表性的《唐瀚海军兵曹司开元十五年十二月印历》为例[3]，录文如下：

---

[1] 《唐六典》卷一"尚书都省"条，北京：中华书局，1992年，第11页。
[2] 参文欣《和田新出〈唐于阗镇守军勘印历〉考释》，《西域历史语言研究集刊》第2辑，北京：科学出版社，2009年，第111—123页。最新图版和录文参荣新江、张志清主编《中国国家图书馆藏西域文书·汉文卷》，北京：中华书局，2024年，第46—47页；包晓悦《国图藏唐天宝年间敦煌县印历考——兼论唐代县级的司士类政务运作》，第41—60页。
[3] 荣新江编著《英国图书馆藏敦煌汉文非佛教文献残卷目录（S.6981—13624）》，台北：新文丰出版公司，1994年，第214—215页；孙继民《敦煌吐鲁番所出唐代军事文书初探》，北京：中国社会科学出版社，2000年，第214—264页；孙继民《唐代瀚海军文书研究》，兰州：甘肃文化出版社，2002年，第9—28页；刘子凡《唐代北庭文书整理与研究》，上海：中西书局，2024年，图版见第483—486页，录文见第84—87页。下文相关录文皆依刘子凡所录，不再出注。

第一章 日常与不常

（一）S.11459g

-- （纸缝，背押二百卅八道）

1　兵曹司开元十五年十二月印历。典杜言，　官梁元☐
2　　五日：牒中军为收李景廉讫上事。
3　　　牒车坊为收扶车兵王玄方事。
4　　　牒西门为收高汉子事。　牒胄曹为磨甲兵事。
5　　　牒东道守捉为置候子事。
6　　　　右伍道。同。典杜言，官乐琼。
7　　七日：牒仓曹为傅大斌身死事。
8　　　牒右一军为同前事。　牒六军为斫年支材木事。
9　　　牒虞候为同前事。　牒车坊为收患损兵睦奉礼事。
10　　牒作坊为收患损匠庞珪事。　牒左一、左二军为收患损兵事。
　　（后缺）

（二）S.11459e

　　（前缺）

1　　牒东道行营为同前事。　牒车坊为收扶车兵范晔事。
2　　　　右壹拾壹道。典杜言，官乐琼。
3　　牒木坊为斫年支材木事。　牒吕阿宾为同前事。
4　　牒胄曹为同前事。　牒医马坊为收喂马兵陈永钦事。
5　　　　右肆道。典杜言，官乐琼。
6　　　牒东道守捉为给翟敬宾等手力事。

---------------------- （纸缝，背押二百卅九道，钤"瀚海军之印"）

7　　　牒右二军为给张珪手力事。
8　　　牒右一军为给武福别奏、僚等手力事。
9　　　　右叁道。典杜言，官乐琼。
10　九日：转牒六军为收送赤水军马兵张奴子等领讫上事。
11　　牒北庭府为轮台界采得白鹰壹聪事。
12　　牒轮台为采得白鹰准例给赏事。
13　　牒右二军为差沙钵屯兵董元忠替事。
14　　牒沙钵屯为收王思庄等贰人事。

017

15　牒虞候为发遣王思庄等贰人赴屯事。

16　牒左外虞候关礼为车坊小作兵胡遇事。

17　牒东道行营为小作兵胡遇事。

18　牒□□为王凤□□□□□事。

（后缺）

（三）S.11459d

（前缺）

1　　　　右壹道。典杜言，官乐琼。勘印□□

2　十九日：

3　　牒右一军为患损兵郭格事。

4　　牒解默为放羊兵张楚珪等事。

5　　牒左二军为患损兵雷洪钦事。

6　　牒中军为长行马子王忽梁事。

7　　牒轮台守捉为准前事。

8　　牒虞候为准前事。

--------------------（纸缝，背押二百册二道，钤"瀚海军之印"）

9　　牒衙前为陌刀手郑思倜事。

10　牒南营为健儿吕祥事。

11　牒程茂英为请勋公验事。

12　牒四镇节度使为追席匠事。

13　牒押官卞楚为同前事。

14　　右壹拾壹道。典杜言，官乐琼。勘印壹拾

15　　壹道。琼。

16　牒中军、右二、左二、中军并为差斫鞍匠事。

17　牒六军为收库子事。　牒仓曹为同前事。

18　牒北庭府为同前事。　牒胄曹为斫鞍匠事。

19　牒虞候为征张思检点事。

20　　牒□□□□□□

（后缺）

这组文书单纯记录了文书的事目,并没有详细的处理信息。通过 S.11459g 首行"兵曹司开元十五年十二月印历",可以明确获知该组事目类文书当为唐代北庭瀚海军开元十五年十二月兵曹司施行的已钤印的官文书印历。而 S.11459g "右伍道。同"、S.11459d "勘印壹拾壹道",即是"监印之官"对"施行公文应印者","考其事目","然后印之"的程序反映。

此外,文书中官员署名"乐琼",即孔目官,负责监印和行印,行使勾检官司的职能[①]。依据王永兴对唐代内外官司中勾官的统计,勾官虽然绝大多数只是七品、八品、九品,甚至是无品的胥吏,但多数的确执掌官印[②]。如《唐六典》卷一四"太常寺主簿"条、卷一七"太仆寺主簿"条、卷一八"大理寺主簿"条、卷一九"司农寺主簿"条和卷二〇"太府寺主簿"条均载:"主簿掌印,勾检稽失,省署抄目。"[③]

不唯中央官司,地方上也与此相同。如《唐六典》卷三〇"三府督护州县官吏"记载京兆、河南、太原牧及州、都督府中"司录、录事参军掌付事勾稽,省署钞(抄)目。纠正非违,监守符印";县中"主簿掌付事勾稽,省署抄目,纠正非违,监印,给纸笔、杂用之事";都护府中"仓曹掌仪式、仓库、饮膳、医药,付事勾稽,省署抄目,监印,给纸笔,市易、公廨之事";诸关中"丞掌付事勾稽,监印,省署抄目,通判关事"[④]。

可见,涉及事目类文书相关的"抄目"工作,都由监印的勾官负责。大概仅有这些监印的勾官才具备识别官文书正确与否及官印真伪的能力。由此可以推测,事目类文书所抄录的绝大部分官文书都已施行并用印,故而"监印之官考其事目,无或差缪,然后印之,必书于历"。事目类文书与官印及监印之官具有十分密切的关系。

还需要指出的是,瀚海军兵曹司印历抄录的发出文书事目虽均为兵曹司事务,但因兵曹司并无印章,故此处所钤之印当与背缝所钤相同,为"瀚海军之印"。故而这些施行文书实际的发出方应为"瀚海军"或"瀚海军兵曹司"。由此,唐代发出文书的事目格式为"发出方(有印官司名)—官文书性质(如牒、符等)—收到方—为某某事(事由)"。

根据瀚海军兵曹司印历,唐代每日所需施行的文书数量显然超过汉代,且涉及

---

① 孔目官与孔目司的职能或等同录事司等勾检官司,相关讨论参李锦绣《唐后期的官制:行政模式与行政手段的变革》,黄正建主编《中晚唐社会与政治研究》,北京:中国社会科学出版社,2006 年,第 61—73 页。
② 王永兴《唐勾检制研究》,上海:上海古籍出版社,1991 年,第 4—34 页。
③ 《唐六典》卷一四"太常寺主簿"条、卷一七"太仆寺主簿"条、卷一八"大理寺主簿"条、卷一九"司农寺主簿"条、卷二〇"太府寺主簿"条,第 396、480、503、525、542 页。
④ 《唐六典》卷三〇"三府督护州县官吏"条,第 748、753、756、757 页。

的事务种类更为繁复。因此，这些抄录了发出文书事目的印历是唐代最重要的事目类文书。此外，唐代还存在其他与事目相关的历子，如《唐会要》记载开元八年（720）关于南选的诏敕云：

> 其年九月敕："应南选人，岭南每府同一解，岭北州及黔府管内州，每州同一解。各令所管勘责出身、由历、选数、考课优劳等级，作簿书，先申省。省司勘应选人曹名考第，一事以上，明造历子。选使与本司对勘定讫，便结阶定品，署印牒付选使。"①

这条诏敕的规定后来也成了《唐六典》中吏部郎中职掌南选的注解：

> 应选之人，各令所管勘责，具言出身、由历、选数，作簿书预申省。所司具勘曹名、考第，造历子，印署，与选使勘会，将就彼铨注讫，然后进甲以闻。②

诏敕中规定，在审核南选人员考绩的过程中，只要有"一事以上"，选司也需要制作历子，并最终署名盖印交付选使。因此，只要有多件"事"需要抄录，都要制作历子，以方便相关人员对其进行勘定。同时，文中提及的官员"由历"，亦应是依据官员出身经历，按时间、事由列为目次，以便相关省司对官员进行审查。这些都与印历的制作与抄录格式相仿，应是唐代通行的文书档案格式。

三、唐代收到文书事目与文书行政

除抄录"施行公文应印者"的印历之外，敦煌吐鲁番还可见收到文书的事目类文书。方诚峰依据这些收到文书事目的抄写特点，将其划分为四类：一、规整而连续抄写的收文登记；二、一事目一行的收文登记；三、一事目一行的收文登记，左侧小字记录给付对象（及一事目一行的收文登记，小字记录给付时间、给付对象）；四、墨书一事目一行的收文登记，左侧行间有朱书处理结果③。这种分类确实让我

---

① 《唐会要》卷七五"南选"条，上海：上海古籍出版社，2006年，第1622页。
② 《唐六典》卷二"吏部尚书郎中"条，第34页。
③ 方诚峰《敦煌吐鲁番所出事目文书再探》，第128页。

更加清晰地了解这类文书的特点。然而,其不同抄写特点背后的深层次原因尚需探讨。

卢向前曾对唐代牒式文书的处理程序进行过系统归纳,概括为六个环节:1.署名;2.受付;3.判案;4.执行;5.勾稽;6.抄目①。这六个环节的划分未必完全精确,但其中"受付"环节对应收文记录的事目类文书。由于受付文书事目的记录标志着官文书正式进入官方文书的行政运作,故而这类事目类文书在文书处理流程中也扮演着重要角色。

在文书受付过程中,收到文书的事目登记应当要具备时间、文书事目和交付信息三个因素。这三个因素完整具备的,应是最为标准的收文登记,标志着"受付"过程最终完成。而这类文书差不多相当于方诚峰所分的第三类,也就是斯坦因所获吐鲁番文书《西州诸曹符帖目》、哈拉和卓2号墓《唐西州事目》和阿斯塔那518号墓《唐西州某县事目》②。这三件事目类文书的抄写形式没有太大差别,以较为完整的阿斯塔那518号墓《唐西州某县事目》为例:

（前缺）

1　二月 至 ▭
2　　　　　 火 幕 六驮限来月一日 到 州 ▭
3　▭▭为麻田依前种并苜蓿未申事。三日付曹义。
4　▭▭ 牒 为欠枪等康威德限牒到当日典领送事。三日付曹义。
5　　　　　　　成欠钱仰追捉禁身征送事。三日付曹义。
6　　　　　　　　　　　　　　　　　　。三日付▭▭。
7　　　　　　　　　　　　事。六日付郑满。
8　　　　　　　　　　立待上使事。六日付郑满。
9　　　　 户 曹地子粟送纳州仓输纳事。
10　　　　　 六石料市付讫上事。八日▭（付）郑满。
---（纸缝）
11　　　　 为 武昌府卫士龙住德差人 领 ▭事。八日付郡则。
12　　　 为行兵六驮并捉百姓　　　　科罪事。八日付曹义。

---

① 卢向前《牒式及其处理程序的探讨——唐公式文研究》,《敦煌吐鲁番文献研究论集》第3辑,北京:北京大学出版社,1986年,第335—393页,后收入氏著《唐代政治经济史综论:甘露之变研究及其他》,北京:商务印书馆,2012年,第307—363页;包晓悦《西域发现唐代抄目再研究》,第295—311页。
② 方诚峰《敦煌吐鲁番所出事目文书再探》,第128页。

13 ☐☐☐☐☐☐☐☐☐☐☐☐☐☐☐二日内申事。八日付曹义。

14 ☐☐☐☐☐☐☐☐☐☐☐☐☐☐☐☐付曹义。

15 ☐☐☐☐☐☐☐☐☐☐☐☐☐☐☐☐☐□日付鄯则。

16 ☐☐☐☐☐☐☐☐☐☐☐☐☐☐☐☐九日付张驾。

17 ☐☐☐☐☐☐☐☐☐☐☐☐☐☐☐日到州事。九日付刘感。

18 ☐☐☐☐☐☐☐☐☐☐☐☐☐☐☐☐事。九日付曹义。

19 ☐☐☐☐☐☐☐☐☐☐☐☐☐☐☐人领送事。九日付张驾。

20 ☐☐☐☐☐☐☐☐☐☐☐勘 申并典及案十六日到事。十日付刘感。

21 ☐☐☐☐☐☐☐☐☐☐☐送 事。十日付刘虔。

22 ☐☐☐☐☐☐☐☐☐☐限符到三日内勘上事。十日付刘感。

23 ☐☐☐☐☐☐☐☐☐☐☐支送讫上事。十日付氾让。

24 ☐☐☐☐☐☐☐☐☐☐☐☐☐典限牒到当日送州事。十日付氾让。

（后略）①

第1行表明这件事目类文书为某官司某年二月至某月收到并交付的文书事目。后面每行所抄事目的最后都会有小字表明哪天交付给某人，如第3行"三日付曹义"、第7行"六日付郑满"。另外，通常情况下，收到文书的登记都是按照收到时间顺次排序，但此件文书，由于上半部分缺失严重，根据下半部分的内容来看，是依照交付时间排序。不过，也有可能是文书收到后就被立即交付，因此收到时间和交付时间之间并无显著差异，排序并未受到影响。例如，第13行称"二日内申"和第24行云"限牒到当日送州"，都明确了事务处理和交付的时间要求，故而文书处理的速度也应相应加快。这也从侧面证实了该县在处理行政事务时，执行速度之快，分工之明确，使得文书分发能够如此迅速。

从这件文书的抄写格式来看，当有文书到达时，相关人员会按照时间顺序，将文书事目誊抄下来，待交付后在其事目下用小字标注。因此，收到文书的事目登记伴随着文书的到达和交付而进行，文书的来处和内容都能在第一时间得以记录，文书本身亦按照相关规定和要求处理，其处理去向亦得以如实记录。这种事目类文书堪称文书行政流程之最佳缩影。

---

① 唐长孺主编《吐鲁番出土文书》第叁册，北京：文物出版社，1996年，第457—458页；王永兴《吐鲁番出土唐西州某县事目文书研究》，第347—348页。

其次，方诚峰所划分的四类中的第一类和第二类应当归并为一类。这两类事目类文书仅有形式上的差异，如第一类为连续抄写无分行，第二类为分行抄写，但两者均记录了文书抵达的时间和事目，而未涉及交付信息。之所以如此，很可能只是抄写者习惯所致，因此将它们分为两类并无充分依据。第一类以《天山县到来符帖目》为例：

（前缺）

1　十八年差科，先☐☐☐仓曹符为焉耆收马官贾待徵等四人粮事。
2　仓曹符为东☐☐☐二月粮，州仓给讫事。　　法曹符为下脱健儿杜庄
3　人、行客王☐☐☐当县青苗，典赍案赴州勘会事。
4　兵曹符为☐☐☐送州事。　　法曹符为移隶敬责人☐☐
5　送州事。已上廿□日到。　户曹符为括行客有无勘申事。二月☐
6　户曹符为不☐☐☐堪上事。二月十七日到。
7　　册　　八　　道　　三　　月　　〔到〕☐
8　户曹符为当县诸色阙官职田，仰符到当日堪申事。　　仓曹☐
9　贯文，检领讫申事。　　仓曹符为常平仓粟出粜，每季☐
10　仓曹符为支磠石等戍游弈等马三月料事。　　仓曹符☐
11　贮米杂物等事。已上三日到。户曹符为翟同闰告敬贵窠外种田☐

（后略）[①]

因有"二月十七日到"等语，第1—6行应当为天山县（开元十八年？）二月收到文书的事目。第7行则写明接下来是三月的四十八道文书事目，而第11行还有小字书写的"已上三日到"，表明以上连续书写的事目是三月三日到达该县，不过没有再抄写交付信息。

第二类以阿斯塔那230号墓出土《唐馆驿文书事目》为例：

（前缺）

1　　　本石☐

---

① 小田义久编《大谷文书集成》第二卷，京都：法藏馆，1990年，图版8，录文见第105页；池田温著，龚泽铣译《中国古代籍帐研究》，北京：中华书局，2007年，第217页。

2　　踏料递事。

3　　十九日交河县牒使王沙从使☐

4　　判六日总马卌六匹与料事。

5　　同日伊坊状请回马 递事 。

6　　廿一日交河县 牒 ☐

7　　曹嶷 交 ☐

8　　同日交河县牒使刘皆实、田崇敬等

9　　马料事。

10　　廿四日北庭府牒为长行马踏料准状事。

11　　 同 日交河县牒使王弟家人罗鸡马料事。

12　　下首领☐

13　　同日柳中县牒使☐

14　　廿六日伊坊状请☐

15　　廿七日伊坊状请☐

（后略）①

这件事目类文书为一行书写一条收到文书的事目，而且每行开头都会将时间写出，同日的文书事目也是分开书写，但同样没有抄录交付信息。

从上述两例可知，尽管这两种事目类文书的抄写格式存在差异，但其抄写内容保持一致，均仅记录了文书到达时间和事目。因此，两者所呈现的内容并无显著区别，无需将其划分为两类。

同时，这两类的抄写形式实际上与第三类极为相似，仅缺少了交付信息的抄录。如《唐西州某县事目》第 1 行 "二月至" 与《天山县到来符帖目》第 7 行 "卌八道三月到"，格式大致相同，实际均为某官司某月收到文书事目的标记。交付信息的缺少可能是文书残缺所导致的理解偏差，抑或是受付文书的官吏个人习惯所致。所以这三类事目类文书可以归为同类，功能也应大体相同。

这些专门抄写收到文书受付时间和事目的事目类文书，或许是为了提交给上级相关官司进行 "勾检稽失" 的参考文书目录。通过对照不同文书档案，上级官司可以核查收付文书是否存在延误。事实上，方诚峰所论同属第一类的《岸头府到来符

---

① 唐长孺主编《吐鲁番出土文书》第肆册，北京：文物出版社，1996 年，第 83 页。

帖目》与《天山县到来符帖目》在书写格式上完全一致，只是前者钤有"右领军卫岸头府之印"，后者钤有"天山县之印"。两者很可能是分别来自岸头府和天山县的受事文书统计簿，只是最终汇总交由西州勘验。

此外，据《唐六典》所云：

> 凡内外百司所受之事皆印其发日，为之程限：一日受，二日报。①

王永兴指出这里的"皆印其发日，为之程限"，"说明了登记受事的始日的意义，有了始日才能计数程限，才能检查行政办事是否稽程"②。这些抄录了传递文书受付始日和事目的事目类文书，很有可能就用于上级官司核查其下级官司受事文书是否稽程。再如《唐会要》记载的贞元五年（789）正月左司郎中严涚奏表云：

> 按公式令，应受事，据文案大小，道路远近，皆有程期，如或稽违，日短少差，加罪。今请程式，常务计违一月以上，要务违十五日以上不报，按典请决二十，判官请夺见给一季料钱，便牒户部收管。符牒再下犹不报，常务通计违五十日以上，要务通计违二十五日已上，按典请决四十，判官夺料外，仍牒考功与下考。如符牒至三度固违不报，常务通计违八十日以上，要务通计违四十日已上，按典请决六十，判官请吏部用阙。长官及勾官既三度不存勾当，五品以上，请牒上中书门下殿罚，六品以下，亦请牒吏部用阙。其急要文牒，请付当道进奏院，付送本使，委观察使判官一人发遣送州，取领其月日先报。常务请依常式。以前御史台奏，伏奉去年二月三日敕，宜付御史台商量作条件闻奏者，除京兆府州县及城内百官，并以符到京兆府日为程。如往来累路停滞，日月悬远者，请兼勘责缘路所由，准令式处分。③

尽管该奏表出自贞元五年，但奏文言及"按公式令"，说明此准则应为有唐一代所通行。其中所云"应受事，据文案大小，道路远近，皆有程期，如或稽违，日短少差，加罪"，意指受事文书根据文案规模、路程远近，均有严格的"受"与"报"

---

① 《唐六典》卷一"尚书都省"条，第11页。
② 王永兴《唐勾检制研究》，第11页。
③ 《唐会要》卷五八"尚书省左右司郎中"条，第1176页。

的时间规定，若违反，相关官员将受到处罚。此外，奏表中提及"并以符到京兆府日为程"，可见文书抵达官司的起始日为核查文书是否逾期的重要依据。仅抄录文书到达时间及事目的总结性事目类文书，其主要用途应在于此。

此外，被方诚峰归入第四类的S.2703《天宝年间敦煌郡牒及符事目历》其实也应当被用于"勾检稽失"：

（前缺）

1	廿四日判下
2	支度勾覆所牒为同前事。　　　　　　　　阁（？）（押）
3	如同前判。　张先（押）
4	监河西和籴使牒为诸色赃赎勘报事。
5	其日判牒监和籴使讫史张宾行。　　张先（押）
6	敕东京北衙右屯营使牒为果毅李延言违程不到事。
7	廿四日判牒上东京右屯营使讫史宋光。　张先（押）
8	敕河西节度使牒为军郡长官已下不须赴使事。
9	其日判牒军并榜门讫史张先。　　张先（押）
10	右壹拾肆道直典宋思楚。　宋楚（押）
11	廿六日。
	张先（押）
12	尚书省兵部符奉　敕为果毅李腊儿等改授官事。
	张先（押）
13	一为折冲刘敬忠改官事。
	张先（押）
14	一为折冲赵仁（？）朗等改授官事。
	张先（押）
15	一为折冲刘神力改官事。
	张先（押）
16	尚书省兵部符奉　旨为镇副仪庭俊改官事。
	张先（押）
17	一为镇将党仁爱等改授官事。
	张先（押）

18	一为别将冯晏改官事。
	张先（押）
19	一为镇将卢神光改官事。
	张先（押）
20	一为别将刘祁陀等改授官事。
	张先（押）
21	一为镇副邓子骞改官事。
	张先（押）
22	一为果毅王令诠改官事。
	张先（押）
23	一为果毅勃论啜等改官事。
	张先（押）
24	一为镇将吕怀玢改官事。
	张先（押）
25	一为别将叼护苏改官事。
	张先（押）
26	一为别将王仲由改官事。
	张先（押）
27	一为别将常耀卿改官事。
	张先（押）
28	一为果毅孙奴奴等改官事。
	张先（押）
29	一为镇副石羯槎等改官事。
	张先（押）
30	一为镇将任亮改官事。
	张先（押）
31	一为别将柴无义改官事。
	张先（押）
32	兵部符奉　制为折冲张法嵩改官事。
33	一为折冲张谦光改官事。
34	已上贰拾贰道其日敕下牒（府）并判（？）稽（？）事

```
                  同讫史宋光。
                  张先（押）
35        户部符奉  敕为诸公王及内外文武官等先有 给使 在人家 事 。
36              其日判下郡光□□□
37              右贰拾□□□
      （后缺）①
```

其中节录的第1、3、5、34行都为朱笔书写，《英藏敦煌社会历史文献释录》也称每行事目起首皆有朱笔勘验符号[②]，故而这是一件正式经过官司勘验的事目类文书。这件事目类文书当中没有文书交付信息，但有判决信息。而更为重要的是第34行朱笔所写内容。如果"稽"字辨认无误，那么就可以证明这件事目类文书应当是整个文书处理完成之后，用来勘验收到文书是否稽程的记录。

因此，这种带有朱笔的事目类文书虽与前述收到文书事目存在差异，如抄写内容和文书处理程序环节等方面有所不同，但其抄录基础仍是标准的收到文书事目，只是抄写时间应在最后勘验勾检的其他阶段。可见，在文书运作过程中与收到文书相关的事目类文书是检验文书是否稽程的重要依据。

小 结

由上可见，敦煌吐鲁番出土的这些记录官司往来文书事目的事目类文书，基本由相关勾检官吏将其受付和处理信息按时间目次编列并最终汇集，这在很大程度上承续了汉代的"奏—邮—收—启"四个阶段的简牍文书记录，是中国古代文书行政运作中至关重要且独特的一环。然而，随着文书收付流程与具体格式的演变，唐代事目类文书的内容、格式和作用远比汉代简牍文书复杂。

在唐代，自官文书施行发出并抵达各处官司起，事目类文书就出现并贯穿整个文书处理的流程。在处理的不同阶段，勾官需要将文书的请印、受付及处理等信息记录于事目类文书当中，以备日后对文书是否处理失当、是否稽程等问题进行勘校。其处理程序大致如下：诸官司需对即将施行的文书请印，获得批准并加盖官印后，

---

① 录文参郝春文主编《英藏敦煌社会历史文献释录》第13卷，北京：社会科学文献出版社，2015年，第472—475页。

② 郝春文主编《英藏敦煌社会历史文献释录》第13卷，第476页。

抄写所谓印历，即形成与发出文书相关的事目类文书；当官司收到他处发来的文书时，必须将这些收到文书的事目加以抄录，以便日后"勾检稽失"，即形成与收到文书相关的事目类文书。这应当是一套较通顺且严格的文书处理流程，事目类文书在其中扮演了记录和事后审查的关键勾检角色。

在事目类文书抄写和勘校的过程中，地方官司对信息的吸收与转化也得以体现。国家权力机构可依据这些事目类文书，针对支撑整个国家事务正常运行的文书行政体系，进行相应维护与监督，同时考察地方官吏处理行政事务的能力。在此过程中，勾官发挥了重要作用。勾官尽管品位不高，但多为监印之官，在各官司中具有较重要地位，且处于官方信息传播的核心，是确保唐帝国各地日常行政事务顺利进行的关键。在文书传递过程中，中央与地方的距离得以无形拉近，各种事目类文书便成为这种关系的理想载体。

第二节　唐代的过所与公验：文书信息与人口流动

过所是唐代官方颁发给行旅之人的通关凭证，形式上是一种正式的官文书，以证明持有者可以通过疆域内的关津镇戍。同时，与之相关的还有公验、请过所的牒状及勘过证明档案等。日本学者内藤虎次郎、中国学者王仲荦等先生早已对唐代过所作过初步探讨[1]，后来程喜霖的系统梳理与研究成果更加令人瞩目，他对唐代过所的制度源流及发展等问题作了详尽讨论[2]；另外，由于日本入唐僧最澄与圆珍的公验和过所至今仍在日本保存，所以日本学者砺波护也很早就对这批珍贵材料作过研究，并关注到敦煌吐鲁番出土的过所文书[3]；近年来，由于明抄本宋代《天圣令》的发现，孟彦弘与李全德则对唐代过所有无副本及所谓"副白""录白案记"等问题再作辨析，

---

[1] 内藤虎次郎《三井寺藏唐过所考》，万斯年编译《唐代文献丛考》，上海：商务印书馆，1957年，第51—71页；王仲荦《试释吐鲁番出土的几件有关过所的唐代文书》，《文物》1975年第7期，第35—42页。
[2] 程喜霖《唐代的公验与过所》，《中国史研究》1985年第1期，第121—134页；氏著《唐代过所研究》，北京：中华书局，2000年。早期的唐代过所研究，可参刘玉峰《试论唐代的公验、过所制度与商品流通的管理》，《敦煌研究》2000年第3期，第160页注1。
[3] 砺波护《唐代の过所と公验》，《中国中世纪の文物》，京都：京都大学人文科学所，1993年，第661—720页；此据中译本《唐代的过所与公验》，韩昇等编译《隋唐佛教文化》，上海：上海古籍出版社，2004年，第153—208页。

更正了以往一些不甚明晰的认识[1]。

上述中日学者的研究，利用日藏最澄、圆珍文书以及敦煌吐鲁番文献，已然条分缕析地将唐代过所的制度变化呈现在我们面前。但作为唐代至关重要的官文书之一，过所在制度设计和实际应用过程中，仍存在诸多值得深入探讨的问题。尤其在管理和掌控流动人口的信息等方面，过所与公验所发挥的作用仍存差异，过所与其他官文书如何发生关联，进而实现管理和控制流动人口的目的，以及行旅之人的旅行手册与过所又有何关系，均需进一步阐明。以下笔者试对这几个问题展开论述。

一、唐代过所与公验行用之辨

过所与公验虽然都可以作为行旅之人往来度关的凭证，但两者仍有区别。程喜霖认为过所与狭义公验在内容和作用上并无不同[2]；孟彦弘也认同过所与公验在作"通行证明"之用时并无明显区别，但就审判机构及法律效力而言，两者似有所不同[3]；张飘从文书颁发机构、行用范围、申请与管理等方面详细考辨了两者的不同[4]；荒川正晴则认为公验（行牒）限于发放官府的管辖区域内使用，过所则不然[5]。

以上学者所讨论的异同都很有道理，但在笔者看来，过所与公验的本质区别在于，过所为专门性的官文书，公验只是临时性的公文。若以现代证件来类比，过所类似于现在的护照，审核下发程序十分严格，但仅限于通过规定的关津镇戍时使用；公验则犹如临时身份证，随申随用，是临时性跨州县之证明。由此，过所和公验在

---

[1] 孟彦弘《唐代"副过所"及过所的"副白""录白案记"辨释》，《文史》2008年第4期，第89—114页；后略有修订编入黄正建主编《〈天圣令〉与唐宋制度研究》，北京：中国社会科学出版社，2011年，第174—210页；最后收入氏著《出土文献与汉唐典制研究》，北京：北京大学出版社，2015年，第125—157页；此据氏著论文集的最终修订版。李全德《〈天圣令〉所见唐代过所的申请与勘验——以"副白"与"录白"为中心》，《唐研究》第14卷，北京：北京大学出版社，2008年，第205—220页。孟彦弘《再谈唐代过所申请、勘验过程中的"副白"与"录白案记"——与李全德先生的商讨》，《隋唐辽宋金元史论丛》第1辑，北京：紫禁城出版社，2011年，第176—188页。

[2] 程喜霖《唐代过所研究》，第169—195页。

[3] 孟彦弘《唐代"副过所"及过所的"副白""录白案记"辨释》，第144—151页。此外，关于过所和公验是否另有副本，孟彦弘先生也有不同意见，参孟彦弘《唐代"副过所"及过所的"副白""录白案记"辨释》，第125—135页。

[4] 张飘《出土文书所见唐代公验制度》，《史学月刊》2017年第7期，第55—57页。

[5] 荒川正晴《唐朝の交通システム》，《大阪大学大学院文学研究科纪要》第40号，2000年，第294—311页；后收入荒川正晴《ユーラシアの交通・交易と唐帝国》，名古屋：名古屋大学出版社，2010年，第403—420页；此据冯培红、王蕾译《欧亚交通、贸易与唐帝国》，兰州：甘肃教育出版社，2023年，第373—386页。

颁发机构、行用范围和重要程度等方面有所区别。

根据唐代官方规定，往来行旅之人通关需要申请过所。《唐六典》载：

> 凡度关者，先经本部本司请过所，在京，则省给之；在外，州给之。虽非所部，有来文者，所在给之。①

过所的颁发只有尚书省或州才有资格。如果行人没有过所而私度关津，将接受《唐律疏议》所列律文的惩罚②。

通过对敦煌吐鲁番出土过所文书的讨论，程喜霖还详细论述了过所申请颁发的复杂程序③。其大概过程可能如《天圣令·关市令》复原唐令所云：

> 诸欲度关者，皆经本部本司请过所，具注姓名、年纪及马牛骡驴牝牡、毛色、齿岁，官司检勘，然后判给。还者，连来文申牒勘给。若于来文外更须附者，验实听之。日别总连为案。若已得过所，有故卅日不去者，将旧过所申牒改给。若在路有故者，申随近州县，具状牒关。若船筏经关过者，亦请过所。④

此外，目前所见日本《养老令·公式令》中保存有《过所式》⑤，由于日本《养老令》是以唐令为底本，据此可以推测《过所式》应当也曾被写入唐代的《公式令》。所以，过所的行用被唐代的律令格式所规范并保证其严格施行。

与过所相比，公验则没有这么复杂的制度规定。按照胡三省注解："公验者，自本州给公文，所至以为照验。"⑥也就是说，公验是本州就可以颁发的公文。另据《天圣令·关市令》唐5条的规定：

> 诸关官司及家口应须出入余处关者，皆从当界请过所。其于任所关入出者，家口造簿籍年纪，勘过。若比县隔关，百姓欲往市易及樵采者，县司给往还牒，

---

① 《唐六典》卷六"司门郎中"条，第196页。
② 《唐律疏议》卷八《卫禁律》，北京：中华书局，1983年，第172—173页。
③ 程喜霖《唐代过所研究》，第59—90页。
④ 参孟彦弘《唐关市令复原研究》，天一阁博物馆、中国社会科学院历史研究所天圣令整理课题组校证《天一阁藏明钞本天圣令校证：附唐令复原研究》下，北京：中华书局，2006年，第526—527页。
⑤ 《令集解》卷三三《公式令》，东京：吉川弘文馆，1987年，第842—845页。
⑥ 《资治通鉴》卷二四九"宣宗大中六年十二月"条，北京：中华书局，1956年，第8052页。

限三十日内听往还,过限者依式更翻牒。其兴州人至梁州及凤州人至梁州、岐州市易者,虽则比州,亦听用行牒。①

令文中所谓的"往还牒"或"行牒"大概相当于我们所说的公验,主要应用于临近州县的往来。除此令之外,并无其他与公验的申请、颁发及惩罚相关的律令格式规定。也正由于缺乏那些繁琐的明文制度规定,公验虽效力远比不上过所,但颁发程序反而更加简便,使用上也更具弹性和多样性[②]。

所以,过所作为一种专门的官文书,为了确保顺畅且高效地施行,唐代的律令格式会对其进行详尽且严格的制度规定;公验作为地方州县即可颁发的公文(多用牒的形式),为了使用方便,申请颁发的程序十分简单,唐代的律令格式并未严格加以规范。

除了以上制度规定导致的区别,如果将唐前期西北地区过所与唐后期东部地区公验的行用情况进行比较,可能还会发现其他区别。

程喜霖总结国家设置关津之作用时称:"关津稽查行人过所在于禁暴察奸、防卫治安、保证国家税源和兵源,于是稳定编户、缉获逃户、逃兵,是关司的职责,也是国家置关的目的。"[③]唐代过所行用的主要目的大概也是如此。敦煌、吐鲁番虽在唐前期属于正州,但由于特殊的地理位置,该地区人口来往频繁,且时常遭受外来势力的侵扰。因此,过所在该地区的行用成为国家应对和处理相关问题的有效手段之一。

作为丝绸之路的必经地带,相较于中原地区,敦煌吐鲁番地区群体结构多元,往来于中原与西域贸易的商人数量尤多。这些往来商旅的身份等信息详略不一,当他们频繁往来于此地区时,势必会引发种种问题。作为一个开放性的大帝国,唐朝自然不会采取闭关锁国的消极政策,但为了有效管理和掌控这些往来商旅,过所的行用自然增多,并受到高度重视。

如吐鲁番出土文书《唐垂拱元年(685)康义罗施等请过所案卷》中抄有一份案例:

---

① 天一阁博物馆、中国社会科学院历史研究所天圣令整理课题组校证《天一阁藏明钞本天圣令校证:附唐令复原研究》下,第405页。
② 程喜霖《唐代过所研究》,第185页。刘子凡还指出唐代捕亡类公验是一种实用且灵活的文书凭证,参刘子凡《吐鲁番出土〈唐怀洛辞为请公验事〉考释——兼论唐代的捕亡类公验》,《西域研究》2023年第3期,第67—73页。
③ 程喜霖《唐代过所研究》,第212页。

（前缺）

1　　　　　　垂拱元年四月　日
2　　　　　　　译翟（指节押）
3　　　　　　　连亨白
4　　　　　　　　　　　十九日
5　　□义罗施年卅　　（指节押）
6　　□钵年六十　　　（指节押）
7　　□拂延年卅　　　（指节押）
8　　□色多年卅五　　（指节押）
9　　□被问所请过所，有何来文，
10　仰答者！谨审：但罗施等并从西
11　来，欲向东兴易，为在西无人遮得，更
12　不请公文，请乞责保，被问依实。谨
13　□。亨
14　　　　　　□月　日
（后残）[1]

康义罗施等人作为从西域来的商胡，若想要前往西州以东进行贸易，就需要向当州官司申请过所。当州官司也只有通过严格的过所申请及勘验程序，方可有效核验商胡们的身份及往来通关的目的，进而掌管他们相关的有效信息，来确保丝绸之路的安全。

同时，在唐代前期，西北地区虽经过多年经营，已被纳入唐帝国的版图，但仍时常遭受外来势力的侵扰。因此，过所的行用对于该地区的防卫管控和军事预警具有重要意义。程喜霖认为，康义罗施等人的过所申请案例中，"在西无人遮得"的"遮得"意指阻拦。康义罗施等人之所以在西州以西无人阻拦，是因为当时西州以西的安西四镇正面临突厥和吐蕃的威胁，导致"关禁松弛，对商胡无暇过问"，故而他们直至西州才遇到需要申请过所的问题[2]。可见，当国家力量在某地区控制力下降时，

---

[1] 唐长孺主编《吐鲁番出土文书》第叁册，第346页。
[2] 程喜霖《唐代过所研究》，第250—251页。王炳华先生则认为康义罗施等人没有走塔里木盆地的官道，而是走天山谷道，所以没有遇到唐朝的关津镇戍，直到西州才需要申请过所。见王炳华《"天山峡谷古道"刍议》，《唐研究》第20卷，北京：北京大学出版社，2014年，第11—29页。但这也可以证明过所是在国家强力控制的地区内才得以行用。

关禁松弛，过所的行用自然也就无从谈起。康义罗施的案例实际上反证了当时西州以东的关禁防卫依然严密，所以他们需要申请过所，以接受当州及关禁的勘验。

另外，《唐开元二十年（732）瓜州都督府给西州百姓游击将军石染典过所》载：

1　　　家 生 奴 移 □□ □
2　安西已来，上件人肆、驴拾。今月　日， 得 牒
3　称：从西来，至此市易事了。今欲却往安
4　西已来，路由铁门关，镇戍守捉不练行由，
5　请改给者。依勘来文同此，已判给，幸依勘
6　过。
7　　　　　　　　　　府
8　户曹参军宣
9　　　　　　　史杨祗
10　　　开元贰拾年叁月拾肆日给。
11　三月十九日，悬泉守捉官高宾勘西过。
12　三月十九日，常乐守捉官果毅孟进勘西过。
13　三月廿日，苦水守捉押官年五用勘西过。
14　三月廿一日，盐池戍守捉押官健儿吕楚珪勘过。
　　　琛 --（纸缝）
15　　作人康禄山　石怒忿　家生奴移多地
16　　驴拾头沙州市勘同，市令张休。
17　牒，染典先蒙瓜州给过所，今至此市易
18　事了，欲往伊州市易。路由恐所在守捉不
19　练行由。谨连来文如前，请乞判命。谨牒。
20　印　开元廿年三月廿　日，西州百姓游击将军石染典牒。
21　　任　去。琛　示。
22　　　　　廿　五　日。
23　印
24　四月六日伊州刺史张宾　押过[①]

[①] 唐长孺主编《吐鲁番出土文书》第肆册，第275—276页。

石染典牒云，他在瓜州申请有过所，但又想前往伊州交易，需要申请新过所，故将其从瓜州到沙州所经过的镇戍勘验记录附前（第11—14行）。可见，尽管瓜州与沙州为邻州，但沿途关津布防依然严密，若行旅不申请过所，恐难顺利通行。

因此，国家实行过所的根本目的在于控制人口流动，以确保人口在籍，严防人口随意逃窜，同时维护关内地区及边疆的安全。相较而言，公验在这方面的功能则相对较弱，但在面对临近州县往来或人身控制不重要的情况时，公验的行用反而更为合适。如吐鲁番出土文书《唐贞观廿二年（648）庭州人米巡职辞为请给公验事》所示，庭州人米巡职想要前往西州市易，鉴于庭州与西州相邻，他仅需申请公验，完全没有必要申请过所[1]。同时，唐后期施行两税法，规定"户无主客，以见居为簿"[2]，国家对百姓人身控制趋于松弛，人员自由流动性增强，就地入籍，无需再被完全固定于原籍乡里。此时，过所的行用就显得冗余，而公验这一证明行人身份的文书已足够满足需求。当然，这也导致圆仁、圆珍等人在从登州、福州等地奔赴长安的路途中，需不断向所经州县申请公验，毕竟公验的行用效力仅限于临近州县[3]。

再者，相较前述唐前期西北地区的不甚安定，唐后期东部地区在唐廷掌控之下，保持较高稳定性。该区域长期未受显著威胁，社会环境相对安宁，关津镇戍设置也较少。在此背景下，公验相较于过所更适合在该地区行用。如圆珍所持越州都督府过所中，就仅出现潼关的勘验记录[4]，未见其他关津镇戍的勘验记载。这表明除非需要进入以长安为核心的关内地区，否则关外地区可能无需使用过所。此外，在圆仁行记中专门抄有一份祠部颁发给新罗僧法清的文牒，其中提道："今欲往诸山巡礼及寻医疗疾，恐所在关戍、城门、街铺、村坊、佛堂、山林兰若、州县寺舍等不练行由，请给公验者。"[5]据此记述来看，东部地区除"关戍"之外，还需经过"城门、街铺、村坊、佛堂、山林兰若、州县寺舍"。过所主要用于度过"关戍"，功用相对单一，而公验的公文照验功能则更能满足行旅之人在这些地区往来的证明需求。

---

[1] 唐长孺主编《吐鲁番出土文书》第叁册，第306页。荣新江先生还曾指出米巡职之所以只用申请公验，是因为和平环境下，在唐朝本土州县往来的手续简单，发给公验即可上路。参荣新江《丝绸之路也是一条"写本之路"》，《文史》2017年第2辑，第76页。
[2] 《旧唐书》卷四八《食货上》，北京：中华书局，1975年，第2093页。相关研究讨论，可参李志贤《杨炎及其两税法研究》，北京：中国社会科学出版社，2002年，第269—276页。
[3] 孟彦弘先生已注意到公验更多具有牒的性质，且法律效力有限制。参孟彦弘《唐代"副过所"及过所的"副白""录白案记"辨释》，第148—149页。
[4] 砺波护《唐代的过所与公验》，第190页。
[5] 圆仁撰，小野胜年校注，白话文等修订校注《入唐求法巡礼行记校注》，石家庄：花山文艺出版社，1992年，第184页。

在唐代，过所与公验的运用依据制度规定、行用的根本目的以及国家不同时期对不同地域的掌控程度而有所区别。对于唐前期的敦煌吐鲁番地区，由于东西市贸往来频繁、地理位置靠近边疆、军事压力较大，为严密管控流动人口以及加强边疆关津的防卫，过所尽管功能单一、程序繁琐，但在该地区的行用仍需严格执行。而在临近州县之间，或唐后期长期保持和平稳定局势的东部地区，由于军事压力较小、关津镇戍设置不多、人身控制相对宽松，相较之下，行用效力较弱但使用便捷灵活的公验，反而更能满足这些地区证明功能的需求。

二、唐代过所与人口流动管理

在唐帝国疆域内，凭借官文书行政体系的完善，各地官司及关津镇戍能够依据过所及其他官文书案卷，有效实施对各类流动人口信息的管控。

自行旅之人申请过所始，官司便要对旅人的信息进行详尽勘验，这一勘验过程就是官方对往来旅人进行记录和管理的起始步骤。关于初次申请过所的具体情况，可以依据改请过所的相关案卷来获取深入理解。吐鲁番文书《唐开元二十一年（733）唐益谦请给过所案卷》就详细抄录了唐益谦改请过所的曲折过程：

（前缺）

-- （纸缝，背押"元"字）

1　　前长史唐侄益谦　奴典信　奴归命
2　　　婢失满儿　婢绿叶　马四匹
3　　　问得牒请将前件人畜往福州，检
4　　无来由，仰答者。谨审：但益谦从四镇来，见
5　　有粮马递。奴典信、奴归命，先有尚书省
6　　过所。其婢失满儿、绿叶两人，于此买得。
7　　马四匹，并元是家内马。其奴婢四人，谨
8　　连元赤及市券，〔保〕白如前。马四匹，如不委，
9　　请责保入案。被问依实。谨牒。元
10　　开元廿一年正月　日，别将赏绯鱼袋唐益谦牒。
11　　　　连元白。
12　　　　　　　　　　　　十一日

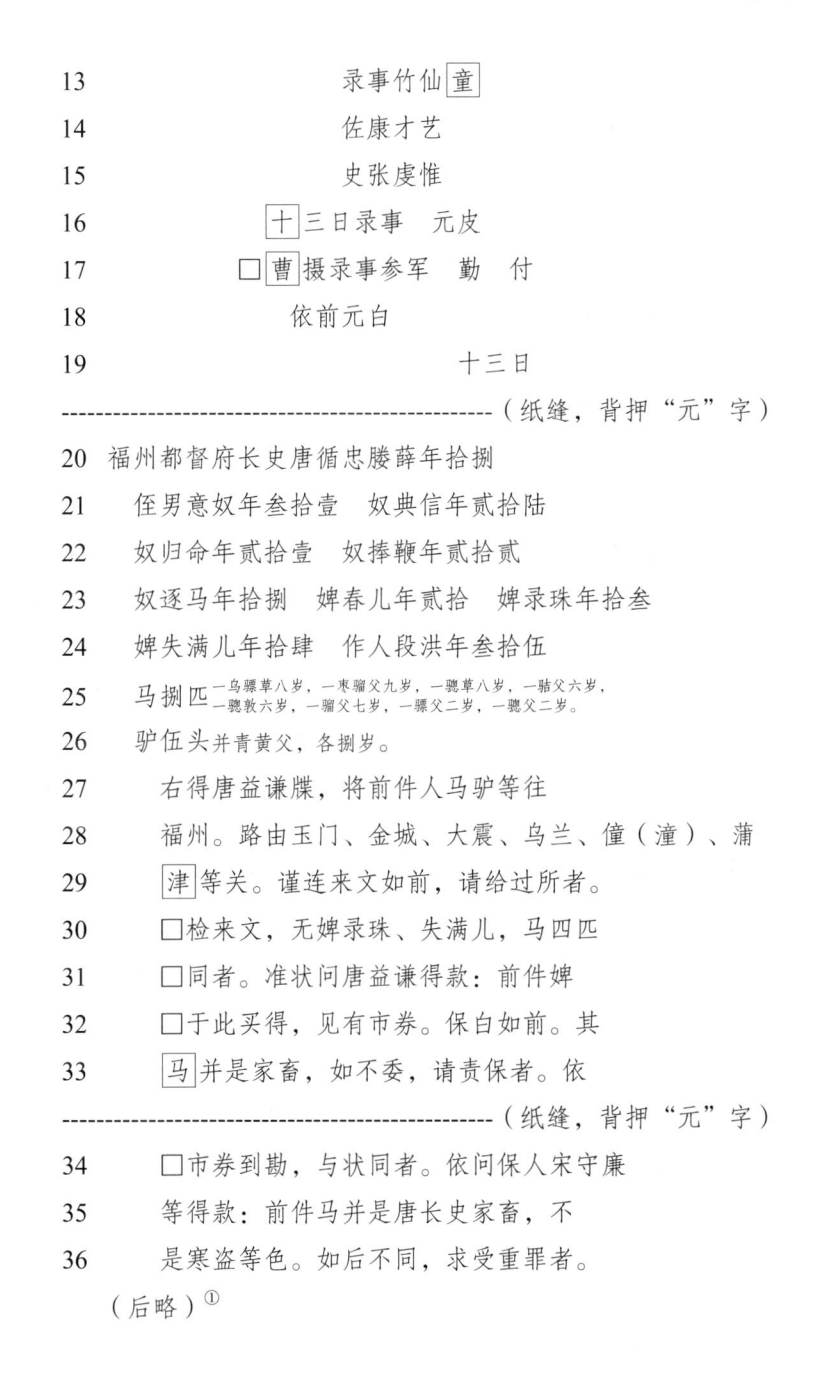

13　　　　　　　录事竹仙 童
14　　　　　　　佐康才艺
15　　　　　　　史张虔惟
16　　　　十 三日录事　元皮
17　　　□ 曹摄录事参军　勤　付
18　　　　　　　依前元白
19　　　　　　　　　　　十三日
--（纸缝，背押"元"字）
20　福州都督府长史唐循忠媵薛年拾捌
21　　侄男意奴年叁拾壹　奴典信年贰拾陆
22　　奴归命年贰拾壹　奴捧鞭年贰拾贰
23　　奴逐马年拾捌　婢春儿年贰拾　婢录珠年拾叁
24　　婢失满儿年拾肆　作人段洪年叁拾伍
25　　马捌匹 一乌骠草八岁、一枣骝父九岁、一骢草八岁、一骆父六岁、一骢敦六岁、一骝父七岁、一骠父二岁、一骢父二岁。
26　　驴伍头并青黄父，各捌岁。
27　　　右得唐益谦牒，将前件人马驴等往
28　　　福州。路由玉门、金城、大震、乌兰、僅（潼）、蒲
29　　 津 等关。谨连来文如前，请给过所者。
30　　　□检来文，无婢录珠、失满儿，马四匹
31　　　□同者。准状问唐益谦得欵：前件婢
32　　　□于此买得，见有市券。保白如前。其
33　　 马 并是家畜，如不委，请责保者。依
--（纸缝，背押"元"字）
34　　　□市券到勘，与状同者。依问保人宋守廉
35　　　等得欵：前件马并是唐长史家畜，不
36　　　是寒盗等色。如后不同，求受重罪者。
　　　（后略）①

唐益谦原本就拥有尚书省的过所，但在通过西州时，被当地官司发现随行的两奴、

---

① 唐长孺主编《吐鲁番出土文书》第肆册，第268—271页。

两婢和四马有问题，故而需要向西州说明情况并且重新改请过所。

文书案卷前面有所残缺，第1—12行抄录的是唐益谦提交给西州官司的牒文，事关此次改请过所的人畜情况。唐益谦先是说明他从安西四镇而来，准备前往福州，且有粮马递；又称言随行的两奴在此前尚书省过所中已有勘合；最后解释两婢是在西州当地所买，四匹马则是家内马，还附上元赤、市券和保白以为凭证。这部分应当是唐益谦在经由西州过关时，被当地官司查出随行旅畜与原本尚书省过所记载有所不同，故而向西州官司说明的情况。第27—36行则是西州官司收到唐益谦牒之后进行核查的报告，确认唐益谦确实需路由玉门、金城等关前往福州，并且依据来文、市券和保白进行了勘验，确保唐益谦牒所言属实。虽然唐益谦的尚书省过所目前无法得见，但唐益谦牒所附的两婢市券抄件还幸存于世，分别被整理者定名为《唐开元十九年（731）唐荣买婢市券》和《唐开元二十年薛十五娘买婢市券》[①]。这两件市券抄件应当是随唐益谦牒一同被呈交给西州官司勘合并留案存档的。西州正是依据唐益谦牒的说明以及所附各项证明文书，确认了唐益谦随行的两婢四马并非寒盗，进一步掌控了唐益谦的最新信息。也正是官司完全掌控了唐益谦的有效信息，才会在最后为其改发过所，让唐益谦等人可以顺利前往福州。

细致审阅此案卷，可以发现西州官司之所以同意为唐益谦改发过所，关键在于唐益谦牒中附有尚书省过所（元赤）、两婢市券及宋守廉等款（保白）。所以，官司并非仅依据过所来掌控往来行旅的信息，其他正式的官文书及保人证词同样会被用于勘验过所申请人所说信息正确与否，以确保这些流动人口的往来事由合法合规、申请人及随行旅畜并非逃兵及寒盗，从而实现对流动人口的有效管理。

唐益谦的案例或许显得较为简单，毕竟他持有正规的相关官司证明文书，其改请过所程序并不十分繁琐。对于未持有过所的人而言，官司的勘验过程则相对复杂且麻烦得多。例如，吐鲁番出土的《唐开元二十一年西州都督府案卷为勘给过所事》中保存了数个勘给过所的案例。以下节录王奉仙案例的部分内容：

（前略）

69　　岸头府界都游弈所　　　　状上州

70　　　安西给过所放还京人王奉仙

71　　　　右件人无向北庭行文，至酸枣戍捉获，今随状送。

---

① 唐长孺主编《吐鲁番出土文书》第肆册，第266—267页。

72　无行文人蒋化明。
73　　　　右件人至酸枣戍捉获，勘无过所，今随状送。仍差游弈
74　　　　主帅马静通领上。
75　牒件状如前谨牒。
76　　　　　开元廿一年正月廿七日典何承仙牒
77　　　　　　宣节校尉前右果毅要籍摄左果毅都尉刘敬元
78　　　　付功曹推问过
79　　　　斯示
80　　　　　　　　　　廿八日
--（纸缝，背押"元"字）
81　牒奉都督判命如前，谨牒。
82　　　　正月　日典康龙仁牒
83　　　　问九思白
84　　　　　　廿八日
--（纸缝，背押"元"字）
85　　王奉仙年卌仙　　（指节押）
86　奉仙辩：被问，身是何色？从何处得来至酸枣
87　戍？仰答者。谨审：但奉仙贯京兆府华源县，去
88　年三月内共驮主徐忠驱驮送安西兵赐至安西
89　输纳。却回至西州，判得过所。行至赤亭，为身患，
90　复见负物主张思忠负奉仙钱三千文，随后却
91　趁来至酸枣。趁不及，遂被戍家捉来。所有
92　行文见在，请检即知，奉仙亦不是诸军镇逃
93　走等色。如后推问不同，求受重罪。被问，依实，谨辩。
94　典康仁依口抄，并读示讫。思　开元廿一年正月　日
95　　　　连九思白
96　　　　　　廿九日
97　所将走去傔人菜（桑）思利，经都督下牒，不敢道将过　　都
98　都督分。傔人桑思利领化明将向北庭。行至酸枣戍，勘无过所，并被
99　勒留，现今虞候先有文案，请检即知虚实。被问依实谨辩。思
100　　　　　开元廿一年正月　日

---（纸缝，背押"元"字）

101　　　　　　蒋化明年廿六　　　　　（指节押）

102 化明辩：被问先是何州县人？得共郭林驱驴？仰答。但化明

103 先是京兆府云阳县嵯峨乡人，从凉府与敦元暕驱驮至北庭。括

104 客，乃即附户为金满县百姓。为饥贫，与郭林驱驴伊州纳和籴。

105 正月 十 七日，到西州主人曹才本家停。十八日欲发，遂即权奴子盗
　　　化明

106 过所将走。傔人桑思利经都督下牒，判付虞候勘当得实，责

107 保放出，法曹司见有文案，请检即知虚实。被问依实谨辩。

108　　　　　　　　开元廿一年正月　日

109　　　　　　　　　付法曹检　九思白

110　　　　　　　　　　　　　　廿九日

111 功曹　　付法曹司检。典曹仁　功曹参军宋九思

112　　　郭林驱驴人蒋化明　傔人桑思利

113　　　右请检上件人等，去何月日被虞候推问，入司复

114　　　缘何事？作何处分？速报。依检案内上件蒋

115　　　化明，得虞候状，其人北庭子将郭林作人，先

116　　　使往伊州纳和籴。称在路驴疫死损，所纳

117　　　得练，并用尽。北庭傔人桑思利于此追捉，

118　　　到此捉得。案内，今月廿一日，判付桑思利

119　　　领蒋化明往北庭。有实。

120 牒件检如前。谨牒。

121　　　开元廿一年正月　日府宗贞牒

122　　　　参军摄法曹程光琦

123　　　具录状过　九思白

124　　　　　　　　廿九日

---（纸缝，背押"元"字）

125 安西给过所放还京人王奉仙

126　　右得岸头府界都游弈所状，称上件人无向北庭行文，至

127　　酸枣戍捉获，今随状送者。依问王奉仙得欵：贯京兆府华

128　　源县，去年三月内，共行纲李承胤下驮主徐忠驱驴，送兵赐，

129	至安西输纳了。却回至西州判得过所,行至赤亭为患,
130	复承负物主张思忠负奉仙钱三千文,随后却趁来至
131	酸枣,趁不及,遂被戍家捉来。所有行文见在,请检即知
132	者。依检:王奉仙并驴一头,去年八月廿九日,安西大都护府
133	给放还京已来过所有实。其年十一月十日到西州,都督
134	押过向东,十四日,赤亭镇勘过,检上件人无却回赴北庭来
135	行文者。又问王仙得款:去年十一月十日,经都督批得过
136	所,十四日至赤亭镇官勘过,为卒患不能前进,承有债
137	主张思忠过向州来,即随张忠驴驮到州,趁张忠不及,至
138	酸枣戍,即被捉来。所有不陈却来行文,兵夫不解,伏听
139	处分。亦不是诸军镇逃走及影名假代等色,如后推问,
140	称不是徐忠作人,求受重罪着。又款:到赤亭染患,在赤
141	亭车坊内将息,经十五日至廿九日,即随乡家任元祥却

-- (纸缝,背押"元"字)

142	到蒲昌,在任祥傔人姓王不得名家停止。经五十日余。今年
143	正月廿一日,从蒲昌却来趁张忠,廿五日至酸枣,趁不及
144	☐☐☐☐☐☐☐☐州,所有不陈患由及却来文,
145	☐☐☐☐☐☐顺从西行到安昌城死讫者
146	☐☐☐☐☐☐☐无过所,今
147	☐☐☐☐☐问有凭,
148	准状告知,任连本过所,别
149	自陈请。其无行文蒋化明[①]

(后略)

这份案卷记载了王奉仙案处理的三个阶段:一是王奉仙在哪里、被谁所抓,二是王奉仙的辩词,三是西州检案后的结果。王奉仙本是京兆人,随人前往安西输纳兵赐,随后获得还京过所准备返回京兆府,但在经过西州到达赤亭后患病,刚好又遇到欠他钱的张思忠,所以追到酸枣戍,然后被抓。其实,王奉仙本就有还京的过所,一路上应当畅通无阻才对,可惜为了追讨债主又跑回北庭,但又没有返回北庭的过所,于是被抓。

---

① 唐长孺主编《吐鲁番出土文书》第肆册,第288—294页。

在王奉仙案中，官司并未单纯依靠王奉仙的款词（口供）进行判断，而是对其携带的其他行文进行细致检查，并对其停留记录和过所的勘验记录进行了深入核查。例如，在第132—135行中，详细检查了王奉仙还京过所和赴北庭行文的有无，以及他在西州、赤亭的勘过记录。尽管本案卷并未详细抄录王奉仙过所的勘过记录，但从《石染典过所》可以推断，正式的过所都会有详细的勘过记录，并按过关时间顺序排列，且有镇官的画押。这些勘过记录不仅是官方核实过所合法性的凭证，也是其掌握流动人口行动路线的重要依据。再如《天圣令·关市令》复原唐令第8条载：

> 诸行人赍过所及乘驿、传马出入关者，关司勘过所，案记。其过所、符券、递牒并付行人自随。①

依照唐令规定，行旅度关时，关司不仅要勘过所，也会案记信息。李全德认为："案记即是责任官司为某事记录为案，留本司备查。"②在王奉仙案中，西州官司理应依照过所的勘过记录，对各关司的案卷信息进行调查。况且，王奉仙此前在西州已有勘过记录，查验过程应当颇为便捷。

此外，关于王奉仙在赤亭车坊养病的勘验，尽管未在本案卷宗中体现，但依据斯坦因在和田发现的《唐别奏康云汉文书》来看，来往行旅在馆驿停留时均有详细记载③，赤亭车坊也不应例外。这些馆驿记录将与其他文书一起，成为官司用来检验王奉仙是否说谎的一套完整官文书互证之依据。当然，正因为王奉仙"所有行文见在"，故而才会有第147行的官司"问有凭"的判词。

在国家掌控之下，人口流动都会或多或少留下痕迹。得益于唐代官文书运行体系的发达，这些痕迹得以被记录在文书之中，以备日后勘验。通过分析唐益谦、王奉仙两个案例，可以看出，过所及相关官文书共同构成了唐代官司对流动人员往来信息的管理与掌控体系。该体系是以过所或公验为基本依据，辅以在唐代施行的市券、保人体系、关司勘至案记和馆驿留存记录而运作的。各地方官司通过这些文书记录，能够有效追踪往来流动人口的身份和行动轨迹，尽量避免压良为贱及私自逃窜等行为的发生，从而维护整个国家人口的稳定。

---

① 复原参孟彦弘《唐关市令复原研究》，第529—530页。
② 李全德《〈天圣令〉所见唐代过所的申请与勘验——以"副白"与"录白"为中心》，第216页。
③ 参庆昭蓉《从龟兹语通行许可证看入唐前后之西域交通》，《西域文史》第8辑，北京：科学出版社，2013年，第65—83页；荣新江《丝绸之路也是一条"写本之路"》，第87页。

三、唐代过所与旅行手册

官方通过过所、公验及相关文书来实现对流动人口的管理与控制，与此同时，行旅人士针对过所申请和查验的手续，亦备有应对的策略。抄写旅行手册便是其中的关键一环，特别是以巡礼为目的的僧侣和以市易为目的的商旅等，通常会携带实用的旅行指南和工具书[1]。以圆仁为例，这类长途跋涉寻求名师和向往佛门圣地而巡礼的僧侣，是留下旅行指南的主要群体。

行旅之人往往会就申请过所或公验事宜，依照临行的旅行指南，做好相应准备。如圆仁在其行记中就记有祠部颁发给新罗僧法清的文牒。圆仁之所以抄录这份祠部牒，是因为法清之前按照程序得到了祠部的许可，并获得了通行的公验。为顺利取得公验，圆仁将此份文本作为申请文书的重要参考。因此，法清所得祠部牒已不再作为官文书而存在，实则变成圆仁旅途中用以申请过所的指南。

对于外国人而言，语言障碍无疑是他们在旅途中所面临的最大挑战，往往也会对其过所申请产生影响。为了应对唐帝国境内各处地方官司及关津镇戍的盘查，译语人及对译手册便成了这些巡礼僧人及往来行旅的标配[2]。在《唐大中七年（853）福州给圆珍公验》中提及的"译语丁满年卌八"，就应是圆珍为了行旅方便而配备的同行旅员，故其《台州府公验》中还有"牒，得本曹官典状，勘得译语人丁满状称"等语[3]。

另外，前述康义罗施等人申请过所文书中之"译翟那你潘"更是典型案例。此处的"译"当是"译语人"的省称。依据案卷第三件文书的记载，由于康义罗施等为胡人，因此在申请过所的过程中，该译语人担任了辩护律师的角色。其云：

（前缺）

1　你那潘 等辩：被问得上件人等 辞 ，请将

---

[1] 荣新江《丝绸之路也是一条"写本之路"》，第87—90页。
[2] 关于唐代译语人的研究，可参李方《唐西州的译语人》，《文物》1994年第2期，第45—51页；韩香《唐代长安译语人》，《史学月刊》2003年第1期，第28—31页；赵贞《唐代对外交往中的译官》，《南都学坛》2005年第6期，第29—33页；王琳琳《唐代边疆边防法律制度研究——以"译语人""化外人"为中心》，中国社会科学院研究生院硕士学位论文，2010年；朱丽娜《唐代丝绸之路上的译语人》，《民族史研究》第12辑，北京：中央民族大学出版社，2015年，第212—228页；李锦绣《唐代的翻书译语直官：从史诃耽墓志谈起》，《晋阳学刊》2016年第5期，第35—57、131页。
[3] 程喜霖《唐代过所研究》，第151页。

2　家口入京，其人等不是压良、诙诱、寒盗

3　等色以不？仰答者！谨审：但那你等保

4　知不是压良等色，若后不依今

5　款，求受依法罪，被问依实 谨□。（指节押）

6　亨　　　　垂拱元年四月　日

7　　　　　　连　亨　白

8　　　　　　　　　　　十九日

（后缺）①

申请过所时，唐朝官司需要核实通行之人并非压良等色。康义罗施等是自西域而来的胡人，翟那你潘作为他们的译语人，在申请过所过程中的答辩环节起到重要作用。以此可见，对于来唐的外国人而言，译语人在他们旅途及申请过所过程中均扮演着至关重要的角色。

除译语人之外，一些抄写了双语对译的旅行手册，可能也会在过所的申请过程中发挥重要作用。荣新江先生曾讨论过一件从印度经于阗到唐朝五台山巡礼的梵僧所使用的会话练习手册②。此件手册虽然是梵文与于阗文的对译，但其中内容为自己的信息、去往中国的目的等。现转录荣新江先生摘引的中译录文如下：

A. 4　〔你从〕何处来？

　　5　〔我从〕瞿萨旦那（于阗）国来。

　　6　〔你从〕印度何时来？

　　7　已有两年。

　　8　〔你〕在瞿萨旦那国住何处？

　　9　寄住在一所寺院。

B. 13　今者你将何往？

　　14　我将前往中国。

---

① 唐长孺主编《吐鲁番出土文书》第叁册，第348页。第1行"你那"应作"那你"，此系案卷本身誊抄错误。

② 荣新江《丝绸之路也是一条"写本之路"》，第89—90页。此文书原为梵文与于阗文对译抄写，英译录文可参熊本裕《西域旅行者用サンスクリット＝コータン语会话练习帐》，《西南アジア研究》第28卷，1988年，第58—61页。

15　在中国做何事？

16　我将前往参拜文殊师利菩萨。

17　你何时回到此地？

18　我将巡礼全中国，然后回还。

C. 26　〔你〕是否有书籍？

27　有。

28　什么书？经、论、律还是金刚乘〔文献〕？这些书属于哪一类？

29　〔你〕喜爱哪部书？

30　喜爱金刚乘，教授〔此部经典〕。①

　　这份印度僧人练习会话的内容揭示出，他正筹备从于阗国踏入唐朝境内，急需熟悉如何阐述自己的身份及来历等信息。荣新江先生也据此指出这位僧人是在为经过通行于阗语的于阗、敦煌等地需要介绍自己情况时做准备②。然而，另一种可能性是，此举亦是在为他入唐后申请过所或公验做准备。将此类练习会话与圆珍的太宰府公验进行比对，两者间存在诸多相似之处。《圆珍太宰府公验》载：

1　　日本国太宰府

2　　　延历寺僧圆珍（年册，腊廿一）

3　　　　从者捌人

4　　　　随身物，经书、衣钵、剃刀等

5　　得圆珍状，云将游行西国，礼圣求法，

6　　觅得大唐商人王超等回乡之船。恐

7　　到处所，不详来由，伏乞判附公验，

8　　以为凭据。

9　　　　仁寿叁年贰月拾壹日　大典越贞京

10　　　　　　　　　　　　　大监藤　□□③

---

① 荣新江《丝绸之路也是一条"写本之路"》，第89—90页。
② 荣新江《丝绸之路也是一条"写本之路"》，第90页。
③ 程喜霖《唐代过所研究》，第149—150页。

会话练习册和《圆珍太宰府公验》都可用于核实确认僧人的身份来历，并阐述他们赴中国朝圣的目的，以及携带的经书等物品（梵僧可能会携带金刚乘文献）。根据前揭《唐大中七年福州给圆珍公验》所载，圆珍随行有译语人丁满，但这位梵僧可能没有找到合适的译语人，因此只能借助于这本会话练习册进行语言练习。

敦煌吐鲁番出土的对译文本还有不少，有些可能并非僧侣巡礼所用。高田时雄曾整理讨论过多件于阗文文书中的汉语语词，其中涉及当时敦煌吐鲁番地区重要地名、官名、年号、姓等，如"西州"（P.2786）、"玉门"（P.2741）、"节度使"（Or.8212）[1]。这些对译的文本可能是于阗人前往沙州时会用到的旅行手册，而当中记载的地名等信息，也会在需要申请过所时用到。在这些于阗文对译文本之外，还有一些藏汉对译的文本。如P.2762v就在汉文当中夹写有9行藏文对译语词，其中汉文词语如下：

南、北、东、西、河西一路、马、骆驼、牛、羊、正月、二月、三月、四月、五月、六月、七月、八月、九月、十月、十一月、十二月、汉、特蕃、胡、退浑、回鹘、汉天子、回鹘王、吐蕃天子、退浑王、龙王、龙、师子、大虫、牦牛、蛇、猪、狼、野马、鹿、黄羊、野狐、土（兔）子、一个打得。[2]

这些藏汉对译的词语，涉及时间、地点、当时西北势力首领名称和动物，该文书推测应是唐后期一位吐蕃人前往沙州时所携带的翻译手册。尽管当时沙州地区周边局势混乱，过所制度并不能有效施行，但在重要关津镇戍之处，官方必要的信息核查依然存在。为应付往来途中关津镇戍的盘查，这些翻译手册便成了不可或缺的旅行指南。这也从侧面揭示了这些旅行手册与过所之间的关联。

除这些因为各种目的来到唐帝国疆域内的外国人之外，部分唐朝人为了顺利通行，往往也会携带相关的旅行手册。日本杏雨书屋藏《驿程记》，据荣新江先生的猜测，"可能是一组敦煌使者从西受降城到雁门关的行记"[3]。该《驿程记》中记载

---

[1] 高田时雄著，钟翀等译《敦煌·民族·语言》，北京：中华书局，2005年，第214—230页。根据高田时雄先生的研究，这些文书可能是与于阗国派往沙州的使者有关。
[2] 录文参荣新江《龙家考》，《中亚学刊》第4辑，北京：北京大学出版社，1995年，第147页；萨仁高娃《国外藏敦煌汉文文献中的非汉文文献》，《文津学志》第3辑，北京：国家图书馆出版社，2010年，第146页。
[3] 荣新江《丝绸之路也是一条"写本之路"》，第101页。

了从西受降城到雁门关沿途的一些馆驿信息[①],这些也都与行旅通行相关。此外,同样藏于杏雨书屋的羽41r号杂字文书中,抄录有许多地名、饮食、职官等语词[②]。虽然,学界一般依据该文书最后所书"杂字一本",将其认定为字书类文献。但是,该杂字所抄的地名与职官类词语同高田时雄讨论的于阗文对译语词高度相似,如都有"玉门""常乐""新城""宰相"和"仆射"等,所以,羽41r号可能与旅行手册的关系更为密切,或许也是行旅中规划路线与度关的重要指南。

总之,唐代过所、公验及其他相关官文书的行用,使得行旅的往来能够被官方严格管理与掌控。故而,无论是外国人抑或是唐人,为了应对国家关津镇戍的盘查,可能都会随身携带一些抄录的旅行手册作为旅程中重要的行动参考与指南。这些抄录的旅行手册,形式多样,内容也不尽相同,既可能富含丰富的语言知识,也可能包含当地的地理信息等。随着旅行的进行,这些文本发生空间的移动与信息的传递。尽管过所及相关文本本身会在一定程度上阻碍信息的顺畅传递,但伴随其产生的文本,反而使得信息传播的内容和形式更加丰富多样。

小 结

本节重点讨论了唐代的过所、公验及相关文书,对过所与公验的应用进行了明确的区分,并深入研究了旅行手册在过所文书行用过程中的作用,分析了过所及其相关文书作为控制流动人口的重要手段是如何发挥作用的。作为唐代文书行政的重要一环,过所文书与其他文书紧密勾连,在掌控关津内外及人口流动等方面发挥了关键作用。尤其是在西北边陲,过所文书的行用既确保了丝绸等贸易在地方官司的掌控下顺利进行,同时也有利于国家将流动人口的信息牢牢掌握,避免了官方户籍人口流失等问题。值得注意的是,尽管目前所见到的过所文书主要在地方行用,但在京者亦有尚书省颁发的过所。因此,过所其实是在唐帝国范围内被广泛行用,依然可视为国家掌控各地方流动人口的重要手段。

---

① 其中地名及时间的考证可参陈涛《日本杏雨书屋藏敦煌本〈驿程记〉地名及年代考》,《南都学刊》2014年第5期,第28—31页。
② 岩本笃志《敦煌秘笈"杂字一本"考——"杂字"からみた归义军期の社会》,《唐代史研究》第14号,2011年,第24—41页。后赵贞先生在此基础上对录文又有所修订及考证,见赵贞《杏雨书屋藏羽41R〈杂字一本〉研究——兼谈归义军时期的童蒙识字教育》,《敦煌学辑刊》2014年第4期,第48—68页。

第三节　唐代的奏报与信息：文书传递与奏报难通

在相对安定和平的时期，没有其他势力或因素干扰的情况下，事目类文书及过所等各类官方文书在统一疆域内畅行无阻，传递着多样化的信息。然而，强大的王朝会走向衰落，安定的环境也会走向纷乱。当出现战乱或不稳定因素之时，信息的传递必然会被隔绝的道路所阻断。不稳定的社会环境固然会导致音讯阻断，但人们对于诸多信息的渴求反而更加迫切。尤其战乱是否平息、家人是否平安等信息，更是始终牵动着身处当时境遇的每个人。杜甫名篇《闻官军收河南河北》中"剑外忽传收蓟北，初闻涕泪满衣裳"，便描绘了安史之乱末期，杜甫在梓州听闻河南河北被收复时激动不已的心情。

一、S.2589 号文书补考

S.2589 号文书作为唐僖宗中和四年（884）十一月一日肃州防戍都营田康汉君等向沙州报告的牒状，就是在道路阻隔而奏报难通时被传递的官文书。这件官文书主要报告了当时沙州当权者所关心的重要消息，如宋输略、淮诠郎君和宋润盈等人于邠、灵两州至凉州之间的往来行踪，以及黄巢之死与僖宗返京的情况[1]。目前，该文书已有数篇录文[2]，唐长孺、邓文宽和荣新江等先生都曾利用此文书并结合 S.389，对当时张氏归义军与甘州回鹘、龙家及唐朝中央之间的关系进行了论述[3]；冯培红在讨论唐朝与沙州张氏之间的争斗时，也曾利用过此文书[4]；胡耀飞则从此件文书所报告的

---

[1] 该文书有涂改且无官印，其文本性质难以遽然断定。但文书既然是由肃州官员撰写并出现在沙州，表明该文书确实是被人从肃州带到沙州的官文书。

[2] 唐耕耦、陆宏基编《敦煌社会经济文献真迹释录》第4辑，北京：全国图书馆文献缩微复制中心，1990年，第485—486页；荣新江《归义军史研究：唐宋时代敦煌历史考索》，上海：上海古籍出版社，1996年，第303—304页；郝春文主编《英藏敦煌社会历史文献释录》第12卷，北京：社会科学文献出版社，2015年，第459—462页。

[3] 唐长孺《关于归义军节度的几种资料跋》，《中华文史论丛》第1辑，上海：中华书局，1962年，第290—292页，后收入氏著《山居存稿》，北京：中华书局，1989年，第446—449页；邓文宽《张淮深平定甘州回鹘史事钩沉》，《北京大学学报》1986年第5期，第93—94页；荣新江《甘州回鹘成立史论》，《历史研究》1993年第5期，第36—37页；荣新江《敦煌邈真赞所见归义军与东西回鹘的关系》，饶宗颐主编《敦煌邈真赞校录并研究》，台北：新文丰出版公司，1994年，第62—65页；荣新江《归义军史研究：唐宋时代敦煌历史考索》，第186页。

[4] 冯培红《敦煌的归义军时代》，兰州：甘肃教育出版社，2013年，第148—155页。

消息出发，拓展探讨了黄巢之死的史料生成情况[①]。尽管前人已有相当丰富的研究成果，但从信息传播的视角对本文书进行深入挖掘仍有余地。为方便讨论，兹据原卷行款迻录《英藏敦煌社会历史文献释录》释文如下：

1 　　□□□九（？）凉州入川，□□□□
2 　　□□氾 李行恩 等 □□□□□
3 　　□□□界，共邠宁道兵马互相□
4 　　□□州节度使，遂于灵州请兵马
5 　救 接。其灵州不与助兵，因兹邠州共
6 　灵州亦为酬（仇）恶。中间兼有党项抄劫，使
7 　全过不得。宋输略等七人从邠州出，于
8 　河州路过，到凉州，其同行回鹘使并 在
9 　邠州。先淮诠 郎 君路上遭贼，落在党
10 　项，亦邠州节度赎到邠州，郎君二人及
11 　娘子、家累、军将米住等廿人，输略等
12 　亲自见面，并在邠州。淮诠郎君拟 从喝
13 　未使发来，缘装束不辨（办），发赴不得。
14 　其草贼黄巢被尚让 共黄巢弟二
15 　大煞却[②]，于西川进头[③]。　皇帝回驾，取
16 　今年十月七日，的入长安。游弈使白永
17 　吉、押衙阴 清 儿等，十月十八日平善，已
18 　达嘉麟。缘凉州闹乱，郑尚书共□□
19 　诤位之次，不敢东行。宋润盈一行 亦在
20 　凉州未发。其甘州共回鹘和断未定，
21 　二百回鹘常在甘州左右捉道劫掠。甘

[①] 胡耀飞《关于黄巢之死的史料生成——从敦煌S.2589号文书出发的探讨》，《丝绸之路研究集刊》第3辑，北京：商务印书馆，2019年，第224—237页。
[②] 删除线文字在《英藏敦煌社会历史文献释录》中未录，为保存文书信息，此处照录。
[③] 《英藏敦煌社会历史文献释录》著录时将此句与前句相连，并将"进"校改为"尽"。胡耀飞则将此处断开且不校改，见胡耀飞《关于黄巢之死的史料生成——从敦煌S.2589号文书出发的探讨》，第227页。

22　　州自胡进达去后，更无人来往。白永吉、
23　　宋润盈、阴清儿各有状一封，并同封角
24　　内，专差官健康清奴驰状通报，一
25　　一谨具如前，谨录状上。
26　牒　件　状　如　前，谨　牒。
27　　　　　中和四年十一月一日，肃州防戍都营田康汉君、
28　　　　　　　　　　　县承（丞）张胜君等状。①

黄巢起义是晚唐最重要的历史事件之一，几乎影响了唐王朝的大半疆域。虽然敦煌地区居于唐朝西北边陲，并未直接受到黄巢起义的影响，但该事件也间接造成了河西地区不同势力的纷争，致使该地区也陷于混乱当中②。与此同时，处于沙州的张淮深正迫切希望得到中央旌节以便统领河西对抗吐蕃等势力，故而必然对此次大乱造成的影响及僖宗的行踪投以极大关注。S.2589 号文书正是在此背景之下被撰写与传递的。

这件官文书主要报告的内容，胡耀飞已经将其提炼出 12 条③，其中大部分都是关于肃州以东的邠州、灵州之间的矛盾与局势，以及宋润盈等人在往来行程中遭遇的麻烦，尤其是从邠州到达凉州的经过。相关的历史信息前人均有所论及，下面仅就本文书所涉及的道路线路与消息传递等情况再作补考。

文书中提到邠、灵两州的矛盾，其中邠州所在的邠宁道包含了邠州在内的邠宁节度使所管辖区域，而与邠州有嫌隙的灵州则是朔方节度使所在的治所。据《旧唐书》：

> 至德之后，中原用兵，刺史皆治军戎，遂有防御、团练、制置之名。要冲大郡，皆有节度之额；寇盗稍息，则易以观察之号。④

"安史之乱"以后，唐朝中央以邠州为邠宁节度使治所，以邠、宁、庆、鄜、坊、

---

① 录文参郝春文主编《英藏敦煌社会历史文献释录》第 12 卷，第 459—460 页。以下凡引自该释文者，不再另行出注。
② 胡耀飞《关于黄巢之死的史料生成——从敦煌 S.2589 号文书出发的探讨》，第 228 页。
③ 胡耀飞《关于黄巢之死的史料生成——从敦煌 S.2589 号文书出发的探讨》，第 227 页。
④ 《旧唐书》卷三八《地理一·关内道》，第 1389 页。

丹、延、衍等州为其管辖区域，邠宁节度使是长安西北方向重要的军事区。灵州所在的朔方节度使则是开元九年（721）由朔方军大总管改名而来，管辖盐、夏、绥、银、宥、丰、会、麟、胜等州及单于都护府，是抵御回鹘的重要军事阵地。

按道理来说，两州此时还是唐王朝所掌控的正州，应该守望相助，共同维护长安通往西域的要道不受侵扰，一同抵御外族的入侵，保持道路的畅通。但根据文书所言，两州却因"亦为仇恶"，致使唐朝西北这两大重要区域之间的交通联系有所阻隔，往来行人"全过不得"。其中广明元年（880）至中和四年的灵武节度使应当为让皇帝之后李元礼[1]，中和元年（881）至光启二年（886）的邠宁节度使应为朱玫[2]。李元礼的事迹记载很少，而朱玫则因在平定黄巢起义中立下显著功绩，其生平经历的记载相对丰富。史载中和三年（883）五月：

> 京城西北面行营都统、金紫光禄大夫、检校司空、邠州刺史、邠宁节度使朱玫就加同平章事，进封吴兴县侯，食邑一千户。[3]

而在光启元年（885）十二月因李克用反叛，田令孜挟僖宗逃往凤翔后，朱玫虽也出兵迎奉，但次年就立襄王称制，后为王行瑜所斩。朱玫与李元礼有何仇恶，不得而知。不过，两地都是当时防御西戎和北狄的重要军事重镇，只是受最高长官不和的影响，邠州与灵州对狄戎的攻防势必有所耽误，故而才会出现党项在两境间抄掠的情况，使得路途不太安全，宋输略、淮诠郎君等人都不得已流落至邠州。此时的唐王朝已然没有约束西北正州的官方力量，也无力维护长安与凉州间道路的畅通以及往来行人的安全。

文书还记载宋输略等人出邠州，途经河州到达凉州。他们所路过的河州，是长安西北至凉州南道上某一线路的必经点。根据严耕望的考证，南道逾陇阪，西经秦州（今天水）、渭州（今陇西县东）至临州（今临洮，旧狄道），再由临州临洮军西行，出河州（今临夏）凤林关，又西北至鄯州（今乐都），又北微东经凉州（今武威）及甘州（今张掖）[4]。宋输略等人本来可以走北道到凉州，即从邠州向西北经

---

[1] 吴廷燮《唐方镇年表》卷一"朔方"，北京：中华书局，1980年，第156页。该书后附《唐方镇年表考证》指出李元礼当为广明元年十月后方镇灵武，第1312页。
[2] 郁贤皓《唐刺史考全编》卷六"邠州"，合肥：安徽大学出版社，2000年，第198页。
[3] 《旧唐书》卷一九下《僖宗本纪》，第716页。
[4] 严耕望《唐代交通图考》卷二《河陇碛西区》，上海：上海古籍出版社，2007年，第498页。

泾州（今泾川）、原州（今固原），过石门关，再由会州（今白银）和乌兰关（今北城滩古城）到达凉州。但因邠州与灵州有间隙，且有党项抄掠，故而他们只好选择南道，大概是先到泾州，然后走小道到陇州（今宝鸡），再走上秦州往西的路线。

之后，宋输略等人虽然顺利到达了凉州，但因当时的河西都防御使郑尚书可能在与其后任翁郜争位[①]，从而导致了"凉州闹乱"，他们又不得不再次滞留凉州。同样受"凉州闹乱"的影响，准备东行途经凉州的游弈使白永吉等人也被迫停留在凉州西北七十里的嘉麟县。此外，甘州与回鹘也有种种矛盾，甘州附近时常被回鹘劫掠，甘州与凉州之间更是无人往来。所以，当时长安通往沙州的交通路线中，在邠、灵两州之间，以及甘、凉两州之间的路段，由于各种外来势力的侵扰和唐朝内部官员之间的仇恶、争权夺利，已然遭到了严重的阻隔。这种"内忧外患"的情况导致途经该地域的行人往来颇为不便，信息交流也不够通畅，甚至人身安全也无法得到保障。

除了以上宋输略等人往来行途的情况，文书还报告了当时的朝廷局势，主要是关于黄巢之死与僖宗还京。不过，报告的这两则消息均出现错漏，恐怕最初的消息来源并非官方所传递的文书。

根据通行的说法，广明元年，黄巢起义爆发，僖宗被田令孜挟持至蜀地，长安也被黄巢的起义军占领。中和四年六月，黄巢起义军被李克用等人剿灭，黄巢被斩首：

〔六月〕甲辰，武宁将李师悦与尚让追黄巢至瑕丘，败之。巢众殆尽，走至狼虎谷。丙午，巢甥林言斩巢兄弟妻子首，将诣时溥；遇沙陀博野军，夺之，并斩言首以献于溥。[②]

黄巢之死，向来众说纷纭[③]。据上引《资治通鉴》记载，黄巢在泰山附近被朱全忠和李克用等人击败后，又遭到叛将尚让的追击，最终在狼虎谷被自己的外甥林言斩杀。

但在此件肃州报告给沙州的牒状文书当中，关于黄巢之死的说法是"被尚让共黄巢弟二大煞却，于西川进头"。与通行的说法相比较，这种说法的错漏主要在划

---

① 考证参荣新江、余欣《沙州归义军史事系年（咸通十四年—中和四年）》，《敦煌学》第 27 辑，台北：乐学书局，2008 年，第 271—273 页。
② 《资治通鉴》卷二五六"僖宗中和四年六月"条，第 8311 页。
③ 参胡耀飞《百年来王黄之乱研究综述》，《中国唐代学会会刊》第 21 期，2016 年，第 70—95 页。

掉的部分，即黄巢并非被尚让及黄巢弟所杀。虽然尚让背叛并随后一直在追讨黄巢，但最终斩杀黄巢之人应当是黄巢的外甥林言，黄巢弟可能也同时被其斩杀。在这件由肃州官员上报给沙州的官文书上，之所以会划掉"共黄巢弟二人"的消息，可能是肃州官员在抄写之后觉得不太可能，也可能是沙州在收到这件文书之后核查发现不对。总之，关于黄巢身死，这件文书所报告的消息并不准确。

此外，僖宗返京的消息也存在问题。虽然黄巢在中和四年六月就已被杀，其后七月"壬午，时溥遣使献黄巢及家人首并姬妾，上御大玄楼受之"，不过"上以长安宫室焚毁，故久留蜀未归"[①]。僖宗正式从成都返回长安是在次年，正月己卯"车驾发成都，陈敬瑄送至汉州而还"，二月丙申"车驾至凤翔"，三月丁卯"至京师"[②]。而文书所说的"皇帝回驾，取今年十月七日，的入长安"，恐怕是对相关消息的误读。在中和四年十月，确有"关东藩镇表请车驾还京师"[③]，但只是建议而已，并非正式的决定。当这个消息被传递到肃州时，就被误以为僖宗是于该年十月七日返京。实际上该年十月七日，据杜光庭《历代崇道记》所载，僖宗还在成都"敕高品郭遵泰监造青羊宫土木之工，并用内库宣赐"[④]，并未出发返京。关于僖宗正式返回长安并大赦天下的消息，此后有专门的正式诏书传达至沙州。如在敦煌发现的P.2696《中和五年（885）三月僖宗还京师大赦诏》就是最好的例证[⑤]。诏书明确说到"自中和五年三月十四日昧爽以前"，也可证明僖宗在中和五年三月才回到长安。

以上是笔者对S.2589号文书中关于道路线路与消息传递情况的补充。从残存的内容来看，本件官文书作为肃州呈报给沙州的牒状，主要向沙州报告了当时肃州以东各地区的局势，以及打听到的一些重大消息，可大致总结如下：

一是宋输略等人行进地区与路线的安全情况。灵州与邠州之间的仇恶、党项抄掠、凉州闹乱以及甘州地区两百回鹘劫掠，都极大地影响了肃州及其以东地区的道路交通与联系。这些道路交通信息关系到沙州与中央朝廷之间的联系，既与往来使节相关，也影响到来往行人的活动。而且，这些消息可能也涉及沙州当权者对于收复周边地区战略的选择。如荣新江先生指出，张淮深迫切希望得到唐朝正式给予的节度使之名，

---

① 《资治通鉴》卷二五六"僖宗中和四年七月"条、"僖宗中和四年九月"条，第8312—8313页。
② 《资治通鉴》卷二五六"僖宗光启元年一至三月"条，第8319—8320页。
③ 《资治通鉴》卷二五六"僖宗中和四年十月"条，第8313—8314页。
④ 《全唐文》卷九三三《历代崇道记》，北京：中华书局，1983年影印本，第9721页。
⑤ 蔡治淮《敦煌写本唐僖宗中和五年三月车驾还京师大赦诏校释》，北京大学中国中古史研究中心编《敦煌吐鲁番文献研究论集》，北京：中华书局，1982年，第650—659页。

故而从中和四年起,先后派出三批专使求节,而宋润盈一行就是第一批,但此时仍逗留凉州未发①。

二是当时中原地区发生的重要事件。文书中所说的黄巢起义被平定及僖宗回归长安的事件皆有错漏,但还是能够反映肃州及沙州方面对于当时国家重要事件的关注。一方面,大概是为了更好地统领河西地区,张淮深急于得到中央正式任命,故而十分重视来自中原的重要消息;另一方面,之前就来到西北地区并受困于此的各色人等也急于得知家乡的情况。

以上两类消息中,前一类消息应当都是基于当时肃州的地方侦察以及宋输略等人亲身经历所得。这些消息不仅是沙州所关心的,同时也可为肃州如何应对当前局势提供参考,故而相对可靠。而后一类消息却错漏百出,它们显然并非来自确凿的官方信息传递系统,恐怕只是道听途说。这也进一步证明当时肃州及其以西地区与中原地区的信息往来已中断许久。

二、唐代官方的文书驿传系统

在唐代版图之内,准确的官方信息由专门的驿传系统来保证及时地被传递。官方馆驿作为古代往来行人重要的方向指示与地理路标,关系到官方消息的传递、往来商旅的行进和各色行人的出行,其重要性自然不言而喻。

在唐初,官方就十分重视驿传系统的建设,如显庆二年(657)苏定方击败原安西都护府都督阿史那贺鲁(叛后自称沙钵罗可汗)以后,就立即在其所据之地"通道路,置邮驿"②。《唐会要》载此事称:

> 显庆二年十一月,伊丽道行军大总管苏定方大破贺鲁于金牙山,尽收其所据之地,西域悉平。定方悉命诸部,归其所居。开通道路,别置馆驿。③

唐代官方对于道路的畅通与馆驿的建设向来持积极态度。依据《唐六典》卷五的记载,玄宗朝时驿传的规模已极为庞大,基本覆盖唐王朝整个疆域范围:

---

① 荣新江《归义军史研究:唐宋时代敦煌历史考索》,第186—187页;冯培红《敦煌的归义军时代》,第148—155页。
② 《资治通鉴》卷二〇〇"高宗显庆二年"条,第6307页。
③ 《唐会要》卷七三"安西都护府"条,第1567页。

> 凡三十里一驿，天下凡一千六百三十有九所。（二百六十所水驿，一千二百九十七所陆驿，八十六所水陆相兼。若地势险阻及须依水草，不必三十里。每驿皆置驿长一人，量驿之闲要以定其马数：都亭七十五匹，诸道之第一等减都亭之十五，第二、第三皆以十五为差，第四减十二，第五减六，第六减四，其马官给。有山阪险峻之处及江南、岭南暑湿不宜大马处，兼置蜀马。凡水驿亦量事闲要以置船，事繁者每驿四只，闲者三只，更闲者二只。凡马三名给丁一人，船一给丁三人。凡驿皆给钱以资之，什物并皆为市。凡乘驿者，在京于门下给券，在外于留守及诸军、州给券。若乘驿经留守及五军都督府过者，长官押署；若不应给者，随即停之。）①

此外，日本杏雨书屋藏敦煌本《驿程记》也是唐宣宗时人们对于西北地区驿传系统的直接记录②，可对《唐六典》的记载进行补充。由此可知，唐代官方十分重视官方驿传系统的建设，一直在尽力保证国家道路交通与信息传递的畅通无阻。

唐代官方对于各种交通工具的驿传程限都有详细规定，《唐六典》卷三云：

> 凡陆行之程：马日七十里，步及驴五十里，车三十里。水行之程：舟之重者，溯河日三十里，江四十里，余水四十五里；空舟溯河四十里，江五十里，余水六十里。沿流之舟则轻重同制，河日一百五十里，江一百里，余水七十里。③

同时，依《唐令》规定，遣驿官司在派遣驿使时，需根据传递事件的轻重缓急注明每日所行驿数，以规定程期。如果驿使未按所注驿数程期行进，唐律将会按驿使稽程之罪对其进行处罚：

> 诸驿使稽程者，一日杖八十，二日加一等，罪止徒二年。
> 【疏】议曰：依令："给驿者，给铜龙传符；无传符处，为纸券。"量事缓急，注驿数于符契上，据此驿数以为行程，稽此程者，一日杖八十，二日加一等，罪止徒二年。④

---

① 《唐六典》卷五"驾部郎中员外郎"条，第163页。
② 参陈涛《日本杏雨书屋藏敦煌本〈驿程记〉地名及年代考》，第28—31页。
③ 《唐六典》卷三"度支郎中员外郎"条，第80页。
④ 《唐律疏议》卷一〇《职制律》，第208页。

又，驿使不得无故使用驿传系统传递书信，如有军务警急的信息被无故稽留，也会有相应的惩罚：

> 诸驿使无故以书寄人，行之及受寄者，徒一年。若致稽程，以行者为首，驿使为从；即为军事警急而稽留者，以驿使为首，行者为从。（有所废阙者，从前条。）其非专使之书，而便寄者，勿论。
>
> 【疏】议曰：有军务要速，或追征报告，如此之类，遣专使乘驿，赍送文书。"无故"，谓非身患及父母丧者，以所赍文书，别寄他人送之及受寄文书者，各徒一年。"若致稽程"，谓行不充驿数，计程重于徒一年者，即以受书行者为首，驿使为从。此谓常行驿使而立罪名。即为军事警急，报告征讨、掩袭、救援及境外消息之类而稽留，罪在驿使，故以驿使为首，行者为从。注云"有所废阙者，从前条"，谓违一日，加役流；以故陷败户口、军人、城戍者，绞。"其非专使之书"，谓非故遣专使所赍之书，因而附之，其使人及受寄人并勿论。①

而且，驿传系统的使用应该合乎规定，文书应遣驿而未遣或不应遣驿而遣，也会对相关人员进行处罚：

> 诸文书应遣驿而不遣驿，及不应遣驿而遣驿者，杖一百。若依式应须遣使诣阙而不遣者，罪亦如之。
>
> 【疏】议曰：依《公式令》："在京诸司有事须乘驿，及诸州有急速大事，皆合遣驿。"而所司乃不遣驿非应遣驿，而所司乃遣驿，若违者：各杖一百。又，依《仪制令》："皇帝践祚及加元服，皇太后加号，皇后、皇太子立及赦元日，刺史若京官五品以上在外者，并奉表疏贺，州遣使，余附表。"此即应遣使诣阙，而不遣者，亦合杖一百，故云"罪亦如之"。②

所以，在国家稳定且权力掌控较强的情况下，通过完善的制度安排，官方驿传系统可以被有效利用起来，由驿传系统传递的官文书都可以在规定的时间内被及时传

---

① 《唐律疏议》卷一〇《职制律》，第208—209页。
② 《唐律疏议》卷一〇《职制律》，第209页。

达。军事警急或奉表疏贺等重要消息,更是如此。例如,《资治通鉴》载贞观十八年(644)事云:

> 上谓侍臣曰:"孝恪近奏称八月十一日往击焉耆,二十日应至,必以二十二日破之,朕计其道里,使者今日至矣!"言未毕,驿骑至。①

贞观十八年正是唐朝国力较为强盛的时期,全国驿传系统可以在疆域内正常运转,重要的官方军事情报也可以在版图内被正常地传递。故而,对官文书传递及行政运行状况相当了解的唐太宗,即使身处长安也可以知晓信息传递到达的大致时日。这种未卜先知的判断,正是国家政务以及驿传系统运行通畅的体现。

"安史之乱"以后,唐廷中央与地方藩镇之间的关系出现了"危机与重构"②。其种种变化具体到本节论题而言,主要是大历十二年(777)进奏院的设置③。根据张国刚的研究,进奏院作为地方藩镇设置在长安的办事机构,其主要功能就是建立起唐廷中央与地方藩镇沟通的桥梁——既需向朝廷反映本镇情况和传递本镇表文,又要及时向本镇报告朝廷及他镇情况④。如前引《唐会要》记载的贞元五年正月左司郎中严涚奏表云:

> 其急要文牒,请付当道进奏院,付送本使,委观察使判官一人发遣送州,取领具月日先报。常务请依常式。⑤

所以,各地方藩镇的上都进奏院在"安史之乱"以后,实际上承担起在唐廷中央与地方藩镇之间上传下达的重责。目前所见P.3547与S.1156号文书正是两份沙州所得的"进奏院状",系在长安的上都进奏院官员向沙州汇报情况的状文。其中,据张国刚的考证,前者报告的内容应是乾符五年(878)贺正专使阴信均在京活动的事宜,后者则为僖宗光启三年(887)二月至三月宋闰盈等三批专使在京求取旌节的情况。

---

① 《资治通鉴》卷一九七"太宗贞观十八年九月"条,第6212页。
② 相关研究可参李碧妍《危机与重构:唐帝国及其地方诸侯》,北京:北京师范大学出版社,2015年。
③ 《唐会要》卷七八"诸使杂录"条:"其月十一日,诸道先置上都邸务,名留后使,宜令并改为上都进奏院官。"第1702页。
④ 张国刚《唐代进奏院考略》,《文史》第18辑,1983年,第83—91页。
⑤ 《唐会要》卷五八"尚书省左右司郎中"条,第1176页。

而S.1156中提到的"宋闰盈"应该就是S.2589中留在凉州未发的"宋润盈",他在肃州官员上报情况之后还是到达了长安[①]。因此,在唐中后期,只要进奏院依然可以发挥其上传下达的职能,中央与地方之间的信息往来依然可以保持较为顺畅的状态。

三、道路梗涩与奏报难通

不过,当国家陷入混乱状态,部分地区的驿传系统因种种缘由无法有效运转且陷入瘫痪之时,官方信息也就无法及时、准确地被传递,有的地域甚至还会陷入信息闭塞的境地。此时,信息的获取与传递,就不能再通过高效准确的官方途径,只能依靠亲自侦察及询问来往行人等低效且不可靠的方式。这些低效且不可靠的手段,往往会造成人们获知有效消息的辐射范围极其狭窄,以及各种信息在传递过程中出现失真等状况,错误的信息也就由此产生并被传递至其他地方。

其实,早先僖宗西逃成都,路过骆谷时,当时的凤翔节度使郑畋就前来拜见并请求僖宗留在凤翔。但僖宗担心自身安全而执意前往成都,郑畋只好表示:

> 道路梗涩,奏报难通,请得便宜从事。[②]

郑畋已然预见到国家陷入混乱之时,官方信息的传递会十分不通畅,故而提请可以便宜行事,以免贻误军机大事。

上文所讨论的S.2589文书就是"道路梗涩"与"奏报难通"的真实写照。此件文书虽是由肃州当地官员撰写并递送至沙州,属于正式传递的官文书,其中所报告的消息理当较为翔实准确。但除了肃州至邠州这片区域内的局势与沙州相关人员的情况较为可信,在黄巢之死和僖宗返京这两件国家大事上,却依然出现消息滞后且错漏百出的问题。

之所以出现这种消息传递严重滞后且失真的情况,主要在于此刻黄巢起义虽已基本平息,但整个西北地区依然处于"道路梗涩"的混乱局面,人们往来十分不方便,官方的驿传系统根本无法有效运行。因此,即使肃州是沙州获得中原各类情报信息的前哨站,但在这样"内忧外患"的局势下,当地官员获取消息的途径及方式

---

① 张国刚《两份敦煌"进奏院状"文书的研究——论"邸报"非古代报纸》,《学术月刊》1986年第7期,第57—62页。
② 《资治通鉴》卷二五四"僖宗广明元年十二月"条,第8241页。

十分有限。况且信息的传递需要借助人来传送,当该路段上往来行人的安全都时常无法得到保障时,大量重要的消息也必然难以正常传递,从而"奏报难通"。而且,恐怕不唯肃州如此,P.2762v《夫字为首尾》诗有云:

> 夫婿一去远征徂,贱接(妾)思君情转孤。凤楼惆怅多囗忆,雁信传书到豆卢。遥想杨〔囗〕(阳台)空寂寞,那勘(堪)独守泪呜呜。当今圣主回銮驾,逆贼黄巢已就诛。恩光料合囗囗莫,欢(劝)君幸勿恋穹卢(庐)。①

诗中女子虽然得知僖宗返京且黄巢已死,但依然无法确知其寄往豆卢的雁信何时能够送达。

虽然如此,尽可能获取中原地区的重要消息依然是肃州的迫切需求与任务。特别是当时张淮深迫切希望得到唐朝正式给予的节度使之名,因此对于当时中原局势想必也极为关注。幸运的是,宋输略及淮诠郎君等人的消息都被传递至肃州。如果 S.2589 文书提到的宋润盈等人确实是张氏派出的第一批使节,那么肃州既然得知了这批使节的消息,必然也会第一时间报告至沙州。而在报告这批使节情况的同时,肃州也会顺带将他们或这批使节的道听途说一并上报。道听途说不一定准确,但这也已经是肃州官员所能得知的最及时、最有用的与国家重要事件相关的消息了。

从文书报告的内容来看,文书中绝大部分的有效信息应当是宋输略等人与淮诠郎君一行所带来的。如邠州与灵州有仇恶,且两州之间还有党项抄掠,故而宋输略等人要取道河州返回凉州。同样,关于"凉州闹乱"以及甘州回鹘的劫掠情况,应当也是宋输略等人在凉州未发以及白永吉等人途经甘州到达嘉麟县后所获知或经历过的情形。这些消息很显然并没有明确的官方信息来源,而与宋输略等人的亲身经历息息相关,算是当事人记当时事。

至于僖宗返京和黄巢之死这两件大事,宋输略等人大概也只是有所耳闻,并没有亲眼见过相关奏报或露布的具体内容。特别是宋输略这批人,在邠州逗留及返回凉州期间,或多或少都会打听到一些与中原局势相关的消息。或许恰巧,他们在十月份获知"关东藩镇表请车驾还京师",又经过月余行程到达肃州后,由于不知晓

---

① 录文参徐俊《敦煌诗集残卷辑考》,北京:中华书局,2000年,第173页;邵文实《敦煌边塞文学研究》,兰州:甘肃教育出版社,2007年,第78页;郑炳林、郑怡楠辑释《敦煌碑铭赞辑释》(增订本),上海:上海古籍出版社,2019年,第401页。李军认为此文书作者可能是咸通初年前往沙州地区承担军事任务的人员,见李军《晚唐中央政府对河陇地区的经营》,兰州大学博士学位论文,2008年,第93页。

僖宗"以长安宫室焚毁，故久留蜀未归"的最新消息，径直以为僖宗必然已经同意关东藩镇奏表而返京，进而将此误判的消息告诉了肃州官员，消息闭塞的肃州官员也据此抄写在文书上并报告给了沙州。

而关于黄巢之死，恐怕更是宋输略等人在返回肃州行程中的道听途说。如黄巢"被尚让共黄巢弟二大煞却，于西川进头"，这个消息可能与当时"太原博野军杀言，与巢首俱上溥，献于行在，诏以首献于庙"有关[①]。这里的"行在"是指僖宗所在的成都，也就是西川。宋输略等人虽然正确地知晓了黄巢首级被献于成都之事，但无法获知斩杀黄巢的确切人员，体现在文书上就是"共黄巢弟二人"被划去。

其实，追讨黄巢功劳最大的徐州时溥在获得黄巢首级后，曾专门令其幕佐李凝古撰写露布表功：

> 李凝古，给事中损之子，冲幼聪敏绝伦，工为燕许体文。中和中，从彭门时溥，溥令制露布进黄巢首级。凝古辞学精敏，义理该通，凡数千言，冠绝一时，天下仰风。[②]

李凝古撰写的这份露布已然不存，但既然有"凡数千言，冠绝一时，天下仰风"的赞语，也表明该露布在当时传播范围相当广泛，曾被中原地区相当多的人得见与获知。

中原地区的藩镇确实也曾收到时溥传递来的状报。崔致远代其幕主淮南节度使高骈所写的《贺杀黄巢表》中云：

> 某言：臣得武宁节度使时溥状报，逆贼黄巢、尚让分队并在东北界，于六月十五日行营都将李师悦、陈景瑜等于莱芜县北，大灭群凶，至十七日遂被贼将伪仆射林言枭斩黄巢首级，并将徒伴降部下都将李惟政、田球等讫，其黄巢函首已送行在者。[③]

所以，时溥除了专门命人撰写露布，还曾向周边藩镇节度使递送过状报。状报中详

---

① 《新唐书》卷二二五下《逆臣下·黄巢传》，北京：中华书局，1975年，第6464页。
② 王定保撰《唐摭言》卷一〇，北京：中华书局，1959年，第116页。
③ 崔致远撰，党银平校注《桂苑笔耕集校注》卷一《贺杀黄巢表》，北京：中华书局，2007年，第23页。

细记录了黄巢是六月十七日在莱芜县北附近被林言枭斩。可见，黄巢之死的消息，曾经通过官方传驿途径传布。

可惜，不论是时溥官方发布的露布还是状报的具体内容，都未能被宋输略等人或肃州官员见到，甚至邠、灵两州也很可能未能第一时间获取，他们大概只是得知黄巢的首级被献于西川。如果他们及时看过这些详细记录黄巢之死细节的露布或状报，必然不会在上报给沙州的牒状中记录如此明显的错漏信息。

总之，根据 S.2589 号文书报告的内容，可以推知，肃州官员向沙州报告的这些消息很有可能都来源于宋输略及淮诠郎君等人。不过宋输略等人所得消息估计也是在邠州逗留及返回凉州途中的道听途说，因而对黄巢之死和僖宗还京这两件如此重大的国家事件，他们也只是一知半解。可见，与信息相对畅通的中原地区相比，肃州以及邠、灵两州由于附近局势混乱，正常的官方驿传系统已经陷入瘫痪境地，这也导致一些有关国家事件的重大消息无法及时有效地被传递与获取。但是，沙州的张淮深急于获得唐王朝的正式任命，以名正言顺地统领当地势力，故而对于中原信息的渴求十分强烈。即便所得消息可能并不太准确，肃州官员也只能将听闻的内容如实上报。

小　结

本节以 S.2589 号文书为例，对文书所包含的历史信息重新进行了考辨与讨论。与正常运转的官方驿传系统相比，在国家混乱、局势紧张且驿传系统瘫痪、信息传递无法有效进行时，人们对于获取与传播信息的渴望更加迫切。岸本美绪论述过崇祯之死的信息在江南传播的过程，指出："如果人们判断社会是安定的，那么即使国家的暴力机关不那么强大，通过地方官府，地方社会的秩序也可以得到保障；但如果国家权力的存在已经暧昧不清，王朝崩溃的流言四播，这时，以前就已存在的对社会崩溃的判断，就会在秩序混乱的基础上立刻引发恐慌，这种恐慌又使秩序更加混乱。"[1] 黄巢起义同样造成了社会的混乱和不安定，导致国家权力在西北地区掌控力量的削弱。这也使得信息的传播变得十分困难，该地区不知不觉中落入消息闭塞的境地。

---

[1] 岸本美绪《崇祯十七年の江南社会と北京情报》，氏著《明清交替と江南社会：17世纪中国の秩序问题》，东京：东京大学出版社，1999年，第143—161页；此据底艳译，赵世瑜审校《崇祯十七年的江南社会与关于北京的信息》，《清史研究》1999年第2期，第25—32页。

这种消息闭塞的状况，会使人们产生种种不安情绪，其中既有对于国家动荡的惶恐、自身和家人安危的担忧，又有对于社会秩序混乱的惧怕。但往往也是在这样人心惶惶的境遇下，为了平慰心中的不安，以及寻求以后行动的参考，人们对于信息获取的渴求反而会比平时更加迫切。即使所获取的信息无法确认其时效性和准确性，但为了更多地了解地区及国家局势的发展，依然会将道听途说记录在正式呈递的官方文书中。当然，这种消息传递不畅而带来的不安感，并不只在国家混乱时出现。如天宝八载（749）赴西域充安西节度使高仙芝幕府书记的岑参就曾赋诗《逢入京使》："马上相逢无纸笔，凭君传语报平安。"岑参为了向家人报平安，也只能委托入京使传语。毕竟安西与长安在天宝年间虽道路畅通，但在无法使用官方驿传系统的情况下，信息的传递依然路途漫长。

考辨文书所记载的内容可以丰富我们对于史实的了解，正确的历史信息可以为我们明晰一些以往不太清楚的细节，而错误失真的信息也并非无用。从信息传播的角度来看，信息的真假有时并没有那么重要。相反，通过剖析信息为何以及如何被错误传播，我们可以了解当时人在特殊历史情境下应对所听闻信息的方式与方法。此外，我们还应当积极利用制度实际运作的材料，基于并超越制度层面的讨论，从信息传播的视角来考察古人日用而不自知的方式与观念。尤其在制度运转不畅的情况下，可能才会更加了解当时人最为日常的生活方式和方法。这些特殊场景既是了解唐朝信息传播不同面貌的独特途径，也是理解当时人日常生活状态的特殊视角。

附录：中国国家博物馆藏"唐人真迹"中三件转运坊文书考释

中国国家博物馆藏有超过二百件的敦煌吐鲁番出土文书，除早年间由中国社会科学院考古研究所调拨的黄文弼所获文书之外，还有许多名人捐赠的藏品。尽管大部分馆藏文物已陆续公之于众，但部分文物的全貌仍未能充分展示，已公开文物的释读亦有待深入。国博馆藏唐兰夫人捐赠的"唐人真迹"卷轴中有三件转运坊官文书，曾在《中国历史博物馆藏法书大观》第十一卷《晋唐写经·晋唐文书》（以下简称《法书大观》）中有所刊布。对照文书原件，刊布的三件文书顺序，是原件的第二、第一、第三件[①]。陈国灿先生将三件文书全部编入《吐鲁番出土唐代文献编年》[②]，程喜霖、荒川正晴对其中个别文书进行过专门著录与研究[③]。新近出版的《吐鲁番出土文献散录》（以下简称《散录》）也对这三件文书进行了定名和录文[④]。通过以上研究与著录，我们大体可知这三件文书均为唐代开元十三年（725）伊州地区转运坊发出的官文书。但由于《法书大观》所展示的图版为黑白照片，且部分文书未能完整展出，故文书的录文仍有进一步提升的空间。现参照《散录》录文，并按照原件顺序，对这三件文书的具体内容及相关史实进行详细考释，希望借此揭示中国国家博物馆馆藏文物在学术研究中的重要价值。

一、《唐开元十三年转运坊牒伊州为支草伍万围收刈事》考释

第一件转运坊文书是一件牒文，钤有两方"伊州之印"，分别位于第2—3行和第5—6行。牒文主要内容为录事参军判司户徐思宗等人曾多次发牒提醒诸戍、长行和车坊及时收割草料。转运坊则在回牒中表示，已悉知当坊需支草伍万围，不会疏忽遗忘。具体录文如下：

```
1    转运 坊    牒州
2       当坊今年々支草伍万围
3    牒得牒称，得录事参军判司户徐思宗 等 牒称： 上 件
4    支草五月二日准例各各牒诸戍、长行、车坊，并令及时
5    收刈，恐所由不存检校，致事阙供，事须重牒催 达 。牒举
6    者 ，开十三年々支草，寻牒 所 □□刈，计合向了，并未申数，莫
7    ▬▬▬□□□ 牒仰 □□ 收 刈，勿使失时。去年收荍，
8    ▬▬▬▬▬▬▬▬▬▬▬□，一则虚费人功，二
```

[①] 杨文和主编《中国历史博物馆藏法书大观》第11卷，京都：柳原书店、上海：上海教育出版社，1999年，图版见第150—153页，解题与释文见第229—230页。
[②] 陈国灿《吐鲁番出土唐代文献编年》，台北：新文丰出版公司，2002年，第241—242页。
[③] 程喜霖、陈习刚《吐鲁番唐代军事文书研究（文书篇）》，乌鲁木齐：新疆人民出版社，2013年，第897页。荒川正晴《ユーラシアの交通・交易と唐帝国》，第471—474页；此据冯培红、王蕾译《欧亚交通、贸易与唐帝国》，第430—435页。
[④] 荣新江、史睿主编《吐鲁番出土文献散录》，北京：中华书局，2021年，第460—462页。此处三件文书之定名，依据该书有所修订。

```
9  □□□□□□□□□□□□□□□□□□□□□□□□□□□□□□□□□□□□□□□□□□□□□□□□□ □驼马死于道，□
10 □□□□□□□□□□□□□□□□□□□□□□□□□□□□□□□□□□□□□□□□□□□□□□□□□ □报待凭□
```
（后缺）

  李晋年在题跋中提及："转运司牒州之文仍用'伊州之印'，殊难解耳。"[①] 荒川正晴推测这件盖有"伊州之印"的牒文是由伊州发给西州的[②]，然而此推测未必准确。转运坊的设立并非通制，至少目前所见唐代令文未见记载。但是，作为临时设置的用于边防交通运输的使职机构，转运坊于唐初就已在河西、安西等边关地区诸多州县内设立，主要由转运使负责管理。在河西地区，河西节度使兼任转运使，"〔开元〕十二年十月，除王君㚟，又加长行转运使，自后遂为定额也"[③]。在伊州地区，开元时期的转运使则由碛西节度使兼任，《敕碛西支度等使章仇兼琼书》提及："西庭既无节度，缓急不相为忧，藉卿使车，兼有提振，不独长行、转运、营田而已。"[④] 开元十二至十四年的碛西节度使为杜暹[⑤]，也就是说，文书所言转运坊实际是由碛西节度使杜暹主管，而非伊州刺史。由此，转运坊虽在伊州境内，但与伊州并无名义上的统属关系，故牒文中的"伊州之印"是转运坊就近向伊州借用的，牒文发出者实际上仍是转运坊[⑥]。

  关于牒文的收文对象，除西州外，伊州亦有可能。对于目前所见牒文，学者大多能依据牒文起首具体称呼，明确发文与收文主体。如盖有"左豹韬卫弱水府之印"的《检校长行使牒》第1行有"敕检校长行使牒西州都督府"[⑦]，表明该牒是敕检校长行使借用左豹韬卫弱水府的官印，然后发给西州都督府的，收发对象十分明确[⑧]。

---

① 王湛《中国国家博物馆藏"唐人真迹"文书题跋与递藏考》，《中国国家博物馆馆刊》2022年第4期，第137页。
② 荒川正晴《ユーラシアの交通・交易と唐帝国》，第472—474页；此据冯培红、王蕾译《欧亚交通、贸易与唐帝国》，第431—433页。
③ 《唐会要》卷七八"河西节度使"条，第1689页。
④ 张九龄撰，熊飞校注《张九龄集校注》卷十一《敕碛西支度等使章仇兼琼书》，北京：中华书局，2008年，第650—651页。
⑤ 薛宗正《唐碛西节度使的置废——兼论唐开元时期对突骑施、大食政策的变化》，《历史研究》1993年第6期，第27—28页。
⑥ 王湛《中国国家博物馆藏"唐人真迹"文书题跋与递藏考》，第138页。另使职借印的考证可参刘子凡《唐代使职借印考——以敦煌吐鲁番文书为中心》，《敦煌吐鲁番研究》第16卷，上海：上海古籍出版社，2016年，第201—213页。
⑦ 陈国灿《斯坦因所获吐鲁番文书研究》，武汉：武汉大学出版社，1995年，第273页。
⑧ 刘子凡《唐代使职借印考——以敦煌吐鲁番文书为中心》，第202—205页。

而本件转运坊牒第 1 行只言"转运坊牒州",指向性并不明确,无法获知此牒的收文官司究竟是谁。不过,如果"牒州"的指向性确实不够明确,那么当时传递文书的人又如何能准确将此牒送达收文官司呢?因此,相较于远隔沙碛的西州,按照就近原则推测,尽管转运坊与伊州无名义上的统属关系,但考虑到其坊设在伊州境内,甚至很可能就在伊州州治内,那么该坊与伊州的日常政务沟通想来必不可少。由此,该牒只需在伊州境内或州司内传递,无须远送他州官司,那么当地"坊—州"之间互牒,也就不会发生递送问题。所以,这件文书很有可能是转运坊借用伊州官印,盖印之后直接发给伊州州司的牒文。

至于该坊"支草伍万围",《唐六典》规定官司给车坊支草都要根据名簿,不得虚报数量:

> 凡监、署役使车牛皆有年支草、豆,据其名簿,阅其虚实,受而藏之,以给于车坊。①

唐代的"围"是圆周长度单位,《天圣令·仓库令》唐 2 条规定:"诸输米粟二斛,课稿一围(围长三尺。凡围皆准此)。"②据此,一围约为唐尺三尺,折合现今约为一米。按当时的饲养标准,马、驼和牛一般一天只需供应一围的草料,如《唐六典》记载:"凡象日给稿六围,马、驼、牛各一围,羊十一共一围(每围以三尺为限也)。蜀马与骡各八分其围,驴四分其围,乳驹、乳犊五共一围;青刍倍之。"③一头牛每日消耗一围草料,若某转运坊一年需消耗草料伍万围,那么该坊所需饲养及可供驱使的牲畜数量想必不少,也可进而推知该坊每年所需进行的转运任务相当繁重。而为收割如此大量的草料,诸车坊必然需投入大量人力劳作。牒文残文有"去年收苃""一则虚费人功"和"驼马死于道"等语,可能反映的就是去年收割大批草料时出现了问题,不仅虚费人力物力,还导致部分牲畜死于运输途中。因此,今年录事参军判司户徐思宗等人才重申发牒,催促诸戍、长行和车坊加快收割进度。

---

① 《唐六典》卷二三"中校署"条,第 597 页。
② 中国社会科学院历史研究所《天圣令》读书班《〈天圣令·仓库令〉译注稿》,《中国古代法律文献研究》第 7 辑,北京:社会科学文献出版社,2013 年,第 267 页。
③ 《唐六典》卷一七"典厩署"条,第 484 页。

二、《唐开元十三年转运坊典窦元贞状为催送牛到坊事》考释

第二件转运坊文书，系开元十三年六月十日由转运坊所上状文之一，末尾署名典窦元贞、坊官别将张灵夔以及都知官镇将张□□。这份报告旨在恳请上级官司尽快将前件牛移送至本坊饲养，以避免冬季发生死损。详细录文如下：

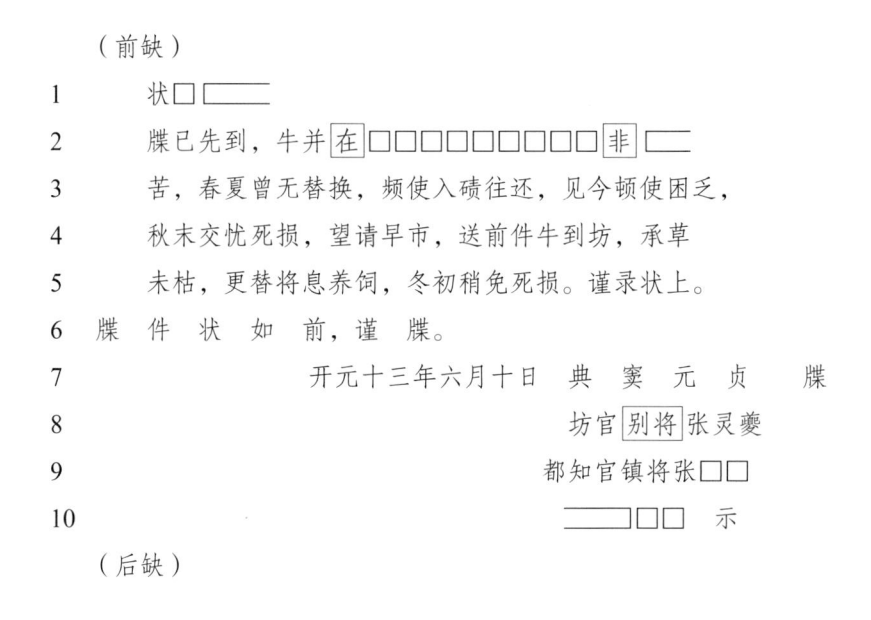

（前缺）

1　　状□□□□
2　　牒已先到，牛并 在 □□□□□□□□ 非 □
3　　苦，春夏曾无替换，频使入碛往还，见今顿使困乏，
4　　秋末交忧死损，望请早市，送前件牛到坊，承草
5　　未枯，更替将息养饲，冬初稍免死损。谨录状上。
6　　牒件状如前，谨牒。
7　　　　　　　　开元十三年六月十日　典　窦　元　贞　牒
8　　　　　　　　　　　　　　　坊官 别将 张灵夔
9　　　　　　　　　　　　　　　　　都知官镇将张□□
10　　　　　　　　　　　　　　　　　　　□□□ 示

（后缺）

根据状文描述，转运坊之所以如此催促，主要是因为当年春夏两季中，坊内牛承担了大量运输任务，频繁往来于沙碛地带，早已困乏不堪驱使。坊官们忧虑秋末之际部分牛会因劳累过度而亡，故希望尽早购置新牛，同时趁草料尚未枯黄，对老牛进行饲养与替换。至于状文提及的"入碛"，或指伊州与瓜州之间的莫贺延碛，以及伊州与西州之间的南碛。

莫贺延碛，又称"大患鬼魅碛"，位于伊、瓜两州之间的莫贺延碛道中，乃一范围极广的大沙碛。该沙碛也是唐代碛西节度使得名之由来。莫贺延碛道自长安起，途经瓜、碛、伊、西等地，直至印度，为一条至关重要的交通线路[1]。关于此线路，道宣《释迦方志》中有所记载：

---

[1] 李正宇《"莫贺延碛道"考》，《敦煌研究》2010年第2期，第67—74页。

> 其北道入印度者，从京师西北行三千三百余里，至瓜州，又西北三百余里至莫贺延碛口，又西北八百余里出碛，至柔远县，又西南百六十里至伊州，又西七百余里至蒲昌县。又西百余里至西州，即高昌故地，汉时宜禾都尉所治处也，后沮渠凉王避地于彼，今为塞内。①

玄奘当年前往天竺曾途经此道，进入沙碛后描述道："从此已去，即莫贺延碛，长八百余里，古曰沙河，上无飞鸟，下无走兽，复无水草。"②这片沙碛尽管人畜罕至，环境恶劣，但仍然是连接伊、瓜两州以及河西、安西两都督府的交通要道。根据P.2005《沙州都督府图经》的记载，证圣元年（695）之前，沙州、伊州之间畅通的稍竿道也会途经莫贺延碛，但后来因沙州发生盗贼之乱被迫废弃。③

南碛，玄奘西行求法时也曾走过："涉南碛，经六日，至高昌界白力城。"④陈国灿先生指出，白力城就是距高昌王城仅一百六十里的白棘城，而白棘城即清代的辟展，也就是唐代的蒲昌县⑤。这个沙碛位于唐代伊、西州之间往来的南路，即赤亭道。赤亭道是以赤亭守捉命名的交通要道。这条要道虽在《新唐书·地理志》中未被详细记载，但敦煌P.2009《西州图经》残卷记载曰：

```
1    道十一达
2     赤亭道
3      右道出蒲□□□
4      碛卤杂沙□□□
       （后略）
```

相较于莫贺延碛，赤亭道中间的这片"碛卤杂沙"规模稍小，但该道的通行条件同样不甚理想。不过，作为伊州与西州直线里程最近的道路，唐代赤亭道依然是伊、西之间最为繁忙的近路和商道，人员往来频繁，车马络绎不绝。因此，唐廷在该道

---

① 道宣撰，范祥雍点校《释迦方志》卷上《遗迹篇第四》，北京：中华书局，2000年，第20页。
② 慧立、彦悰撰，孙毓棠、谢方点校《大慈恩寺三藏法师传》卷一，北京：中华书局，2000年，第16页。
③ 王仲荦《敦煌石室出〈沙州都督府图经〉残卷考释》，张涌泉、陈浩主编《浙江与敦煌学：常书鸿先生诞辰一百周年纪念文集》，杭州：浙江古籍出版社，2004年，第181页。
④ 《大慈恩寺三藏法师传》卷一，第18页。
⑤ 陈国灿《唐西州蒲昌府防区内的镇戍与馆驿》，《魏晋南北朝隋唐史资料》第17辑，武汉：武汉大学出版社，2000年，第87—89页。

沿线设置配备马、驼、牛等运输工具的长行坊或转运坊，就显得十分必要。

以上伊州附近的两个大沙碛均与"频使入碛"的描述相吻合。而在环境恶劣的沙碛中往来，势必会出现第一份牒文中提及的"驼马死于道"的情况。正如斯坦因所获吐鲁番出土文书《唐神龙元年（705）赤亭镇牒为长行马在镇界内困死事》所载：

```
1           □□达辞称：□□□差送
2           □□往伊州□□□赤亭镇
3           □□行不前，乏困遂即致死。
4           □□马一匹驱来至镇，既是官
5            □□镇将判：马既致死营内，差
6  主帅就检□□□死状言者，依判差主帅白文
7  愁就检其马，乏困致死，更无他故，唯能剥得皮
8  印将来，其肉碛内无□可卖，运达不能胜致，弃掷
9  不收，听裁者。又得马子赵□□□□押长行使阴
10 质至伊州，回至赤亭东卅五里，其马先荡乏困死，行不
11 前，遂即致死有实。其肉不能胜致，碛内无人可卖，遂即
12 弃掷不收者。镇将判：马既致死，检无他故，其皮分付马子将向州
13 输纳，其肉任自向前分雪以状，牒知任为公验，故牒。
  （后略）①
```

这是赤亭镇镇将关于长行马在从伊州返回赤亭镇途中死亡之事的判决。马匹在两地往来之时困乏而死，马肉甚至在"碛内无人可卖"，可见沙碛内环境的恶劣。转运坊的牛车在附近两个沙碛往来完成运输任务，想必也时常会出现这类牲畜死于路上的情况。

当用于运输的牲畜已经出现或即将死损时，转运坊便需及时市买补充。本件文书中转运坊官员之所以"望请早市，送前件牛到坊"，就是旨在避免运输任务过于繁重，坊内牲畜疲惫，进而于秋末出现损耗。为此，需尽早补充牲畜数量，以确保坊内运输任务能够如期完成。坊内所需牲畜主要通过市场交易购得，河西、庭州、伊州等地经常会派遣专门的市马使前往西州采购马匹。

---

① 陈国灿《斯坦因所获吐鲁番文书研究》，第261—263页。

唐代购买牲畜一般都是用布匹，根据72TAM188:88/3《唐市马残牒》来推测，一匹马大概需要大练8匹[①]。至于当时一头牛的价格，根据大谷3786号文书《唐开元年间西州用练买牛簿》记载：

1　⃞贰丈市得牛肆拾叁头。
2　⃞□元价用练贰佰陆拾捌匹贰丈。头别减壹。
3　⃞就中两头在路，市不减，余准减，当贰佰叁拾贰匹贰丈。
4　⃞练玖匹。壹头乌犗捌岁，用练玖匹。
5　⃞耳秃，玖匹。壹头黄犗捌岁，远人，厢耳缺，玖匹。
6　⃞匹。壹头犁犗捌岁，面白，远人，厢角低，玖匹。
　　（后略）[②]

陈国灿先生推测这件买牛簿为开元十二年或其后的写本[③]，与转运坊的三件文书大致处于同一时期。可见，当时一头牛的价格与马的价格相差不大，均大致需9匹练。尽管目前尚无法确切了解转运坊具体拥有多少头牛，以及采购了多少头牛，但根据前两件文书提到的伍万围草料及繁重的运输任务，不难推测，坊内所需牛的数量必定众多，采购牛的所耗应也相当可观。

三、《唐开元十三年转运坊典窦元贞状为请差人助刈事》考释

与第二件文书相同，第三件转运坊文书主体部分同样是开元十三年六月十日转运坊所上状文之一。在《法书大观》中，这件文书有部分内容未被展示著录，即前5行文字及其上钤有的一方"伊州之印"，故本录文为首次完整呈现该文书内容，如下所示：

　　（前缺）
　　1　　　　　　　　　　六月十九日录事⃞⃞⃞
　　2　　　　　　　　　　录事参军　宗（？）　　　付

---
① 唐长孺主编《吐鲁番出土文书》第肆册，第42页。
② 小田义久编《大谷文书集成》第二卷，第153—154页。
③ 陈国灿《吐鲁番出土唐代文献编年》，第240页。

3　　　　　　　　　　　□示
4　　　　　　　　　　　　　　　　　　　廿二日
--（纸缝，背题"□百□九"）
5　　　　　□状上
6　　　□
7　　　右件草，频奉牒令及时收刈。依检本坊兵欠少，除入碛扶
8　　　车，及诸头使役、木匠等并尽，无一见人收刈。时今见过，恐不练
9　　　逗留，望请检已前例，合差遣何人助收，请速垂处分。□
10　　时复，年计不阙，请处分，谨状。
11　牒　件　状　如　前，谨　牒。
12　　　　　　　开元十三年六月十日　典窦　元　贞牒
13　　　　　　　　　　　　坊官别将张灵夔
14　　　　　　　　　　　　都知官镇将张□□
15　　□□　　　□□□

（后缺）

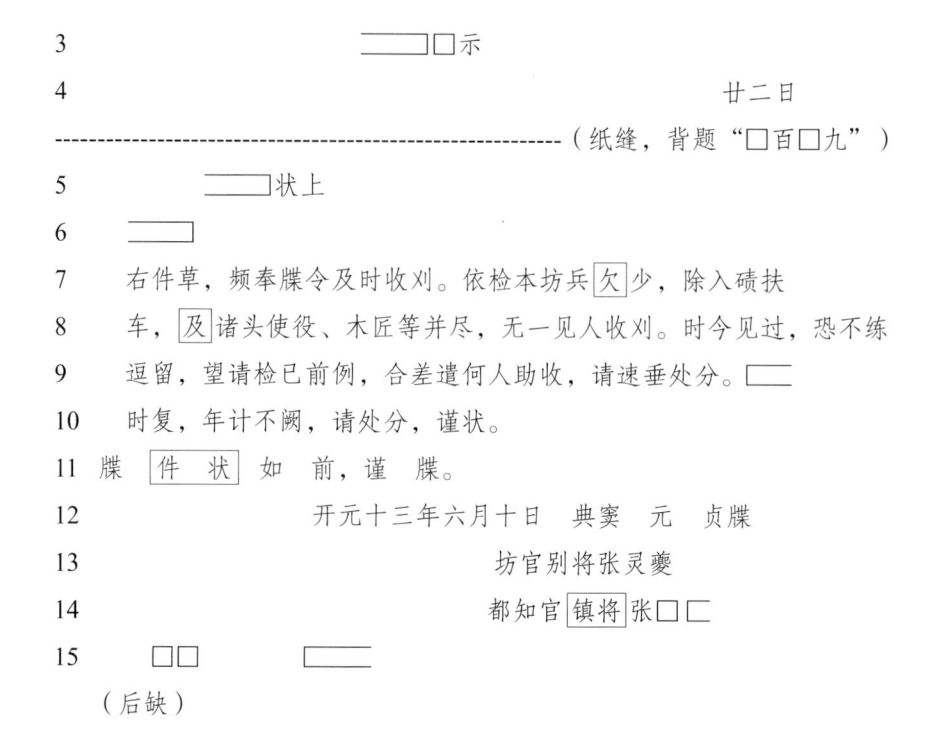

这件文书与瀚海军文书类似，背面纸缝亦有押字排序，故可以确定为某类相关文书连缀成文案的最终存档①。另外，起始前4行内容颇似对第一件文书中转运坊牒州的收付及判决，第2行录事参军的署名也疑似"徐思宗"的"宗"字，加之第7行窦元贞等人所上状文提到"右件草，频奉牒令及时收刈"，也与第一份文件中的"支草伍万围"及"重牒催达"相吻合。因此，这两件文书极有可能原本被连缀粘贴在一起，后经撕裂拆散。同时，文书中新著录的几行牒尾也为上文推测第一件转运坊文书系发给伊州而非西州提供了佐证。

该文书内容相对简单，为开元十三年六月十日转运坊向上级官司提交的报告：该坊之前频繁入碛输送物资，坊内使役人员和木匠等都已被用尽，目前没有多余人员可以去收割草料，恳请上级官司能派遣人员来坊内协助。其中，"入碛扶车"的"扶车"意指扶车兵。孙继民先生曾依据瀚海军文书考证出扶车兵是车坊由兵募担任驾驭牛车的兵员②，他们是转运坊内运输物资的主力兵员。根据瀚海军文书（S.11459e）

---

① 参孙继民《敦煌吐鲁番所出唐代军事文书初探》，第214—264页；孙继民《唐代瀚海军文书研究》，第9—50页。
② 孙继民《唐代瀚海军文书研究》，第111—112页。

中的"牒左外虞候关礼为车坊小作胡遇事"①，可知小作兵或许是文书中诸头使役的小兵。木匠则是负责坊内木工的匠人。由第一件文书已知，本年该坊要收割伍万围草料，工作量十分庞大，加之州录事参军"重牒催达"，这才不得不向其管辖机构求援。

这件文书与第二件文书结尾处均保存了较为完整的三位官员署名，不过这三名官员的具体经历史籍不详。窦元贞应是转运坊的典官，职务大致相当于州县佐史之类。张灵夔为领有转运坊坊官使职的折冲府别将，品级为"上府正七品下，中府从七品上，下府从七品下"②，原为仅次于果毅都尉的副官，现于坊内辅助长官管理坊内诸多事务。张□□则是领有都知官使职的镇将，镇将为镇戍的主官，品级通常为正六品至正七品③。都知官虽为临时设置的使职，但顾名思义，该使职职责在于统领转运坊所有事务，张□□为该坊最高实际负责人。而唐代的镇戍主要负责护卫边疆及交通往来军事据点的安全。据《新唐书·兵志》载："唐初，兵之戍边者，大曰军，小曰守捉，曰城，曰镇，而总之者曰道。"④镇戍主要设在边疆地区，正史对边州镇戍的记载较少，但借助吐鲁番出土的文书，则能对伊、西、庭三州镇戍的相关情况有所揭示⑤。

在伊、西、庭三州，武官如镇将、别将等被派遣为使来具体负责长行坊或转运坊坊内的诸般事宜，可能是当时较为普遍的做法。如73TAM506:4/40《唐上元二年（761）蒲昌县界长行小作具收支饲草数请处分状》中便有署名"知作官别将李小仙"⑥。吴丽娱、张小舟曾总结出官车坊在唐朝各级官府机构中普遍存在⑦，但此类官车坊属于传统的常规设置的驿传系统。荒川正晴则指出西州长行坊是安西都护府时期驻扎镇守的军队为了备战而调运人员物资才专门设置的机构，与传统驿传的管理与运转

---

① 孙继民《敦煌吐鲁番所出唐代军事文书初探》，第224页；孙继民《唐代瀚海军文书研究》，第14页；刘子凡《唐代北庭文书整理与研究》，图版见第484页，录文见第86页。
② 《唐六典》卷二五"诸卫折冲都尉府"条，第645页。
③ 《唐六典》卷三〇"镇戍岳渎关津官吏"条，第755页。
④ 《新唐书》卷五〇《兵志》，第1328页。
⑤ 参菊池英夫《唐代边防机关としての守捉、城、镇等の成立过程につけて》，《东洋史学》第27期，1964年，第31—57页；程喜霖《吐鲁番文书所见唐代镇戍守捉与烽燧》，中国敦煌吐鲁番学会编《敦煌吐鲁番学研究论文集》，上海：汉语大词典出版社，1990年，第456—469页；陈国灿《唐西州蒲昌府防区内的镇戍与馆驿》，第85—105页；程喜霖《论唐代西州镇戍——以吐鲁番唐代镇戍文书为中心》，《西域研究》2013年第2期，第9—19页。
⑥ 唐长孺主编《吐鲁番出土文书》第肆册，第557页。
⑦ 吴丽娱、张小舟《唐代车坊的研究》，《敦煌吐鲁番文献研究论集》第3辑，北京：北京大学出版社，1986年，第250—281页。

有所不同[1]，安西地区的车坊也理应如此。因此，转运坊虽然设在伊州，但实际由碛西节度使兼任转运使管理，坊内具体事务则由武官充使来负责处理，扶车兵等兵员负责驾驭护送牛车、执行运输等任务。

四、三件转运坊文书所见唐代伊州的转运地位

当前学界对于西州长行坊的研究已硕果累累[2]，但关于伊州转运坊的探讨则相对较少。借助上述三件官文书，我们既对伊州转运坊的人员编制、车坊规模及运输任务等方面有了更为深入的认识，同时也能进一步展示伊州在西域交通运输体系中的重要枢纽地位。

荒川正晴曾指出凉州是唐各地向西域输送庸调布帛的集结地，在由凉府输往西域的过程中，瓜、伊二州又是重要的中转站[3]。日本学者大津透拼合的《唐仪凤三年（678）度支奏抄·四年金部旨符》载：

（前略）

8　一　每年伊州贮物叁万段，瓜州贮物壹万
9　　　段。剑南诸州庸调送至凉州者，请委府
10　　　司，各准数差官典部领，并给传递往
11　　　瓜、伊二州。仍令所在兵防人夫等防援□任

---

[1] 荒川正晴《ユーラシアの交通・交易と唐帝国》，第232—235页；此据冯培红、王蕾译《欧亚交通、贸易与唐帝国》，第223—226页。
[2] 藤枝晃《"长行马"文书》，《东洋史研究》第10卷第3号，1948年，第213—217页；藤枝晃《长行马》，《墨美》第60号特集《长行马文书》，1956年；孔祥星《唐代新疆地区的交通组织长行坊——新疆出土唐代文书研究》，《中国历史博物馆馆刊》第3期，北京：文物出版社，1981年，第29—38、66页；王冀青《唐前期西北地区用于交通的驿马、传马和长行马——敦煌、吐鲁番发现的馆驿文书考察之二》，《敦煌学辑刊》1986年第2期，第56—65页；荒川正晴《唐河西以西的传马坊与长行坊》，《东洋学报》第70卷第3、4号，1989年，第35—69页，收为氏著《ユーラシアの交通・交易と唐帝国》第五章《唐代河西以西的交通制度（1）》，第226—271页，此据冯培红、王蕾译《欧亚交通、贸易与唐帝国》，第217—260页；孙晓林《试探唐代前期西州长行坊制度》，唐长孺主编《敦煌吐鲁番文书初探二编》，武汉：武汉大学出版社，1990年，第169—241页；乜小红《试论唐代马匹在丝路交通中的地位和作用》，《唐史论丛》第9辑，西安：三秦出版社，2007年，第152—170页；卢向前《唐代政治经济史综论：甘露之变研究及其他》，第275—306页。
[3] 荒川正晴《ユーラシアの交通・交易と唐帝国》，第444—505页；此据冯培红、王蕾译《欧亚交通、贸易与唐帝国》，第405—457页。

12　　　　夫脚发遣讫,仰头色数具申所司。其伊、

13　　　　瓜等州准数受纳,破用见在,年终申金

14　　　　部度支。

（后略）①

唐高宗时期,每年伊州需贮物三万段,瓜州只需一万段。此外,剑南诸州的庸调都需先送至凉州,随后再分发送至瓜、伊二州。刘安志认为,相较于瓜州贮物仅供应瓜、沙二州,伊州则需供西州、庭州、安西和本州使用,所以贮数高达三万段。根据《赞普传记》的记载推测,这种情况一直持续至开元年间②。伊州尽管周边存在两个大沙碛,但其地理位置依然极为优越,可谓四通八达③。因此,在唐前期,伊州实际上是中原向安西输送物资的集结地,承担着将来自中原各地的庸调输送至安西其他地区的重要任务。

这批由各地运输至伊州的庸调贮物主要用来充当军费,尤其是西域驻军的兵赐④。在伊州,负责输送这批重要军需物资的机构就是转运坊。乜小红曾指出"长行坊是以马作为主要的交通工具,而大量的物资运输则由长运坊来承担,大多靠牛车,长运坊有时也称牛坊,在伊州称'转运坊'"⑤。马匹以速度见长,所以长行坊适合运输轻简的人员或文书,而当运输大量沉重货物时,牛车才是最佳选择。饲养大批牛且有镇将、别将等武官充使管理的伊州转运坊,理所当然地承担着这项每年向西输送物资的重要任务。

上述三件文书之所以会从转运坊发出,就是因为该坊切实承担着如此繁重的输送与转运物资的任务。为了保证向西州、庭州等地大量物资运送任务的顺利完成,转运坊就需配备众多牛与车。第一件文书所说"支草伍万围",就是为了确保坊内能够饲养足够的牛,为此就需要催促该坊赶紧割草。但繁重的转运任务加上坊内兵

---

① 大津透《唐律令国家の予算について——仪凤三年度支奏抄・四年金部旨符の试释》,《史学杂志》第95卷第12号,1986年,第10—11页;此据苏哲译《唐律令国家的预算——仪凤三年度支奏抄・四年全金部旨符试释》,《敦煌研究》1997年第2期,第86—111页。另可参大津透《唐仪凤三年度支奏抄・四年金部旨符补考:唐朝の军事と财政》,《东洋史研究》第49卷第2号,1990年,第225—248页。

② 刘安志《唐朝西域边防研究》,武汉大学博士学位论文,1999年,第66—67页。

③ 参荒川正晴《ユーラシアの交通・交易と唐帝国》附图三《8世纪敦煌・トゥルファン周边の馆・镇戍分布图》,第594—595页;此据冯培红、王蕾译《欧亚交通、贸易与唐帝国》,第564页。

④ 刘安志《唐朝西域边防研究》,第67—68页。

⑤ 乜小红《试论唐代马匹在丝路交通中的地位和作用》,第158页。

员欠少，也就导致出现第三件文书中坊内"无一见人收刈"的情况，故需上报管辖官司请求派遣人员来助收。同时，坊内牛车频繁穿梭于沙碛地带运送物资，即使有扶车兵护卫，路途中仍存在牲畜死损的风险，故而第二件文书中转运坊需向上申请"望请早市，送前件牛到坊"。三件文书其实都是在解决伊州转运坊在开元十三年输送转运物资时所面临的种种问题。而伴随着问题的逐一解决，伊州转运坊才能顺利地完成大批物资的输送任务，从而使得伊州能在安西地区确立其重要的交通枢纽地位。

  总而言之，中国国家博物馆馆藏"唐人真迹"卷轴中这三件转运坊文书的关系十分紧密，故在判决后被前后连缀存档。通过对这三件转运坊文书的集中考释，我们可以得知唐开元十三年伊州转运坊需要处理支草收刈、催送牛到坊和请差人助刈等事。这些工作既是伊州转运坊的日常事务，也反映了该坊日常转运任务的繁重。伊州转运坊这种繁忙的运行状态，进一步证实了伊州在唐代安西地区交通运输体系中所占据的核心地位。

  （原刊于《中国国家博物馆馆刊》2022年第4期，第143—151页。收入本书略有修订。）

第二章　通祀与狂欢——制度同步视角下的长安与地方

文书行政关涉着国家与地方的日常事务，礼仪与民俗则共同塑造了时人雅与俗的生活方式，深刻影响着人们的日常生活。我们不能忽视地方社会礼俗文化中国家身影的存在。实际上，在融入国家制度所塑造的"通用"文化过程中，地方社会需构建自身对于国家文化的认同。由此，地方礼俗文化必然会在国家制度的框架内形成，遵循时空环境与基本秩序等共性的安排。在地方社会礼俗文化的形塑过程中，国家的身影依然有所体现。

本章将唐代释奠礼与"七夕"岁时节日，分别作为通祀与狂欢的个案，以探讨敦煌地区礼俗文化传播的特点。作为唐朝藉由学礼塑造文化权威的重要举措，释奠礼堪称国家通祀的典范；"七夕"节日的安排则是规范世人遵循时令的重要方式，彰显了节日的狂欢。二者代表的礼俗文化，经由礼仪、假宁等制度，以及多元化的传播方式，实现了自长安至敦煌吐鲁番地区，中央与地方各类人群在雅俗生活方式与节日活动时间上的同步，使时人得以共享唐朝的礼俗资源与文化。

与此同时，尽管《大唐开元礼》等国家礼典对释奠礼礼仪活动有所规范，但敦煌释奠礼在释奠文内容与祭祀用品方面仍具有独特性。作为官方规定的岁时节日，"七夕"既具有官方属性，又是民间重要的狂欢节日。在遵循既有国家制度安排的基础上，宫廷与民间各类人群根据自身需求，自发地效仿并营造出更为丰富的"七夕"节日氛围。在国家制度明文规定与地方实际施行文本的共同作用下，敦煌礼俗文化显现出与长安地区的差异。敦煌地区释奠礼与"七夕"节日的成立，揭示了敦煌与唐朝国家礼俗的同步性，也见证了该区域社会对于国家礼俗文化的认同。

第一节　唐代释奠礼所见长安与地方：故事与礼仪

释奠礼，作为祭祀先圣先师的官方活动，自魏晋至明清，向来为历代统治者所奉行，相关研究成果也颇为丰硕。其中，尤以高明士先生的研究最为突出，他对释奠礼的成立进行了翔实梳理，并极力推崇释奠礼在中国教育史上的意义[1]。作为唐代最重要的学礼，释奠礼的政治内涵不言而喻，其历史记忆的场景感尤为突出。与此同时，释奠礼的地域辐射影响力极为广泛，可视为国家礼制在地方社会传播的重要途径。因此，本节将重新审视唐以前释奠礼故事，并结合唐代长安释奠礼的举行，以及同敦煌等地方上释奠礼的比较，来探讨国家礼制从长安到敦煌推行的一个侧面。

一、释奠礼"晋故事"的成立

释奠礼的经典来源为《礼记·文王世子》："凡学，春官释奠于其先师，秋冬亦如之。凡始立学者，必释奠于先圣、先师，及行事，必以币。"[2] 儒学虽从西汉开始逐渐被尊崇，但《礼记》阐述的这项学礼在两汉时期并未见施行。目前学界一般认为到魏晋时期释奠礼才被正式施行，如《三国志·魏书·齐王芳纪》：

> 二年春二月，帝初通《论语》，使太常以太牢祭孔子于辟雍，以颜渊配。[3]

另据《晋书·礼仪志》载：

> 礼，始立学必先释奠于先圣先师，及行事必用币。汉世虽立学，斯礼无闻。魏齐王正始二年二月，帝讲《论语》通，五年五月，讲《尚书》通，七年十二月，讲《礼记》通，并使太常释奠，以太牢祠孔子于辟雍，以颜回配。武帝泰始七年，皇太子讲《孝经》通。咸宁三年，讲《诗》通，太康三年，讲《礼记》

---

[1] 高明士《唐代的释奠礼制及其在教育上的意义》，《大陆杂志》第61卷第5期，1980年，第218—236页；《东亚教育圈形成史论》，上海：上海古籍出版社，2003年；《中国中古的教育与学礼》，台北：台湾大学出版社，2005年。

[2] 孙希旦撰，沈啸寰、王星贤点校《礼记集解》卷二〇《文王世子第八》，北京：中华书局，1989年，第559—560页。

[3] 《三国志》卷四《魏书四·齐王芳纪》，北京：中华书局，1959年，第119页。

通。惠帝元康三年,皇太子讲《论语》通。元帝太兴二年,皇太子讲《论语》通。太子并亲释奠,以太牢祠孔子,以颜回配。成帝咸康元年,帝讲《诗》通。穆帝升平元年三月,帝讲《孝经》通。孝武宁康三年七月,帝讲《孝经》通。并释奠如故事,穆帝、孝武并权以中堂为太学。①

唐人所编《晋书》认为,讲经之后在辟雍祭祀孔子的活动即为释奠礼。这项礼仪活动在正始二年(241)、五年和七年均有举行,似乎成为一种"汉魏故事"。但在魏晋时期所编撰的《三国志》中,陈寿并未将此次祭祀活动视为释奠礼。因此,正始年间祭祀孔子的活动,在西晋时期仅被视为讲经结束后举行的一种祭祀礼仪活动。而且,这三次祭祀所用祭品均为太牢而非币,祭祀时间在通经业成之际而非立学之时,这与《礼记》的记载也存在差异。故而,能否如《晋书》所言,就认定曹魏的这三次祭祀活动为最早的释奠礼,尚值得商榷。将曹魏时期施行的祭孔活动径直视为释奠礼开端的"汉魏故事"或许并不成立。

曹魏施行的祭孔活动只是释奠礼成立的雏形,尚未正式礼制化,目前所知最早举行的释奠礼应当在西晋时期。根据潘岳侄子潘尼的《释奠颂》可知,元康三年(293)春闰月确实举行了释奠礼,其颂曰:

> 元康元年冬十二月,上以皇太子富于春秋,而人道之始莫先于孝悌,初命讲《孝经》于崇正殿。实应天纵生知之量,微言奥义,发自圣问,业终而体达。三年春闰月,将有事于上庠,释奠于先师,礼也。越二十四日丙申,侍祠者既齐,舆驾次于太学。太傅在前,少傅在后,恂恂乎弘保训之道;宫臣毕从,三率备卫,济济乎肃翼赞之敬。乃扫坛为殿,悬幕为宫。夫子位于西序,颜回侍于北墉。宗伯掌礼,司仪辩位。二学儒官,搢绅先生之徒,垂缨佩玉,规行矩步者,皆端委而陪于堂下,以待执事之命。设樽篚于两楹之间,陈罍洗于阼阶之左。几筵既布,钟悬既列,我后乃躬拜俯之勤,资在三之义。谦光之美弥劭,阙里之教克崇,穆穆焉,邕邕焉,真先王之徽典,不刊之美业,允不可替已。于是牲馈之事既终,享献之礼已毕,释玄衣,御春服,弛斋禁,反故式。天子乃命内外群司,百辟卿士,蕃王三事,至于学徒国子,咸来观礼,我后皆延而与之燕。金石箫管之音,八佾六代之舞,铿锵阗阘,般辟俯仰,可以澂神涤欲,移风易俗者,

---

① 《晋书》卷一九《礼志上》,北京:中华书局,1974年,第599页。

罔不毕奏。抑淫哇，屏《郑》《卫》，远佞邪，释巧辩。是日也，人无愚智，路无远迩，离乡越国，扶老携幼，不期而俱萃。皆延颈以视，倾耳以听，希道慕业，洗心革志，想洙泗之风，歌来苏之惠。然后知居室之善，著应乎千里之外；不言之化，洋溢于九有之内。于熙乎若典，固皇代之壮观，万载之一会也。尼昔忝礼官，尝闻俎豆。今厕末列，亲睹盛美，灖渍徽猷，沐浴芳润，不知手舞口咏，窃作颂一篇。义近辞陋，不足测盛德之形容，光圣明之遐度。①

皇帝或皇太子在通经业成之后，方才举行祭祀孔子的活动，这项曹魏时起始的活动尽管未见于《礼记》的规范记载，但已被两晋的释奠礼所继承。潘尼的颂文涉及皇太子通经后的释奠，详尽描述了参与人员、陈设及仪式过程，这是关于中国古代最早释奠礼的记载。尤其值得关注的是，颂文中提及"天子乃命内外群司，百辟卿士，蕃王三事，至于学徒国子，咸来观礼"，几乎所有群官百僚都参与了此次观礼，这也意味此次礼仪活动的规模之宏大，影响之深远。此外，最引人注目的是，礼仪举行的地点已转变为中央官学的太学，而非传统的礼仪场所辟雍，故而此次释奠礼还会有"学徒国子"来观礼。

国子学（寺）与太学之间的关系颇为复杂。据高明士先生的研究，两晋时期出现太学与国子并立的局面，直至元康三年才开始规定五品以上子弟入国子学（寺），此时国子学（寺）方具备了一所学校的性质②。后来，国子学（寺）逐渐取代太学成为最高官学，并最终成为释奠礼举行的场所。自此，释奠礼成为一种"晋故事"。

两晋以后，南朝遵循着"晋故事"，以太子释奠为主，在太学举行礼仪活动。《宋书·礼仪志》载：

> 元嘉二十二年，太子释奠，采晋故事，官有其注。祭毕，太祖亲临学宴会，太子以下悉豫。③

刘宋时期举行的释奠礼，遵循了两晋的礼仪规范。这一事实再次佐证了，曹魏时期举行的祭孔礼仪并非释奠礼，"晋故事"才是释奠礼的真正开端。而遵循"晋故

---

① 《晋书》卷五五《潘岳从子尼传》，第1510—1511页。
② 高明士《东亚教育圈形成史论》，第43—51页。
③ 《宋书》卷一四《礼志一》，北京：中华书局，1974年，第367—368页。

事"的"元嘉旧事"在南齐时期还曾引发讨论。《南齐书·礼仪志》提到有司奏：

> 宋元嘉旧事，学生到，先释奠先圣先师，礼又有释菜，未详今当行何礼？用何乐及礼器？①

尚书令王俭对此议曰："中朝以来，释菜礼废，今之所行，释奠而已。金石俎豆，皆无明文。"②南齐尽管还留有"元嘉旧事"的记忆，但具体施行却已无注文详解，因此引发了诸多争议。南齐之后的梁、陈，虽无法全面知晓释奠礼的具体施行状况，但大致不会脱离"晋故事"的框架。

北朝释奠礼与南朝略有不同。北朝主要是皇帝亲举释奠，并且举行礼仪的场所已为国子学（寺）而非太学。《魏书·肃宗纪》载：

> 正光元年春正月乙酉，诏曰："建国纬民，立教为本，尊师崇道，兹典自昔。来岁仲阳，节和气润，释奠孔颜，乃其时也。有司可豫缮国学，图饰圣贤，置官简牲，择吉备礼。"③

同书《常景传》则记载：

> 正光初，除龙骧将军、中散大夫，舍人如故。时肃宗行讲学之礼于国子寺，司徒崔光执经，敕景与董绍、张彻、冯元兴、王延业、郑伯猷等俱为录义。事毕，又行释奠之礼，并诏百官作释奠诗，时以景作为美。④

国子寺取代了太学，成为讲学之礼和释奠礼的场所。而且仪式之后，皇帝还会让百官作释奠诗以作纪念。这些都是与晋、南朝不同的地方。

其后北齐则明确将释奠礼定于孔父庙举行，并进一步将释奠礼常祀化，还曾要求在诸郡坊内立孔颜庙推行释奠礼⑤。隋代基本承袭北齐制度，但只言在国子寺举行，

---

① 《南齐书》卷九《礼志上》，北京：中华书局，1972年，第143—144页。
② 《南齐书》卷九《礼志上》，第144页。
③ 《魏书》卷九《肃宗纪》，北京：中华书局，1974年，第229页。
④ 《魏书》卷八二《常景传》，第1803页。
⑤ 《隋书》卷九《礼仪志四》，北京：中华书局，1973年，第180—181页。

时间也有所调整：

> 隋制，国子寺，每岁以四仲月上丁，释奠于先圣先师。年别一行乡饮酒礼。州郡学则以春秋仲月释奠。①

以上只是简单梳理了唐之前释奠礼的成立。依据朱溢的研究，这一时期的释奠礼，"主要用来展示皇太子或幼帝的知识和人格的养成，是其具备继承大统之能力的重要体现"②。原本只存在于礼典构想的释奠礼，逐渐由偶然为之变为常祀，同时祭祀场所也由辟雍转向太学，最终定为国子学（寺）。皇帝或皇太子的参与，更是奠定了这种礼仪规格及重视程度的基础。

在长达数百年的释奠礼成立阶段，该礼仪活动逐渐从单纯的祭祀转变为与官学紧密相连的重要环节。这些沿革成为唐代释奠礼的"故事"和"旧事"，它们伴随着时光流转或继承或摒弃或发展。其中，释奠礼的常祀化、讲经活动的继承、观礼群体的扩大和赋诗纪念的传统，共同构成了该项礼仪的基本框架。这些方面在唐代均或多或少得到了继承。

二、唐长安释奠礼的场域与历史记忆

唐代的释奠礼基本承袭隋制，唐高祖武德二年（619）就专门在国子立周公和孔子庙：

> 六月戊戌，令国子学立周公、孔子庙，四时致祭，仍博求其后。③

《唐会要》中"释奠"条还载："武德七年二月十七日，幸国子学，亲临释奠，引道士、沙门与博士杂相驳难久之。"④除了这些举措，武德七年（624）二月还颁布

---

① 《隋书》卷九《礼仪志四》，第181—182页。
② 朱溢《唐代孔庙释奠礼仪新探——以其功能和类别归属的讨论为中心》，《史学月刊》2011年第1期，第40页。
③ 《旧唐书》卷一《高祖本纪》，北京：中华书局，1975年，第9页。
④ 《唐会要》卷三五"释奠"条，上海：上海古籍出版社，2006年，第747页。

过《置学官备释奠礼诏》和《兴学敕》等[①]。这些释奠礼的施行与诏敕的颁布都有其政治意义。

虽然此时李渊已封邦建国，但李唐仍面临来自突厥及其所扶持的梁师都政权的威胁。在这种背景下，李唐于国子学设立孔庙、搜求孔子后裔，乃至举办释奠礼仪以大兴文教，皆是旨在寻求文化权威的建构[②]。尤其是在儒家释奠礼的礼仪场合，李渊还引道士、沙门与博士展开辩论，同样是在有意树立和彰显儒教的权威[③]。毕竟历经隋末战乱，重建文教权威、恢复官学地位等方式已然成为凝聚人心、占据大义的重要宣传途径。因此，此时在国子监举行的释奠礼，实为国家官学对儒家群体的一次整合收编，也是国家宣传中央官学地位，并进而巩固唐帝国中央政权政治地位的重要手段。

释奠礼在唐太宗年间还进入礼典，如贞观二十一年（647）许敬宗曾上奏言："况凡在小神，犹皆遣使行礼，释奠既准中祀，据理必须禀命。"[④]释奠礼此时既然为中祀，必然就已进入《贞观礼》，很可能与后来《开元礼》相同，在吉礼中被单列[⑤]。而早在贞观十四年（640），太宗就曾亲临国子学观礼释奠，并在此后大兴官学，"于是四方学者云集京师，乃至高丽、百济、新罗、高昌、吐蕃诸酋长亦遣子弟请入国学，升讲筵者至八千余人"[⑥]。当时的祭酒孔颖达讲《孝经》，太宗与之辩论并将其辩至不能对，最后还对侍臣说了一番话。这番话很能体现唐初帝王对于儒学的看法：

> 诸儒各生异意，皆非圣人论孝之本旨也。孝者，善事父母，自家刑国，忠于其君，战陈勇，朋友信，扬名显亲，此之谓孝。具在经典，而论者多离其文，迥出事外，以此为教，劳而非法，何谓孝之道耶！[⑦]

---

① 宋敏求编《唐大诏令集》卷一〇五《崇儒》，北京：商务印书馆，1959年，第537页；又见于《全唐文》卷三《高祖三》，北京：中华书局，1983年影印本，第35—36页。
② 盖金伟、孙钰华《论"释奠礼"与唐代文化权威的构建》，《新疆大学学报（哲学·人文社会科学版）》，2007年第1期，第105—111页。
③ 此处不欲讨论三教论衡，其详情可参《旧唐书》卷一八九《儒学上·陆德明传》，第4944—4945页；道宣撰，郭绍林点校《续高僧传》卷二五《唐京师胜光寺释慧乘传》，北京：中华书局，2014年，第940—942页。
④ 《旧唐书》卷二四《礼仪四》，第918页。
⑤ 《唐六典》卷四"祠部郎中员外郎"条，北京：中华书局，1992年，第120页。吴丽娱先生亦指出释奠礼在《开元礼》列入吉礼的做法源自贞观，参吴丽娱《关于〈贞观礼〉的一些问题——以所增"二十九条"为中心》，《中国史研究》2008年第2期，第46页。
⑥ 《资治通鉴》卷一九五"贞观十四年二月"条，北京：中华书局，1956年，第6153页。
⑦ 《旧唐书》卷二四《礼仪四》，第917页。《旧唐书》将此事系于三月，《资治通鉴》则将其系于二月，此从《资治通鉴》，参《资治通鉴》卷一九五"贞观十四年二月"条，第6152—6153页。

高明士先生曾据此指出释奠讲经教材尤重《孝经》，这既是弘扬儒教的方式，也是帝王欲移孝为忠的需要①。移孝为忠作为中古时期的重要政治观念，当然备受帝王重视。但太宗所云"诸儒各生异意，皆非圣人论孝之本旨也"，其实更能凸显他的迫切需求——即统一诸儒学者的见解，回归经典及圣人本旨，构建一套更契合国家治理需求的官学学术体系。

及至玄宗开元年间颁行的《大唐开元礼》，则将释奠礼分为中祀"皇太子释奠于孔宣父""国子释奠于孔宣父"②，以及小祀"诸州释奠于孔宣父""诸县释奠于孔宣父"③。据《唐六典》记载：

> 国子监祭酒、司业之职，掌邦国儒学训导之政令，有六学焉：一曰国子，二曰太学，三曰四门，四曰律学，五曰书学，六曰算学。凡春、秋二分之月，上丁释奠于先圣孔宣父，以先师颜回配，七十二弟子及先儒二十二贤从祀焉。（旧《令》唯祀十哲及二十二贤。开元八年，敕列曾参于十哲之次，并七十二子并许从祀。其名历已具于祠部。）祭以太牢，乐用登歌、轩县、六佾之舞。若与大祭祀相遇，则改用中丁。祭酒为初献，司业为亚献，博士为终献。若皇太子释奠则赞相礼仪，祭酒为之亚献。皇帝视学，皇太子齿胄，则执经讲义焉。凡释奠之日，则集诸生执经论议，奏请京文武七品以上清官并与观焉。④

此时释奠礼所用祭品和乐舞已然承袭魏晋以来的传统，如"祭以太牢"就从晋延续至此。

此外，根据《唐六典》小注记载，释奠礼虽是祭祀的礼仪活动，但也进入了唐令，应为《学令》而非《祠令》。如日本《养老令·学令》"释奠条"曰：

> 凡大学国学，每年春秋二仲之月上丁，释奠于先圣孔宣父，其馔酒明衣所须。并用官物。⑤

---

① 高明士《中国中古的教育与学礼》，第633—634页。
② 《大唐开元礼》卷五三《吉礼·皇太子释奠于孔宣父》，北京：民族出版社，2000年，第292—298页；《大唐开元礼》卷五四《吉礼·国子释奠于孔宣父》，第298—303页。
③ 《大唐开元礼》卷六九《吉礼·诸州释奠于孔宣父》，第355—357页；《大唐开元礼》卷七二《吉礼·诸县释奠于孔宣父》，第366—368页。
④ 《唐六典》卷二一"国子监"条，第557—558页。
⑤ 《令集解》卷一五《学令》，东京：吉川弘文馆，1987年，第445—446页。

由礼入令，便成为释奠礼得以持续进行的官方制度保障与政治保证。与此同时，这也显示出官方对于这项儒家学礼的进一步收编，以重新树立学术权威，使之成为帝国宣传文教的重要方式。

吸引唐朝内外学者涌入的长安国子监，作为唐代的最高官学，正是展示释奠礼和宣传文教的重要场域。依据《唐两京城坊考》记载，长安国子监位于长安朱雀大街街东从北第一坊务本坊内：

> 半以西，国子监，（监东开街若两坊，街北抵皇城南，尽一坊之地。监中有孔子庙，贞观四年立。按《开成石经》旧在务本坊，盖立于国子监也。）领国子监、太学、四门、律、书、算六学。（《唐语林》：天宝中，国学增置广文馆，在国学西北隅，与安上门相对。按国学之北即安上门。）①

至于国子监内的孔庙，《大唐郊祀录》谓："其庙屋四柱七间，前面两阶，堂高三尺五寸，宫垣周之。南面一屋三间，外有十戟焉。东面一屋一门，其太学讲论之堂在庙垣之西。"② 上引《养老令·学令》"释奠条"也有小注提道：

> 助教正六位上膳臣大丘牒称："天平胜宝四年，大丘随使入唐问先圣之遗风，览胶庠之余烈。国子监有两门，题曰'文宣王庙'。时有国子学生程览告大丘曰：'今主上大崇儒范，追改为王。'凤德之征，于今至矣。然准旧典，犹称前号，诚恐乖崇德之情，失致敬之理。大丘庸暗，闻斯行诸，敢陈管见，以请明断者。"③

膳臣大丘在天平胜宝四年（752，即天宝十一载），跟随遣唐使藤原清河和吉备真备前往长安。他曾亲眼见过国子监门额上"文宣王庙"的榜题，并且还与国子学生有过交流。

释奠礼就是在国子监这四柱七间的庙屋内进行。具体礼仪的举行，依据《大唐开元礼》的记载，每当皇太子释奠时，释奠日当天，天未明，东宫官员汇聚东宫朝

---

① 徐松撰，李健超增订《增订唐两京城坊考》（修订版）卷二，西安：三秦出版社，2006年，第55页。李健超先生已指出孔子庙并非贞观四年所立："有周公庙，武德二年六月诏立，以孔子配享。贞观二年十二月，停祭周公，始立为孔子庙，以颜回配享。"第56页。
② 《大唐开元礼》附《大唐郊祀录》卷一〇《释奠文宣王》，第801页。
③ 《令集解》卷一五《学令》，第445—446页。

堂等候皇太子一起出重明门（东宫南门），走延喜门（皇城东门）出皇城，然后南下前往务本坊国子监。国子监这边也开始检查厨房、打扫卫生，准备迎接皇太子等人。未明一刻，参加人员基本就位。大概启明时释奠礼开始，之后就是三献礼仪以及讲学①。

释奠礼当日，众人会前来观礼，亲历释奠礼的庄重肃穆。其中，除《唐六典》所载诸生及在京文武七品以上清官外，还包括来自周边国家及不同社会群体的观礼者。通过这些人群，释奠礼的仪式被有效而广泛地宣传，长安官学的影响力得以扩散开来。

史载太宗贞观年间，新罗就曾派遣国相、伊赞干金春秋及其子文王来唐：

> 春秋请诣国学观释奠及讲论，太宗因赐以所制《温汤》及《晋祠碑》并新撰《晋书》。将归国，令三品已上宴饯之，优礼甚称。②

金春秋之所以来唐，应当就是贞观十四年后太宗大兴文教的结果。释奠礼及讲论对金春秋极具吸引力，故而专门请求去国子监观礼。他们在参加过释奠礼之后，必然会将所见所闻带回自己的国家，大唐文教与儒家礼仪也随即成为一种"故事"被传播至中国周边更广阔的地区，即前文膳臣大臣牒文可证。

玄宗开元年间，一份诏敕同样提到了释奠礼相关的"故事"，其云：

> 二十八年二月五日敕："文宣王庙，春秋释奠，宜令三公行礼。著之常式。"二十日，国子祭酒刘瑗奏："准故事，释奠之日，群官道俗皆合赴监观礼，依故事著之常式。"制可。③

诏敕中提及的"故事"，应是指前述武德七年释奠礼之际，高祖引道士、沙门与博士相互辩论。所以，不仅限于儒家学子或官员，其他宗教的道俗人士及普通百姓也可以观摩此项礼仪活动，甚至还可能会参与释奠礼的讲经环节。

---

① 沈旸曾依据《大唐开元礼》对国子监和释奠礼进行复原，见沈旸《唐长安国子监与长安城》，《建筑师》2010年第3期，第32—43页。
② 《旧唐书》卷一九九上《东夷·新罗传》，第5335—5336页。
③ 《唐会要》卷三五"释奠"条，第750页。

大历元年（766）还有宦官和武将参与国子监释奠礼的记载：

> 二月，丁亥朔，释奠于国子监。命宰相帅常参官、鱼朝恩帅六军诸将往听讲，子弟皆服朱紫为诸生。朝恩既贵显，乃学讲经为文，仅能执笔辨章句，遽自谓才兼文武，人莫敢与之抗。[①]

此次释奠礼，分别由宰相和鱼朝恩率领文武官员参与，武官亦步入儒家的仪式场域。原本讲经事宜应由学识渊博的鸿儒主持，但鱼朝恩这位宦官与武官之首，虽无太多笔墨学问，却也跻身讲经之列，还自诩文武双全，颇有些班门弄斧之嫌。鱼朝恩在当时已专领神策军，且凭借皇帝恩宠，行事向来嚣张跋扈，故而参与释奠礼的其他人都不敢与其抗衡。甚至，在同年八月的释奠礼上，"鱼朝恩执《易》升高座，讲'鼎覆悚'以讥宰相"[②]。释奠礼的场域，遂成为当时南衙北司角力博弈的重要场所。

这些外国人、道俗、宦官和武将，大多并非国子监学子，可能也并不尊孔崇颜，甚至不曾研习过儒家经典，但他们却都曾出现在释奠礼的礼仪场域内，成为这项儒家学礼的重要观众。这既是儒教广泛宣传的重要成果，也是国家大规模推行文教及树立官学权威地位的体现。

除上面这批人之外，从地方诸州县来到长安的贡举学生也是释奠礼的重要观众。高祖武德七年二月亲临释奠之前就曾下诏："宜下四方诸州，有明一经已上未被升擢者，本属举送，具以名闻，有司试策，加阶叙用。"[③]之后唐朝历代帝王基本延续了此种方式来招揽地方诸州县的贡举学生。开元二十六年（738），玄宗还曾规定来长安的贡举生需要前往国子监拜谒，其云：

> 二十六年正月，敕："诸州乡贡见讫，令引就国子监谒先师，学官为之开讲，质问疑义，有司设食。弘文、崇文两馆学生及监内得举人，亦听预焉。"其日，祀先圣已下，如释奠之礼。青官五品已下及朝集使，就监观礼。遂为常式，每

[①] 《资治通鉴》卷二二四"大历元年二月"条，第7188—7189页。
[②] 《资治通鉴》卷二二四"大历元年八月"条，第7191页。
[③] 王若钦等编纂《册府元龟》卷五〇《帝王部·崇儒术二》，北京：中华书局，1960年影印本（2012年重印），第557页。此诏又见于《唐大诏令集》卷一〇五《崇儒》，第537页；《全唐文》卷三《高祖三》，第35—36页。

年行之至今。①

诸州乡贡的学生需要参与如同释奠礼的祭祀仪式，同时两馆学生、官员以及朝集使也都要来此观礼。更为重要的是，这种活动"遂为常式，每年行之至今"。所以，自开元二十六年以后，几乎每年来到长安的乡贡学生都会来到务本坊的国子监，成为释奠礼仪式的观看者。例如唐穆宗宰相王播的弟弟王起，他在贞元十四年（798）登进士第，之后还三典贡举，先前就写过一篇关于贡举人拜谒先师的诗歌《贡举人谒先师闻雅乐》，其云：

> 蔼蔼观光士，来同鹄鹭群。鞠躬遗像在，稽首雅歌闻。度曲飘清汉，余音遏晓云。两楹凄已合，九仞杳难分。断续同清吹，洪纤入紫氛。长言听已罢，千载仰斯文。②

同时期的吕炅也有一首同名诗词③。两篇同样描写贡举学生拜谒先师的诗歌，应当就是两人依据玄宗开元二十六年的诏敕规定，从地方来到长安后，在国子监参与了拜谒先师的释奠祭祀礼仪之后所作。此外，令狐峘是唐初曾编修过《周书》的令狐德棻的五世孙，他也曾登进士第，并且在德宗建中初为礼部侍郎专典贡举。他有首专门描述释奠礼的诗《释奠日国学观礼闻雅颂》，其云：

> 肃肃先师庙，依依胄子群。满庭陈旧礼，开户拜清芬。万舞当华烛，箫韶入翠云。颂歌侵晓听，雅吹度风闻。澹泊调元气，中和美圣君。唯余东鲁客，蹈舞向南熏。④

同时期东阳人滕珦也有一首同名诗⑤。

目前仅见四首与长安国子监释奠礼有关的诗，且均被《文苑英华》归入省试诗。也就是说，在参与释奠礼之后，这些举子可能在省试中被命题要求写诗，从而佐证

---

① 《旧唐书》卷二四《礼仪四》，第919页。
② 《文苑英华》卷一八四《省州（试）五》，北京：中华书局，1966年影印本，第900页。
③ 《文苑英华》卷一八四《省州（试）五》，第900页。
④ 《文苑英华》卷一八四《省州（试）五》，第900页。
⑤ 《文苑英华》卷一八四《省州（试）五》，第900页。

了唐代国子监释奠礼中确有贡举学生参与。这些诗歌主要描写释奠礼现场所演奏的雅乐，歌颂之词颇多，亦证实了《大唐开元礼》中频繁出现的各种雅乐都有被实际演奏。这些学子所写的文学性描述的诗歌，记录了他们作为地方贡举学生，在长安国子监参加释奠礼的所见所闻，成了萦绕在他们脑海中珍贵的历史记忆。

相较于高明士先生对唐代长安释奠礼的详细梳理和研究，本节更侧重释奠礼在唐初文化权威建立中所扮演的重要角色，以及时人对于长安释奠礼的历史记忆。唐代长安国子监举行的释奠礼，因帝王旨在树立文教权威，被纳入唐礼和唐令而得以切实举行。国子监因而成为唐朝学子及周边国家使者所向往的场所，并在众人的观礼所见中留下深刻的历史记忆。部分观礼者还会将关于释奠礼的所见所闻带回本州或本国，从而将长安国子监释奠礼的礼仪活动传播至更遥远的地区。这种历史记忆的传播也为地方释奠礼的举行提供了实际的资源。

三、敦煌释奠礼所见国家与地方礼仪活动的同步

敦煌虽处西北边陲，但文教事业历来兴盛，儒学更是如此。敦煌文献中保存了大量儒家文献，《敦煌经部文献合集》对其进行了全面的汇编校勘[①]，高明士先生也曾专门梳理过 7 至 10 世纪的敦煌官学[②]。释奠礼作为官学崇尚儒家文化的重要礼仪，也曾在唐代敦煌地区得到全面贯彻施行，其形式与长安国子监释奠礼保持一致。

雷闻先生曾指出，唐代孔庙祭祀（即释奠礼）除了偶像崇拜外，天下通祀则是另一个显著特征[③]。太宗贞观四年（630）曾颁布诏书，"诏州、县学皆作孔子庙"[④]，似为诸州县举行释奠礼作准备。但这份诏敕执行得并不彻底。咸亨元年（670），高宗又下诏敕曰："诸州县孔子庙堂及学馆有破坏并先来未造者，遂使生徒无肄业之所，先师阙奠祭之仪，久致飘露，深非敬本。宜令所司速事营造。"[⑤]再次督促诸州县修造官学及孔庙，确保诸州县的释奠礼得以顺利举行。玄宗开元十一年（723）进一步规定："春秋二时释奠，诸州宜依旧用牲牢，其属县用酒醴而已。"[⑥]开元十九年（731）

---

① 张涌泉主编《敦煌经部文献合集》，北京：中华书局，2008 年。
② 高明士《中国中古的教育与学礼》，第 317—355 页。
③ 雷闻《郊庙之外：隋唐国家祭祀与宗教》，北京：生活·读书·新知三联书店，2009 年，第 62—66 页；此据增订版，北京：生活·读书·新知三联书店，2024 年，第 77—83 页。
④ 《新唐书》卷一五《礼乐五》，北京：中华书局，1975 年，第 373 页。
⑤ 《旧唐书》卷五《高宗本纪下》，第 94 页。
⑥ 《旧唐书》卷八《玄宗本纪上》，第 186 页。

还统一要求用酒脯,并"永为常式"①。最终,这些规定都被写入《大唐开元礼》的小祀"诸州释奠于孔宣父"和"诸县释奠于孔宣父"。因此,在中央对地方掌控力强、官学地位权威高、政令传布及时有效的情况下,诸州县必然会建立起州学、县学和孔庙,并按时进行春秋释奠。

当唐王朝统辖有效之时,敦煌当地必定会遵从中央传递过来的政令,建立州学和县学,以及附属的孔庙。依据 Дx.3558《唐令·祠令》残文所载"释奠等为中祀""州县社〔稷释奠〕及诸神祠亦准小祀例"②,也确知敦煌有收到来自长安的关于举行释奠礼祭祀的官方令文。此外,P.2005《沙州都督府图经》卷三保存了沙州都督府的州学和县学信息,其云:

(前略)

1　州学

2　　右在城内,在州西三百步。其学院内东厢有先

3　　圣太师庙堂,堂内有素(塑)　先圣及先师颜子

4　　之像,春秋二时奠祭。

5　县学

6　　右在州学西,连院,其院中东厢有　先圣太

7　　师庙,堂内有素(塑)　先圣及先师颜子之像,

8　　春秋二时奠祭。

(后略)③

这里的州学应当是沙州的官学,县学则是敦煌县的官学。另外,P.5034《沙州都督府图经》卷五还有另一县的县学信息,其云:

(前略)

1　一所县学

2　　右在县城内,在西南五十步。其▢▢▢▢

---

① 《旧唐书》卷八《玄宗本纪上》,第196页。
② 荣新江、史睿《俄藏敦煌写本〈唐令〉残卷(Дx.3558)考释》,《敦煌学辑刊》1999年第1期,第3—13页。
③ 录文参郑炳林《敦煌地理文书汇辑校注》,兰州:甘肃教育出版社,1989年,第12页。

3　　　　　堂，堂内有素（塑）　先圣及先师〔颜子之像，春秋二时奠祭〕。（后略）①

我们尚无法确定此处县学具体所属何县，但可以确定沙州都督府下至少有两县曾设有官学，且其内建有孔庙，应当定期于此举行过春秋释奠。可见，当时的沙州切实贯彻了中央传达至此的政令，官学在州县范围内占有一席之地，孔庙亦随之建立。这些官学的存在为当地释奠礼的举行提供了固定且稳定的礼仪场所。

在释奠礼仪式进行过程中，太祝需跪读释奠文，以体现学子们与先圣先师之间的精神交流。敦煌文献中就保存了当地州县官学举行释奠礼时使用的释奠文及对祭祀用品的相关记录。如 S.1725v《沙州祭文并祭祀所需物品牒抄》载：

释奠文
　　敢昭告于　先圣文宣王，惟王固天攸纵，诞降生知，经纬礼乐，阐杨（扬）文教，余烈遗风，千载是仰。俾兹末学，依仁游艺。谨以制弊（币）醴荠（齐），粢晟（盛）庶品，祗奉旧章，式陈明荐，以先师衮（兖）公配。〔尚飨〕。
　　敢昭告于　先师衮（兖）公，爰以仲春，率尊（遵）故实，敬修释奠于先圣文宣王。惟公庶几体二，德冠四科，服道圣门，实臻壶奥。谨以制弊（币）礼（醴）荠（齐），粢晟（盛）庶品，式陈明荐，作主配神。〔尚飨〕。
　　右已前释奠文。
　　（中略）
　　今月日释奠，要香炉二并香、神席二、毡十六领、马头盘四、叠子十、垒子十、小床子二、碗二、杓子二、弊（币）布四尺、馃食两盘子、酒、肉、梨五十课（颗）、黍米一升、锹一张、行礼人三、修坛夫一、手巾一、香枣一升。
　　（后略）②

P.3896v 同样记载了释奠文及祭祀用品，只是文字和品目略有不同，但差别不大，可

---

① 录文参郑炳林《敦煌地理文书汇辑校注》，第 43 页。学者们基本认为该图经最晚作于开元前期，参朱悦梅、李并成《〈沙州都督府图经〉纂修年代及其相关问题考》，《敦煌研究》2003 年第 5 期，第 61—65 页。
② 录文参郝春文主编《英藏敦煌社会历史文献释录》第 7 卷，北京：社会科学文献出版社，2010 年，第 538、540 页。

补充传世史料所缺。

这篇释奠文与《大唐开元礼》所载相比，文字略有出入。首先，这篇释奠文尊称孔子为"先圣文宣王"，《英藏敦煌社会历史文献释录》已指出《大唐开元礼》和《通典》中都尊称孔子为"先圣孔宣父"，直至开元二十七年（739），孔子才被册封为"文宣王"。这一称谓的差异"说明中央的政令在当时可以贯彻到敦煌，同时透露出此件的撰写和抄写年代要晚于开元二十七年"[①]。这无疑是十分有见地的判断。同时，此事亦证实敦煌与长安之间长期保持信息的同步，诸州县官学同样紧跟长安官学的要求，释奠礼相关仪式也会因时而改，与官方政策保持一致。

此外，如前所述，按照开元二十六年诏敕规定，诸州乡贡生与朝集使都需参与释奠礼的相关祭祀活动，敦煌自然也不例外。这些实际参与过释奠礼的敦煌学生和官员，必然会将他们在长安国子监释奠礼上的所见所闻带回敦煌，故而相关修订也会与国家保持一致。

其次，此篇释奠文在用词上多处与《大唐开元礼》存在显著差异。例如，"公庶几体二"，《大唐开元礼》中作"子等或服膺圣教"，《通典》中作"子庶几具体"；"服道圣门"，《大唐开元礼》中作"或光阐儒风"，《通典》的表述则与本篇相同。这些用词并不关键且可替代，加之 P.3896v 与本篇基本一致，说明 S.1725v 所录是敦煌当地流行的释奠文文本。之所以如此，可能如孔子的称谓一样，是遵循后期诏敕的要求所改。因此，作为开元二十七年之后抄写的礼仪性文本，敦煌的释奠文基本同德宗时《通典》的文本保持一致。这表明，在开元之后，敦煌地区依然依照中央的模板抄写释奠文，释奠礼也能按照官方诏敕的规定在州县官学的场域内进行。

不过，敦煌后来被吐蕃占领，官学也随之没落而荒废。其实，长安国子监虽为唐代最高官学，但也难逃衰颓。舒元舆是元和年间（806—820）进士，唐文宗大和五年（831）曾献文阙下，其《问国学记》中提道：

> 先王建太学法，以教国胄子，欲驱人归义府也。故设官区掌，严大其事，明公侯卿大夫必由是而出。元舆既求售艺于阙下，谓今之太学，犹古之太学，将欲观焉。以自为下士小儒，未尝睹天子庠序，欲往时，先三日斋沐而后行。

[①] 郝春文主编《英藏敦煌社会历史文献释录》第 7 卷，第 541 页。

行及门下，脱盖下车，循墙而趋。请于谒者曰："吾欲观礼于太学，将每事问之于子可乎？"谒者许诺，遂前导之。初过于朱门，门阖沉沉。问曰："此鲁圣人之宫也。"遂拜之。次至于西，有高门，门中有厦屋。问之，曰："此论堂也。"子愧非鸿学方论，不敢入。导者曰："此无人，乃虚堂尔。"予惑之，遂入。见庭广数亩，尽垦为圃矣。心益惑，复问导者曰："此老圃所宅，子安得欺我耶？"导者曰："此积年无儒论，故庭化为废地，久为官于此者圃之，非圃所宅也。"循廊升堂，堂中无机榻，有苔草没地。予立其上，凄惨满眼，大不称向之意。复为导者引，又至一门。问之，曰："此国子馆也。"入其门，其庭其堂，如入论堂。俄又历至三馆门，问之，曰："广文也，大学也，四门也。"入其门，其庭其堂如国子，其生徒去圣人之奥，如堂馆之芜。①

这篇国学游记可能是舒元舆献文给文宗之后所写。他参观了太学、孔庙、论堂及国子馆等，不过所见论堂和国子馆都已成"虚堂"，庭院也变为荒地老圃。敦煌的诸州官学可能也如同长安国子监官学没落时的场景一样，变得虚空荒芜，有的地方甚至成为别人的圃地。

相较于具有官方力量支持的官学，孔庙以其偶像崇拜的特质，有可能会独立于官学体系之外，呈现出与释奠礼仪式截然不同的活动场景。雷闻先生就曾讨论过孔庙祭祀的神祠色彩，认为地方孔庙往往会沦为民众个人的宗教信仰之场域，成为祈子或祈雨之所在②。

事实上，从释奠礼在五礼中的归属来看，孔庙祭祀被神化亦存在官方因素。根据朱溢的研究，释奠礼在唐以前更偏向展示人间权利关系的嘉礼，至唐代则被正式归入体现人神关系的吉礼③。吉礼中除释奠礼外，另外三类分别是天神、地祇和人鬼，它们都是被官方神化的祭祀对象。唐代将释奠礼确立为全国通祀，使得神化的孔子形象得以广泛传播。在官学式微之际，孔庙的神祠特征愈发凸显，进而很有可能将原先举行释奠礼的场域转化为求神祈福之地。《封氏闻见记》载："流俗，妇人多于孔庙祈子，殊为亵慢，有露形登夫子之榻者。"④长安孔庙地处政治中心，即便官

---

① 《全唐文》卷七二七《舒元舆》，第 7492 页。
② 雷闻《郊庙之外：隋唐国家祭祀与宗教》（增订本），第 83—88 页。
③ 朱溢《唐代孔庙释奠礼仪新探——以其功能和类别归属的讨论为中心》，第 38—40 页。
④ 封演撰，赵贞信校注《封氏闻见记校注》卷一《儒教》，北京：中华书局，2005 年，第 4 页。

学没落,其神祠色彩也不会太过明显。然而,与长安相较,敦煌等地原本附属于官学的孔庙,在州县官学没落之后,就很可能与唐代其他地方的孔庙一样,沦为地方性神祠,成为民众个人信仰的祠庙,丧失了原有官方礼仪场域以及儒家所言之"道统"的神圣性。

小　结

唐代长安国子监举行的释奠礼,自曹魏出现雏形,至晋代正式成立。两晋释奠礼又作为"晋故事",成为唐代释奠礼完全定型与实现礼制化的重要资源。唐代释奠礼的活动规模相较以往有所拓展,礼仪场景不仅盛大而且影响力颇为广泛。长安官民在皇权的安排下纷纷来此观礼,贡举生和慕华外国人也在该礼仪场所留下种种历史记忆并将之广泛流传。

敦煌虽处唐帝国边陲,但来自长安的官方令文和诏敕仍在此地发挥着积极且重要的影响,长安的重要规定及安排也被有效传递。释奠礼得以切实执行,表明国家话语权在当地依然发挥着重要作用,确保敦煌诸州县官学与中央礼仪制度时刻保持一致。而在官学没落之际,孔庙虽在长安还能维持官方祭祀场所的神圣性,但在包括敦煌在内的地方,失去国家权力支持后,则很可能因破败而沦为神祠。官学的兴办与礼仪的举行均需官方权力的支持,支持的存在与否会对中古释奠礼的成立与传播起到重要作用。

第二节　唐代七夕所见长安与地方:乞巧与狂欢

岁时节日里,人们会自发地举行庆祝或纪念活动。这些岁时节日活动在不同时间段和区域群体内有着各种各样的特色,丰富着不同阶层人群的日常生活。岁时节日活动的背后又实则隐含了国家制度的安排、古人的时间观念,以及地域性知识的传播。故而这些节日既是民俗化的活动,也是不同时空中各类人群的历史记忆。以民俗学的研究对象为基础,从历史学的视角对节日活动的时间、空间和参与人群进行探析,也许能对历史中岁时节日活动的内涵及知识传播有更加透彻的理解。

唐朝文化繁荣。长安城是当时世界性的大都市,敦煌地区也是丝绸之路上重要的通道,每年各种岁时节日活动不仅充斥于当时长安人和敦煌人的日常生活,也丰富了丝绸之路上各个城市的文化风貌。今人对唐代岁时节日的研究已积累了相当多的成果[1]，但对于唐代七夕的研究，主要集中于唐人七夕诗词所反映的士庶心理，以及中晚唐七夕乞巧与社会心理的转变等方面[2]，除此之外，其实仍有不少讨论的空间。本节拟以唐代七夕为例，探讨在国家制度与社会民俗的互动下，长安城不同人群是如何利用与形塑七夕乞巧，以及敦煌地区的人群又是如何共享与传播这些民俗节日资源的。

一、律令安排下的唐代七夕

节日虽是民俗，但也是古代岁时时令的重要内容，与国家的王化政策有着很大关系[3]，指导着人们日常生活的节奏韵律。故而国家制度会对节日活动加以安排，以申明国家意志，规范民俗习惯。长安是隋唐帝国的首都，敦煌则是唐帝国的边陲重镇，国家制度的安排与两地人的生活都有密切的联系，与官吏相关的制度规定更是如此。

唐代中央和地方的各级官吏，一年四季皆有假日。《唐六典》曰："内外官吏则有假宁之节。"[4]"假宁"亦即"休假归宁"，其中休假就包括节日假。唐代对节日假的安排如下：

> 谓元正、冬至各给假七日，寒食通清明四日，八月十五日、夏至及腊各三日。正月七日·十五日、晦日、春·秋二社、二月八日、三月三日、四月八日、五月五日、三伏日、七月七日·十五日、九月九日、十月一日、立春、春分、立秋、秋分、立夏、立冬、每旬，并给休假一日。[5]

---

[1] 张泽咸《唐朝的节日》，《文史》第37辑，1993年，第65—92页；李斌城等编《隋唐五代社会生活史》，北京：中国社会科学出版社，1998年，第613—628页；吴玉贵《中国风俗通史·隋唐五代卷》，上海：上海文艺出版社，2001年，第628—666页；中村裕一《中国古代の年中行事》，东京：汲古书院，2009—2011年；谭蝉雪《敦煌民俗：丝路明珠传风情》，兰州：甘肃教育出版社，2006年，第37—136页；张勃《唐代节日研究》，北京：中国社会科学出版社，2013年。
[2] 赵克尧《从唐诗看唐代七夕风俗与士庶心态》，《东南文化》1992年第5期，第184—187页；聂济冬《中后唐时七夕乞巧心理之社会考》，《中华女子学院学报》2003年第3期，第60—63页。
[3] 参李欣、周金泰《从王化到民时：汉唐间敦煌地区的皇家〈月令〉与本土时令》，《史林》2014年第4期，第58—69页。该文已明确指出，"时令"从广义来看包括了岁时节令的内容。
[4] 《唐六典》卷二"吏部郎中员外郎"条，第35页。
[5] 《唐六典》卷二"吏部郎中员外郎"条，第35页。

093

七夕，作为官方规定的节日，在唐代一般称为七月七。在这个国家规定的假日里，无论是京城还是外地任职的官吏，皆可获得放假休息的机会，无需办公，从而有充分的闲暇时间参与各项节日活动。因而，在国家制度的安排下，唐代官吏日常工作可以松紧结合，时常能有休闲的时光，在七月七日这天便能够自由地安排节庆活动。

不唯如此，唐代还特别规定了诸王以下的节日食料，其中也有七夕食料：

> 凡诸王已下皆有小食料、午时粥料各有差。复有设食料、设会料，每事皆加常食料。又有节日食科。（谓寒食麦粥，正月七日、三月三日煎饼，正月十五日、晦日膏糜，五月五日粽穊，七月七日斫饼，九月九日麻葛糕，十月一日黍臛，皆有等差，各有配食料。）①

不同的节日里，国家制度规定的食物也因时而做，各不相同，为不同的节日增添不同的美味享受。七夕所吃的斫饼，大概便类似如今煎饼之类的面食。

同样，七夕应该进纳的物品也与其他节日不同，为该日平添了几许独特的娱乐氛围：

> 及岁时乘舆器玩，中宫服饰，雕文错彩，珍丽之制，皆供焉；丞为之贰。（每年二月二日，进镂牙尺及木画紫檀尺；寒食，进毬，兼杂彩鸡子；五月五日，进百索绶带；夏至，进雷车；七月七日，进七孔金细针；十五日，进盂兰盆；腊日，进口脂、衣香囊。每月进笔及梼衣杵。琴·瑟·琵琶弦、金·银纸，须则进之，不恒其数也。）②

唐代七夕时所使用的金针，至今还能在日本正仓院看到相关实物。

以上三条史料将七夕的放假时间、食物和器玩都作了细致的制度化规定，为七夕节日活动搭建起基本的框架。

七夕最重要的官方活动是祭祀机杼。唐代有织染署，"掌供冠冕、组绶及织纴、色染……七月七日，祭杼"③。《岁时广记》引用《考工记》的注文对此祭杼活动进

---

① 《唐六典》卷四"膳部郎中"条，第129页。
② 《唐六典》卷二二"中尚署中尚署令"条，第573页。
③ 《新唐书》卷四八《百官三·织染署》，第1271页。

行了解释，其云：

> 《唐百官志》："织染署每七月七日祭杼。"又《考工记》注云："以织女星之祥，因祭机之杼以求工巧。"①

《考工记》认为唐代把织女星作为机杼的征祥，而织染署通过七夕祭杼的活动可以乞求工巧。但在唐人所编《晋书》中，对于织女星征祥的解释又有所不同：

> 织女三星，在天纪东端，天女也，主果蓏丝帛珍宝也。王者至孝，神祇咸喜，则织女星俱明，天下和平。②

中古时期的纬书对此也有类似论述：

> 《日纬书》曰：牵牛星，荆州呼为河鼓，主关梁；织女星主瓜果。③

织女星作为天女的象征，主要负责果瓜丝帛珍宝，其征祥为"王者至孝，神祇咸喜"，代表天下太平，与所谓工巧似乎没有太大关系。但《晋书》所言是国家大事层面的预兆，是人们为了寻求王命合法性的表现，而在节日风俗层面，工巧则是人们于七月七祭祀织女星的主要缘由。两者虽有同一个作用对象，却有着行为需求因素的差异，并不能混为一谈。可见，在岁时活动中，人们会根据自身需求采取各种行动以达成各自的目的。

国家制度规范了节日活动，为当时人进行节日活动提供了制度性保证与基础性安排。这确保了人们可以按时休假过节，也避免了一些节日因没有国家支持而消失。与此同时，国家制度的制定者为节日活动搭建了最基础的架构，这样的架构是各个节日最普遍性的存在，为相关活动的展开提供了空间与保障。但是节日的活动也并非只有这些基础性的安排，更多样化的面貌则留给了活动的具体参与者，等待他们为节日锦上添花。

---

① 陈元靓编撰《岁时广记》卷二六《七夕上》，《丛书集成初编》，上海：商务印书馆，1939年，第305页。
② 《晋书》卷一一《天文志上》，第294页。
③ 《太平御览》卷三一《时序部一六·七月七日》，北京：中华书局，1960年影印本，第149页。

七夕，作为一年中秋天里最为重要的官方节日之一，在国家官方制度所搭构的基础框架内，各类人群可以灵活且多元地安排自己的节日活动。长安城作为唐代的首都与国际性的大都市，各类人群与各种文化风俗都汇聚于此，发生在这里的七夕节日活动想必也更为丰富多彩。

二、长安宫廷宴饮下的七夕

节日的资源为所有阶层所共享，历代帝王同样喜欢在节日里进行一系列的娱乐活动，且往往溢出制度的规定。其中，最独特的就是皇帝召集的节日宴饮活动。七夕的官方活动以祭祀机杼为主，但是帝王却热衷于举办节日宴饮活动，与群臣百官共娱。西晋潘尼有《七月七日侍皇太子宴玄圃园诗》[1]，南朝陈后主还曾亲自作《七夕宴宣猷堂各赋一韵咏五物》[2]。可见，在魏晋南北朝时期，帝王于七夕宴饮群臣的情况就已时常出现，君臣也喜赋诗以助兴。

类似的七夕宴饮活动在唐代也时有发生。如显庆五年（660）的七夕之夜，唐高宗就曾在洛阳悬圃召集陪伴他来到洛阳的官员进行宴饮。在此次七夕廷宴上，高宗赋诗两首以抒发离别伤感之情，同样参与此次七夕廷宴的许敬宗也赋诗《奉和七夕宴悬圃应制二首》，表达离愁别恨[3]。

长安城作为唐代皇帝常居的首都，这类的宴饮活动想必不比洛阳少。其中有发生在中宗朝的七夕廷宴。据《唐诗纪事》记载：

> 景龙二年七夕，御两仪殿赋诗，李峤献诗云："谁言七襄咏，重入五弦歌。"（是日李行言唱《步虚歌》。）[4]

注中所云李行言唱《步虚歌》之事，又见同书载：

> 行言，陇西人。兼文学干事，《函谷关》诗为时所许。中宗时，为给事中。能唱《步虚歌》，帝七月七日御两仪殿会宴，帝命为之。行言于御前长跪，作

---

[1] 《初学记》卷四"七月七日第九"，北京：中华书局，1962年，第77页。
[2] 蒲积中编撰，徐敏霞点校《古今岁时杂咏》卷二五《七夕》，西安：三秦出版社，2009年，第278页。
[3] 《全唐诗》（增订本）卷三五，北京：中华书局，1999年，第467页。
[4] 计有功撰，王仲镛校笺《唐诗纪事校笺》卷九《李适》，成都：巴蜀书社，1989年，第208页。

三洞道士音词歌数曲，貌伟声畅，上频叹美。①

景龙二年（708），中宗复辟已有数年，但朝廷权柄仍把持在韦后等人手中，中宗也无心政事，转而在修文馆设置大学士等职，招纳了一批文人学士在身边。李峤、宋之问、杜审言等都是当时有名的才子，徐坚在后来的玄宗朝更是以才学著称。一年四季，每当岁时节日，这支豪华的文学团队就在长安及其周边陪同中宗游山玩水，"帝有所感，即赋诗，学士皆属和，当时人所钦慕"②，其声势浩大可想而知。七夕之时，中宗特意在太极宫两仪殿内宴饮群臣，不仅命学士赋诗作乐，还让给事中李行言唱《步虚歌》助兴，可谓热闹非凡。这次群臣奉和所吟诵的大部分诗作被《全唐诗》收载，如李峤《奉和七夕两仪殿会宴应制》：

灵匹三秋会，仙期七夕过。查来人泛海，桥渡鹊填河。帝綵升银阁，天机罢玉梭。谁言七襄咏，重入五弦歌。③

又如赵彦昭《奉和七夕两仪殿会宴应制》：

青女三秋节，黄姑七日期。星桥度玉珮，云阁掩罗帷。河气通仙掖，天文入睿词。今宵望灵汉，应得见蛾眉。④

再如杜审言《奉和七夕侍宴两仪殿应制》：

一年衔别怨，七夕始言归。敛泪开星靥，微步动云衣。天回兔欲落，河旷鹊停飞。那堪尽此夜，复往弄残机。⑤

这些参与奉和的学士都是初唐有名的文人，其诗作既有笔触"别怨"的意味，又有描述节庆娱乐氛围的内容，尤其是对夜晚景色的描写，确实都颇具文采，为宫廷七

---

① 《唐诗纪事校笺》卷一一《李行言》，第312页。
② 《唐诗纪事校笺》卷九《李适》，第208页。
③ 《全唐诗》（增订本）卷五八，第693页。
④ 《全唐诗》（增订本）卷一〇三，第1085页。
⑤ 《全唐诗》（增订本）卷六二，第730页。

夕节日增添了不少文学氛围。但是《唐诗纪事》中对这批文人学士行为的评价并不高，认为"然皆狎猥佻佞，忘君臣礼法，惟以文华取幸"[1]。其实这段评语全摘自《新唐书》[2]，代表的是后世欧阳修、宋祁等人对于中宗朝这批文人学士的批评。

两仪殿为长安城西内"常日听朝而视事"的地方[3]，在唐前期地位仅次于太极殿，为古代的内朝，也是君臣议事的场所。中宗之所以在修文馆设置大学士等职，"豢养"文人来陪伴娱乐，大概是因为当时权柄为韦后掌控，自身对此等境遇无能为力，只好借节日游玩及"狎猥佻佞"自娱，以排遣现实的无奈。而七夕廷宴设置在内朝的两仪殿，这种安排其实或多或少凸显了中宗的几分抑郁与苦闷。

唐代官方制度并没有规定节日要举办廷宴，而七夕作为祭祀机杼和织女星的节日，廷宴显得更不必要。但高宗和中宗都曾选在七夕宴饮群臣，以赋诗抒发离愁别绪或娱乐助兴，无疑为七夕时的长安城增添了许多节日的喧闹和喜庆色彩。不过，宫内的七夕廷宴，显然只能是高宗、中宗父子这种拥有皇帝身份的人才能举办。廷宴的举办并无礼制等制度规定的支持，完全是个人意志所主导的行为活动。高宗与许敬宗君臣之间的唱和，是七夕节日氛围下触及离愁感伤之举；中宗召集文人学士在两仪殿宴饮，则是将君臣礼法忘却，用诗赋为节日助兴，以消遣娱乐。

尽管后世对于这些与君主奉和的文臣多有讥讽与不齿，然而对于文臣而言，他们的行为仅是七夕假日里的一项节日活动，是君臣共度节日的体现而已。况且，他们仅仅是皇帝个人行为的被动接受者，皇帝才是召集他们参与七夕廷宴的发起者。在皇帝主动意志施动和文臣被动行为接受的互动中，七夕廷宴在皇帝驻跸的长安城宫城内举行，为这一节日的活动形式与氛围注入了不一样的变化。

三、宫中七夕乞巧图

长安城宫内的七夕活动中，皇帝主导的廷宴只是临时性的个人行为，妃嫔宫女其实才是这个节日的主角。尤其，七夕祭祀机杼以乞求工巧的特殊内涵，对长安城宫城内的妃嫔宫女具有极强的吸引力。

唐代画家张萱为京兆府人，他擅长"画贵公子鞍马屏帷宫苑子女等"，其粉本画《贵

---

[1] 《唐诗纪事校笺》卷九《李适》，第208页。
[2] 《新唐书》卷二〇二《文艺中·李适传》，第5748页。
[3] 《唐六典》卷五"工部尚书郎中"条，第217页。

公子夜游图》《宫中七夕乞巧图》《望月图》，"皆绡上幽闲多思，意逾于象"①。其中《宫中七夕乞巧图》已无法得见，我们也无从得知所画场景是否为张萱亲眼所见，不过空穴来风必有因，张萱既然能够"意逾于象"地将宫中乞巧的场景描绘出来，恰恰说明唐代宫中七夕乞巧活动十分盛行，已成为当时重要的绘画内容。下面我们就试着勾画一幅"宫中七夕乞巧图"。

开元天宝是唐代国力极盛的时期，关于玄宗与杨贵妃于七月七日长生殿重逢的凄美故事，至今依然广为流传。在该故事中，还有着对七月七日其他宫内活动的描述：

> 玉妃茫然退立，若有所思。徐而言之曰："昔天宝十载，侍辇避暑骊山宫。秋七月，牵牛织女相见之夕。秦人风俗，是夜张锦绣，陈饮食，树瓜华，焚香于庭，号为乞巧。宫掖间尤尚之。夜殆半，休侍卫于东西厢，独侍上。上凭肩而立，因仰天感牛女事，密相誓心：愿世世为夫妇。言毕，执手各呜咽。此独君王知之耳。"②

玉妃即杨贵妃，骊山宫则是指长安城东北方骊山上的华清宫，牵牛织女相见之夕当然是七夕。引文前半部分明确提到，七夕这天晚上，按照秦人的风俗，人们会有铺张锦绣、树植果花，并且在庭院内焚香的乞巧活动。后半部分则记叙杨贵妃有感于牛郎织女的故事而与玄宗相誓，为后来长生殿相会埋下伏笔。引文既然提到"宫掖间尤尚之"，说明在长安城皇宫禁内，这些乞巧活动相当受欢迎。另据《开元天宝遗事》所载：

> 帝与贵妃每至七月七日夜，在华清宫游宴。时宫女辈陈瓜花酒馔列于庭中，求恩于牵牛、织女星也。又各捉蜘蛛于小合中，至晓开视蛛网稀密，以为得巧之候。密者言巧多，稀者言巧少。民间亦效之。③

当时宫女遵循昔日秦人风俗，于庭院中陈列瓜果酒食等，旨在"求恩于牵牛、织女

---

① 《太平广记》卷二一三《张萱》，北京：中华书局，1961年，第1633页。
② 陈鸿撰《长恨歌传》，白居易撰，谢思炜校注《白居易诗集校注》卷一二，北京：中华书局，2006年，第933页。故事中玄宗与杨贵妃是否在秋七月去过华清宫，学界仍有争议，可参周绍良《〈长恨歌传〉笺证》，《唐传奇笺证》，北京：人民文学出版社，2000年，第264—328页。
③ 王仁裕撰，曾贻芬点校《开元天宝遗事》卷下，北京：中华书局，2006年，第38页。

星",以期获得心灵手巧之福祉。为观测得巧之征兆,她们还特意捉小蜘蛛置于盒内,待天明时依据盒内蛛网疏密程度来作判断。这就在秦人风俗的基础上,进一步丰富了七夕乞巧的活动,其影响之广,乃至"民间亦效之"。

不仅宫内宫女会有这些乞巧活动,嫔妃们也同样有着自己的乞巧方式。还是依据《开元天宝遗事》:

> 宫中以锦结成楼殿,高百尺,上可以胜数十人,陈以瓜果、酒炙,设坐具,以祀牛、女二星。嫔妃各以九孔针、五色线向月穿之,过者为得巧之候。动清商之曲,宴乐达旦。士民之家皆效之。[1]

除祭祀牛、女二星的陈列以外,宫廷中嫔妃们的乞巧活动,相较宫女而言,更为丰富多彩。她们编织的锦绣楼殿高大雄伟,甚至可容纳数十人,这大概就是所谓的乞巧楼。在七夕之夜,嫔妃们对月用九孔针和五色线来穿针引线,并根据穿线情况判断自身得巧与否。这些活动虽与宫女的乞巧方式存在差异,但本质仍源于"求恩于牵牛、织女星",即期盼自身能够得巧成功。此外,更重要的是"动清商之曲,宴乐达旦",在七夕之夜,宫廷中的嫔妃宫女不仅得以欢愉地进行各类乞巧活动,甚至还能狂欢宴饮直至天明。

前述宫内乞巧活动源于秦人风俗,但南北朝时宗懔所撰《荆楚岁时记》亦云:

> 七月七日,为牵牛织女聚会之夜。是夕,人家妇女结彩楼,穿七孔针,或以金、银、鍮石为针,陈几筵、酒、脯、瓜果、菜于庭中以乞巧。有喜子网于瓜上,则以为符应。[2]

因此,在唐代之前的荆楚地区,七夕结彩楼、穿针、陈设瓜果乞巧,并以喜子(小蜘蛛)结网为符应的习俗活动已颇为流行。这些原为地方性的乞巧风俗,在唐代被宫内嫔妃及宫女所践行。可以想象,在七夕之夜,往日寂静冷清的长安城皇宫禁内灯火通明,嫔妃宫女纷纷忙碌起来,通宵达旦地为乞巧进行着各种祭拜与娱乐活动,使皇宫变得热闹非凡。这幕宫内七夕乞巧的喧闹场景被画家张萱所见与所绘,

---

[1] 《开元天宝遗事》卷下,第50页。
[2] 宗懔撰,宋金龙校注《荆楚岁时记》,太原:山西人民出版社,1987年,第53—56页。

直到唐末五代的宫廷内仍能再现。如《蜀梼杌》云：

> 〔长兴五年〕七夕，〔后蜀先主〕与宫人乞巧于丹霞楼。①

宫中除嫔妃宫女的乞巧活动以外，还有曝衣的旧俗。唐代诗人沈佺期《曝衣篇》云"此夜星繁河正白，人传织女牵牛客。宫中扰扰曝衣楼，天上娥娥红粉席"，诗人小序解释道：

> 按王子阳《园苑疏》，太液池边有武帝曝衣阁，帝至七月七日夜，宫女出后衣登楼曝之，因赋《曝衣篇》。②

此处是唐人对于汉武帝时七夕曝衣场景的想象。唐代很可能在一定程度上继承了旧时七夕曝衣的传统，故而唐人才会时常在诗歌中对此习俗进行描绘。如李贺《七夕》有"鹊辞穿线月，花入曝衣楼"之句③，杜甫《牵牛织女》也有"曝衣遍天下，曳月扬微风。蛛丝小人态，曲缀瓜果中"的描写④。这类七夕活动在唐代想必十分普遍。

此外，佚名《致虚杂俎》还记载高宗时宫中有所谓"斗巧"的活动：

> 七夕，徐婕妤雕镂菱藕，作奇花异鸟，攒于水晶盘中以进上，极其精巧。上大称赏，赐以珍宝无数。上对之竟日，喜不可言。至定昏时，上自散置宫中几上，令宫人暗中摸取，以多寡精粗为胜负，谓之斗巧，以为欢笑。⑤

"斗巧"就是让宫人暗中抓取徐婕妤所做的奇花异鸟，然后以所抓之物的数量和精巧程度进行比较取乐。这个活动只是高宗一时兴起而为，但"斗巧"之内核仍然可与七夕的"乞巧"相合。这虽明显有别于上文提到的宫中乞巧活动，属临时起意，

---

① 张唐英撰，王文才、王炎校笺《蜀梼杌校笺》卷三《后蜀先主》，成都：巴蜀书社，1999年，第323页。
② 沈佺期撰，陶敏、易淑琼校注《沈佺期集校注》卷四《曝衣篇》，《沈佺期宋之问集校注》，北京：中华书局，2001年，第209—212页。
③ 李贺撰，王琦等注《李贺诗歌集注》卷一《七夕》，上海：上海人民出版社，1977年，第42页。
④ 杜甫撰，钱谦益笺注《钱注杜诗》卷六《牵牛织女》，上海：上海古籍出版社，2009年重印本，第183页。
⑤ 佚名撰《致虚杂俎》，《说郛一百二十卷》卷三一，陶宗仪等编《说郛三种》，上海：上海古籍出版社，1988年影印本，第1459页。

却也极大地增添了宫中七夕的狂欢氛围。

纵观宫内七夕乞巧所为，众多活动原为地方性民俗，经过多渠道传播，最终流传至长安宫内，成为宫内女子广泛推崇的求恩于织女星以得工巧的节日活动。七夕本就起源于古人对机杼和织女星的崇拜，祈求工巧也是该节日最核心的内涵，与女子关系最为密切，故而成为女子推动地方乞巧习俗传入宫内的巨大动力。唐代柳宗元的《乞巧文》，开篇便借七夕乞巧女子之口，阐明对七夕乞巧活动的看法：

> 今兹秋孟七夕，天女之孙将嫔于河鼓。邀而祠者，幸而与之巧，驱去蹇拙，手目开利，组纴缝制，将无滞于心焉。为是祷也。[1]

与前述廷宴相比，宫内女子的七夕乞巧活动，更加契合七夕节日庆祝的本质信仰。对于宫内嫔妃和宫女而言，这是一个专属于她们的节日，是她们可以通宵达旦、尽情嬉闹愉悦的节日。这些欢庆活动都在无形之中装点了长安城宫城的七夕夜景。

四、长安城内的七夕

七夕乞巧不仅在宫城内受到嫔妃和宫女的喜爱，宫城外的长安官民亦以多样方式进行乞巧活动。如《开元天宝遗事》在介绍宫内嫔妃宫女诸般乞巧活动之后，均提及"民间亦效之"或"士民之家皆效之"，这意味着长安城内士民的乞巧活动多模仿宫内习俗。其中，对月穿针的画面在唐代诗人作品中屡见不鲜，反映出长安城内百姓七夕活动多与此相关。如崔颢《七夕》诗有："长安城中月如练，家家此夜持针线。"[2] 陈允初在回忆长安七月时也说："忆长安，七月时，槐花点散罘罳。七夕针楼竞出，中元香供初移。"[3] 七夕时节，长安城内的针楼竞相出现，给陈允初留下了深刻印象。因此，唐代长安城内士民在七夕穿针引线、对月乞巧的盛况场面，丝毫不逊色于宫内。

然而，长安城内的七夕乞巧活动，并非仅限于宫廷内的传统形式，还存在另外一些与宫廷差异较大的风俗。《致虚杂俎》中记载了元载爱姬薛瑶英的七夕乞巧活动，场景极为绚丽，其云：

---

[1] 柳宗元撰《柳宗元集》卷一八《乞巧文》，北京：中华书局，1979年，第487—488页。
[2] 《全唐诗》（增订本）卷一三〇，第1327页。
[3] 《唐诗纪事校笺》卷四七《陈允初》，第1280页。

> 薛瑶英于七月七日，令诸婢共剪轻彩，作连理花千余朵，以阳起石染之。当午散于庭中，随风而上，遍空中如五色云霞，久之方没，谓之渡河吉庆花，藉以乞巧。①

薛瑶英与诸婢并不以蛛网、彩楼和金针等活动来度过七夕佳节，而是别出心裁地剪出连理花千余朵，散落庭院，使之随风纷飞，并将其比作渡河吉庆花，以此乞巧。这种方式虽然与宫中活动存在较大差异，但其目的仍是乞巧，薛瑶英及诸婢的行为活动也为七夕增添了一项别具一格的庆祝方式。

长安城内官宦之家的七夕不仅绚丽，而且温馨。权德舆是唐中期有名的文学家，常年出任京官，其家宅位于朱雀大街东侧的光福坊②。在晚年生活里，权德舆有数首诗作跟七夕有关，如"佳期人不见，天上喜新秋。玉珮沾清露，香车渡浅流。东西一水隔，迢递两年愁。别有穿针处，微明月映楼"③。此诗与上文引用的其他诗作类似，皆以对月穿针为意象。不过，另外两诗却有所不同。其一《七夕》："今夕云軿渡鹊桥，应非脉脉与迢迢。家人竞喜开妆镜，月下穿针拜九霄。"④这里虽说也是穿针，但描绘的是一家人其乐融融、喜气洋洋的过节氛围，而不再是触景伤情的画面。第二首《七夕见与诸孙题乞巧文》更是与众不同：

> 外孙争乞巧，内子共题文。隐映花奁对，参差绮席分。鹊桥临片月，河鼓掩轻云。羡此婴儿辈，欢呼彻曙闻。⑤

这里乞巧者不再是万家女子，而是权德舆的外孙辈，七夕常见的穿针景象也被诸孙争相题写的乞巧文所取代。特别是最后一句"羡此婴儿辈，欢呼彻曙闻"，既点出诸孙闹七夕直至天明的画面，更抒发了诗人羡慕儿孙活力的心情。此外，唐代诗人罗隐《七夕》也有"络角星河菡萏天，一家欢笑设红筵。应倾谢女珠玑箧，尽写檀郎锦绣篇"⑥。在寻常官民家中，七夕不仅仅为女子独享的乞巧节日，更是全家团圆

---

① 《致虚杂俎》，第1459页。
② 《增订唐两京城坊考》（修订版）卷二，第51页。
③ 权德舆撰，郭广伟点校《权德舆诗文集》卷六《七夕》，上海：上海古籍出版社，2008年，第101页。
④ 《权德舆诗文集》卷一〇《七夕》，第171页。
⑤ 《权德舆诗文集》卷一〇《七夕见与诸孙题乞巧文》，第173页。
⑥ 《全唐诗》（增订本）卷六五六，第7596页。

的美好时光。此时，女子乞求工巧，儿孙则会乞求才思敏捷。如《太平广记》收有一篇关于儿童乞巧的故事，其载：

> 林杰，字智周，幼而聪明秀异，言发成文，音调清举。年六岁，请举童子……时会七夕，堂前乞巧，因试其乞巧诗。杰援毫曰："七夕今朝看碧霄，牵牛织女渡河桥。家家乞巧望秋月，穿尽红丝几万条。"唐惊曰："真神童也。"①

这则神童故事，生动地反映出唐代官民在七夕佳节时，还存在儿孙于堂前乞巧，并作乞巧诗，以示神童之姿的情形。在宋代《岁时广记》中，对于此类儿童乞巧活动有细致描写，并明确提到乞巧文该如何书写：

> 七夕，京师诸小儿各置笔砚纸墨于牵牛位前，书曰："某乞聪明。"诸女子致针线箱筒于织女位前，书曰："某乞巧。"②

在宋代京师的官民家中，小儿及女子也会分别为自己乞求聪明和工巧。唐代的儿童七夕乞巧活动在宋代依然流传盛行。

长安人的七夕乞巧活动不仅在各家庭院内进行，文人雅士还会去长安城附近的昆明池泛舟。如与长孙无忌之子长孙冲往来频繁的任希古就有诗作《和东观群贤七夕临泛昆明池》③。另外，约大中咸通间（847—874）诗人童翰卿也有诗作《昆明池织女石》：

> 一片昆明石，千秋织女名。见人虚脉脉，临水更盈盈。苔作轻衣色，波为促杼声。岸云连鬓湿，沙月对眉生。有脸莲同笑，无心鸟不惊。还如朝镜里，形影两分明。④

昆明池坐落于汉长安城西南方，象征越嶲昆明国的滇池，本是汉武帝为了操练水战而建。该池东西两侧各有一石人，分别象征牵牛星与织女星，池水也被寓意为天

---

① 《太平广记》卷一七五《神通·林杰》，第1301页。
② 《岁时广记》卷二七《七夕中》，第309—310页。
③ 《全唐诗》（增订本）卷四四，第546—547页。
④ 该诗也有作司马复诗，《全唐诗》（增订本）卷六〇七，第7066—7067页。

河①，从而吸引了众多文人在七夕佳节来此泛舟游玩。相较于宫内与城内的乞巧活动，昆明池泛舟显然偏离了七夕乞巧的初衷，反而更接近七夕宫廷宴会，并逐渐演变成为知识分子阶层的一种交际活动。七夕只是为他们的自由行动提供了休假和游玩的契机与理由，昆明池则为游玩和交际提供了互动交流的场所。尽管如此，这些文人也为长安七夕提供了另一种活动形式及内涵。正如张勃所言："面对特定情境，行动者也会从功利性目的、从价值追求、从当下的情感和感觉出发，来选择过节的内容和形式。"②

五、敦煌的七夕乞巧

敦煌之地，虽距长安万里，但作为丝绸之路上重要的据点城市，中外文化皆于此汇聚，往来商人、侨居旅人和到此赴任的官员皆会将长安及中原之地流行的文化与知识传播至此，七夕节庆活动也不例外。

谭蝉雪曾指出，"敦煌七夕之事在衙府和寺院账目中均无记载，是一种纯民间的活动"③。这可能是由于七夕本身就具有浓厚的地方民俗色彩，尤其与蚕桑丝织、女子祈求心灵手巧和爱情的关系更为密切。寺院与七夕并无直接联系，此点毋庸置疑。官方制度对七夕的规定主要在假宁、食料和器玩方面，重点是织染署的职责，而对其他方面的规范相对宽松。各地节日庆祝方式可根据实际情况适当调整且灵活多样，地方官司可能也不会过多干预，因此相关记载相对较少。然而，即便如此，敦煌地区的七夕活动仍会受到官方和民间双重因素的影响。

唐代编撰的各种书仪具有很强实用性，指导着士民日常生活的礼节性规范④。其中 P.3900《书仪》有：

1　□□□□□□
2　毋至。《风土记》曰：七月初七，夜洒〔扫于庭，露施几筵，设酒脯时〕
3　果，散香粉筵上，祈请于河鼓、〔织〕女。言此二〔星神当会，守夜者咸怀私愿。或云见天汉中〕

---

① 佚名撰，何清谷校注《三辅黄图校注》卷四《池沼》，西安：三秦出版社，2006年，第293—300页。
② 张勃《唐代节日研究》，第303页。
③ 谭蝉雪《敦煌民俗：丝路明珠传风情》，第100页。
④ 参周一良、赵和平《唐五代书仪研究》，北京：中国社会科学出版社，1995年，第1—37页。

  4 有奕奕正日如气，如池河之波……
  （后略）

  根据赵和平先生的研究，P.3900《书仪》为武则天时期所编撰[①]。该卷开头恰好残缺的是七月初七的部分，但前半引用的是周处《风土记》的记载，故可据徐坚《初学记》补上所缺文字[②]。当中提到"夜洒扫于庭，露施几筵，设酒脯时果，散香粉筵上，祈请于河鼓、〔织〕女"等语，其实都是长安七夕岁时活动的来源。P.3900《书仪》在敦煌地区的传抄，同样也将周处《风土记》中关于七夕岁时活动的风俗带到了敦煌，长安与敦煌两地共享着相同的岁时节日资源。

  此外，唐中后期郑馀庆编撰的《大唐新定吉凶书仪》（后简称《书仪》）中"节候赏物第二"也有关于七夕的记载：

  七月七日赏金针、织女台、巧等（节）革（果）、瓜、炉饼。[③]

又同书"祠部新式第四"有：

  七月七日，牵牛织女以此日会于何（河）汉之问（间）。[④]

郑馀庆《书仪》在敦煌地区广泛流传，其影响力甚至波及张议潮掌书记张敖所编《吉凶书仪》，对敦煌地区士民规范的礼仪生活产生了深远的影响。郑馀庆《书仪》中所记赏金针、织女台和巧果等事物或活动，均为长安七夕时的传统习俗。此外，他所提到的炉饼，很可能就是上文《唐六典》中所述的䬼饼。而在南宋时期庞元英《文昌杂录》中，对唐代岁时所用的时节物品也有所提及：

[①] 赵和平《武则天时的一种敦煌写本书仪——P.3900号写卷的初步研究》，《敦煌研究》1992年第1期，第46—50页；后收入周一良、赵和平《唐五代书仪研究》，第130—136页。
[②] 《初学记》卷四"七月七日第九"，第76页。P.3900《书仪》"散香粉筵上，祈清于河鼓"，《初学记》作"散香粉于河鼓"；"日如"，《初学记》作"白"。
[③] 赵和平《敦煌写本郑馀庆〈大唐新定吉凶书仪〉残卷研究》，《敦煌吐鲁番文献研究论集》第5集，北京：北京大学出版社，1990年，第203—235页；后收入周一良、赵和平《唐五代书仪研究》，第183页；杨琳对部分文字又有所校正，参杨琳〈《大唐新定吉凶书仪·节候赏物第二》校证〉，《敦煌研究》2011年第1期，第104—111页。
[④] 赵和平《敦煌写本郑馀庆〈大唐新定吉凶书仪〉残卷研究》，第186页。

唐岁时节物：……七月七日则有金针、织女台、乞巧果子。①

金针、织女台、乞巧果子，既体现了唐代七夕时令活动的特色，亦成为后世对唐代七夕意象的历史记忆。这些在唐代七夕所盛行的节日物品，应在唐帝国范围内广泛流行。各时期的书仪则作为当时士民日常礼仪生活的重要指导，在七夕岁时文化从长安向敦煌的传播过程中，必然发挥了重要作用。总之，作为唐朝首都的长安，不仅是各类文化的汇聚之地，亦是诸多书仪的编纂之所，敦煌自然深受其影响。

七夕的岁时节日活动，不惟通过书仪传播，还通过类书的传抄而被人们习得。类书 P.2721《珠玉抄》中云：

七月七日何谓？ 看牵牛织女，女人穿针乞巧。又说高② 辛氏小子其日死，后人于日受吊。

S.2832《文样（十二月应时）》同样也提到针楼：

七月七日，属以蝉方澡（噪）树、鹊正填河，牵牛渡银汉之辰，织女上针楼之夜。③

其实，类书与书仪的功能颇为相近，均以实用性为主导，旨在传授知识并规范士民礼仪。以《珠玉抄》为例，该书详述了七月七日是什么。其中提及的"穿针乞巧"，也正是长安城女子七夕的主要活动。《文样（十二月应时）》虽非类书，但其中七夕意象的使用与功能却与类书颇为类似。

书仪与类书，作为规范士民日常生活的指导，对于岁时节日意象与活动的传播都起到积极推动作用。这两类写本中的相关意象与活动，大多来自长安的规范与流行文化。通过相关写本的传抄，七夕的"乞巧"等意象与活动在敦煌地区得以广泛传播，为士民所熟知与共享。因此，长安对于敦煌地区的文化传播与影响，借助这两类写本的广泛抄写得以实现。在上述《开元天宝遗事》关于长安七夕的记载中，屡屡出现"民间亦效之"和"士民之家皆效之"之语，敦煌地区士民的效仿则可称

---

① 庞元英撰《文昌杂录》卷三，北京：中华书局，1958年，第26页。
② 录文参谭蝉雪《敦煌民俗：丝路明珠传风情》，第97页。
③ 录文参郝春文主编《英藏敦煌社会历史文献释录》第14卷，北京：社会科学文献出版社，2016年，第254页；谭蝉雪《敦煌民俗：丝路明珠传风情》，第98页。

为"地方皆效之"。

此外，敦煌地区的七夕活动，不惟女子乞巧，文人之间也有作诗奉和交际。如S.2104v《杂写（赠清师诗三首并序）》就是一位侨居敦煌之人所写，其云：

  自到敦煌有多时，每无管领接括（话）希（稀）。寂莫（寞）如今不清（消）说，苦乐如斯各自知。思良（量）乡井我心悲，未曾一日展开眉。耐得清师频管领，似逢亲识是人知。

  切（窃）以某乙家乡万里，涉歧路而长赊，羡爱龙沙，收心住足。初听蛰吟于阶砌，乍闻蝉噪于高梧，是千门求富之辰，乃巧女七夕之夜。辄奉诸贤，宁无谁思，遂述七言，请法师勿令怪笑。

  七夕佳人喜夜情（晴），各将花果到中庭。为求织女专心座（坐），乞巧楼前直至明。

  又述五言：
  乞巧望天河，双双并绮罗。不犹（忧）针眼小，只要月明多。①

唐人喜作诗。该诗作者身为侨居者，自万里之外的家乡来到敦煌，恰逢七夕而孤独之情油然而生，不禁借景抒怀，遂作诗赠与相识法师，以寄托感时伤怀之意。观其所写七言和五言诗作，"乞巧"为核心意象，可见作者或许也深受书仪和类书影响。联想到前述七夕时词臣文人在两仪殿与昆明池的赋诗唱和，这位侨居敦煌的文人大抵曾在长安或故乡参与过类似的交游雅集，故而在敦煌七夕之时，很自然地向相识僧人奉上感时之作。通过诗篇，这位敦煌侨居文人实则向当地朋友散布了中原地区的七夕节日文化。或许正是受到S.2104v的启发，某位敦煌当地人于七夕之夜也创作并赠送了自己的诗作S.5139《王言赠牛女诗一首》②。

除上述文人雅集外，在源于燕乐的敦煌民间曲子词中，亦能见到七夕时节女子活动的身影。S.1497《五更转（曲子喜秋天）》载：

  〔一更〕每年七月七，此时受夫日。在处敷尘（陈）结交伴，献供数千般。

---

① 录文参郝春文主编《英藏敦煌社会历史文献释录》第11卷，北京：社会科学文献出版社，2014年，第23页；谭蝉雪《敦煌民俗：丝路明珠传风情》，第99页。
② 参谭蝉雪《敦煌民俗：丝路明珠传风情》，第98页。

今晨连天暮,一心待织女。忽若今夜降凡间,乞取一教(交)言。

二更仰面碧霄天,参次(差)众星竿(前)。月明遍周放(旋),〔星里宾星算〕。会(回)甚(心)〔看〕北斗,渐觉更星(深)流(久)。日落西山观星流,将谓是牵牛。

三更女伴近彩楼,顶礼不曾休。佛前灯暗更添油,礼拜再三灸(求)。频(女)女(频)彩楼伴(畔),烧取玉炉烟。不知牵牛在那边,望作(得)眼精(睛)穿。

四更换(缓)步出门听(厅),直(织)是(女)到街庭。今夜斗(都)未见流星,奔逐向前迎。此时难得见,发却千般愿。无福之人莫怨天,皆是上(少)因缘。

五更敷设了,取(处)分总交(教)收。五个恒(姮)俄(娥)结交(彩)楼,那件见牵牛。看看东方动,来把秦等算(弄)。黄丁(针)拨镜再梳头,看看到来秋。①

相比高雅的书仪、类书和诗词,曲子词更贴近敦煌地区下层百姓的生活。这首《五更转(曲子喜秋天)》正是用民俗曲词之形式,描绘了唐代敦煌地区的七夕之夜,随着五更天的时辰更转,少女们结伴攀登彩楼并祈盼可以看见情郎的热闹场面和复杂心情。这种活泼生动之传唱形式,相较前述文雅之表述,或许更易为敦煌地区普通民众所接纳。

当然,这并没有否认上文所提到的书仪、类书和诗作对于七夕岁时节日文化的传播作用。事实上,曲子词在创作过程中亦可能借鉴了这些承载知识与规范的文本。而且无论是书仪还是曲子词,其实都只是七夕节日文化的传播媒介,编撰者、传抄者、旅居者和传唱者才是这些信息的重要传播者。相较而言,曲子词的形式更为丰富多样,受众更为广泛,更易为敦煌地区的百姓所喜欢与接受。

小　结

七夕,虽源于女子乞巧的传统,但在唐代被确立为法定假日,这项制度规定确保了整个唐帝国各类人群均享有休假过节的权利。国家制度对于放假时间、节日食物、

---

① 录文参郝春文主编《英藏敦煌社会历史文献释录》第7卷,第172—173页;谭蝉雪《敦煌民俗:丝路明珠传风情》,第98页。

用物及活动的基础规定,为七夕节日安排划定了基本框架,以求达到"齐风俗"的目的。但就具体节日活动的细节,从长安到敦煌的各色人等依然可以在国家制度框架之内,将制度安排内化为个体行动的基础,并根据自身情况进行损益以共同欢庆七夕佳节。只要七夕活动始终以"乞巧"为核心,制度与民俗便能产生互动,进而转化为节日资源,为唐帝国境内各色人等共享与传播。

长安作为唐帝国的首善之地,与地处西北边陲的敦煌相隔万里,两地岁时节日的民俗活动自然有同也有异。就七夕岁时节日而言,这一原为地方民俗的节日,逐渐为长安宫城内的宫女妃嫔所接受,她们的庆祝方式引领士民纷纷效仿,并随后被传播至敦煌地方,为当地官民所遵循,并演绎出曲子词的习俗。

与此同时,长安作为唐代人人皆向往的都城,文化资源高度集中且发达,地方民众也会自觉不自觉地去模仿长安所流行的文化。值得一提的是,笔者在日本游学期间,发现京都冷泉家仍会在每年旧历七月七日晚举行乞巧奠(星祭り),这一活动保留了诸多日本平安时代的七夕节日痕迹。

从长安到敦煌,距离只会影响文化传播到达时间的长短,并不会影响人们接受文化传播的强烈意愿。在追求与都城长安保持同步的过程中,地方民俗文化呈现出一致性特点。同时,在民俗活动传播的过程中,文化知识的编撰者、传抄者、旅居者和传唱者借助不同传播媒介,在不同阶段扮演着不同角色。正是这些传播者与共享者的历史记忆,才在敦煌文献中留下了来自长安的与之相同的民俗文化,同时也书写了当地独特的民俗文化风貌。这些同与异共同构成了唐帝国中央与地方上七夕的乞巧与狂欢。

第三章　景观与形象——知识传播视角下的历史书写

　　礼俗活动的传播往往受制度主导，而最具传播力的信息载体当属景观与形象。唐代长安作为国家首都及文化中心，相关文学作品的编撰极其丰富。这些文本在一定程度上受到长安中心地位的影响，其政治内涵、表现形式与当时中央政治宣传的意识形态保持协调一致。故而这些历史书写的作品在传播至敦煌吐鲁番时所产生的变化，尤其值得关注。

　　知识在传播过程中难以始终保持一致，尤其是写本时代的非官方文本，往往会不自觉地在传抄过程中夹杂私人及地方的色彩。这种情况在文学作品领域尤为明显。官方的制度规定与相关编撰文本，在自长安至高昌的传播路途中，政治色彩会被逐渐削弱，在经民俗化、地方化与文学化后，则会逐渐为当地民众所喜爱和接受。受不同时间和空间因素影响，人的各种行为活动，使得制度与文本之间的距离逐渐拉大，从而塑造了长安与敦煌吐鲁番地区既相似又各具特色的文化面相。

　　本章选取开远门、神道碑与孝子三个景观与形象的历史书写，深入挖掘其中的意识形态与政治伦理。这些意识形态与政治伦理的展现形态与传播途径丰富多样，可以反映出当时的政治面貌和社会观念。知识的传播与接受，既有中央对地方进行意识形态与社会观念的宣传，也有地方对中央宣传的回应。然而，当这些富含政治伦理信息的载体传播至敦煌吐鲁番，当地人群接受信息的方式及所关注的内容等方面，或与官方宣传目标存在差异。如"开远门"成为万里西域的象征符号，"史大奈碑"的"重复性"抄写反映出学子对华丽辞藻的兴趣，"孝子传"的故事则被演绎成变文讲唱。因此，个人或人群的审美素养与兴趣爱好会影响知识传播的内容及性质。中央与地方的距离、制度与文本的距离，在此逐步呈现。

第一节　开远门景观的知识传播：正史记录与笔记小说

作为中古中国成熟的坊市制都城建置，长安城内的城、宫、坊、室等皆有门的存在。高大围墙的阻挡与隔绝，使得古人只能往来于这些门之下，从一个空间踏足于另一个空间。在这个过程中，门既起到隔绝的作用，也发挥着连通的功能。然而，门是否仅具有这两种功能呢？根据前贤时彦的研究来看，答案恐怕并非如此。史籍记载，长安不仅是隋唐帝国的政治经济文化中心，更是当时国际性的大都市，外郭城中一百一十坊和两市的常住及流动人口几达百万之众。白天的长安城无疑是人员往来、信息流动最为活跃的空间；而当夜幕降临，长安城尽管有严格的宵禁，但喧嚣繁华并未减退，其地理空间内仍会发生各种稀奇古怪的故事[1]。可以说，长安城无时无刻不在上演各种人事，或正或奇。其中，城门既是帝国交通网络中的重要关节点，也对城市空间的界定与延伸产生极为重要的影响[2]，丰富着长安城城市空间的内涵，反映出当时人们对隋唐长安城城市空间认识的复杂性。

隋唐长安外郭城共有十门，其中人员流动最为频繁的是东出通化门、西出开远门和南出明德门。开远门是长安城西面三门中的北门，大概位于今西安西郊大土门村一带[3]。关于长安城门的管理，《唐六典》已有详细记载[4]。依据"开则先外而后内，阖则先内而后外，所以重中禁，尊皇居也"的原则，京城门与皇城门实际上都是划分内外分界的重要标志，为整个长安城的空间布局提供了制度及皇权观念的理论依据。同时，唐代长安城实施较为严格的宵禁制度，"昼"与"夜"、"日出"与"日入"的界线被人为地制度化，人们的生活被现实的律令规定纳入"日出而作，日入而息"的秩序之下，其标准则是各城门的开阖，人们的时间观念也因此与城门发生了联系[5]。官方对于长安城门日常管理的详细规定，为开远门空间内涵的展开提供了制度支撑。而开远门作为西域与长安交通的重要关节点，还具备与其他诸门不同的

---

[1] 关于唐代笔记小说中隋唐长安城的坊里空间，可参朱玉麒《隋唐文学人物与长安坊里空间》，《唐研究》第9卷，北京：北京大学出版社，2003年，第85—128页。
[2] 此前比较重要的关于隋唐长安城门或宫门的研究，参王静《城门与都市——以唐长安通化门为主》，《唐研究》第15卷，北京：北京大学出版社，2009年，第23—24页。
[3] 陕西省文物管理委员会《唐长安城地基初步探测》，《考古学报》1958年第3期，第80页。
[4] 《唐六典》卷八"门下省城门郎"条，北京：中华书局，1992年，第249—250页。
[5] 唐代夜禁的起止时间依据街鼓制度规定，参刘俊文笺解《唐律疏议笺解》卷二六《杂律·犯夜》，北京：中华书局，1996年，第1825—1828页；相关研究参杨为刚《唐代都市小说叙事的时间与空间——以街鼓制度为中心》，《唐研究》第15卷，第111—138页。

空间景观象征，为隋唐长安城增添了别具一格的风采。

一、开远门的迎送与出奔

通化门是向东出行的重要城门，礼仪性的迎送经常在这里上演。王静曾言："唐代帝王亲至通化门的迎送，是具有崇高的嘉奖性的殊遇。皇帝通过御临城门送行、迎接名臣勋将，以示自己对他们倚重之情。"[①] 开远门是西行要道，隋唐长安城自兴建以来，人们西至凤翔和陇西、西南入蜀、西北至奉天河朔，皆取该门出入，迎送仪式自然必不可少。如武德元年（618）十月，"遣右武候大将军庞玉率师西讨，帝幸开远门，劳将士而还"[②]。庞玉西讨，当是为了支援太宗讨伐折墌城的薛仁杲。高祖如此大张旗鼓地亲赴开远门慰劳将士，既是对大将庞玉的倚重，也是在向世人彰示唐王朝对此战的重视以及必胜的决心。

除了慰劳将士的迎送，开远门还曾见证肃宗迎接玄宗的盛大场景，史载至德二载（757）十二月丙午：

> 上皇至自蜀，上至望贤宫奉迎。上皇御宫南楼，上望楼辟易，下马趋进楼前，再拜蹈舞称庆。上皇下楼，上匍匐捧上皇足，涕泗呜咽，不能自胜。遂扶侍上皇御殿，亲自进食；自御马以进，上皇上马，又躬揽辔而行，止之后退。上皇曰："吾享国长久，吾不知贵，见吾子为天子，吾知贵矣。"上乘马前导，自开远门至丹凤门，旗帜烛天，彩棚夹道。士庶舞忭路侧，皆曰："不图今日再见二圣！"百僚班于含元殿庭，上皇御殿，左相苗晋卿率百辟称贺，人人无不感咽。[③]

肃宗远赴开远门外数里的望贤宫迎接玄宗重归长安城，二人一番唏嘘言语，上演了父慈子孝的戏剧之后，肃宗特意骑马前行，引导玄宗自开远门进入长安城，并由开远门至丹凤门，返回大明宫。开远门为长安城西北城门，丹凤门则是东北大明宫南门，从开远门至丹凤门几乎东西横穿整个长安城。在这条横穿线路上，街道被装饰得异常华丽隆重，"旗帜烛天，彩棚夹道"。此番盛大的景象自然吸引了广大士庶

---

① 王静《城门与都市——以唐长安通化门为主》，第35页。
② 《宋本册府元龟》卷一三六《帝王部·慰劳》，北京：中华书局，1988年影印本，第160页。
③ 《旧唐书》卷一〇《肃宗本纪》，北京：中华书局，1975年，第249页。

在道路两旁围观。依据制度规定，"凡车驾巡幸及还京，百官辞迎皆于城门外"[①]，开远门外定然汇集了许多旧臣新官，再加上原本从开远门进出的路人，道路阻塞的场景可想而知。在这场以开远门为舞台，肃宗自导自演的相敬如宾的迎接戏码中，众人恭迎并目睹二圣从望贤宫到开远门，再从开远门到丹凤门。遥想当初安史之乱，玄宗仓皇逃往蜀地，"凌晨，自延秋门出，微雨沾湿"，随从人员"惟宰相杨国忠、韦见素、内侍高力士及太子、亲王、妃主、皇孙已下多从之不及"，后来在马嵬坡还发生过兵变[②]。出奔与还京迎接的境遇，反差巨大。此时安史之乱尚未完全平息，长安也是不久前才夺回，利用这种巨大的反差，肃宗向士庶昭显了对玄宗的孝顺，以弭平之前强行即位的舆论压力，同时也是向天下宣示唐王朝正统性的延续，来消弭安史之乱对于国统与皇家颜面的影响。

皇帝亲自前往开远门进行迎送，目前仅见以上二例。不过，开远门毕竟还是西出泾阳等地的重要通道，代宗就曾恩允朱泚率大军"自皇城南面出开远门，赴泾州行营"[③]，并"命有司大置酒于开远门，宴慰遣之，骑卒精锐冠绝诸军，道路观者如堵"[④]。尽管代宗未能亲至开远门，但他仍命官司大摆酒宴送行，吸引了大批围观者，使得开远门周边道路阻塞，增强了此次军队出行的声势。

唐后期还在开远门进行过佛骨舍利的迎接活动。宪宗元和十四年（819）正月，法门寺的佛骨舍利被迎入长安城：

> 上令中使杜英奇押宫人三十人，持香花，赴临皋驿迎佛骨。自光顺门入大内，留禁中三日，乃送诸寺。王公士庶，奔走舍施，唯恐在后。百姓有废业破产、烧顶灼臂而求供养者。[⑤]

临皋驿为长安城西去的第一个驿站，同东去的长乐驿地位大致相当。宪宗这次迎接佛骨的路线中没有提到开远门，但光顺门为大明宫内西门，从临皋驿到达大明宫需穿过长安城内北部，而由西北进入长安城最便捷的就是开远门。故而，笔者推测宪宗此次迎接当从开远门进入长安城。

---

① 《唐六典》卷四"礼部郎中"条，第114页。
② 《旧唐书》卷九《玄宗本纪》，第232页。
③ 《旧唐书》卷一一《代宗本纪》，第302页。
④ 《宋本册府元龟》卷一三六《帝王部·慰劳》，第161页。
⑤ 《旧唐书》卷一六〇《韩愈传》，第4198页。

咸通十四年（873），懿宗还曾在安福门楼迎接过佛骨进入长安：

> 四月八日，佛骨至京，自开远门达安福门，彩棚夹道，念佛之音震地。上登安福门迎礼之，迎入内道场三日，出于京城诸寺。士女云合，威仪盛饰，古无其比。①

法门寺位于凤翔，大致在长安城西北方向，故而迎接佛骨要经由开远门进入长安城。1987年法门寺唐塔地宫甬道内出土了一通唐碑，上刻咸通十五年（874）由当时安国寺僧澈所撰的《大唐咸通启送岐阳真身志文》，亦载："以四月八日御安福楼，会宰臣者，辟以延伫。"②安福楼为安福门门楼，正对外郭城的开远门，故而懿宗会在此处迎接从开远门进入的佛骨。

根据两次迎接佛骨的记载来看，佛骨从凤翔法门寺出发，长途跋涉到达临皋驿，等待中使的迎接，然后都会经由开远门入长安城。不同在于，宪宗时期佛骨自光顺门进入大明宫，懿宗时期则直接由安福门迎入皇宫。懿宗时对迎接场景的描述是"彩棚夹道，念佛之音震地"，道路两旁装饰华丽，念佛的声音更是响亮。宪宗时的迎接场景应当也不会低于此等规格。这些都可与肃宗迎接玄宗的场面相比较。在从开远门至安福门的公开场域内，唐王朝向天下士庶展现了自身国力的强大以及皇家礼仪的气派。

长安城作为唐朝的国都，是天子所居之重地，也是唐朝正统的象征，更是时人向往的城市。故而，开远门会有上述礼仪性的活动。但有唐一代，数次皇帝及官员百姓出奔长安城的事件，也与开远门有诸多联系。

安史之乱爆发后，玄宗由延秋门出奔蜀地，众多官员未能及时跟随，但也各自想方设法逃离长安。其中，崔光远和苏震为逃命就曾骗杀开远门门官：

> 安禄山陷京师，[苏]震与尹崔光远杀开远门吏，弃家出奔。③
>
> 光远闭府门，斩为盗曳落河二人，遂与长安令苏震等同出。至开远门，使人前谓门官曰："尹巡诸门。"门官具器仗以迎，至则皆斩之。④

---

① 《旧唐书》卷一九上《懿宗本纪》，第683页。
② 吴钢主编《全唐文补遗》第1辑，西安：三秦出版社，1994年，第11页。
③ 《新唐书》卷一二五《苏震传》，北京：中华书局，1975年，第4403页。
④ 《旧唐书》卷一一一《崔光远传》，第3318页。

此处所述之门官，应即负责开远门开阖的城门郎。在玄宗出奔，京城群龙无首的特殊情况下，开远门的开阖成为"非其时"的状态。按照制度规定，在此状态下出入城门需履行一系列手续。崔光远和苏震为求生存，以京兆尹的身份伪称执行公务，在骗取门官信任后，将负责的门官全部斩杀，方得以逃出长安城。在特殊情况下，制度规定的秩序因人为的急迫需求被打破，此时的开远门成为生与死的重要界线。

唐传奇《无双传》中，租庸使刘震为躲避泾原兵变，曾命其侄王仙客，"汝易衣服，押领此物，出开远门，觅一深隙店安下；我与汝舅母及无双，出启夏门，绕城续至"[1]，开远门亦为王仙客逃离长安的必经之地。最终，王仙客经由开远门顺利逃出长安，而刘震等人则在启夏门被门司拦阻，未能成功逃离。

光启元年（885）十二月，僖宗还曾被宦官田令孜挟持，从开远门连夜逃离长安："癸酉，官军合战，为沙陀所败，朱玫走还邠州。神策军溃散，遂入京师肆掠。乙亥，沙陀逼京师，田令孜奉僖宗出幸凤翔。"[2]沙陀指的是陇西郡王李克用。此前，李克用曾为平定黄巢之乱立下汗马功劳，故而被封为王，但不久就进逼京城，致使"乙亥夜，令孜奉天子自开远门出幸凤翔"[3]。《新唐书·田令孜传》对此事记载较为详细：

> 神策兵溃还，略所过皆尽。克用逼京师，令孜计穷，乃焚坊市，劫帝夜启开远门出奔。自贼破长安，火宫室、舍庐十七，后京兆王徽葺复粗完，至是令孜唱曰："王重荣反。"命火宫城，唯昭阳、蓬莱三宫仅存。王建以义勇四军扈帝，夜乱牢水，遂次陈仓。克用还河中，玫畏克用且逼，与重荣连章请诛令孜，而驻凤翔。令孜请帝幸兴元，帝不从，令孜以兵入寝，逼帝夜出，群臣无知者，宰相萧遘等皆不及从。[4]

宦官田令孜与河中节度使王重荣存在嫌隙，王重荣设计诱使李克用叛变，进而进攻至长安。田令孜为求自保，不得不选择在夜间挟持僖宗出奔开远门。事实上，在僖宗之前，玄宗与德宗也曾被迫离弃长安，但僖宗的遭遇更为悲惨，这已是他第二次被挟持逃离长安。广明元年（880）十二月，由于黄巢之乱，僖宗被田令孜挟持从金光门出奔山南，直到光启元年三月才得以回归长安。结果不足一年，僖宗再度被驱

---

[1] 《太平广记》卷四八六《无双传》，北京：中华书局，1961年，第4002—4003页。
[2] 《旧唐书》卷一九下《僖宗本纪》，第722页。
[3] 《资治通鉴》卷二五六"僖宗光启元年十二月"条，北京：中华书局，1956年，第8328页。
[4] 《新唐书》卷二〇八《宦者·田令孜传》，第5887—5888页。

逐出长安，而且驱逐之人竟是在平定黄巢之乱中立下赫赫战功的李克用。与首次出奔相同，此次依然出现"群臣无知者，宰相萧遘等皆不及从"的状况，中央文武百官都被抛弃在长安城内。僖宗和田令孜等人仓皇从开远门夜逃，狼狈不堪的场景再次出现。僖宗被田令孜逼迫走出开远门的那一刻，不仅意味着他不得已地再次将国都和江山社稷抛诸脑后，也象征着大唐国统以及皇家脸面再度遭受践踏。

不论是皇帝还是文武百官，在面对生死攸关的境遇时，都会自觉或不自觉地逃离长安，远离曾经梦寐以求的繁华之地。曾经辉煌且令人神往的长安城，现已变得如同地狱般可怖。在高大城墙的阻拦下，人们争先恐后地试图从开远门逃离长安城。昔日繁盛的长安，在战火的洗劫下变得满目疮痍：

> 初，黄巢据京师，九衢三内，宫室宛然。及诸道兵破贼，争货相攻，纵火焚剽，宫室居市闾里，十焚六七。贼平之后，令京兆尹王徽经年补葺，仅复安堵。至是，乱兵复焚，宫阙萧条，鞠为茂草矣。①

作为国都与政权象征的长安城在被皇帝与官民遗弃后，很快就被乱臣贼子破坏成一片废墟。

二、开远门前万里堠

古代的交通虽不如现代便捷，但城市与城市之间仍有着或密或疏的线路。这些线路构成了隋唐帝国的统治网络，不同的地域空间由此紧密相连，互相作用、互相影响。作为当时的政治经济文化中心，隋唐长安与其他城市的联系更是紧密且频繁，信息的流动丰富而便捷，故而时常扮演着信息主要扩散方的角色，发挥着国家统治中心的重要职能。长安城的开远门是通往西边统治地域以及西域的首发点，也是隋唐时期丝绸之路的起始点。这样的特殊地位，使得开远门成为长安城与西部交通联系的标志性纪念碑式建筑。

隋唐时期，开远门发生过两次行刑示众，它们都与西域地区有着千丝万缕的联系。第一次行刑示众是在隋文帝晚年。隋文帝得禅让之始，治理政事还算贤明，但到了

---

① 《旧唐书》卷一九下《僖宗本纪》，第 722 页。

暮年，"持法尤峻，喜怒不常，过于杀戮"①，朝廷官员只要犯错，就会直接对其处以极刑，如《隋书·高祖帝纪》载：

> 尝令左右送西域朝贡使出玉门关，其人所经之处，或受牧宰小物馈遗鹦鹉、麖皮、马鞭之属，上闻而大怒。又诣武库，见署中芜秽不治，于是执武库令及诸受遗者，出开远门外，亲自临决，死者数十人。②

护送西域朝贡使出玉门关的人应该是独孤师，他因为私自收受贿赂并同武库令被文帝亲自临决于开远门之外③。文帝此举固然有其性格暴戾的原因，但是亲赴开远门外处决两人的举动，也是在向百姓和朝廷官员宣示严惩贪污腐败的决心。而且这样的事件特意安排在去往西域的开远门外，或多或少也有几分针对西域朝贡使，向西域之人昭示隋朝吏治严厉与清明的意味。

第二次行刑示众发生在唐玄宗时期。安西节度使高仙芝在开远门外处斩西域石国国王：

> 天宝初，〔石国〕累遣朝贡。至五年，封其王子那俱车鼻施为怀化王，并赐铁券。九载，安西节度使高仙芝奏其王蕃礼有亏，请讨之。其王约降，仙芝使部送，去开远门数十里，负约，以王为俘，献于阙下，斩之。自后西域皆怨。仙芝所擒王之子，西走大食，引其兵至怛罗斯城，仙芝军大为所败。自是西附于大食。④

《新唐书》则称"仙芝遣使者护送至开远门，俘以献，斩阙下"⑤。高仙芝作为安西节度使，以石国国王蕃礼有亏为由讨伐石国，但实际情况可能是高仙芝看上了石国的财富。史称"仙芝性贪，获石国大块瑟瑟十余石、真金五六骆驼、名马宝玉称是"⑥。高仙芝完全是借助唐帝国的兵力在为自己谋取财富。所以，即使后来石国国王约降，高仙芝依然要将其斩于开远门外示众，以免贪财之事暴露。

---

① 《隋书》卷二《高祖本纪》，北京：中华书局，1973年，第54页。
② 《隋书》卷二《高祖本纪》，第54—55页。
③ 《隋书》卷二五《刑法志》："武库令以署庭荒芜，独孤师以受蕃客鹦鹉，帝察知，并亲临斩决。"第715页。
④ 《唐会要》卷九九"石国"条，上海：上海古籍出版社，2006年，第2102页。
⑤ 《新唐书》卷二二一下《西域传》，第6246页。
⑥ 《旧唐书》卷一〇四《高仙芝传》，第3206页。

古代行刑多选在人群聚集之处，如城内市中，以达到宣传劝诫的效用，北魏有"大逆及贼各弃市袒斩"[1]，晚唐也有"委河南府于都市集众，以五车分裂"[2]。开远门作为长安与西域交通的城门，亦是西域人聚集的场所。故而，与西域相关的两起行刑示众会发生在此处。在这两次行刑示众中，开远门，自然成为隋唐帝国对西域诸国传递政治信息的场域。而且，经过持续的宣传与强化，这个场域最终演变成为与西域息息相关的纪念碑性建筑。

在论述天宝年间唐帝国对于长安以西地区的经营盛况时，《资治通鉴》曾述及：

> 是时中国盛强，自安远门西尽唐境万二千里，（长安城西面北来第一门曰安远门，本隋之开远门也。西尽唐境万二千里，并西域内属诸国言之。）间阎相望，桑麻翳野，天下称富庶者无如陇右。[3]

胡三省已经指出《通鉴》所言的安远门即开远门。《明皇杂录》也有类似记载：

> 天宝中，承平岁久，自开远门至藩界一万二千里，居人满野，桑麻如织。[4]

《明皇杂录》系唐人郑处诲约于大和九年（835）担任校书郎期间所撰，《通鉴》所本或为《明皇杂录》。历过多年经营，玄宗朝的政治、经济、文化达到极为繁盛的阶段，特别是以开远门为起点的向西一万两千里的地域内，包括西域内属诸国在内的蕃界，皆呈现一派富庶景象。唐昭宗时期的郑綮《开天传信记》也云：

> 开元初，上励精理道，铲革讹弊，不六七年，天下大治，河清海晏，物殷俗阜。安西诸国，悉平为郡县。自开远门西行，亘地万余里，入河湟之赋税，满右藏；东纳河北诸道租庸，充满左藏。[5]

---

[1] 《魏书》卷一一一《刑罚志》，北京：中华书局，1974年，第2876—2877页。
[2] 《旧唐书》卷二〇下《哀帝本纪》，第805页。
[3] 《资治通鉴》卷二一六"玄宗天宝十二载八月"条，第6919页。
[4] 郑处诲撰，田廷柱点校《明皇杂录·辑佚》，北京：中华书局，1994年，第66页。
[5] 郑綮撰《开天传信记》，丁如明辑校《开元天宝遗事十种》，上海：上海古籍出版社，1985年，第50页；并据王谠撰，周勋初校证《唐语林校证》卷三修订，北京：中华书局，1987年，第309页。

这些记述均为后人对唐玄宗时期繁荣景象的记忆，展现了盛唐时期，唐帝国号令所及的范围内，开远门已然成为具有象征意义的起点与中心，并对西部疆域进行了界定，也是对长安以西地域空间权力掌控的象征。在后人观念里，至少在郑处诲所处的大和年间至郑綮所处的昭宗时期，这种历史记忆会与唐中后期缩小的统治疆域形成鲜明的对比，进而得到巩固与加强。开远门的现实功能及象征意义因而得以长期留存，长安城与"西尽唐境万二千里"依旧通过开远门而紧密联系在一起。

唐人对于唐帝国西部疆域的界定，可能还依托了开远门的附属建筑。同样在天宝年间，"平时开远门外立堠，云西去安西九千九百里，以示戍人不为万里之行"①。《新唐书·吐蕃传》中也记载了这件事：

> 初，太宗平薛仁杲，得陇上地；虏李轨，得凉州；破吐谷浑、高昌，开四镇。玄宗继收黄河积石、宛秀等军，中国无斥候警者几四十年。轮台、伊吾屯田，禾菽弥望，开远门揭候署曰"西极道九千九百里"，示戍人无万里行也。乾元后，陇右、剑南西山三州七关军镇监牧三百所皆失之。宪宗常览天下图，见河湟旧封，赫然思经略之，未暇也。②

以开远门为起点的广大区域，都在唐帝国的统治之下，故而玄宗在开远门外揭候署立堠曰："西极道九千九百里。""候"就是"堠"，亦即"烽堠"，是战争当中用以传递信息的高大建筑。烽堠早在西周就有出现，称为烽燧，直至隋唐时期，烽堠依然广泛使用于帝国疆域的各个边界。京畿地区同样立有烽堠：

> 旧关内、京畿、河东、河北皆置烽。开元二十五年敕以边隅无事，寰宇乂安，内地置烽，诚为非要，量停近甸烽二百六十所，计烽帅等一千三百八十八人。③

开元二十五年（737），大唐气象正盛，可称得上国泰民安，京畿附近的烽堠也不再发挥主要的军事作用，故而被废置。这正好与上文提到的"中国无斥候警者几四十年"相应④。"堠"也可用以分界或计里数，依例每五里筑单堠，十里筑双堠，同

---

① 钱易撰，黄寿成点校《南部新书》己，北京：中华书局，2002 年，第 90 页。
② 《新唐书》卷二一六下《吐蕃传》，第 6107 页。
③ 《唐六典》卷五"兵部职方郎中员外郎"条，第 162 页。
④ 关于烽堠的研究，可参程喜霖《汉唐烽堠制度研究》，西安：三秦出版社，1990 年。

时"亭堠"大概还兼有瞭望、监视和计程的功能。故而，在开远门外立堠可以标示"九千九百里"的里程，确定唐帝国以西疆域的范围。这里的"九千九百里"应该没有包含上文提到的"万二千里"中西域内属诸国，只是指有帝国戍人驻守的实际控制区域，故而"示戍人无万里行也"。此外，天宝时期，开远门外还兴建有振旅亭。据史料记载，天宝八载（749）"五月辛巳，于开远门外作振旅亭"[1]。《长安志》中注引《谭实录》曰："天宝八载，于开远门外作振旅亭，以待兵回。"[2]此"兵"大概就是前述的戍人。开远门外的堠与振旅亭，同样成了对西边疆界统治的标志性建筑。

乾元（758—760）以后，唐朝对包括陇右在内的广大地域失去了掌控，然而宪宗依然时常观看天下地图并经略恢复，他对盛唐时期广大疆域的追慕之意仍然在延续。这种追慕之情，还能透过活跃在宪宗时期的诗人元稹的作品得以显现，如其诗云：

> 吾闻昔日西凉州，人烟扑地桑柘稠。蒲萄酒熟恣行乐，红艳青旗朱粉楼。楼下当垆称卓女，楼头伴客名莫愁。乡人不识离别苦，更卒多为沉滞游。哥舒开府设高宴，八珍九酝当前头。前头百戏竞撩乱，丸剑跳踯霜雪浮。狮子摇光毛彩竖，胡姬醉舞筋骨柔。大宛来献赤汗马，赞普亦奉翠茸裘。一朝燕贼乱中国，河湟忽尽空遗丘。开远门前万里堠，今来蹙到行原州。去京五百而近何其逼，天子县内半没为荒陬，西凉之道尔阻修。连城边将但高会，每说此曲能不羞？[3]

此诗前半部分都是描写盛唐时西凉州一片繁华的景象，但随后词锋一转，写到安史之乱以后河湟地区沦陷的凄惨状况，开远门前的万里堠也只能成为想象中的盛唐印象。此"万里堠"作盈数解，玄宗时期鼎盛的盛唐场景通过"开远门前万里堠"这一意象得到流传，并与元稹所处的宪宗朝疆域形成鲜明对比。

"示戍人无万里行"中，"示"这一目的性字眼的出现，暗示着观者的存在。官方"立堠"的行为是给来往于开远门之下的人看的。这些人当中既包含了长安人，也包含了进出长安城的外地汉人、西域人甚至更远国家或地区的人。可以想象，当初唐朝官方之所以要署字立堠于开远门外，就是要告诉这些观者：大唐帝国的西方疆域达

---

[1] 《旧唐书》卷九《玄宗本纪》，第223页。
[2] 宋敏求撰，辛德勇、郎洁点校《长安志》卷一〇，西安：三秦出版社，2013年，第346页。
[3] 元稹撰，冀勤点校《元稹集》卷二四《和李校书新题乐府十二首·西凉伎》，北京：中华书局，1982年，第281页。

"九千九百里"。这无疑是官方对于其帝国领土界线的宣示,也是帝国强大自信力的体现。唐朝经常在城市诸城门宣示重要的事宜,如文宗开成二年(837)中书门下奏,"今请起今月与下长格,所在州府,榜门晓示"[1]。禁令所由皆从门间而出,官方在诸门设榜带有一定宣示天下之意[2]。

开远门作为"西尽唐境"的主要城门,不仅是长安城民众日常出入的要道,更是官方发布信息的重大场所。作为隋唐帝国首都,长安的人员流动的活跃程度和信息汇集的丰富程度自不必说。在长安开远门榜示的官方信息,通过众多观者的传播,迅速且广泛地散布至全国各地。对于西域及以西地区而言,这种"以示天下"的意义更为显著,洋溢着浓厚的官方意识形态宣传的气息。西方世界对于唐帝国的印象,很大程度上也源于目睹过开远门外立堠的人的描述。因此,开远门及其附属建筑均可视为唐帝国对西域控制的标志,间接体现了唐帝国通过首都城市风貌,来达到强化自身影响力的意图。

三、开远门的文学叙述

长安城的里坊布局及严格的宵禁制度,将人们约束在了一个个封闭的空间内。但人们总会有突破封闭空间限制的需求,对城市自由空间进行想象的文学创作便应运而生。借助艺术手法的加工,文学的想象摆脱了现实律令规定的束缚,引领人们进入一个与现实并存却更为奇幻的空间。这些奇幻的空间多源于信仰,而开远门则是这些信仰空间的重要地理坐标。

牛僧孺所撰《玄怪录·吴全素》是一篇很有意思的唐传奇故事[3]。篇中记元和十二年十二月十三日夜晚,吴玄素已睡着,却"见二人白衣执简,若贡院引榜来召者",不得已跟随两使者前行,"不觉过子城,出开远门二百步,正北行,有路阔二尺已来,此外尽是深泥"。吴全素便跟随两使者从开远门离开了长安城。唐代严格的宵

---

[1] 《全唐文》卷九六七《请吏部选人颁行长榜奏》(开成二年四月中书门下),北京:中华书局,1983年影印本,第10040页。
[2] 武周时,有人设问于徐有功曰:"徐公之道既高矣,何谓暂处霜台,即奏天官得失,榜诸门以示天下,规规然是钓名耳,其故何哉?"见《册府元龟》卷八三〇《总录部·论议二》,北京:中华书局,1960年影印本(2012年重印),第9860页。今人的讨论可参雷闻《榜文与唐代政令的传布》,《唐研究》第19卷,北京:北京大学出版社,2013年,第41—78页;雷闻《官文书与唐代政务运行研究》,上海:上海古籍出版社,2023年。
[3] 牛僧孺撰,程毅中点校《玄怪录》,北京:中华书局,2006年,第93—97页。

禁制度致使生人无法在夜间自由地行走于长安城内，更何况穿过子城并走出开远门。但根据后面的情节可得知，两使者和吴全素当时其实都是鬼魂状态，所以城内守卫无法看见他们。很明显，在现实世界中，这根本不可能发生，但是在本篇故事中，吴玄素却在本该"禁人行"的长安城内实现了自由通行。这是牛僧孺对于宵禁下长安城的想象，也是希望突破宵禁的诉求表达。

吴全素从开远门出长安，走了大概二百来步转而向北，一路上看到了与之前长安城内寂静场景完全不同的情形："见丈夫妇人，捽之者，拽倒者，枷杻者，锁身者，连裾者，僧者，道者，囊盛其头者，面缚者，散驱行者，数百辈，皆行泥中，独全素行平路，约数里。"深夜，开远门外居然有数百人在赶路，而且各色人（鬼）都在其中，俨然白天开远门外一片热闹来往场景的再现。这一场景与同时段长安城内封闭而空荡的状态形成了鲜明的对比，夜间的开远门将长安城内外隔绝成了两个世界与空间。开远门是这两个空间转换的点，各色人（鬼）行进在开远门外准备去往某个地方，而城内生人的世界却一片寂静。

吴全素等人走了数里，来到一处类似人间官府的地方。在这里，五十人为一引，接受审判，轮到吴全素时则出现了问题。吴全素向判官申诉："全素忝履儒道，年禄未终，不合死。"判官辩驳道："冥司案牍，一一分明。据籍帖追，岂合妄诉！"吴全素不死心："审知年命未尽，今请对验命籍。"判官"乃命取吴郡户籍到，检得吴全素，元和十三年明经出身，其后三年卒，亦无官禄"，最终允许吴全素还阳。之后吴全素和两位使者依原路返回，仍从开远门返回长安，还在长安城内游荡了一番，但是遇到的都是无法看见他们的生人，已不见开远门外来去繁忙的鬼群。生人与鬼神的生存空间被开远门分隔，作者通过开远门，将故事从真实的空间带入了叙事所需要的空间。

朱玉麒曾指出唐代笔记小说大多由熟悉长安的文人士子创作，所以具备一个非常重要的写作特征："追求作为小说情节外壳的地名真实性，因而使虚构的作品在地理研究上具有了信史的价值。"[①]也就是说，吴全素所到之冥府可能在现实中确有所指。我们可以以开远门为坐标原点去考察吴全素所到的冥府。据小说所言，是"出开远门二百步，正北行"，走了数里就到了，说明大致在长安城外西北方向不远处。依据妹尾达彦绘制的《隋唐长安城的城市计划》图来看[②]，开远门外西北方向就只有

---

① 朱玉麒《隋唐文学人物与长安坊里空间》，第 86 页。
② 妹尾达彦《都城图中描绘的唐代长安的城市空间——以吕大防〈长安图〉残石拓片图的分析为中心》，朱凤玉、汪娟编《张广达先生八十华诞祝寿论文集》，台北：新文丰出版公司，2010 年，第 242 页。

汉宗庙和四司祭坛最为符合。而汉宗庙距开远门应该不足数里，四司祭坛则更加贴近现实。

唐宋笔记小说中的时间和地点在一定程度上都是真实的。据《隋书·礼仪志》："于国城西北十里亥地，为司中、司命、司禄三坛，同壝。祀以立冬后亥。"①唐代长安城继承自隋代大兴城，其祭祀地点也多有承续。四司在隋唐时期都享受国家专门的祭祀，属于小祀。《唐会要》载："立冬后亥日，祀司中、司命、司民、司禄于国城西北。"②另外，吴玄素申诉时曾提到"命籍"，命籍简单而言就是上天记载人的富贵贫贱、生死寿夭的簿籍。前蜀的杜光庭有词云："由是悬命籍于天关，系生死于斗极。"③词中命籍与生死相对，表明命籍就是记录一个人生死的录籍。这种录籍在司命的信仰中，正由司命掌管，用以"据籍帖追"和"对验命籍"。而且当时士人应当颇为熟悉官方政务运行的整套程序体系，故而牛僧孺才会写出吴玄素提出要求核实命籍的情节。据此，我们有理由相信牛僧孺将开远门外西北数里的四司祭坛视为冥界所在之地。

四司中以司命信仰流传最为广泛。司命，从字面意思来说，就是掌管人们的寿命。司命信仰自先秦以来就广泛流传，简单来说司命信仰经历了一个上天入地的过程④。司命原先是天上的星辰，大概在两汉之际，开始成为民间信仰中比较重要的神祇，尤其齐地一带对于司命的信仰较为普遍。自汉以后，司命掌管生死和寿命的职能逐步突出，《搜神记·张车子》条曰："周揽啧者，贫而好道。夫妇夜耕困卧，梦天公过而哀之，敕外有以给与。司命案录籍云：'此人相贫，限不过此，惟有张车子应赐钱千万。车子未生，请以借之。'"⑤司命已经掌管录籍，知晓人之生死。隋唐王朝对四司的祭祀应该本于对星辰的供奉，但是在民间信仰中司命已然成为掌管人生死的神灵而存在。所以在吴全素的世界里，原本只是官方祭祀四司的地方变成了审判鬼魂的冥府。礼仪空间与信仰空间发生重合，礼仪空间成为信仰空间的理论来源。

---

① 《隋书》卷七《礼仪志二》，第147页。
② 《唐会要》卷二三"缘祀裁制"条，第516页。
③ 《全唐文》卷九三九《马尚书本命醮词》，第9768页。泰山神掌管死籍，可能是司命掌命籍的原型，可参李炳海《古代的泰山神与〈九歌〉的司命》，《华中师范大学学报（哲学社会科学版）》1992年第4期，第74—78页。
④ 演变过程可参稻畑耕一郎《司命神像の展开》，《中国文学研究》第5期，1979年，第1—17页；储晓军《唐前司命信仰的演变——兼谈人为宗教对民间神祇的吸收与改造》，《宗教学研究》2010年第3期，第153—156页。两者还都提到了司命与灶神的合流，但与此处所论关系不大，所以不展开讨论。
⑤ 干宝撰，李剑国辑校《搜神记辑校》卷九《感应篇六》，北京：中华书局，2019年，第150页。

贞元年间（785—805）的张诜也有与吴全素类似的经历，也曾在夜晚被人召出长安城，并在开远门外见到差不多的场景。张读《宣室志》云：

>　　清河张诜，贞元中，以前王屋令调于有司。忽梦一中使来，诜即具簪笏迎之。谓诜曰："有诏召君，可偕去。"诜惊喜，且以为上将用我。既命驾，与中使俱出。见门外有吏卒十余为驱殿者，诜益喜，遂出开远门西望而去。其道左有吏甚多，咸再拜于前。过二百里，至一城，舆马人物，喧喧然阗咽于路……城之西北数里，又有一城，城外有被甲者数百，罗立门之左右，执戈戟，列幡帜，环卫甚严，若王者居……既而中使引入门。其城内檐宇栉比，兵士甚多……又至一门，中使引入，门内百余人，具笏组列于庭，仪甚谨肃。又有一殿巍然，琼玉华耀，真天子正殿……见一人峨冠，被衮龙衣，凭玉案而坐其殿之东宇。又有一冠裳者，貌若妇人，亦据玉案，在殿之西宇……言毕东望，有兵士数百驰来，中使谓诜曰："此警夜之兵也。子疾去，无犯严禁。"即呼吏命驾，惶惑之际而寤。窃异其梦，不敢语于人。后数日，诜拜乾陵令。及至，凡所经历，尽符所梦。又天后祔葬，诜所梦殿东宇下峨冠被衮龙衣者，乃高宗也；其殿西宇下冠衣貌如妇人者，乃天后也。后数月，因至长安，与其友数辈会宿，具话其事。有以《历代圣贤图》示诜者，高宗及天后，果梦中所见也。①

张诜梦中被中使带至一天子殿，一行十数人也是无视宵禁的限制，浩浩荡荡地从开远门出长安城，途中未受到任何阻拦，也没遇到任何生人，直至开远门外才出现了道左众吏、"舆马人物""被甲者"等，可谓喧闹至极，与夜晚本该寂静的场景大相径庭。然而这些在夜间行走的人却都非生人，而是活人看不见的鬼，故而亲眼所见者亦"不敢语于人"。至于张诜所到之处，依里程及后续记述来看，当为开远门外西边二百里咸阳西北方向的高宗与武后合葬之乾陵。文中提到的天子殿应该就是陵园内的献殿，殿中东有一人西有一妇，指的是高宗与武后。张诜梦游之后被授予乾陵令一职，而陵令专门负责帝王陵园的管理以及祭祀，这与高宗、武后在地下世界的生活息息相关，故而高宗、武后才会在梦中将张诜召至乾陵。这样的情节既是一种预言，也是一种人为的联系。

与四司祭坛相类似，乾陵献殿也是官方礼仪祭祀之处，正常的祭祀活动由乾陵

---

① 张读撰，张永钦、侯志明点校《宣室志》卷三，北京：中华书局，1983年，第34—35页。

令负责,而且都是在白天进行。而在张诜的世界里,深夜的乾陵俨然一幅天子白日上朝的场景,"中使引入,门内百余人,具笏组列于庭,仪甚谨肃"。当然这些人都只是鬼魂,并非长安城城内的天子与百官,而故事中的场面无疑正是生人礼仪空间场景的挪用。白天生人在此进行官方正式的礼仪祭祀,夜间鬼魂则在此召见生人游魂。两者并不矛盾,白天与夜晚的秩序都得到了妥善安排。

朱玉麒先生曾指出:"唐宋都城中的另一个公共活动场所也往往成为小说沿用的背景,那就是城门。中国城市的城墙分割了居民的活动空间,使得城门口相识相遇引发小说情节的曲折离奇成为唐宋小说共同的特征。"[1]城门作为公共的活动空间,也使得人们愿意将小说情节的背景放置其中。更为重要的是,在唐人的观念里,长安不仅是生人生活的地方,也是鬼神游荡的场所。"冥途固与人接迹,世人又安得而知之?"[2]人鬼并非处于两个互不相连的空间,而是在同一个时空中栖息。这就使得人与鬼神之间会发生许多际遇,甚至会互相影响到对方的生活。

在开远门的舞台上,吴全素与张诜虽然都通过开远门离开长安城,但是他们所去之地是附属于长安城的官方礼仪祭祀场所,仍是长安城的一部分。在唐人眼里,鬼神并非虚无缥缈的存在。鬼神的信仰空间就是生人礼仪空间的投影,地下官府与国家祭祀四司之处可以相连接,乾陵献殿与高宗武后上朝的天子殿也可以相连接。生与死的场所由此产生了联系,这些都不会只是一种巧合。以司命与"祭神如神在"的民间信仰观念为基础,地下官府与国家对司命和乾陵的祭祀发生了共鸣。在时间的错落下,民间信仰与国家祭祀在空间上产生了合流,两者成了互为表里的组合。故而,两篇唐传奇的作者要安排鬼差将吴玄素带往国城西北,将张诜带往乾陵。在文学叙述的需求中,开远门成为隔绝与连通生人空间和鬼神空间的重要通道,见证了这种共鸣的发生。

小 结

城市是一个大舞台,时刻上演着纷繁多样的戏剧。城门作为人们进出城市的通道,亦为这些"戏中人"所共享。正是这种特殊地位,城门见证了城市的发展与历史的变迁。长安,作为隋唐时期的首都,正如妹尾达彦所指出:"国都长安被设计为与超自然

---

[1] 朱玉麒《唐宋都城小说的地理空间变迁》,《唐研究》第11卷,北京:北京大学出版社,2005年,第531页。

[2] 《宣室志》卷三,第33页。

的诸神和宇宙诸力直接连结的王权的所在地,并作为以统治正统化为目标的礼仪之都而发挥着作用。"[1]同时,长安也是隋唐帝国的物质化象征,盛唐气象在此生发和传播,官方意识形态也在此形成和扩散。不容忽视的是,长安是当时国际性大都市,具有很强的开放性。开远门作为长安西出西域等地的重要通道,与长安城其他诸门一样,天然地具有聚拢人群的功能。因此,此处会进行礼仪性的迎送活动,也曾发生皇帝官员仓皇出逃的丑剧。

同时,作为长安城西北一隅的空间景观,开远门为长安城增添的城市面貌远不止于此。隋唐时期,东西方交通与交流密切且复杂[2]。开远门凭借其特殊的地理位置,在隋唐帝国与西北地区的往来与交流中扮演着重要角色。鉴于长安与西域之间的人员往来多取道于此,开远门自然成为长安与西域的纽带。故而,与西域相关的行刑示众在此处进行,诸多相关附属建筑也在此修建。在现实需求的推动下,开远门及其附属建筑逐渐形成了一个隋唐帝国对西域展示实力与宣传信息的场域。在这个场域中,主要针对西域地区,开远门不知不觉将长安城作为国都的象征功能扩展开来,使往来行人感受大唐的雄厚国力并传播对长安的印象。开远门在此过程中发挥着纪念碑性建筑的功能,提升了长安城的开放性与影响力。

而在唐人的文学叙述中,开远门不仅是真实与想象分界的重要地理坐标,还具有独特的信仰色彩。长安城虽是中古中国成熟的封闭性里坊制都城,但唐人的文学笔触与想象世界并未被禁锢住。在唐人小说中,长安城真实的现实世界与超自然的信仰世界并非截然分离,而是平行且相互交织地存在着。在吴全素和张诜的故事里,开远门以其特殊的地理位置展现了信仰空间共鸣的存在:夜间,生人可通过梦游等途径毫无顾忌地突破宵禁,穿越开远门,实现生人空间与冥界空间的过渡。小说固然只是文人的想象,展现的是大众希冀打破城市夜晚封闭限制的诉求。但通过开远门这一空间景观,仍可反映出时人对长安的一种公共观念:作为诸神拱卫的中心,长安城里居住的并不只有生人,与生人并存的还有鬼神,鬼神与生人并不是决然没有联系,两者会在某个时间和地点通过某种媒介发生接触,尤其是在城门、寺观以及国家祭祀之所,因为那里也是鬼神来往、居住甚至办公的地方。

---

[1] 妹尾达彦《唐长安城の仪礼空间——皇帝仪礼の舞台を中心に》,《东洋文化》第72号,1992年,第1—35页;此据黄正建译《唐长安城的礼仪空间——以皇帝礼仪的舞台为中心》,沟口雄三、小岛毅主编《中国的思维世界》,南京:江苏人民出版社,2006年,第482页。
[2] 东西方的交通与交流以丝绸之路为纽带,相关研究已极其丰富,可参荣新江《丝绸之路与东西文化交流》,北京:北京大学出版社,2015年,前言第1—8页。

从长安到高昌：敦煌吐鲁番文献所见信息传播与唐代地方社会

总之，开远门是长安城诸城门之一，它既具备其他城门共性的空间内涵，又因与西域的特殊关联以及唐人的文学叙述，成为长安城西北一隅特殊的空间景观。"西出开远门"所昭示的盛唐意象及文学幻想，杂糅了信息、礼仪、知识与信仰等诸多因素，伴随着历史书写，形塑着时人对于长安城的独特认识，也反映出隋唐长安作为国都的影响力及其城市空间的复杂性。

第二节　政治碑刻景观的知识传播：政治丰碑与敦煌习字

景观的知识传播形态还能通过敦煌习字呈现。敦煌吐鲁番出土的文献多以佛教经典为主，其次是"不经意间"被保存下来的官方文书档案和世俗文书，当时学郎练习所留下的习字也包含其中。对于敦煌吐鲁番习字的研究，学者们大多关注蒙书和类书的流传状况，立足教育史的视角，了解和认识中古时期敦煌地区的文化教育[1]。习字作为学郎学习过程中遗留下的产物，大多摹写自当时的蒙书教材，理所当然是建构当地教育环境的最好材料，能够直观地考察敦煌地区当时当地的学习状况。同时，社会史和文化史的研究视角也应纳入习字的研究。余欣、朱玉麒二位先生对于敦煌吐鲁番出土《汉书》和习字残诗的研究，对考量中古文学的传播和接受具有很大启发意义[2]。游自勇与笔者也曾通过敦煌写本 S.2078v 里一篇习字复原出"史大奈碑"[3]。这份碑刻习字的出现丰富了我们对于史大奈这一隋末唐初重要藩将的认识，但从知识传播的视角出发，该习字实际上还反映了碑刻类政治景观的形态转变

---

[1] 郑阿财、朱凤玉《敦煌蒙书研究》，兰州：甘肃教育出版社，2002 年；王三庆《敦煌类书》，高雄：丽文文化事业股份有限公司，1993 年。

[2] 余欣《写本时代知识社会史研究：以出土文献所见〈汉书〉之传播与影响为例》，《唐研究》第 13 卷，北京：北京大学出版社，2007 年，第 463—504 页；朱玉麒《中古时期吐鲁番地区汉文文学的传播与接受——以吐鲁番出土文书为中心》，《中国社会科学》2010 年第 6 期，第 182—194 页。另可参李肖、朱玉麒《新出吐鲁番文献中的古诗习字残片》，《文物》2007 年第 2 期，第 62—65 页；朱玉麒《吐鲁番文书中的玄宗诗》，《西域文史》第 7 辑，北京：科学出版社，2012 年，第 63—75 页。

[3] 游自勇、赵洋《敦煌写本 S.2078V "史大奈碑"习字之研究》，《魏晋南北朝隋唐史资料》第 30 辑，上海：上海古籍出版社，2014 年，第 165—181 页；修订版收入《切偲集：首都师范大学历史学院史学沙龙论文集》第 2 辑，上海：上海古籍出版社，2018 年，第 117—135 页。朱振宏先生也曾利用此习字对史大奈的事迹进行了补充研究，参朱振宏《史大奈生平事迹研究》，《台湾师大历史学报》第 54 期，2015 年，第 1—44 页。又可参范英杰《敦煌本〈史大奈碑〉补考》，《唐史论丛》第 38 辑，西安：三秦出版社，2024 年，第 298—318 页；张庆祎《敦煌文书 S.2078V〈史大奈碑〉相关问题研究》，《敦煌学辑刊》2024 年第 1 期，第 68—80 页。根据以上诸位学者的意见，本书录文又有所修订。

第三章　景观与形象

以及知识流动，尤其是知识传播过程中，习字者对于政治景观意识形态内涵的实际观感与接受。沿此视角和思路，下文将从此碑习字出发，展开进一步讨论。

为接下来讨论方便，兹引复原的史大奈碑文于下：

……攸赞，地宝咸格。祖莫贺可汗，钟纯粹之□□，莫（奠）崇高之统业，无竞惟烈，有道可宗，固已韶穆，□重徽猷，大继武威，畅卢山之泽，流昌海之城。父失咄弥设，忠能赞国，孝实安亲，任重栋梁，赖深舟楫。公凤彰奇表，幼有大志，深沉靡测，卓卓不群。勇过符□，剑动飞猿；弓逾庆忌，射穿悬蝨。有随之季，声驰中国，炀帝闻而嘉之，固就招聘，辚轩结彻（辙），璧帛相仍。大业七年，奉珍入侍，禩（礼）同戚属，宠冠列蕃。亟会五月之期，时参八神之祀。仍属本邦危乱，归路莫从，留滞京华，常陪銮跸。辽东之役，固请先驱，陷阵功多，特超诸校，赏物千段，授金紫光〔禄〕大夫。既而漠北余众，自西徂东，靡所底居，思我遗爱。十二年，诏率所部屯次晋阳，纠合旧□，网怀族类。旋以黄星耀采，徂运告终，青社发明，圣人有作，义旗建□，景业惟新，物色熊罴，□□秀逸。公献筹草，昧竭经纶，参同□德，克剪方命，北清徼塞，南扫城邑。〔□〕光禄大夫，仍锡器玩，凡所虏获，即以畀之。及夫元戎济河，拯溺畿甸，乘辕移指，克宁京室。常在颜行，每当驰道，畴庸有典，俾从大赉，策勋三最，赐帛万匹，又增杂彩，加以金钱。于时九服未清，四郊多垒，〔□〕戈日用，烽燧不息。公每箧神麾，骤参皇驾，东西奄定，匪遑晏处，故能转战仞（岏）穀（谷），涉血搴旗，长驱汧陇，禽敌制胜。〔武〕德元年，拜上柱国，封康国公，食邑三千户，赐缯一千段、生口卅人、锦衣一袭，以示荣宠。三年，授右翊卫将军。六郡良家，九卿任子，统兹禁旅，朝寄尤隆……得丧〔□□〕，无屑襟抱。始自遐方，早飞誉于麟角；晚逢嘉会，终勒美于雕戈。结媛通德之门，纳善幽闲之操。礼容外备，规范内凝，琴瑟克谐，松萝叶契。道长运短，一谢不追。人之云亡，朋僚殄悴。粤以其年岁次戊戌十一月乙巳朔四日戊申，葬于醴泉县神迹乡。爰发明诏，陪卫〔昭陵〕。

一、丰碑的撰写与"史大奈碑"性质

根据先行研究，S.2078v号习字文书复原后为一篇数百字，结构和内容保存相对完整的"史大奈碑"碑文，其抄写时间大致为曹氏归义军时期，可能是当时寺学学

129

郎的习字教材。关于"史大奈碑"原本碑刻的性质,《敦煌写本 S.2078V "史大奈碑"习字之研究》就已表示更倾向神道碑,但囿于篇幅等原因未能展开详细论证。"史大奈碑"的复原文本残存内容,主要涵盖三个方面:史大奈世系、入隋经历和入唐经历。下文将根据这些复原的文本内容,最终论定"史大奈碑"的性质。

在碑志中,碑主世系最不可或缺,尤其是对于达官士族碑志的世系书写,能够让碑刻观赏者获得"累世公卿"的观感,塑造碑主出身高门大户的形象。"史大奈碑"中史大奈家族世系的叙述包含了对祖父和父亲的描绘,该部分尤其值得深思。根据"史大奈碑"的记载,史大奈的祖父为莫贺可汗,父亲是失咄弥设,原本皆属突厥部落中绝对的贵族阶层。然而,碑文在形塑两人身后形象时,明显受到儒家观念的影响,书写更多着墨于忠孝,如称祖父"固已韶穆,□重徽猷",父亲"忠能赞国,孝实安亲"。通过这些书写,突厥贵族的身后形象被打上了儒家政治伦理的印记,从而重新建构起史大奈的家族世系。

这种形象书写与世系建构,显然是人为有意识的操作,即官方依据自身意识形态的需求进行的历史书写。毕竟忠孝观念作为传统儒家政治理论和中原王朝意识形态的核心,在中古时期已逐渐成为官方碑志书写中不可或缺的部分。即便史大奈先祖为突厥贵族,但当进入中原王朝的国家意识形态,官方对史大奈进行"盖棺论定"之时,仍会自觉地改造史大奈世系及其祖先形象,将他们融入儒家政治伦理,纳入自身意识形态的话语体系。在此背景下,民族血统在政治体系面前,只能位居次要地位。

碑主生平经历,作为碑志书写篇幅最大、最重要的部分,揭示了碑志撰写者对于碑主生平的写实与虚饰。关于史大奈入隋经历,史籍记载,大业七年(611)因处罗可汗众叛亲离,史大奈无奈与之一同归附隋朝。"史大奈碑"的描述则与该史实大相径庭:"有随之季,声驰中国,炀帝闻而嘉之,固就招聘,辎轩结彻(辙),璧帛相仍。"作为归附隋朝的突厥群体领导者,处罗可汗在碑志中被刻意隐去,史大奈原本的"走降"身份,却被书写成因声誉远扬而被隋炀帝极力招揽。走投无路与极力相邀是截然不同的两种境遇,一个"入侍"的突厥人积极向中原王朝靠近的形象在此得以生动显现。

至于史大奈的入唐经历,碑志更是极尽夸赞之辞。唐高祖李渊在碑志中被描写为"圣人有作,义旗建□",史大奈则"公献筹草,昧竭经纶,参同□德,克襄方命,北清徽塞,南扫城邑"。李渊和史大奈的形象显然都被合法化、高尚化,并被镌刻于碑石之上,成为不刊之论。尤其史大奈骁勇善战、精忠报国的行为,还得到唐朝圣人李渊的厚赐，这同样是儒家政治理论所推崇的良好君臣关系的体现，是官方意识形态的最好表征。

从"史大奈碑"复原文本内容来看，史大奈作为一个入降隋唐王朝的突厥人，"归义"和"效忠"是碑刻撰写者精心为他铭刻的两大核心标签。二者充分反映了儒家忠孝仁义的政治伦理，也展现了官方对逝者形象塑造的意图及自身意识形态的表达。同时，复原后的"史大奈碑"与两《唐书》中《史大奈传》的记载高度吻合，表明"史大奈碑"与《史大奈传》有着相同的史料来源，即史大奈行状与官方档案。通常情况下，重要官员去世后，家属会撰写官员生平经历的行状。不过，尽管行状由官员家属起草撰写，但尚书考功会对之进行勘校[1]，甚至"其欲铭于碑者，则会百官议其宜述者以闻，报其家"[2]，最终重要官员谥号的请定和碑铭史传的撰写都需有官方参与[3]。故此，"史大奈碑"所呈现的形象塑造和意识形态表达，以及与《史大奈传》的高度相似性，均表明其官方立碑的背书。

中古时期的官员立碑，国家设有严格标准与规定，私立碑铭者会受到严厉惩处。依唐代律令规定，仅三品以上高官或陪葬皇帝陵域者，方可获得树立神道碑的资格，以示国家荣宠。史大奈为隋末唐初重要的蕃将，跟随隋炀帝、唐高祖和唐太宗东征西战，屡立战功，死前已任丰州大都督（从三品武职事官）、窦国公（从一品爵），死后更获特赐，陪葬昭陵（爰发明诏，陪卫〔昭陵〕），其墓前必定矗立着一座巍峨的神道碑。敦煌习字"史大奈碑"，应即来自昭陵茔域内所立史大奈神道碑。

以神道碑为代表的纪念碑由官方树立，依据已发现的唐初神道碑形制，其标高应介于3米至4米之间，整座碑刻字数为两千至三千，堪称巨制丰碑[4]，是官方最重要的政治景观"展览板"之一。这类高大"展览板"的制作，通常会有官方意识形态的积极参与。其中碑文多由皇帝专门下敕命人撰写，非一般身份者所能承担。而在撰写过程中，由于考功和百官会议的参与，出于一定的政治目的或政治需求，撰写者都会自觉地对碑文的内容进行矫饰与创造。因此，"神道碑铭作为展示于公开场合的读本，则往往略其实事而多作夸饰，其中对逝者生平刻意的去取与议论，多

---

[1] 《唐六典》卷二"考功郎中员外郎"条云："诸职事官三品已上、散官二品已上身亡者，其佐吏录行状申考功，考功责历任勘校。"第44页。
[2] 《新唐书》卷四六《百官志》，第1190页。
[3] 关于官员身后形象的塑造，参唐雯《盖棺论未定：唐代官员身后的形象制作》，《复旦学报（社会科学版）》2012年第1期，第85—94页。
[4] 马海舰、郭瑞《唐太宗昭陵石刻瑰宝》，西安：三秦出版社，2007年，第71—90页。

可体现官方意志,其位高权重者尤甚,碑文中的掩饰尤多"①。前述"史大奈碑"复原文本内容的虚饰与改造,正是基于此类官立丰碑撰写的特征。

同时,作为官方树立的政治景观丰碑,史大奈神道碑碑文的撰写具有显著的"公"的纪念碑性。在公私性质上,早期墓志更具私密性,通常被埋藏于地下,不为他人所见,亦未被收入文集广泛流传,故而其内容倾向于任情线路,有时甚至可能违反世间法,与当时社会倡导的主流观念相悖。相较而言,以神道碑为代表的官立纪念碑则呈现出鲜明的公开性,强调反任情路线,其目的在于供世人品读和观赏,因此内容需遵循当时现实社会文明的尺度,反映立碑者的政治意愿,成为官方宣传自身观念和政治信仰的展览板②。

"史大奈碑"复原文本显然并非私密且任情的作品,而是承载着浓厚的官方政治内涵,即"百官议其宜述者"。这恰恰与唐代神道碑的设立标准和核心特性相吻合。在政治需求的驱动与取舍下,官方精心书写与镌刻的碑铭,其内容源自行状或官方档案,最终借助神道碑高大的碑刻形制,重塑碑主形象与历史记忆,被重塑后的碑主事迹也因此传扬于时人与后世。在文本书写的取舍之间,碑铭不仅强化了君臣间的社会关系,还促进了国家意识形态与社会文明价值观的交融,成为"公"向"私"弘扬忠孝仁义等政治伦理的重要媒介,更是实现生者与死者交通的重要载体。

二、敦煌习字的重复性抄写

"史大奈碑"因其官方立碑的性质,成为官方向世人展示政治伦理的"展览板"。其文本内容形塑了蕃将史大奈"归义"与"效忠"的不朽,是官方宣扬"政治意象"的知识文本。然而,回归习字抄写形态本身,我们还需深入考量敦煌学郎们对于碑铭中所蕴含的不朽与政治伦理究竟能有多少深刻体会。

目前,敦煌吐鲁番与和田地区已发现许多古代习字,其中书圣王羲之《兰亭集序》与《尚想黄绮帖》应是从中原西渐至当地的书法学习范本,西汉史游《急就篇》和

---

① 唐雯《盖棺论未定:唐代官员身后的形象制作》,第90页。
② 参卢建荣《北魏唐宋死亡文化史》,台北:麦田出版社,2006年,第39—40页。

南梁周兴嗣《千字文》则是当地重要的童蒙识字教材[①]。这些教材的习字都有一个显著的特点，那就是有许多重复的字词，其基本形态为一字习练数行。朱玉麒先生独到且极富启发性地复原了习字所摹写的材料，他将重复的字词和句子去掉，然后再去讨论复原的文字。这是很值得肯定且有效的研究方法。但与朱玉麒讨论的诗词有所区别，碑文作为一种独特的知识载体，是偏向长篇的人物生平论述，其篇幅及用途均非诗词所能比拟。故而"史大奈碑"习字主要以重复句子为主，而非一字习练数行的常例。对习字人而言，除了抄写错误，不同习字内容重复性抄写的原因为何，是一个很有意思的问题。

鉴于对背诵习惯的认知，重复背诵的内容通常是教授者认为关键或个人感兴趣的片段。前者源于老师的教育引导，后者则是个人知识取向的体现。习字者重复抄写的行为动机，应当亦然。

一般而言，对于《兰亭集序》《尚想黄绮帖》《急就篇》《千字文》等书法或识字教材的重复抄写，多为学生遵循学校或教师的教导，抄写较为规整且存世较多；而对于个人感兴趣内容的重复习字，往往源于个人的随性而起，抄写较为凌乱且数量少见。所以，习字的重复性既是教育的要求与重点，也会是习字者人为选择性的结果，抑或两种情况共存。

由此进一步生发，为何重复抄写的部分会成为教育的要求与重点？习字者人为选择性的重复行为背后又有何深层次的知识取向？这些问题都促使笔者对"史大奈碑"习字的文本抄写状况进行思考。故此，我们需将视角回到"史大奈碑"习字的重复部分，以探讨习字者对于本篇碑文的知识接受，并解构文本背后、习字者重复抄写背后所蕴含的知识取向。习字重复部分列表如下（表3-1）：

[①] 参荣新江《〈兰亭序〉在西域》，中国人民大学国学院编《国学的传承与创新：冯其庸先生从事教学与科研六十周年庆贺学术文集》，上海：上海古籍出版社，2013年，第1099—1108页；《〈兰亭序〉与〈尚想黄绮帖〉在西域的流传》，2011年故宫兰亭国际学术研讨会会议论文。两文后来皆有所增订，收入氏著《丝绸之路与东西文化交流》，第185—199、200—209页。和田出土习字文书研究，参陈丽芳《唐代于阗的童蒙教育——以中国人民大学博物馆藏和田习字文书为中心》，《西域研究》2014年第1期，第39—45页。

表 3-1　"史大奈碑"习字重复内容表

编号	首次抄写	重复抄写	复原内容
一	道可宗固已韶韶穆重徽猷继武威畅卢山之泽流昌海海之城父失咄弓弥设忠能赞国孝实安亲任重栋梁赖深舟楫公夙彰奇表幼有大志深沉靡测卓卓不群勇过符	攸赞地宝咸格祖莫贺可汗钟纯粹之莫崇高之统业无竞惟烈有有道可宗固已韶穆重徽猷大继武威畅卢此山之泽流昌海之城父父失咄弥设忠能赞国孝实安亲任重栋梁赖深舟楫公夙彰奇表幼有大大大志志志深沉靡测测卓卓不不群群勇勇过过弓弥弥逾庆忌射穿悬虻剑动飞猿	……攸赞，地宝咸格。祖莫贺可汗，钟纯粹之□□，莫（奠）崇高之统业，无竞惟烈，有道可宗，固已韶穆，□重徽猷，大继武威，畅卢山之泽，流昌海之城。父失咄弥设，忠能赞国，孝实安亲，任重栋梁，赖深舟楫。公夙彰奇表，幼有大志，深沉靡测，卓卓不群。勇过符□，剑动飞猿；弓逾庆忌，射穿悬虻。
二	有随之季声驰中国炀帝闻而嘉之固就招聘	炀炀帝帝闻而之固嘉之就招招聘	有随之季，声驰中国，炀帝闻而嘉之，固就招聘。
三	尤尤尤隆得得得丧丧丧无屑襟抱始自自自遄方早早飞誉于角晚逢嘉会终勒美于雕戈戈结媛通德之门纳善幽幽闲之操礼容外外备备规范内凝琴瑟克克谐松松萝叶叶之操礼容外备规范内凝琴瑟克谐契道长长运短一谢不追人之云亡朋僚珍粤以其年岁岁次戊戌十一月乙巳朔四四日戊申葬于醴泉县神迹乡爰爰发明诏陪卫卫	隆隆得丧无屑襟抱自遄遄方早早飞誉于麟角晚逢嘉会会终勒美于雕戈戈结媛媛通德之门纳善幽闲之操礼容外外备备规范内凝琴瑟谐松萝叶契道长运短一谢不追人之云亡朋僚珍珍珍悴粤以以其年岁次戊戌十一月乙巳朔四日戊申葬于醴泉县神迹乡爱发明诏陪卫通德之门纳善幽闲之操礼容外备规范内凝琴	朝寄尤隆……得丧□□，无屑襟抱。始自遄方，早飞誉于麟角；晚逢嘉会，终勒美于雕戈。结媛通德之门，纳善幽闲之操。礼容外备，规范内凝，琴瑟克谐，松萝叶契。道长运短，一谢不追。人之云亡，朋僚珍悴。粤以其年岁次戊戌十一月乙巳朔四日戊申，葬于醴泉县神迹乡。爰发明诏，陪卫〔昭陵〕。
四	光禄禄大夫仍锡器玩凡所庬获即以畀之及夫元戎戎河拯溺畿甸乘乘乘辕移指克宁宁京室常常在颜行每当驰道道畴庸有典俾从大赉策勋三最赐帛万匹匹又增杂彩加以金钱于时九服未清四郊多垒垒戈月日用烽燧燧不息公每	光禄大夫仍锡器玩凡所庬获即以畀之及夫元戎济河拯溺畿甸乘辕移指克宁京室常在颜行每当驰道畴庸有典俾从大赉策勋三最赐帛万匹又增杂彩加以金钱于时九服未清四郊多垒戈日用烽燧燧不息公每	光禄大夫，仍锡器玩，凡所庬获，即以畀之。及夫元戎济河，拯溺畿甸，乘辕移指，克宁京室。常在颜行，每当驰道，畴庸有典，俾从大赉，策勋三最，赐帛万匹，又增杂彩，加以金钱。于时九服未清，四郊多垒，□戈日用，烽燧不息。

134

上文已经讨论过复原后碑文文本本身的内涵，现依据上表四个部分再对习字者重复抄写的行为进行一番分析。

首先，第一部分为描写碑主世系的语句，也是习字者抄写的开头部分。根据两个重复部分的对比以及复原来看，习字者是从史大奈祖父生平的某个部分开始抄写，而非碑文起始，这说明了抄写的随意性——习字者随意从范文抄本的某一竖行开始抄写，这是习字材料一个较普遍特征。首次抄写部分较为顺畅，基本没有错漏，只有个别字进行了重写；重复部分则比原先部分开头多写了二十多字，抄写至史大奈曾祖父生平的最后部分。这说明习字者在重复抄写过程中并不完全遵循碑文原本的顺序，而是十分随意地根据自己的兴趣挑选抄写的段落，而且重复部分的抄写明显没有原先抄写得顺畅，有一些重复和错漏的字词出现。

值得注意的是，该部分中，很多复杂字词习字者并没错抄，如"徽猷"，而有些简单的字词却频繁重抄，如"弥"和"卓"。其原因大概是习字者对于复杂字的抄写较为认真，对简单字的抄写较为随意。不过，也有可能是简单的字词比较常用，习字者需要重复抄写练习。另外，"大志"二字的重复特别奇怪。按理来说，这两字结构并不复杂，习字者第一次抄写就很顺畅，但是重复部分里"大志"却抄写了两三次，似乎习字者对"大志"二字特别在意，好像要表达自己同样胸怀大志。当然，这只是一种心理推测，不过这种重复多少也能反映出习字者笔端所重的态度倾向。

同时，纵观该部分复原碑文内容，主要是赞颂碑主及其祖先的品德，为四六骈文体，用词典雅，极富文采，可见南朝文学的风尚。而且碑文用典较多，涵盖了儒家忠孝等理念，可知撰写此篇碑文的人应是富有学识的文林高手，所以习字者在抄写了一段文字之后，又回溯到更前的地方重复抄写。碑文本身的用词应该是促使习字者进行重复抄写的重要原因之一，通过这些反复的抄写训练，习字者既能够学习新字，也能够学习前人文雅的词句。

第二部分抄写内容比较短，其中有一处字词的重复抄写颇值得留意，那就是"炀帝"。与"大志"的重复类似，"炀帝"在第一次抄写时很顺畅并没有错误，但是后面还是进行了重复抄写，显然习字者对于"炀帝"二字十分感兴趣。炀帝为前朝隋的亡国之君，习字者作为唐朝的臣民对其应当具备一定认知。因此，当碑文中出现这个特定历史人物的名号时，习字者就会不自觉地将其重抄，似乎是想将这个名号牢牢记住。结合本篇习字中人名的抄写情况来看，碑主的名字完全没有被抄写，碑主父祖的名字也没有出现类似的重复，代指李渊的"圣人"也没有被习字者重复，这都从另一个侧面反映出习字者对于前朝亡国之君炀帝的关注，也体现了习字者的兴趣所在。

第三部分是对碑主品德的赞颂以及对其最后入葬时间、地点的描写。同第一部分一样，该部分依然为文采灼然的四六骈文，辞藻华丽，韵味十足，再次体现了南朝文风的特点。习字者对于这些华丽词句似乎情有独钟，即使该部分很明显用字用词较为复杂，习字者在第一次抄写时重复错漏很多，但仍坚持进行第二次抄写。尤其是"通德之门纳善幽闲之操礼容外备规范内凝琴"这十九个字，在抄写两次之后，习字者还要再抄一次，这样的重复说明了习字者对这几句骈文的喜爱。不过，也可知习字者虽具有一定文字功底，但是仍需对一些复杂词句进行重复以加强记忆。

习字的抄写基本遵循原碑文的顺序，只有第四部分例外，出现断章抄写的情况。该部分是紧接着第三部分抄写的，但是复原后该部分应放在第二和第三部分中间。这个特例再次说明了习字者抄写行为的随意性，也恰恰反映出习字者抄写内容的选择性，习字者基本会依据个人兴趣来挑选所要抄写的词句。与第一、三部分不同，该部分主要为碑主史大奈被封光禄大夫然后收复长安并获丰厚赏赐的经历，不再是堆砌的华丽辞藻。不过，该部分对于战争场景的描写十分精彩，虽为史实但不失文采，颇有文史并重的辞风。

与以重复抄写单字为主的书法练习和童蒙识字相比，"史大奈碑"习字既有单字重复也有整句重复，这一方面是习字者随意性抄写行为的反映，另一方面也展现了习字者兴趣所在。透过这种重复性的存在，我们可以获知习字者择取教材内容的实际情况，进而了解习字者的文字水平、兴趣关注点以及社会的文学风尚。

最后，该习字的非重复性也应得到重视。在第二和第三部分之间，除第四部分是后来抄写的之外，其他碑主生平经历的内容都未再重抄，两部分之间也很明显漏抄了很多相关经历的内容。与辞藻华丽的一、三部分相比较，这些经历或许相对平实，难以引起习字者重复抄写的兴趣，故只抄写一遍且省略掉了许多内容。第四部分的出现也可以揭示习字者对于习字内容的挑选。习字者在选择抄写内容时或许会遵循多重标准，但文学辞藻始终占据首要位置，也是最能吸引习字者的：平实的经历固然有趣，但若文辞表达欠佳，抄写一遍也就足矣。

三、政治景观的知识传播

从丰碑到习字，"史大奈碑"碑文被精心撰写并镌刻成石，历经各种形式最终传至敦煌，成为当地学郎重复抄写的习字。在此传抄过程中，国家政治景观经由多种文本形态，从观看到摹写，逐渐转化为敦煌的地方知识。

文字被镌刻于碑石之上，其目的在于借助丰碑的"纪念碑性"以构建不朽的物质景观。以神道碑为代表的官方立碑，凭借其高大壮观的形制及政治属性，自然而然地成为其中政治景观的重要代表[①]，它们"总要承担保存记忆、构造历史的功能，总力图使某位人物、某个事件或某种制度不朽，总要巩固某种社会关系或某个共同体的纽带，总要成为界定某个政治活动或礼制行为的中心，总要实现生者与死者的交通，或是现在和未来的联系"[②]。国家正是通过打造官立丰碑这一具有"纪念碑性"的不朽政治景观，发挥其强大的展示效果，使得国家意识形态得到有效宣传。

神道碑作为官立丰碑的政治景观，其宣传功能的实现既得益于碑石的难以磨灭，还依赖镌刻其上的碑铭内容。正如"史大奈碑"所示，官立丰碑的碑文由官方负责书写与铭刻，官方在书写过程中往往会对史实或人物形象进行"修饰"，从而掺杂入撰写者所处时代的官方意识形态与国家社会伦理，尤以儒家政治伦理中仁义忠孝观念为最。因此，碑铭内容的书写不可避免地具有政治伦理的属性。国家在塑造碑主精忠爱国不朽形象的同时，也宣扬了国家的意识形态和社会伦理道德，以此巩固自身意识形态在社会中的地位，并规范社会文明的尺度。碑文的撰写与碑石的树立，使得史大奈神道碑在文字与碑石的相互作用下，被塑造成包含有官方意识形态展示功能的政治景观。

尽管官立丰碑因其形制和碑铭成为重要的政治景观，然而"碑石的物质属性不利于其传播，但传拓和抄写扩大了其影响力"[③]。丰碑唯有在固定场所树立才能发挥其功能，其物质影响力的辐射范围也因此受限。如史大奈神道碑仅能被曾前往昭陵茔域内史大奈墓前的观众目睹。在失去高大碑石载体之后，碑铭无法再直观地给予观者以丰碑的视觉冲击，但相应地，它们能够通过文集抄本或碑帖等形式进行传播，发生物质与功能的转换。这也是碑石无法比拟的优势所在。

[①] 神道碑、纪功碑和德政碑等都为官方立碑。参巫鸿著，李清泉、郑岩等译《中国古代艺术与建筑中的"纪念碑性"》，上海：上海人民出版社，2009年，第1—17页；仇鹿鸣《从〈罗让碑〉看唐末魏博的政治与社会》，《历史研究》2012年第2期，第27—44页；仇鹿鸣《权利与观众——德政碑所见唐代的中央与地方》，《唐研究》第19卷，第79—111页，后收入氏著《长安与河北之间：中晚唐的政治与文化》，北京：北京师范大学出版社，2018年，第124—173页。
[②] 巫鸿著，李清泉、郑岩等译《中国古代艺术与建筑中的"纪念碑性"》，第5页。
[③] 荣新江《石碑的力量——从敦煌写本看碑志的抄写与流传》，《唐研究》第23卷，北京：北京大学出版社，2017年，第323页。

迄今为止，敦煌文献中已发现众多碑刻类抄本与拓本，如同样来自长安，被作为碑文撰写之样本保存下来，很可能抄写自李义府文集的《常何墓碑》（P.2640）；源自敦煌以外地区的书法拓本欧阳询《化度寺碑》（P.4510+S.5791）、唐太宗《温泉铭》（P.4508）、柳公权《金刚经》（P.4503）；作为范本与教材而被加以注释的，敦煌本地树立的纪功碑《敕河西节度兵部尚书张公德政之碑》（P.2762）；此外，还有薛廷珪《朔方节度使韩逊生祠堂碑》（P.5043）以及造窟功德碑《阴处士碑》《吴僧统碑》《翟家碑》（P.4640）等①。由此可见，碑刻的抄本、拓本曾在敦煌等地被广泛传抄与应用。这些碑刻抄本、拓本的临摹传抄过程，亦是丰碑石刻向习字文本转化的形态变迁。

"史大奈碑"习字则揭示了碑铭从碑刻至抄本或拓本，再到习字的知识传播过程。碑文的传抄临摹活动，有效推动了国家精英阶层的知识向地方民众的传播与迁移，从而强化了丰碑的影响力及其政治内涵的辐射效应。在这一知识传播过程中，官方意识形态亦得以不着痕迹地实现其宣传目的。在从丰碑向习字的形态转换过程中，官立丰碑的纪念碑性并未因此淡化消弭，反而实现了从固定建筑向轻便文本的物质形态转换与拓展，完成了感官体验向知识传播的升华，以及政治景观向地方知识的形态转变。通过知识的传播，神道碑实现了不朽的纪念碑性，其影响力和辐射范围亦远超一座实体丰碑。文本与知识的力量，远比想象的更为厚重且深远。

"史大奈碑"习字正是这种形态转换与知识传播的产物与体现，反映了敦煌与中原地区在文化上的同步性。史大奈神道碑原本矗立于中原昭陵墓地，而今已难觅其踪。尽管如此，其碑文却在敦煌地区被用作习字教材，并通过习字形式得以保存至今，这表明中原与敦煌长期保持知识的流动。不过，作为教材的碑文虽然在传抄过程中实现了一定的教化功能，但通过前述关于习字重复性的分析，可以发现习字者更多地直接吸收了碑文本身的文学辞藻，而非碑文本身所蕴含的政治伦理意义，文化的同步性依然存在变异。

此外，碑文习字与古诗习字的知识传播亦存在内在的联系与共性。如吐鲁番地区出土的习字诗文残片早已揭示当地存在初唐以贞观文坛为代表的继承隋代"南朝

---

① 参荣新江《敦煌写本〈敕河西节度兵部尚书张公德政之碑〉校考》，初刊《周一良先生八十生日纪念论文集》，北京：中国社会科学出版社，1993年，第206—216页，此据氏著《归义军史研究：唐宋时代敦煌历史索》，上海：上海古籍出版社，1996年，第399—410页；吴其昱《薛廷珪朔方节度使韩逊生祠堂碑敦煌残卷考》，《庆祝潘石禅先生九秩华诞敦煌学特刊》，台北：文津出版社，1996年，第63—73页；荣新江《石碑的力量——从敦煌写本看碑志的抄写与流传》，第314—321页。

化"倾向的文学潮流①。因此，在前述对唐初"史大奈碑"复原文本的分析中，我们可以看到习字者更偏好抄写"史大奈碑"碑文中文学化的辞藻。这种"南朝化"文风流行与喜好的出现并不令人意外。实际上，敦煌文献中的《张淮深碑》与《韩逊碑》也皆属骈文，前者由河西都僧统悟真撰写，后者则出自后梁礼部侍郎薛廷珪之手。悟真与薛廷珪皆为文章大家，他们的作品不仅反映了唐晚期敦煌地区教育中碑文文体的取向与偏好，还引领了这一趋势。这进一步揭示了从丰碑到碑文在形态转换与知识传播过程中的功能转变与变异，同时也反映出唐代敦煌地区乃至整个唐朝社会文化倾向与历史风貌。

小 结

敦煌吐鲁番虽地处边陲，且多民族交融，但其文化传统与中原一脉相承。自汉武帝开发西域以来，敦煌吐鲁番地区便长期且积极地致力于中原文化的吸收与融合，诸如《兰亭集序》《尚想黄绮帖》《急就篇》《千字文》等习字的发现，均为有力佐证。文化知识的传播本身具备教化功能，而教材的选择在教育过程中扮演着至关重要的角色。吐鲁番出土的古诗习字残片表明该地区对诗歌的爱好，与此类似，"史大奈碑"习字的发现则提示了敦煌地区可能曾有过将中原地区的碑文用于学郎教育的风尚。作为知识传播者的寺学，将碑文作为习字的教材传授给学郎，这一行为既承载了教育者的良苦用心，也体现了敦煌地区对于官方意识形态的认同，以及规范社会伦理、道德观念的努力。然而，碑文并非教育中必习的教材，儒家伦理和民族教育的影响更多是潜移默化。故而，习字者的抄写行为会显得相对随意，他们能否深刻体会到碑文中所蕴含的政治伦理与文化内涵，仍需存疑。

从丰碑到习字，敦煌习字"史大奈碑"一方面展现了国家官方意识形态的政治理念从中央向地方社会的扩散过程，另一方面则反映了政治景观物质形态与感官体验之间的转换。知识作为一种信息，在其形态转换与传播过程中难免会出现"失真"，这意味着知识的生产者、传播者与接受者在知识的认知、掌握及兴趣方面都可能产生"误差"。如史大奈神道碑作为官方意识形态传播的政治景观，寺学教育者可能将其当作教材使用，但习字者在知识接受过程中所表现出的却是对华丽辞藻的偏好，而非人物史实事迹的掌握。在知识传播的过程中，生产者基于官方意识形态来塑造

---

① 朱玉麒《中古时期吐鲁番地区汉文文学的传播与接受——以吐鲁番出土文书为中心》，第193页。

碑主形象；传播者则认同并采纳该意识形态，并将碑文作为教材；然而，知识接受者可能无法直观地理解官方意识形态的深层内涵。在知识的产生、传播与接受过程中，三者之间并非始终保持一致。现实与理想之间存在一定的差距。

第三节 中古孝子形象的知识传播：正史史传与敦煌写本

与"忠"并举的"孝"，作为中国中古时期的核心政治伦理观念，及至有唐一代，特别是唐玄宗为《孝经》亲自作注之后，更是确立了其在政治思想领域内的独特地位。台湾学者郑雅如曾从制度与情感之间相互作用的角度，细致描绘了唐代士人对于孝道的具体实践[1]。与"史大奈碑"的知识传播不同，作为一种观念，"孝"如何在中古史传所书写的孝子形象与孝行故事中得以体现？唐初对于当朝孝子形象的塑造又有何共识？敦煌地区的孝子形象书写与传播状况又是如何？这些问题均值得进一步讨论。

一、中古正史"孝子传"的书写

汉代以降，"孝"受到统治者的高度重视，逐步确立为中华民族最根本的道德伦理基础，并在民间广泛传播。尤其在东汉时期，诸位皇帝的谥号皆冠以"孝"字，官府甚至设立了专门的举孝廉任官制度。在传世正史中，孝子作为一类特殊人群被载入史册，历代孝子传成为不同断代史编修者对于孝子形象书写的体现。

目前所见，华峤《汉后书》可能是首部将多位孝子列入单独类别的纪传体史书，其序曰：

> 孔子曰："夫孝莫大于严父，严父莫大于配天，则周公其人也。"子路曰："伤哉贫也！生无以养，死无以葬。"子曰："啜菽饮水，孝也。"夫钟鼓非乐云之本，而器不可去；三牲非致孝之主，而养不可废。存器而忘本，乐之遁也；调器以和声，乐之成也。崇养以伤行，孝之累也；修己以致禄，养之大也。故言能大养，则

---

[1] 郑雅如《亲恩难报：唐代士人的孝道实践及其体制化》，台北：台湾大学出版社，2014年；另关于唐代孝道的研究，可参笔者为此书所写书评，《唐研究》第20卷，北京：北京大学出版社，2014年，第531—539页，收入本书附录。

周公之祀，致四海之祭。言以义养，则仲由之菽，甘于东邻之牲。夫患水菽之薄，干禄以求养者，是以耻禄亲也。存诚以尽行，孝积而禄厚者，此能以义养也。

　　孔子称"孝哉闵子骞，人不间于其父母兄弟之言"，言其孝皆合于道，莫可复间也。先代石氏父子称孝，子庆相齐，人慕其孝而治，此殆所谓孝乎？惟孝，友于兄弟，施于有政，是亦为政也。①

黄奭在辑佚华书时，依据《史通》的相关论述，指出"据此则诸孝子合为一传，始自华峤书也。范晔因而不改，自沈约以下，遂相沿成习"。周天游也承袭黄氏观点，故将其标目为《孝子传》②。不过，华峤《汉后书》已基本散佚，只能从其他传世文献中一窥其部分体例。该书虽然将多位孝子归入一个列传，但能否径直将该传标目为《孝子传》，仍当存疑。因为，华书所收孝子也全部归入范晔《后汉书》卷三九《刘赵淳于江刘周赵传》，既然范晔因华书而不改，那么为何范书却没有将其标目为《孝子传》呢？况且，上引序文虽然大谈孝的内涵，但全文都没有直接称其列传为《孝子传》。由此，我们不能草率地认为华峤《汉后书》中已经出现"孝子传"。

在存世的二十四正史当中，除《北齐书》以外，中古时期编修的纪传体史书里，《孝子传》都已占据固定席位，只是标目不尽相同。其具体卷目和编修时代大致如下（表3-2）：

表3-2　中古正史"孝子传"卷目表

史书及卷数	编修时代	编修者	卷目
《魏书》卷八六	北齐	魏收	《孝感传》
《晋书》卷八八	唐	房玄龄等	《孝友传》
《周书》卷四六	唐	令狐德棻等	《孝义传》
《隋书》卷七二	唐	魏徵等	《孝义传》
《北史》卷八四	唐	李延寿	《孝行传》

---

① 华峤撰《汉后书》卷二《孝子传》，周天游辑注《八家后汉书辑注》，上海：上海古籍出版社，1986年，第548—549页。

② 《八家后汉书辑注》，第551页。

续　表

史书及卷数	编修时代	编修者	卷目
《宋书》卷九一	梁	沈约	《孝义传》
《南齐书》卷五五	梁	萧子显	《孝义传》
《梁书》卷四七	唐	姚思廉	《孝行传》
《陈书》卷三二	唐	姚思廉	《孝行传》
《南史》卷七三、七四	唐	李延寿	《孝义传》上、下
《旧唐书》卷一八八	后晋	刘昫等	《孝友传》
《新唐书》卷一九五	宋	欧阳修等	《孝友传》

由上表可见，中古编修的各种纪传体史书中，"孝子传"的标目都存在一些差异。具体而言，中古正史所标卷目主要有《孝感传》《孝友传》《孝义传》和《孝行传》四种，分别从四个方面将不同朝代的孝子贴上了历史的标签。其中，《孝感传》与《孝行传》主要展现了纯粹的孝道行为，《孝友传》和《孝义传》则是将孝与友或义并举。标目的不同显现出编修者对于孝子形象书写标准的不同。尤其值得注意的是，在唐初编修的七部史书中，出现了《孝友传》《孝义传》和《孝行传》三种标目，进一步证实了即便在同一时代，史家对孝子形象塑造的观点也不尽相同。

此外，在这些卷目当中，若除去两《唐书》，《孝感传》和《孝友传》各仅出现一次，《孝行传》三次，《孝义传》五次。这些差异揭示出不同时代的不同史书编修者对于孝子入传的标准与孝子形象的认识存在差异。但总体而言，史家对于孝子形象的书写，更倾向于将孝与义并举。接下来，我们将对具体的"孝子传"进行详细讨论。

首先，北齐魏收《魏书》中诸位孝子都被归入《孝感传》，其小序载：

> 《经》云"孝，德之本"，"孝悌之至，通于神明"。此盖生人之大者。淳风既远，世情虽薄，孔门有以责衣锦，诗人所以思素冠。且生尽色养之天，终极哀思之地，若乃诚达泉鱼，感通鸟兽，事匪常伦，斯盖希矣。至如温床扇席，灌树负土，时或加人，咸为度俗，今书赵琰等以《孝感》为目焉。[①]

[①] 《魏书》卷八六《孝感传》，第1881页。《魏书·孝感传》其实已经散佚，今所收者乃据他书所补，具体可参本卷卷后校勘记一，第1887—1888页。

《魏书·孝感传》虽以孝感为名,其中也有数名孝子的记载中出现地陷、风雹骤停等天人感应的故事,但绝大多数孝子的行为和故事并不荒诞离奇,基本以守孝行为和思亲过哀为主。事实上,这些孝子之所以能被收入史传,都是由于他们在当时因其孝行而被"诏表门闾",即得到官方的承认与嘉奖。史家在记录这些官方认可的孝子及其事迹时,遵循了相同的书写模式,这是他们在撰写正史"孝子传"时的默契共识。

《魏书》之外的正史孝子列传都不再以《孝感传》标目。南朝编修的《宋书》和《南齐书》孝子列传的标目为《孝义传》,唐时编修的《周书》和《隋书》因之不改。据《周书·孝义传》小序:

> 夫塞天地而横四海者,其唯孝乎;奉大功而立显名者,其唯义乎。何则?孝始事亲,惟后资于致治;义在合宜,惟人赖以成德。上智禀自然之性,中庸有企及之美。其大也,则隆家光国,盛烈与河海争流;授命灭亲,峻节与竹柏俱茂。其小也,则温枕扇席,无替于晨昏;损己利物,有助于名教。是以尧舜汤武居帝王之位,垂至德以敦其风;孔墨荀孟禀圣贤之资,弘正道以励其俗。观其所由,在此而已矣。
>
> 然而淳源既往,浇风愈扇。礼义不树,廉让莫修。若乃绾银黄,列钟鼎,立于朝廷之间,非一族也,其出忠入孝,轻生蹈节者,则盖寡焉。积龟贝,实仓廪,居于闾巷之内,非一家也,其悦礼敦诗,守死善道者,则又鲜焉。斯固仁人君子所以兴叹,哲后贤宰所宜属心。如令明教化以救其弊,优爵赏以劝其善,布恩诚以诱其进,积岁月以求其终,则今之所谓少者可以为多矣,古之所谓为难者可以为易矣。故博采异闻,网罗遗逸,录其可以垂范方来者,为孝义篇云。[①]

只有符合"孝始事亲"与"义在合宜"标准的孝子,他们的形象及事迹才能敦化风俗、弘扬正道,并垂范世人。

不过,在唐初编修的《梁书》和《陈书》中,"孝子传"却都被标目为《孝行传》。这两部史书系姚思廉秉承其父姚察的遗志所编修。虽然姚察出身南朝,但姚思廉并未因循南朝史家的卷目,而是将孝行单独提出,以《孝行传》标目。此种做法或许体现了姚思廉更注重孝道行为的纯粹,并希望以此统括所有与孝道相关的行为。

---

① 《周书》卷四六《孝义传》,北京:中华书局,1971年,第825—826页。

标目的不同也不完全是编修者认识的不同，可能也有编排的因素存在。唐代的李延寿同时编修有《南史》和《北史》，分别汇编了南朝与北朝的正史记载。然而，有趣的是，关于《孝子传》的卷目，在《南史》中标目《孝义传》，但《北史》则标目《孝行传》。《南史》之所以标目《孝义传》，大概是直接因循了《宋书》和《南齐书》的体例；《北史》之所以标目《孝行传》，可能是为了整合北朝各正史编修卷目的不同。按《北史·孝行传》小序中李延寿所言：

> 案《魏书》列赵琰、长孙虑、乞伏保、孙益德、董洛生、杨引、阎元明、吴悉达、王续生、李显达、仓跋、张昇、王崇、郭文恭为《孝感传》，《周书》列李棠、柳桧、杜叔毗、荆可、秦族、皇甫遐、张元为《孝义传》，《隋书》列陆彦师、田德懋、薛濬、王颁、田翼、杨庆、郭世俊、纽因、刘仕俊、郎方贵、翟普林、李德饶、华秋、徐孝肃为《孝义传》。今赵琰、李棠、柳桧、杜叔毗、陆彦师、李德饶入别传及其家传，其余并从此编缉，以备《孝行传》云。[①]

《北史》汇编了北朝纪传体正史，然而孝子所入列传卷目在各北朝正史中各不相同。于是，李延寿将部分孝子列入其他别传，将剩余孝子事迹统一纳入《孝行传》，以消弭不同北朝正史记载之间的差异。

总之，在中古时期编修的诸种纪传体史书当中，对于孝子入传的认识和书写，既存在差异，又存在共性。正史史家对于各朝代孝子的标签，既有以"孝感"强调"天人感应"的天道色彩；也有"孝友"和"孝义"，将孝子们的"孝"同"友悌"或"仁义"相关联；最后还有"孝行"，即专注孝的纯粹，用以总括所有的孝道行为；尤其是在唐初编修的几部纪传体史书中，"孝友""孝义"和"孝行"均有体现。尽管中古时期尚有许多其他纪传体史书流传，但现今多数已散佚不见。而上述所论的这些纪传体史书既然能够流传至今，也足见其传播范围之广、影响力度之大，书中所述仍可代表中古时期史家对各朝代孝子形象的一般认知。

[①] 《北史》卷八四《孝行传》，北京：中华书局，1974年，第2826—2827页。

二、初唐碑传"孝子传"的书写

目前存世的中古正史多为唐初编修，其中既有沿袭前代史书之卷目，亦有因时而立之新增卷目。这些卷目皆在一定程度上反映出，唐初汇聚长安之顶尖文人史家们对于孝子形象的认识及书写入史传的标准。那么，唐初文人对当朝孝子形象的认识及书写又是如何呢？

纪传体史书的编修过程，与前论"史大奈碑"等官方立碑类似，除依据官方收藏的档案外，官员的行状扮演着十分重要的角色。唐雯在讨论唐代官员死后形象的塑造时，曾指出唐代的行状"是官员碑铭及史传撰作过程中最重要的材料来源"[1]。官员的行状最终将被书写成其永世流传的碑铭和史传。尽管碑铭与史传的撰写者往往不同，内容也或详或略，但二者仍存在共同的书写主题。这些共通的内容，有望反映出那个时代背景下不同书写者的共识观念。

笔者在史传和碑志中分别找到一位孝子，他们的活动时期都是7世纪末8世纪初，且出身雍州地区，其孝行与孝子形象的书写应当可以代表当时关中地区文人的共识。

碑铭中发现的孝子为武后时期的辅恒，其《大唐故宣德郎宁州录事参军上骑都尉辅〔恒〕府君墓志铭并序》云：

> 君讳恒，字常有，晋上卿之景胤，其先南阳人也。近古从宦京兆，子孙因家于秦，故今为雍州三原县人焉。曾祖和，隋任甘州司马，有庞统之政。祖尚，隋任益州参军，负孙楚之才。父逊，博综丘坟，养高不仕。君幼而聪敏，瑰行奇拔。仁孝本于天真，贞干充于日用。八岁丁父忧，泣血号恸，七日不食。栾棘之容，哀感禽鸟。躬耕竭力，逾廿年。甘旨之资，有丰朝夕。既而风树不静，载隔慈颜。崩擗陨绝，殆于灭性。结庐墓所，负块成坟。树柏守茔，载弥于十。每有素鸠白兔，驯绕松茔；灵芝瑞木，荣媚蒿里。盖亦蔡邕、王祥之流矣。是岁也，大帝乘云，山陵有事。君永怀抱国，移孝为忠。爰去坟所，赴陵义役。号夫捧土，无舍昼夜。大使韦待价美其忠孝，嘉其诚邀，乃令监董众匠，安置玄官。君思入神奇，勤归体要。人不劳极，功致尤倍。山陵毕事，君有力焉。旌表门闾，式昭阙美。垂拱二年，制词："乾陵义役人雍州三原县孝子辅常有，志行夙闻，忠诚克效。宜加朝命，俾参储列。可将仕郎，直左春坊。禄俸、庶仆、赐会，特宜依职事例给，

---

[1] 唐雯《盖棺论未定：唐代官员身后的形象制作》，第85页。

> 授太子校书。"非夫淳至动天，孰能与于此。秩满，授宁州录事参军。明以革弊，奸吏惧而易沮；智以提纲，规范平而难越。秩满，遂归于别业。发挥树艺，精感幽微。灵果仙瓜，繁缛林圃。长安三年，进同心瓜，蒙敕赐物三段。神龙三年，进冬笋，敕赐物五段，仍令选日优与处分。①

墓志中所载垂拱二年（686）制词明确记载辅恒是雍州三原县的孝子，其孝行主要是丁父忧且在墓所结庐守孝多年。此后他移孝为忠，在参与高宗乾陵的修建过程中，因孝行而被大使韦待价看重，专门监董其他工匠安置玄宫，之后更是被嘉奖授予太子校书，成为太子的属官。

史传中见到的孝子为武后时期的元让，《旧唐书·孝友传》中记载：

> 元让，雍州武功人也。弱冠明经擢第。以母疾，遂不求仕，躬亲药膳，承侍致养，不出闾里者数十余年。及母终，庐于墓侧，蓬发不栉沐，菜食饮水而已。咸亨中，孝敬监国，下令表其门闾。永淳元年，巡察使奏让孝悌殊异，擢拜太子右内率府长史。后以岁满还乡里。乡人有所争讼，不诣州县，皆就让决焉。圣历中，中宗居春宫，召拜太子司议郎。及谒见，则天谓曰："卿既能孝于家，必能忠于国。今授此职，须知朕意。宜以孝道辅弼我儿。"寻卒。②

元让的孝行主要体现在两方面：一是因母亲病情而放弃仕途追求，全心侍奉至母亲离世；二是母亲离世后，于墓畔守孝多年。正因为元让这两方面的殊异孝行，他先后成为两位太子的属官。尤其是武后召见元让时，对其孝行及将孝道转为忠诚的行为予以肯定，这进一步表明元让的孝行及孝子形象在当时的长安颇具代表性。

辅恒与元让两位唐代的孝子，之所以被分别书写入墓志和史传，或可依据《旧唐书·孝友传》中小序所云：

> 前代史官，所传《孝友传》，多录当时旌表之士，人或微细，非众所闻，

---

① 录文见《辅恒墓志》，胡戟、荣新江主编《大唐西市博物馆藏墓志》，北京：北京大学出版社，2012年，第351页。相关研究可参赵洋《唐初乾陵营建刍议——兼论武后朝的韦待价》，《唐史论丛》第24辑，西安：三秦出版社，2017年，第168—179页；徐畅《唐前期一位京畿农人的人生史——以大唐西市博物馆藏〈辅恒墓志〉为中心》，《社会科学战线》2018年第12期，第101—111页。
② 《旧唐书》卷一八八《孝友·元让传》，第4923页。

事出闾里，又难详究。今录衣冠盛德，众所知者，以为称首。至于州县荐饰者，必覆其殊尤，可以劝世者，亦载之。①

辅恒是"当时旌表之士，人或微细，非众所闻"的代表，所以没有被收入史传；元让则是"衣冠盛德，众所知者"，或"州县荐饰者""可以劝世者"，故而被史传收入。两者最大的区别在于，一个在后世人微而不知，一个则流芳后世。

除了上述这个最大区别，两人孝子形象的历史书写还能提炼出许多共性，这些共性也可看作当时文人对于当朝孝子形象的共识。

首先，辅恒和元让均在各自的父亲或母亲的墓侧守墓多年，以此孝道著称。这类孝行虽受到"过哀灭性"的批评，但仍然符合儒家的孝道主张。《论语·学而篇第一》明确提道："子曰：'父在，观其志；父没，观其行；三年无改于父之道，可谓孝矣。'"②此言尽管仅针对为"父"行孝道而发，但在后世对为"母"行孝道同样适用。辅恒与元让在父母离世后，长时间不改变其守孝行为。他们的行为均符合儒家所崇尚的孝道精神。

这种对孝道的书写之所以分别出现在墓志和史传当中，很有可能与史料来源有莫大关系。如前所述，墓志和史传的基础史源是行状③，这意味着行状在对二人孝行方面的书写基本一致。作为官员身后形象塑造的重要素材，行状是"官员死后家属对其生平所作的第一次全面描述"④。故此，墓志与史传中孝行书写的一致之处，既反映了官员家属对于逝者形象的认识与书写，也说明当时社会对于当朝孝子形象的确存在共识。

其次，辅恒和元让都曾做过太子的属官。二人因孝行著称，被特别选拔为太子属官，其中元让更是先后服务于两位太子。元让史传中武后的一番话，揭示了这种任命背后的原因。武后表示："今授此职，须知朕意。宜以孝道辅弼我儿。"武后授予元让太子司议郎之职，旨在借助其孝道行为来辅佐和影响当时的太子李显。事实上，在太子李显之前，武后也曾对章怀太子李贤做过类似的安排。《旧唐书》载：

---

① 《旧唐书》卷一八八《孝友·元让传》，第 4917—4918 页。
② 杨伯峻译注《论语译注》，北京：中华书局，2006 年，第 8 页。
③ 俞樟华、盖翠杰《行状职能考辨》，《浙江师范大学学报（社会科学版）》2003 年第 2 期，第 1—4 页；唐雯《盖棺论未定：唐代官员身后的形象制作》，第 85—86 页。
④ 唐雯《盖棺论未定：唐代官员身后的形象制作》，第 86 页。

  时正议大夫明崇俨以符劾之术为则天所任使，密称"英王状类太宗"。又官人潜议云，"贤是后姊韩国夫人所生"，贤亦自疑惧。则天又尝为贤撰《少阳政范》及《孝子传》以赐之，仍数作书以责让贤，贤逾不自安。①

  武后赐予李贤《少阳政范》和《孝子传》，大概是想用这两本书来安抚和提醒李贤，使其多注重自身的行为规范。尤其，赐予《孝子传》的行为与授予元让太子司议郎的安排，缘由应当是一致的，都是希望太子能受到有孝行之人的影响。

  再者，辅恒和元让的形象书写及时人评价中都有"移孝为忠"的描述。辅恒是"永怀抱国，移孝为忠"，然后"爰去坟所，赴陵义役"，积极参与乾陵的修建；元让则被武后寄予厚望，认为他"既能孝于家，必能忠于国"，故授予太子司议郎，希望"以孝道辅弼我儿"。"移孝为忠"在中古时代是一种很重要的政治伦理观念②，人们认为子孙对父祖的"孝"可以升华为臣子对皇帝的"忠"，故而孝子之美德亦可转化为对皇帝的忠心。换言之，当时人们认为孝道的道德伦理可以进一步提升为忠诚的政治伦理。这种"移孝为忠"的观念是当时普遍认同的文化特质，"忠"的质量完全可以通过"孝行"体现。因此，墓志与史传中对两位孝子的书写，反映出当时孝子形象的塑造不仅具有道德伦理层面的意义，还最终指向特定的政治内涵。

  最后，辅恒的墓志中虽然有"孝感"的描写，但更像是一种文学修辞，而非孝感故事的记述，故而两位孝子的书写其实都没有过度渲染孝行的灵异色彩。在同样编撰于武后时期的张鷟《朝野佥载》中，就曾对一些灵异的孝行有过批判。其书载两则孝子故事云：

  东海孝子郭纯丧母，每哭则群鸟大集，使验有实，旌表门闾。后访乃是孝子每哭，即散饼食于地，群鸟争来食之。后如此，鸟闻哭声以为度，莫不竞凑，非有灵也。

  河东孝子王燧家猫犬互乳其子，州县上言，遂蒙旌表。乃是猫犬同时产子，取猫儿置狗窠中，狗子置猫窠内，惯食其乳，遂以为常，殆不可以异论也。自

---

① 《旧唐书》卷八六《高宗中宗诸子·章怀太子贤传》，第 2832 页。
② 参甘怀真《皇权、礼仪与经典诠释：中国古代政治史研究》，上海：华东师范大学出版社，2008 年，第 210—222 页。

连理木、合欢瓜、麦分歧、禾同穗，触类而长，实繁有徒，并是人作，不足怪也。[1]

可见，当时人对于孝行事迹，虽然会旌表一些灵怪的"孝感"，但是也已经明白有些灵怪行为或许只是人为。在唐代孝子个人的墓志和史传中，都或多或少剔除了"孝感"的成分。

通过对辅恒墓志与元让史传的深入分析，根据两人孝道书写中共性的部分，我们可以大致勾勒出当时社会对当朝孝子形象的普遍认识，并可看出，唐初文人对于儒家所提倡的孝道十分推崇，尤其重视"移孝为忠"的政治伦理，同时对孝子的"孝感"之举持有审慎态度。

三、敦煌文献"孝子传"的书写

辅恒墓志和元让史传主要反映的是唐初文人对于孝子形象的认识与书写。但不论是辅恒墓志还是元让史传，其实都很难被远居西陲的敦煌地区知晓，那么敦煌地区又是怎么认识和书写孝子形象的呢？

与孝子相关的故事，主要载于杂传中的《孝子传》。相较于正史中的诸"孝子传"，杂传《孝子传》的成书来源、目的及功能均存在一定差异。但同样作为孝子形象的书写，杂传《孝子传》的流传也是树立孝子标准、塑造与传播孝子形象、劝诫众人向善孝亲的重要途径。如前所述，武后赐予李贤的《孝子传》，应当就是杂传《孝子传》。

就现有史料来看，《孝子传》编撰始于汉代刘向。他将纪传体史书中古代诸孝子的事迹汇编在一起，使之成为一部专门独立的《孝子传》著作。后来，《孝子传》在魏晋六朝时期逐渐成为人物杂传的代表。随着纪传体史书的持续编纂，多部不同版本的《孝子传》相继问世并流传。但唐宋以后，这些《孝子传》渐次散佚[2]。清人茆泮林曾辑佚萧广济《孝子传》三十三条，但据《隋书·经籍志》和两《唐书》记载，萧广济原书达十五卷之多，可知其文十不存一[3]。值得庆幸的是，日本保存了两种同源的《孝子传》古写本，可以帮助我们更深入地认识中古时期《孝子传》的形态与

---

[1] 张鷟撰，赵守俨点校《朝野佥载》卷三，北京：中华书局，1979年，第71—72页。
[2] 关于隋前《孝子传》的研究，可参何晓薇《隋前〈孝子传〉文献初探》，复旦大学硕士学位论文，2004年；王玉楼《汉魏六朝孝子传研究》，暨南大学硕士学位论文，2011年。
[3] 萧广济《孝子传》的流传和辑佚情况，参何晓薇《隋前〈孝子传〉文献初探》，第10—11页。

内容①。经黑田彰等学者研究，这两部《孝子传》古写本大概流行于六朝时期，记载了从舜到慈乌共四十五名孝子的事迹②。

在敦煌文献当中，也有数件写本曾被定名为"孝子传"。王重民等人编撰的《敦煌变文集》中，王庆菽先生曾将 P.2621、P.3536v、P.3680v、S.389v 和 S.5776 一起合校且拟名"孝子传"③。后经王三庆先生的辨析，其中 P.2621 和 S.5776 为于立政《类林》系统的类书，应独立出来；而 P.3536v、P.3680v 和 S.389v 则是一种散韵合体的作品，可继续保留在变文集中④。曲金良先生也认为这五件写本应分为两种，其中 P.2621 和 S.5776 可能是散文体笔记小说，P.3536v、P.3680v 和 S.389v 则与变文及传赞体相关⑤。王三庆、曲金良两位学者的观点都很有启发性，但前者的分类更为准确，毕竟 P.2621 有明确尾题"事森"且附有题记，应属于某种类书而非笔记小说。

正如前所述，敦煌文献中并无明确题为"孝子传"的文本。不过，上述两种系统的写本与杂传《孝子传》之间依然存在极为紧密的关联。第一种《类林》系统的类书中有所谓"孝友篇"，其中许多条目都明确标示出自杂传《孝子传》，如"老莱子""王循"等人的故事。第二种散韵合体系统的作品，讲述的皆是孝子故事，其源流无疑也是《孝子传》。因此，尽管这两种系统的写本并非杂传《孝子传》，但它们应均在诸《孝子传》基础上，根据敦煌本地流行的故事，对杂传《孝子传》进行了增删改编，反映出当地人对孝子形象的认识。

我们可以老莱子为例，将类书所引《孝子传》与《太平御览》所引师觉授《孝子传》、日本藏阳明本《孝子传》进行比较，如下表所示（表 3-3）：

---

① 黑田彰《孝子传の研究》，京都：思文阁出版，2001 年；幼学の会编《孝子传注解》，东京：汲古书院，2003 年；黑田彰《孝子传图の研究》，东京：汲古书院，2007 年；黑田彰著，靳淑敏、隽雪艳译《孝子传图概论》，《中国典籍与文化》2013 年第 2 期，第 117—134 页；黑田彰著，靳淑敏、尼倩倩译，隽雪艳校订《孝子传、列女传的图像与文献》，《中国典籍与文化》2015 年第 1 期，第 103—119 页。
② 黑田彰《孝子传の研究》，第 33—34 页。
③ 王重民等编《敦煌变文集》卷八，北京：人民文学出版社，1957 年，第 901—913 页；潘重规《敦煌变文集新书》，台北：中国文化大学中文研究所，1984 年，此据台北：文津出版社，1994 年，第 1257—1275 页。
④ 王三庆《〈敦煌变文集〉中的〈孝子传〉新探》，《敦煌学》第 14 辑，台北：新文丰出版公司，1989 年，第 189—220 页。
⑤ 曲金良《敦煌写本〈孝子传〉及其相关问题》，《敦煌研究》1998 年第 2 期，第 156—164 页。

表 3-3 老莱子故事比较表

P.2621	《太平御览》卷四一三《人事部五四·孝中》	《孝子传》（阳明本）
老莱子，楚人也。至孝，年七十，不言称老，恐伤其母。衣五彩之服，示为童子，以悦母清（情）。至于母前，为童儿之戏，或服伏，或服与母益养，脚跌化地，作婴儿之啼。楚王闻名，与（以）金帛征之，用为令尹，辞而不就。六国时人。出《孝子传》。①	师觉授《孝子传》曰：老莱者，楚人。行年七十，父母俱存，至孝蒸蒸。常着班兰之衣，为亲取饮。上堂脚跌，恐伤父母之〔心〕，因僵仆为婴儿啼。孔子曰："父母老，常言不称老，为其伤老也。"若老莱子，可谓不失孺子之心矣。②	楚人老莱之（子）者，至孝也。年九十，犹父母在。常做婴儿，自家戏以悦亲心。着班兰之衣而坐下竹马。为父母上堂取浆水，失脚倒地，方作婴儿啼，以悦父母之怀。故《礼》曰："父母在，言不称老，衣不绝，纯素。"此之谓也。赞曰：老莱至老（孝），奉事二亲。晨昏定省，供谨弥勤。戏倒亲前，为婴儿身。高道兼备，天下称仁。③

老莱子的故事早在东汉武梁祠画像石中就已存在，其榜题虽然文辞较为简略，但也描述出了老莱子故事的基本特点："老莱子，楚人也。事亲至孝，衣服斑连，婴儿之态，令亲有欢，君子嘉之，孝莫大焉。"④ 而两种类书所引《孝子传》及阳明本《孝子传》都进一步丰富了老莱子孝行的故事细节。不过，相较而言，在内容上，阳明本《孝子传》同 P.2621 和《太平御览》摘引相差并不大，但阳明本《孝子传》多了"《礼》曰"与"赞曰"，礼学和文学色彩更强，《太平御览》摘引则只有"孔子曰"，P.2621 不但删去了这些儒家说教的东西，还加上了楚王闻名招纳但不就的故事性记述，进一步丰富了老莱子的孝行故事。此外，在文辞上，阳明本《孝子传》和《太平御览》都较为文学化，P.2621 则显得更通俗。如前两书所用"班兰之衣"，在 P.2621 中作"五彩之服"，更加简单明了。之所以会出现这些差别，或如王三庆先生所说：

---

① 录文参王三庆《〈敦煌变文集〉中的〈孝子传〉新探》，第 208 页。
② 《太平御览》卷四一三《人事部五四·孝中》，北京：中华书局，1960 年影印本，第 1907—1908 页。
③ 幼学的会编《孝子传注解》，第 101 页，图版见第 296—297 页。
④ 榜题参巫鸿著，柳扬、岑河译《武梁祠：中国古代画像艺术的思想性》，北京：生活·读书·新知三联书店，2006 年，第 293—294 页。

《类林》系统犹存类书旧式，并逐渐脱离传统类书的范畴，进入通俗化的领域中。这种通俗化的走向，即是不再援用原来典籍的文字，仅存事意；或就原来典籍的文字加以渲染及删节。很多事类是作者读书消化后，凭着记忆，用自己的独铸语言表达出来，让当代社会大众能够接受。结果是逐渐和文言笔记小说合流，形成通俗类书的源头。[①]

王三庆先生的这番论述颇有见地。由此推知，于志宁之子于立政晚年所撰《类林》应属于传统类书之列，且很有可能是在长安编撰而成[②]，然而传至敦煌后，相继出现的仿作已与原作相去甚远。如《事森》P.2621和S.5776就趋于通俗化。这也恰恰反映出写本时代知识传播的特点：人们通过抄写传播书籍，多依赖个人阅读记忆进行重述书写，而这种文本为迎合更广泛受众，内容表达愈发通俗易懂，甚至逐渐与笔记小说合流，成为故事性的描述。这或许也是曲金良先生认为P.2621和S.5776为散文体笔记小说的原因之一。由此可见，敦煌当地孝子故事的书写与传播，既来源于类书，同时也更倾向于通俗化，其重要的传播者应是《事森》这类仿作的作者。

我们还可以舜的孝行故事为例，将散韵合体的S.389v与阳明本《孝子传》进行如下比较（表3-4）：

[①] 王三庆《〈敦煌变文集〉中的〈孝子传〉新探》，第193页。
[②] 关于于立政及《类林》成书年代，可参沙梅真《敦煌本〈类林〉的作者及成书年代》，《敦煌研究》2010年第2期，第98—105页。

表 3-4　舜的故事比较表

《史记·五帝本纪》	S.389v	阳明本《孝子传》
虞舜者，名曰重华。重华父曰瞽叟，瞽叟父曰桥牛，桥牛父曰句望，句望父曰敬康，敬康父曰穷蝉，穷蝉父曰帝颛顼，颛顼父曰昌意：以至舜七世矣。自从穷蝉以至帝舜，皆微为庶人。 舜父瞽叟盲，而舜母死，瞽叟更娶妻而生象，象傲。瞽叟爱后妻子，常欲杀舜，舜避逃；及有小过，则受罪。顺事父及后母与弟，日以笃谨，匪有解。 舜，冀州之人也。舜耕历山，渔雷泽，陶河滨，作什器于寿丘，就时于负夏。舜父瞽叟顽，母嚚，弟象傲，皆欲杀舜。舜顺适不失子道，兄弟孝慈。欲杀，不可得；即求，尝在侧。①	舜子者，冀邑人也。早丧慈母，独养老父，父名瞽潜。父取后妻，妻谮其夫，频欲煞舜。令舜涛（淘）井，与（以）石压之，孝感于天，彻东家井出。舜遂奔，耕历山。后闻米贵，将朱（来）冀都而粜。乃见后母，就舜买米。舜识是母，密与其钱置囊中。如此数度。到家具说上事。瞍拟（疑）是舜，令妻引手，遂往都市。高声唤云："子之语声，以（似）吾舜子。"舜知是父，遂拔人向父，抱头而哭，与（以）舌舐其眼，眼得再明。市人见之，无不惊怪。诗曰： 瞽瞍填井自目盲，舜子从来历山耕。将来冀都逢父母，与（以）舌舐眼再还明。 又诗曰： 孝顺父母感为（于）天，舜子涛（淘）井得银钱。父母抛石压舜子，感得穿井东家连。②	帝舜重花，至孝也。其父瞽瞍，顽愚不别圣贤。用后妇之言，而欲煞舜。便使上屋，于下烧之。乃飞下，供养如故。又使治井没井，又欲杀舜。久乃密知，便作傍穴。父毕以大石填之。舜乃泣东家井出。因投历山，以躬耕种谷。天下大旱，民无收者，唯舜种者大丰。其父填井之后，两目清盲。至市就舜籴米，舜乃以钱还置米中。如是非一。父疑是重花。借人看朽井，子无所见。后又籴米，对在舜前。论贾未毕，父曰："君是何人，而见给鄙。将非我子重花耶？"舜曰："是也。"即来父前，相抱号泣。舜以衣拭父两眼，即开明。所谓为孝之至。尧闻之，妻以二女，授之天子。故《孝经》曰："事父母孝，天地明察，感动乾灵也。"③

　　阳明本《孝子传》中舜的故事，大致是在《史记》的基础上进行演绎，S.389v 则在《孝子传》基础上有所更改。如阳明本《孝子传》是舜父欲杀舜，且是其父填井后才眼盲，之后也是其父去舜处籴米；但到了 S.389v 就变成其父早已眼盲，然后只描述了填井之事（无烧屋之事），而且是后母欲杀舜及填井，也是后母就舜处买米。两者相比较，阳明本《孝子传》突出的是舜对其顽愚父亲的至孝，且强调因果报应（父填井而盲）；S.389v 更突出舜与其父的父慈子孝，孝感动天方令父眼得明，而后母则在父子之间扮演从中作梗的角色。同时，S.389v 的文辞也更为通俗，而且文后还附有两首诗。

---

① 《史记》卷一《五帝本纪》，北京：中华书局，1959 年，第 31—32 页。
② 录文参郝春文主编《英藏敦煌社会历史文献释录》第 2 卷，北京：社会科学文献出版社，2003 年，第 254 页。
③ 《孝子传注解》，第 24—25 页，图版见第 285—286 页。

这些不同，大概也是 S.389v 写本作者根据其记忆对所读《孝子传》中舜故事的重构，这样的重构能更好地帮助普通人理解孝子故事的剧情及寓意。

其实，曲金良先生曾比较过 P.2721v《舜子至孝变文》与 S.389v 中舜的孝子故事，指出两者不仅文尾都有一字不差的两首诗，还在内容、形式上同属一类，并且文本的铺写也是如出一辙[①]。王三庆先生也早就指出，"这种散韵文体的结构，乃为当日俗讲经文流行后的常见体式"，"以至于舜子一则，其叙事部分到了《舜子变》，已敷演成长篇叙事"，"它较《类林》系的通俗类书更接近广义的《变文》"[②]。所以，相比杂传的《孝子传》，S.389v 其实更接近敦煌当地俗文学的变文，文学色彩相对弱化，普适性反而更强，更适合以讲唱的形式广泛传唱，也更易于被大众接受。

根据目前所见敦煌文献，曾被拟名为《孝子传》的 P.2621、P.3536v、P.3680v、S.389v 和 S.5776，实际上更像是杂传《孝子传》在传播过程中不断被通俗化和普及化的产物。这些产物是人们根据阅读记忆和大众需求不断改编而成的，它们最终形成笔记小说或变文，成为敦煌当地人了解及认识孝子形象的重要来源。其演进过程可能如下所示：

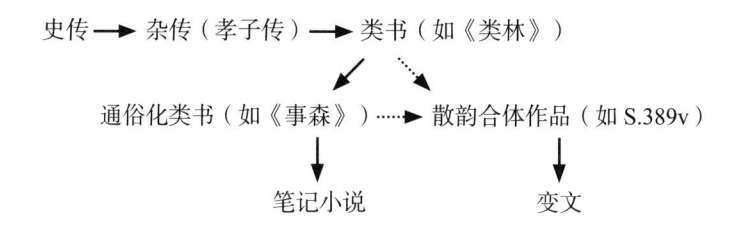

```
史传 ──→ 杂传（孝子传）──→ 类书（如《类林》）
                              │         ╲
                              ↓          ↘
           通俗化类书（如《事森》）┈┈→ 散韵合体作品（如 S.389v）
                              ↓                    ↓
                           笔记小说                变文
```

小 结

本节梳理了中古时期正史"孝子传"的成立、唐初当朝"孝子传"的书写，以及敦煌地方社会对于杂传《孝子传》的接受与改写，尤其关注孝子形象的书写与传播。大体而言，中古正史"孝子传"以记载历代著名孝子事迹为主，但不同时代的史家对于孝子入传的标准不尽相同。唐初当朝孝子形象的书写，更侧重儒家的孝道伦理，同时注重"移孝为忠"的政治伦理。敦煌地区尽管尚未发现明确抄录的杂传《孝子传》，但仍保存了与《孝子传》关系密切的通俗化类书与散韵合体化变文，以便地方社会

---

① 曲金良《敦煌写本〈孝子传〉及其相关问题》，第 159 页。
② 王三庆《〈敦煌变文集〉中的〈孝子传〉新探》，第 193 页。

塑造孝子形象与宣传孝的观念。从正史到敦煌写本，中古时期孝子形象的书写与传播，既体现了不同时期、不同史家认识的一致与分歧，也经历了从长安至地方、由雅至俗的变迁。

附录：英藏敦煌禅籍文献的定名与缀合研究
——以 S.6980 号以后的残片为中心

百余年前，敦煌藏经洞的开启，使得敦煌文献为世人所知所见。敦煌文献的发现，不仅推动了中国古代史诸方面的研究，也催生了敦煌学的诞生与发展。英、法、俄及散藏敦煌文献被陆续公之于众并加以整理，IDP 项目上线更是为敦煌学研究提供了便利。以往受传世文献所限，我们仅对慧能以下南宗禅的传法体系较为明晰。然而，随着敦煌文献中大量禅宗典籍的发现，我们对于南宗禅的理解得到进一步深化的同时，以神会为代表的北宗禅的历史面貌也得以重新揭示。

学界对于敦煌禅宗典籍的研究十分丰富。矢吹庆辉、铃木大拙、田中良昭、胡适和法国学者戴密微等都对敦煌禅籍展开过系统的整理与研究[1]。近年来，美国学者马克瑞和中国学者韩传强对于敦煌文献所见北宗禅的研究尤为引人注目，邓文宽、荣新江、林世田等学者在敦煌禅宗文献的定名与校录方面也取得了重要突破[2]。尽管《英藏敦煌文献》共计 15 册已被整理出版，但该书仅包含佛经以外的文献，且 S.6980

---

[1] 关于早期敦煌禅籍的发现与研究，参荣新江、邓文宽《有关敦博本禅籍的几个问题》，《敦煌学辑刊》1994 年第 2 期，第 5—16 页；林世田《敦煌禅宗文献研究概况》，《北京图书馆馆刊》1995 年 Z1 期，第 81—83 页。

[2] John R. McRae, *The Northern School and the Formation of Early Ch'an Buddhism*, Honolulu: University of Hawaii Press, 1986, 即马克瑞著，韩传强译《北宗禅与早期禅宗的形成》，上海：上海古籍出版社，2015 年；邓文宽、荣新江录校《敦博本禅籍录校》，南京：江苏古籍出版社，1998 年；林世田、刘燕远、申国美编《敦煌禅宗文献集成》，北京：全国图书馆文献缩微复制中心，1998 年；蒋宗福《敦煌禅宗文献研究》，四川大学博士学位论文，2002 年；马格侠《敦煌所出禅宗早期文献研究》，兰州大学博士学位论文，2009 年；韩传强《禅宗北宗研究》，北京：宗教文化出版社，2013 年；韩传强《禅宗北宗敦煌文献录校与研究》，南京：江苏人民出版社，2016 年；杨富学、张田芳、王书庆辑校《敦煌写本禅籍辑校》，北京：文物出版社，2024 年。

号以后的卷子仍未完全整理公布[①]。不过，经过众多学者的不懈努力，该部分敦煌文献的定名与缀合工作也有了丰硕成果[②]。荣新江、田中良昭和程正等学者在 S.6980 号以后的卷子中又找到二三十件禅宗灯史及论疏残卷[③]，为禅宗研究提供了宝贵的资料。近来，笔者依据 IDP 所公布的高清图版，对 S.6980 号以后禅宗典籍及其相关文献的定名与缀合又有所得，故不揣浅见，呈请方家指教。

一、S.9125r《观心论》

《观心论》又名《达摩观心论》《达摩破相论》等，主要通过 15 组问答来讨论

[①] Lionel Giles, *Descriptive Catalogue of the Chinese Manuscripts from Tunhuang in the British Museum*, London: The Trustees of the British Museum, 1957；王重民主编《敦煌遗书总目索引》，北京：中华书局，1983 年重印本；敦煌研究院编《敦煌遗书总目索引新编》，北京：中华书局，2000 年；中国社会科学院历史研究所、英国国家图书馆等编《英藏敦煌文献》（15 册），成都：四川人民出版社，1990—2009 年。

[②] 综合目录订补，参荣新江编著《英国图书馆藏敦煌汉文非佛教文献残卷目录（S.6981—13624）》，台北：新文丰出版公司，1994 年；荣新江《〈英藏敦煌文献〉定名商补》，《文史》2000 年第 3 辑，第 115—129 页；方广锠编著《英国图书馆藏敦煌遗书目录（斯 6981 号—斯 8400 号）》，北京：宗教文化出版社，2000 年；杨宝玉《〈英藏汉文佛经以外敦煌文献总目索引·总目录〉补正》，白化文主编《周绍良先生纪念文集》，北京：北京图书馆出版社，2006 年，第 421—434 页。分类残卷讨论，参大渊忍尔《敦煌道经·目录编》，东京：福武书店，1978 年，此据隽雪艳、赵蓉译《敦煌道经·目录编》，济南：齐鲁书社，2016 年；黄永武《六百号敦煌无名断片的新标目》，《汉学研究》第 1 卷第 1 期，1983 年，第 111—132 页，后收入氏编《敦煌丛刊初集》第 1 册《英伦博物馆汉文敦煌卷子收藏目录》附录，台北：新文丰出版公司，1985 年，此据郑炳林、郑阿财主编《港台敦煌学文库》第 54 册，兰州：甘肃人民出版社，2016 年，第 1—26 页；方广锠《对黄编〈六百号敦煌无名断片的新标目〉之补正》，《中华文史论丛》第 50 辑，1991 年，第 49—71 页；许建平《敦煌遗书四个残卷的定名》，《文献》2001 年第 3 期，第 281—284 页；王卡《敦煌道教文献研究：综述·目录·索引》，北京：中国社会科学出版社，2004 年；部同麟《八种英藏敦煌文献残片的定名与缀合》，《敦煌学》第 31 辑，台北：乐学书局，2015 年，第 39—46 页；石冬梅《〈英藏敦煌文献〉第十二、十三、十四卷残片考实》，《书目季刊》50 卷第 2 期，2016 年，第 45—59 页；罗慕君、张涌泉《英藏未定名敦煌〈金刚经〉残片考》，《敦煌吐鲁番研究》第 16 卷，上海：上海古籍出版社，2016 年，第 315—335 页；王祥伟《敦煌文书 S.6981V(8)+Дх.1419V+S.1600V(1) 缀合研究》，《敦煌研究》2019 年第 2 期，第 102—105 页。

[③] 荣新江《敦煌本禅宗灯史残卷拾遗》，白化文等编《周绍良先生欣开九秩庆寿文集》，北京：中华书局，1997 年，第 231—244 页；田中良昭《敦煌禅宗文献の研究（第二）》，东京：大东出版社，2009 年；程正《英藏敦煌文献から発见された禅籍について：S6980 以降を中心に（1）》，《驹泽大学佛教学部论集》第 48 号，2017 年，第 145—160 页；程正《英藏敦煌文献から発见された禅籍について：S6980 以降を中心に（2）》，《驹泽大学佛教学部研究纪要》第 76 号，2018 年，第 147—164 页；程正《英藏敦煌文献から発见された禅籍について：S6980 以降を中心に（3）》，《驹泽大学佛教学部论集》第 49 号，2018 年，第 73—87 页。

"观心"的方法及目的，一般被认定为早期北宗禅籍。目前《观心论》的敦煌写本已定名和校录 8 件：S.646、S.2595、S.5532、P.2460v、P.2657、P.4646、P.4745v、龙谷 122①，另外还有日本金泽文库（以下简称金泽本）古写本 1 件，以及朝鲜安心寺本、梵鱼寺本《禅门撮要》（以下称朝鲜本）和日本《少室六门》古刊本②。笔者在 S.6980 号以后的英藏敦煌文献中又发现一件该书的残片，编号为 S.9125r，《英藏敦煌文献》未收，见于 IDP。现参照诸写本、抄本和刊本录校如下（仅出异文）：

（前缺）

1　☐对☐
2　净法③故，能超彼☐
3　能持三戒④，则⑤诸善☐
4　名为度脱⑥。故⑦知所☐
5　恬⑧；心净，则一切功德⑨☐
6　若能⑩制得三种☐☐然成☐
7　布施、持戒、精进⑪、禅定、智慧⑫。今言六根清☐
8　度者其义云何？　答曰⑬：欲⑭修六度当☐

---

① 目前已有数种校本，具体情况及全文校录参韩传强《禅宗北宗敦煌文献录校与研究》，第 63—109 页。最近张雨对 P.4745v 又有新的录校与讨论，参张雨《法藏 P.4745V〈观心论〉写本残卷录校及研究》，《法音》2022 年第 6 期，第 27—31 页。杨富学、张田芳、王书庆辑校《敦煌写本禅籍辑校》对该经也有辑校，但未收录 P.4745v 及本文所论 S.9125r（第 242—268 页）。
② 参西口芳男《敦煌写本七种对照〈观心论〉》，《禅学研究》第 74 号，1996 年，第 123—170 页。
③ "净法"，P.2460v、龙谷 122 作"净戒"。
④ "三戒"，P.2460v 作"三净戒"，龙谷 122、金泽本、朝鲜本作"三聚净戒"，《少室六门》无。
⑤ "则"，朝鲜本作"即"，S.2595、《少室六门》无。
⑥ "度脱"，P.4646、S.2595、朝鲜本、《少室六门》作"度"。
⑦ "故"，P.4646、S.5532 无，S.2595 作"既"，金泽本作"则"。
⑧ "恬"，其他诸本均作"垢"。
⑨ "则一切功德"，P.2460v、龙谷 122、金泽本、朝鲜本、《少室六门》作"则众生净"，P.4646、S.2595、S.5532 作"故一切功德"。
⑩ "能"，P.4646、S.5532、金泽本、《少室六门》无。
⑪ "精进"，其他诸本前有"忍辱"。
⑫ "慧"，P.4646、S.2595、S.5532、P.2460v、龙谷 122 作"惠"。
⑬ "答曰"，金泽本、《少室六门》作"答"。
⑭ "欲"，龙谷 122 作"愿"。

9　贼①。离诸色境②，心无顾吝③。名为布施；能禁耳☐

---（纸缝）

10　伏④鼻贼。等诸香臭，自在调柔，名为忍辱；能☐

11　心，名为精进；能降⑤身贼，于诸触欲⑥，湛然不动⑦。☐

12　觉惠⑧，忻乐正法⑨，名为智惠⑩。　　又度者，运☐

13　达于 彼岸，故名⑪六度。☐☐☐ 萨 ☐

（后缺）

　　S.9125r《观心论》写本残存13行，前后及下部残缺，有乌丝栏，推测每行约30字，书写规范。残存内容主要围绕"三毒"和"六度"进行问答，这也是该书的核心教义。根据校记所见，S.9125r《观心论》与其他诸本均存在差异，特别是第12行"忻乐正法"不见于其他诸本。而该词很可能来自玄奘所译《瑜伽师地论》卷四五："四者，于正法中，深生忻乐。"这表明，《观心论》在传抄、刊刻的过程中形成了多个不同版本系统，S.9125r《观心论》则是融合了《瑜伽师地论》相关经义的独特版本。

　　关于《观心论》的作者归属，学界向来聚讼不断。根据《慧琳音义·观心论音义》标题小注云"大通神秀作"⑫，学者一般将《观心论》归为神秀所撰或神秀弟子所记述。还有学者依据金泽本和朝鲜本卷首中出现的"慧可"名字，认为该书或为达摩所述，还有学者认为该书不是北宗禅的典籍⑬。其实，暂且不论《慧琳音义·观心论音义》所注是否正确，毕竟目前尚无直接证据证明《观心论》确实为神秀或其弟子所撰。

---

① "贼"，P.2460v、龙谷122无。
② "离诸色境"，P.2460v、龙谷122作"能离诸色境"。
③ "心无顾吝"，金泽本、《少室六门》无，朝鲜本、P.2460v作"心无固吝"，龙谷122作"心无因恼"。
④ "伏"，P.4646、S.2595、S.5532作"除"。
⑤ "降"，朝鲜本作"伏"，金泽本作"际"，P.2460v、龙谷122作"除"。
⑥ "慾"，除金泽本、《少室六门》作"慾"外，龙谷122作"愿"，P.4646及其他诸本均作"欲"。按文意推测，"慾"可能为"欲心"二字误抄。
⑦ "湛然不动"，P.4646作"心湛然不动"，S.2595作"其心湛然不动"。
⑧ "惠"，朝鲜本、《少室六门》作"慧"。
⑨ "忻乐正法"，其他诸本均作"乐诸功德"。
⑩ "惠"，朝鲜本、《少室六门》作"慧"。
⑪ "名"，仅朝鲜本作"云"。
⑫ 慧琳《一切经音义》卷一〇〇《观心论音义》，《大正藏》第54册，第932页，上栏第1行。
⑬ 相关争论，参韩传强《禅宗北宗研究》，第67—91页。

但该书既然《慧琳音义》收而《玄应音义》不收，则可以说明《观心论》成书时间应在玄应去世之后，即唐高宗龙朔元年（661）以后[1]。故笔者认为该书不可能为达摩所作或慧可所记，所谓"达摩"或"慧可"也只是后人托名而已。

至于是否为北宗禅的典籍，仅从该书旨趣来看，《观心论》"观心"之修行本要，很符合《六祖坛经》所载神秀偈语"时时勤拂拭，莫使有尘埃"，即需要经常"观心"之净染，时时勤加拂拭，"除三毒""净六根"，使"心"达到没有尘染的境界[2]。故此，笔者以为《观心论》与北宗禅有着密切的关系。

《观心论》自成书以来，传抄范围相当广泛。在已有的文献中，我们发现《观心论》在朝鲜和日本都有传抄本和刊刻本。此外，在俄藏黑水城文献中，还发现了西夏文《达摩大师观心论》的蝴蝶装刻本。该西夏文蝴蝶装刻本《达摩大师观心论》保存相当完好，题名前有佚名"观心序"，题名下署"第二宗师慧可大师问"和"第一宗师达摩大师答"，可以确定该刻本是从汉文本《观心论》（与 P.4646 相近）翻译而来。更值得注意的是，卷尾还有西夏党项和尚"令部慧茂"的发愿文题记，由此可以推断该刻本刊行于西夏仁宗乾祐四年（1173）[3]。同时，由于该刻本署名中有"达摩"和"慧可"，或可推测此西夏文本与金泽本、朝鲜本可能源自同一版本的汉文本《观心论》。另外，在疑似元代的敦煌本回鹘文《说心性经》中也有引录《观心论》[4]。由此观之，《观心论》作为禅宗阐发"观心"修行的重要典籍，不仅在中国僧人间广泛流传，在宋元时期还曾被西夏党项僧人、元代回鹘僧人，以及朝鲜、日本等地的僧人传习和刊刻，其影响力可见一斑。

二、S.9171r《圆明论》

《圆明论》是佛教久佚文献，传世佛教经论也少有著述，仅见于敦煌文献之中。目前该书的敦煌写本已定名与校录 6 件：S.6184、P.3664、BD8206、石井光雄旧藏本、

---

[1] 于亭《玄应〈一切经音义〉研究》，北京：中国社会科学出版社，2009 年，第 1—10 页。
[2] 参杨曾文《神秀所著〈观心论〉及其禅法思想》，隋唐佛教学术讨论会编著《隋唐佛教研究论文集》，西安：三秦出版社，1990 年，第 68—83 页。
[3] 参孙伯君《俄藏西夏文〈达摩大师观心论〉考释》，氏著《西夏文献丛考》，上海：上海古籍出版社，2015 年，第 274—314 页。
[4] 参杨富学、张田芳《敦煌本回鹘文〈说心性经〉为禅学原著说》，《西南民族大学学报（人文社会科学版）》2018 年第 1 期，第 79—86 页。

Дх.696、傅图 188106①。S.6980 号以后的英藏敦煌文献中其实还有一件该书的残片，编号为 S.9171r，《英藏敦煌文献》未收，见于 IDP。现参考 P.3664、BD8206 及韩传强校录本（即韩传强《敦煌写本〈圆明论〉录校与研究》）录校如下：

（前缺）

1　元无有体。难问② ☐☐☐☐☐☐☐☐☐☐☐☐☐☐☐

2　心无体，亦不与身 ☐☐☐☐☐☐☐☐☐☐☐☐☐☐

--（纸缝）

3　所，亦不知生身。心 ☐☐☐☐☐☐☐☐☐☐☐☐☐

4　自知其处所，及不知从何处而③去来，亦不知至何处

5　受身，々亦不知④从何处而生。若也身心，各得相知者，

6　可道身从心生，心复可言生其身也⑤。身心既是不相

7　知，及不知来去处所以⑥者，何能相生也？作此解者，身是⑦

8　谁家身？心是谁家心？々复不自知其处所，云何与身

9　为本？身心各不相知，即是元来，不能相生也。何以故？

10　空花所诳眼根故⑧，身既非身。明眼是空，以将空作其

11　有。々亦是其☐，故说眼根空。以⑨迷空作其心，々亦是

12　其空。譬⑩如 ☐☐☐☐☐ 亦是其泥⑪。☐非是泥，身

13　心是其有。今既觉 ☐☐☐ 亦复然⑫ ☐☐☐。所言

---

① 写本相关情况及校录，参马克瑞著，韩传强译《北宗禅与早期禅宗的形成》，第 176—192 页；黄青萍《敦煌写本〈圆明论〉与〈阿摩罗识〉初探——以傅图 188106 号为中心》，《"中研院"历史语言研究所集刊》第 84 本第 2 分，2013 年，第 199—233 页；高小伟《敦煌本〈圆明论〉校录研究》，兰州大学硕士学位论文，2015 年；韩传强《敦煌写本〈圆明论〉录校与研究》，《敦煌研究》2017 年第 6 期，第 86—99 页。
② "体难问"，P.3664 缺，BD8206 作"体问"。
③ "而"，BD8206 缺。
④ "々亦不知"，P.3664 缺。
⑤ "々亦不知……生其身也"，BD8206 漏抄。
⑥ "所以"，P.3664、BD8206 作"所"。
⑦ "是"，BD8206 缺。
⑧ "根故"，P.3664 缺，BD8206 漏抄。
⑨ "空以"，P.3664 缺，BD8206 漏抄。
⑩ "譬"，韩传强录作"辟"。
⑪ "是其泥"，P.3664 缺，BD8206 漏抄。
⑫ "然"，P.3664 仅见该字上半部，韩传强录作"此"，根据残字来看，应录作 S.9171r 所写之"然"。

第三章　景观与形象

14　圣贤，及地位者，并言空以为□也①。空中□□□□
15　不生灭②。作此解者，名为悟。所有山林土□□□
16　众生等类，并悉是③虚空法性波浪□□□□□
17　无我，故言别也。今显渐顿，稍有④所悟。未⑤□□
18　圆也。凡愚之知不可以⑥测量圆门之理□□□
19　十种义。云何名十？一者须明众生□□□□
20　义，三⑦者须明法界义，四者须明法□□□□
21　五海，六者须明十智⑧义，七者须明□□□□
22　须明世界体，九者须明法界体，十者⑨□□□
23　便体。有⑩此十门不同，就其中了々分□□□
24　之义，其渐⑪顿门中□□三昧用少，□□□
25　用多，总无其定。若不⑫明者，虽有定行二门，□
26　义。其人愚情未改，更不求胜义⑬。非直⑭□□
27　他。此义是《法华经》，佛已诃责⑮，学道之□□
28　圆门之义。余今一々，为次第释名，又出□□
29　行者，有所依⑯凭也。云何众々生々⑰界□□
30　生界也。何等为三？一者五阴⑱众生□□□□

---

① "身心各不相知……并言空以为□也"，BD8206 漏抄。
② "不生灭"，P.3664 缺。
③ "并悉是"，P.3664 缺。韩传强误将"悉"录作"总"。
④ "顿稍有"，P.3664 缺。韩传强误将"稍"录作"积"。
⑤ "未"，P.3664 作"不"。韩传强录作"不"且校记称："底本作'未'，可参。"按，韩传强所用底本为 P.3664，故此校记有误。
⑥ "可以"，P.3664 作"可"。
⑦ "义三"，P.3664 缺。
⑧ "十智"，P.3664 缺，BD8206 作"十知"。
⑨ "体十者"，P.3664 缺。
⑩ "有"，P.3664 缺。
⑪ "义其渐"，P.3664 缺。
⑫ "其定若不"，P.3664 缺。
⑬ "胜义"，P.3664 缺。
⑭ "直"，韩传强从马克瑞校本误改为"真"。
⑮ "是《法华经》佛已诃责"，BD8206 漏抄。
⑯ "者有所依"，P.3664 缺。
⑰ "众々生々"，P.3664 "众生"下亦有重文符号，下同，不再出校。疑此处叠字符指代为下句开头。
⑱ "一者五阴"，P.3664 缺。

161

31　亦是众生之相，三者受用境界各①别□□□□□

32　其相者，并②以法性为体，众生心性，元本□□□□

33　之相，元从因缘而起。一一和合，无有自性□□□

34　本体元空，为③此因□□□□性为体。□□□□

35　并因法起，并因法灭。作此解时，岂④有众□□□

36　涅槃⑤之气也⑥。若依涅槃而起者，涅槃可与众生为⑦□□

37　答：既是涅槃之气，何处更言众々生々（众生，众生）亦不立，涅槃⑧□

38　存。作此观⑨时，亦非众生界，非々众生界，亦非涅槃界，

39　非々涅槃界。何⑩以故？通中无二故。是谁为众生，是谁

40　为涅槃？故言无渐无顿，号之为圆⑪也。其圆成之法，是毕

41　竟无众生断烦恼。若迷于涅槃，即见有众生，即有烦恼。既

42　有烦恼，即有心识，即有内外。既有内外，即⑫有诤论⑬。言心内

43　者，是愚人法也。若在内，即是无常，□□烦恼，亦是生

44　灭，亦是地狱⑭，亦是人天□□□□□过去，即

45　有未来，即有现在⑮，即是⑯流转。既是流转，即非佛性。

46　佛性⑰体者，不生不灭，不断不常，不来不去，非三世，

47　非过去，非未来。如々实际，始名佛性，宁以生灭⑱作其

---

① "境界各"，P.3664仅见"境"字上半部。韩传强漏校录"境"字。
② "并"，韩传强录作"若"。
③ "体元空为"，P.3664缺。
④ "法灭作此解时岂"，P.3664缺。韩传据文意补"法灭"二字。
⑤ "涅槃"，该写本与P.3664、BD8206均作俗写"冊"，下同，不再出校。
⑥ "云何众々生々……涅槃之气也"，BD8206漏抄。
⑦ "者涅槃可与众生为"，P.3664缺。
⑧ "众々生々亦不立涅槃"，BD8206作"众生亦不立涅槃"。按此处叠字符所代"众生"应为后句开头，故应断句为"何处更言众生，众生亦不立"。
⑨ "存作此观"，P.3664缺。
⑩ "何"，P.3664缺。
⑪ "圆"，韩传强误改为"圆成"。
⑫ "即"，韩传强录作"既"。
⑬ "论"，P.3664缺。
⑭ "地狱"，P.3664缺。韩传强录作"地猿"。
⑮ "即有未来，即有现在"，BD8206作"即有现在，即有未来"。
⑯ "是"，P.3664缺。
⑰ "佛性"，BD8206缺。
⑱ "灭"，韩传强录作"命"。

48　佛①性也。余依经文②及禅观，得其解者，等虚空，遍
--（纸缝）
49　法界，即是真实性也③。心在外者，即初教悟法界之心，
50　故言外也。既等虚空，满于色内，何处④有色，与心为碍⑤？
51　心色既是无碍，岂不通于虚空也？即是法界之用也。
52　圆宗之中通于众生界也。翻众生界，以为圆宗也。依⑥
53　此解者，即非⑦众生界也。世□者，一众生是一世界，大
54　众生是大世界，□众生是世界⑧，势分各别。譬⑨如王
55　者之界，四方数万余里。州郡之界，并在王者之界内。
56　□界复在州郡之界内，乡界复在县界内，村界⑩
57　复在乡界内，居宅之界复在村界内，房舍之界复
58　在居宅界内。作是观者，从王者转々相容，各得世
59　界之用也。若依此解者，人天地狱，及一切众生，重々相
60　依，各得势分，不相障⑪碍也。问曰⑫：世界同处，以何为体，
61　得不相碍？答曰：大世界，元将卢舍那佛，复将菩萨⑬巧
62　方便、大悲愿力，复将三昧□□。三昧复将虚空为体，
63　□无障碍，故□□□□□□，法界之智无碍故，
64　□□□□□□□□□□卢舍那佛。无

（后缺）

S.9171r《圆明论》写卷，残存64行，有乌丝栏，每行约20字，唐楷写经体，并有朱

---

① "佛"，P.3664缺。
② "余依经文"，BD8206漏抄。韩传强录作"余以经文"。
③ "也"，P.3664缺。
④ "处"，P.3664缺。
⑤ "碍"，该写本与P.3664、BD8206均作俗写"旱"，下同，不再出校。
⑥ "依"，韩传强录作"以"。
⑦ "即非"，P.3664缺。
⑧ "世界"，P.3664缺。
⑨ "譬"，韩传强录作"辟"。
⑩ "村界"，BD8206后多"内"字。
⑪ "障"，该写本与P.3664、BD8206均作俗写"鄣"，下同，不再出校。
⑫ "问曰"以下，BD8206漏抄。
⑬ "菩萨"，该写本与P.3664均作俗写"井"，BD8206漏抄，下同，不再出校。

163

笔句读，是目前该书诸写本中最精美之作。该写卷残存文字内容为《圆明论》九品之第二品"要门方便品第二"，内容以阐释圆教之要为核心。先前所见《圆明论》第二品的写卷仅有P.3664和BD8206两种。然而，P.3664部分内容有所残缺，BD8206则存在多处漏抄的问题，或为某个略抄本。因此，该书第二品仍有诸多缺漏待补。根据上文校记，从抄写形态及俗字使用情况来看，S.9171r与P.3664、BD8206应属于同一写本系统，且S.9171r更接近于两者抄写所依据的祖本。故S.9171r写卷恰好可补充其他两件的一些缺字和漏字，在文献校勘方面具有极高的价值。例如，"并因法灭""作此解时"等词句都有赖S.9171r得以补全。因此，S.9171r写卷是校勘《圆明论》时不可或缺的重要写本。同时，S.9171r的朱笔句读也为深入理解《圆明论》的主旨提供了便利。

关于《圆明论》的归属，和《观心论》相似，学界也存在诸多讨论。以柳田圣山、马克瑞为代表的学者，认为《圆明论》可能是神秀所述或北宗某位禅师辑录；黄青萍认为《圆明论》虽与禅宗有关，但更接近摄论宗和地论师的义理；韩传强则指出《圆明论》实际融合了如来藏缘起和阿赖耶识缘起，体现了隋唐时期佛教诸学派的互相融合，并与北宗禅有强关联[1]。在隋唐早期，佛教宗派之分并不明显，后世所论不同宗派主修的经典在当时都为所有僧人修习，只是各有侧重。例如，早期禅宗除修习《楞伽经》外，《金刚经》《心经》也是重要修习经典。在与北宗禅相关的《七祖法宝记》中还能见到《思益经》《大般若经》，甚至疑伪经等书的相关摘引。此外，下文所论智诜曾跟随玄奘学习，其《心经疏》则受慧净影响最大。因此，《圆明论》中兼存摄论宗和地论师义理也不无可能。

三、S.10587v+S.10640v 智诜《般若波罗蜜多心经疏》

智诜《般若波罗蜜多心经疏》（简称智诜《心经疏》）为唐代蜀地禅宗净众、保唐系的重要论著。按禅宗灯史《历代法宝记》所言，智诜本师从玄奘，后归投禅宗五祖弘忍，是弘忍座下十大弟子之一，其人被弘忍赞有"文字性"，善于论疏，

---

[1] 参马克瑞著，韩传强译《北宗禅与早期禅宗的形成》，第176—192页；黄青萍《敦煌写本〈圆明论〉与〈阿摩罗识〉初探——以傅图188106号为中心》，第199—227页；韩传强《敦煌写本〈圆明论〉录校与研究》，第97—98页。

长期在四川资州德纯寺弘扬禅法①。在敦煌文献中，保存了久佚的智诜《心经疏》。敦煌文献中的智诜《心经疏》已发现 16 件，其中 BD3652 抄写较为完整②，程正先生在 S.6980 号以后又新发现 4 件该经疏写本：S.8685、S.9787、S.10238、S.10587v③，贡献颇丰。不过，在 S.6980 号以后，还有一件该经疏写本 S.10640v，且可与 S.10587v 缀合（图 3-1）。该残片《英藏敦煌文献》未收，见于 IDP。现参 BD3652 录校 S.10587v+S.10640v 如下：

（前缺）

1 　　　□□是有为说"空不异色"，即执□□
2 　　　　　□□还执为有实空④；为说□□
3 　　　　　　　□□道。为此执心，遣除未尽，
4 　　　□□夫二乘⑤。惠⑥眼未开，不见中道
5 　　　　　□□等是。路边⑦一人者，即是诸
6 　　　　　□□是至心于空，々之与色，皆是
7 　　　　　　□□是空，々即是色，受想行识⑧
8 □□分。自此以下，垢净⑨惟⑩直（真）无妄
9 　　　　　□□义⑪：此破生灭、垢净、增减，无
10 　　　　□□法空相"者，五蕴、十二入、十八界

---

① 关于《历代法宝记》写本的情况，参荣新江《敦煌本禅宗灯史残卷拾遗》，第 235—242 页；韩传强、许秀娜《敦煌本〈历代法宝记〉叙录》，《宏德学刊》第 14 辑，北京：商务印书馆，2022 年，第 25—47 页。录文可参郝春文主编《英藏敦煌社会历史文献释录》第 2 卷，第 484—485 页。《历代法宝记》与蜀地禅宗关系，可参杜斗城《敦煌本〈历代法宝记〉与蜀地禅宗》，《敦煌学辑刊》1993 年第 1 期，第 53—63 页。
② 参田中良昭、程正《敦煌禅宗文献分类目录 III 注抄·伪经论类（1）》，《驹泽大学禅研究所年报》第 24 号，2012 年，第 8—13 页。录文参方广锠编纂《般若心经译注集成》，上海：上海古籍出版社，2011 年，第 239—289 页。BD3652 被方广锠先生定为录校乙本。
③ 程正《英藏敦煌文献から发见された禅籍について：S6980 以降を中心に（2）》，第 154—158 页。
④ "为有实空"，"空"为朱笔补字。BD3652 作"空为实有"。
⑤ "二乘"，BD3652 作"二乘人也"。
⑥ "惠"，BD3652 作"慧"。"惠""慧"一般通用，下同，不再出校。
⑦ "是路边"，BD3652 作"是也路逢"。
⑧ 该行未见于 BD3652，按内容是《心经》原文。
⑨ "垢净"，BD3652 作"第四明垢净"。
⑩ "惟"，BD3652 作"唯"。
⑪ "义"，残片只剩残笔画，BD3652 作"义曰"，故按笔画推测为"义"。

11　　　　　　灭"，若见诸法有生①；即有法
12　　　　　　本无体性，俱②为妄想翳于
13　　　　　　妄想体空，生灭非有③。故言"不
14　　　　　　为"垢"。二乘烦恼已④尽，贪嗔
15　　　　　　执⑤我是垢，不执⑥我是净。"《中
16　　　　　　故知我与无我，二俱不可得。
17　　　　　　　理体，沉沦六道，未必减少；
18　　　　　　入语言虽殊，真如法体本来
19　　　　　　故空中无色；无受想行识。⑦
20　　　　　　　言"是故空
21　　　　　　　此已下，弟
22　　　　　　　耳鼻舌
23　　　　　　　为风
24　　　　　　　四大者
25　　　　　　　大。未

（后缺）

S.10587v+S.10640v智诜《心经疏》写卷，残存25行，每行约34字，抄写较为随意。两件写本另一面均抄写《宗四分比丘随门要略行仪》。程正曾指出S.10587v→S.8351v→P.3229v为智诜《心经疏》同一写本，现可据新发现残片修正为S.10587v+S.10640v→S.8351v→P.3229v。根据校记所见，该组写本与BD3652残卷相比，文字略有差异，且抄有《心经》原文，可能与BD4909残卷为同一抄本系统。

智诜《心经疏》目前仅见于敦煌写本，其文字内容与唐慧净《般若波罗蜜多心经疏》（简称慧净《心经疏》）近乎雷同，故在相关残片比对时，时有混淆。自玄奘译出《般若波罗蜜多心经》后，该经便受到当时佛教各学派的重视，并出现了诸多注疏。

---

① "诸法有生"，BD3652作"有诸法"。
② "俱"，BD3652作"但"。
③ "生灭非有"，BD3652作"即无生灭"，BD4909同作"生灭非有"。
④ "已"，BD3652作"以"。"已""以"一般通用，下同，不再出校。
⑤ "执"，BD3652作"取"。
⑥ "执"，BD3652作"取"。
⑦ 该行未见于BD3652，按内容应是《心经》原文。

慧净作为著名义学僧，对于各家经论如数家珍，其撰述的论疏著作相当丰富。根据学者们的研究，慧净《心经疏》对于禅宗产生了深远的影响，尤以智诜为甚①。不过，龚隽从解经内涵的角度进行比较，指出智诜虽大体照抄慧净的注疏，但"智诜的解义一面沿传了经论师的注疏形式，而仍然保留了某些禅门的旨趣"②。智诜《心经疏》仍代表了早期禅门对于《心经》的理解。

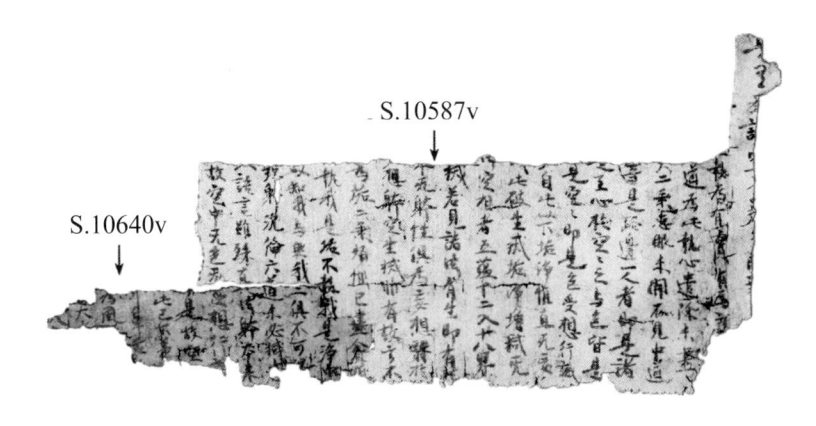

图 3-1　S.10587v+S.10640v 智诜《般若波罗蜜多心经疏》

四、S.9061r、S.9093r《付法藏因缘传》卷三

《付法藏因缘传》为元魏吉迦夜、昙曜共译，该书是关于佛教传法因缘的早期文献，详细记述了从释迦传法伊始至师子比丘被杀，总共23位佛教祖师事迹及法脉传承经过。隋唐时期，天台宗《摩诃止观》和禅宗《坛经》《宝林传》均在《付法藏因缘传》基础上进行增减，进而形成本宗派的传法祖师序列。可见该书与禅宗关系颇为密切③。《付法藏因缘传》的敦煌写本有很多④，S.6980号以后又发现两件：S.9061r、S.9093r。两者字迹不同，前件抄写时间可能更早，《英藏敦煌文献》均未收，见于IDP。现将两件著录如下：

---

① 伊吹敦《般若心经慧净疏の改变にみる北宗思想の展开》，《佛教学》第32号，1992年，第41—67页。
② 龚隽《中古禅学史上的〈心经〉疏：一种解经学的视角》，《世界宗教文化》2021年第1期，第141—142页。
③ 参王邦维《禅宗所传祖师世系与印度佛教的付法藏系统》，杨曾文、方广锠编《佛教与历史文化》，北京：宗教文化出版社，2001年，第199—212页。
④ 马格侠《敦煌〈付法藏传〉与禅宗祖师信仰》，《敦煌学辑刊》2007年第3期，第119—126页；王书庆、杨富学《也谈敦煌文献中的〈付法藏因缘传〉》，《敦煌学辑刊》2008年第3期，第94—106页。

S.9061r

（前缺）

1　猕猴学□
2　猴过花都无取相。挽衣推排亦□
3　灭度，深生悲恼。向山一面，见诸□
4　行，眠卧棘土。翘足倒悬，五热炙□
5　猕猴即时收其灰棘，除弃粪土□
6　于其前，跏趺而坐。仙人见之，怪□
7　猕猴端坐系念，无师自觉，成辟□
8　□今我得道，由此猕猴。①□

（后缺）

S.9093r

（前缺）

1　椎，自言施药。时有比丘甚□
2　索呵梨勒。知药者言：有□
3　时比丘往彼取药，服之以□
4　缘故九十一劫生人天中。□
5　一婆罗门家。其母早终□
6　年在童幼，见母作饼□
7　怀憎恶，即便掷置□
8　覆上。父②□

（后缺）

S.9061r、S.9093r两件残片各残存8行，每行约17字。两件均抄写工整，不过S.9061r无乌丝栏且偏隶书，S.9093r有乌丝栏而偏楷书，故S.9093r的抄写时间应晚于S.9061r。

此外，程正先生所论S.8758、S.9407、S.11968《坛法仪则》（即《金刚峻经金

---

① 参吉迦夜共昙曜译《付法藏因缘传》卷三，《大正藏》第50册，第305页，上栏第24行—中栏第3行。
② 参《付法藏因缘传》卷三，第308页，上栏第27行—中栏第6行。

刚顶一切如来深妙秘密金刚界大三昧耶修行四十二种坛法经作用威仪法则·大毗卢遮那佛金刚心地法门密法戒坛法仪则》）同样抄录了《付法藏因缘传》以构建起其法脉源流[①]，故两书时常会被混淆。如方广锠先生定名并给出录文的 S.8247r"付法藏记传（拟）"残片[②]，经细致比对文字内容，应为《坛法仪则》卷四。可惜目前未见到该号图版，故此处暂且不录，仅提供此信息以供参考，具体录文可参 P.3913 和侯冲先生的整理文本[③]。

五、S.8963r《入楞伽经》卷五

早期禅宗印心的经典，一般认为是达摩传灯之梵文佛经《楞伽经》（全称《楞伽阿跋多罗宝经》），该经也是所谓如来禅、明心见性的重要依据之一。此佛经目前有三种汉译本，分别是南朝宋求那跋陀罗的四卷本（宋译）、元魏菩提流支的十卷本（魏译）和唐实叉难陀的七卷本（唐译）。其中宋译时间最早，故最受后世修禅僧人重视。但魏译和唐译在问世后，对于禅宗相关理论也或多或少产生过影响，并传至敦煌吐鲁番地区，故而在敦煌吐鲁番文献中也发现许多这两种译本的写卷。其中，S.6980 号以后的 S.8963r 残片即为魏译《入楞伽经》十卷本之卷五，《英藏敦煌文献》未收，见于 IDP。现著录如下：

（前缺）
1 ☐☐☐三者、法平等；四者、☐☐☐
2 ☐☐☐法故，诸佛如来在☐☐☐
3 ☐☐☐者字平等？谓何等字，过去
4 ☐☐☐亦名为佛，不过彼字与彼
5 ☐☐☐大慧！是名字平等。大慧！何者
6 ☐☐☐六十四种美妙梵

---

① 程正《英藏敦煌文献から発见された禅籍について：S6980 以降を中心に（1）》，第 147—148 页。另相写本情况与录文可参侯冲整理《金刚峻经金刚顶一切如来深妙秘密金刚界大三昧耶修行四十二种坛法经作用威仪法则·大毗卢遮那佛金刚心地法门密法戒坛法仪则》（简称《坛法仪则》），《藏外佛教文献》第 11 辑，北京：中国人民大学出版社，2008 年，第 17—231 页。
② 方广锠编著《英国图书馆藏敦煌遗书目录（斯 6981 号—斯 8400 号）》，第 367—368 页。
③ 参侯冲整理《坛法仪则》，第 122—124 页。

7 ▭▭▭▭▭▭▭▭▭▭▭▭▭▭▭▭ 语①

（后缺）

S.8963r元魏菩提留支译《入楞伽经》卷五残片残存7行，每行17字左右，有乌丝栏，抄写工整。

六、S.6339r+S.10360r 武则天《新译大乘入楞伽经序》

按《宋高僧传·唐洛京大遍空寺实叉难陀传》称"至久视庚子，驾幸颍川三阳宫，诏叉译《大乘入楞伽经》，天后复制序焉"②，《新序大乘入楞伽经序》也有"三阳宫内，重出斯经，讨三本之要诠，成七卷之了教……以长安四年正月十五日缮写云毕"③。故武则天在久视元年（700）曾令于阗僧人实叉难陀重新翻译梵文本《楞伽经》，约五年后成书《大乘入楞伽经》七卷，即所谓唐译《楞伽经》。武则天曾专门为此书作序，这也是武则天所写的最后一篇经序。相比宋译和魏译，《大乘入楞伽经》后出转精，神秀弟子普寂就曾改持唐译本，敦煌石窟楞伽经变也曾依据唐译本而画④，故该经译出后对于禅宗仍有重要影响。该经序有多件写本，S.6980号以后发现的S.10360r可与S.6339缀合（图3-2），内容为经序题目和开头部分。S.6339r+S.10360r《英藏敦煌文献》未收，见于IDP。现缀合著录如下：

（前缺）

1　《新译大乘入楞伽经序》　　御制

2　盖闻：摩罗山顶，既最崇而最严；楞伽城中，实

3　难往而难入。先佛弘宣之地，曩圣修行之所。

4　爰有城主，号罗婆那，乘宫殿以谒

5　尊颜，奏音乐而祈妙法，因夐峰以表兴，指藏

---

① 菩提留支译《入楞伽经》卷五，《大正藏》第16册，第541页，中栏第10—17行。
② 赞宁撰，范祥雍点校《宋高僧传》卷二《唐洛京大遍空寺实叉难陀传》，北京：中华书局，1987年，第32页。
③ 武则天撰《新译大乘入楞伽经序》，《大正藏》第16册，第587页，上栏第25行—中栏第20行。
④ 王惠民《敦煌石窟〈楞伽经变〉初探》，《敦煌研究》1990年第2期，第1—15页；贺世哲《敦煌楞伽经变使用唐译七卷本〈楞伽经〉原因试析》，《敦煌研究》2009年第3期，第1—6页；贺世哲遗著、王惠民整理《敦煌楞伽经变考论》，《敦煌研究》2011年第4期，第1—14页。

6　海以明宗。所言《入楞伽经》者：斯乃诸佛心量之玄
7　枢，群经理窟之妙键，广喻幽旨，洞明深义，不生不灭，
8　非有非无，绝去来之二途，离断常之双执，以第
9　一义谛，得最上妙珍。体诸法之皆虚，知前境之
10　如幻，混假名之分别，等生死与涅槃。大慧之问
11　初陈，法王之旨斯发。一百八义，应实相而离世
12　间；三十九门，破耶见而宣正法。晓名相之并假，
13　祛妄想之迷袊，依正智以会如如，悟缘起而
14　归妙理。境风既息，识浪方澄，三自性皆空，二无
15　我俱泯，入
16　如来之藏，游解脱之门。原此经文，来自西国，至
17　如来之藏，游解脱之门。原此经文，来自西国①
（后缺）

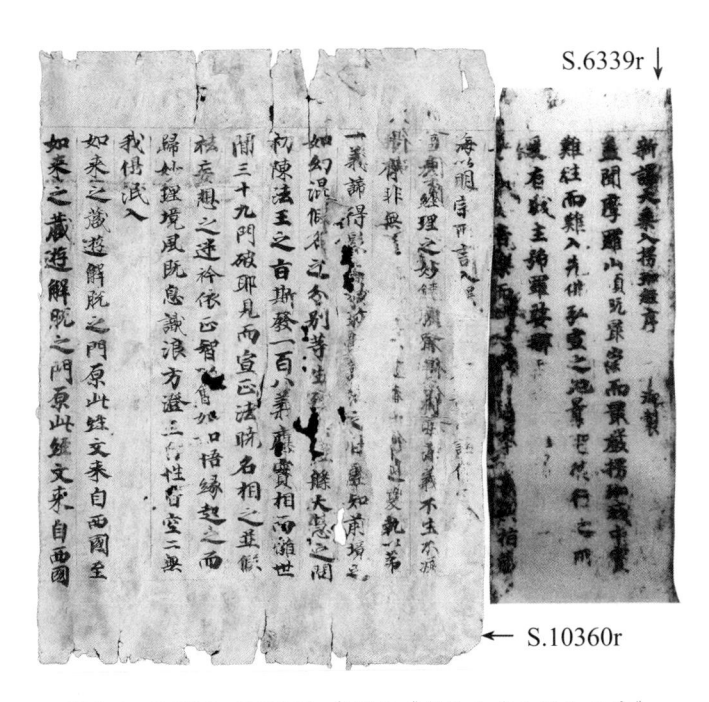

图 3-2　S.6339r+S.10360r 武则天《新译大乘入楞伽经序》

---

① 参《新译大乘入楞伽经序》，第 587 页，上栏第 3—21 行；马德《敦煌本唐代"御制经序"浅议》，《敦煌学辑刊》2014 年第 3 期，第 37—38 页。

171

S.6339r+S.10360r 武则天《新译大乘入楞伽经序》缀合后共残存 17 行，每行约 18 字，抄写工整且有乌丝栏，文字有磨损。不过第 15 行只抄写 4 字即转行，且第 17 行重复抄写第 16 行的文字，故该写本可能为拆出的兑废稿。

七、S.10777r《大乘入楞伽经》卷二

关于唐实叉难陀译《大乘入楞伽经》的相关情况，上文已论述。该经正文在敦煌文献中多有出现，甚至新疆地区也有该经卷二、卷三写本出土[①]。S.6980 号以后新比对的 S.10777r 则为《大乘入楞伽经》卷二，《英藏敦煌文献》未收，见于 IDP。现著录如下：

（前缺）
1　相□□□□□住地菩□□□
2　二乘外道定慧之力皆不能知。唯有修行如
3　实行者，以智慧力了诸地相，善达句义，无
4　边佛所广集善根，不妄分别自心所见，能知
5　□大慧！诸修□人宴处山林上中下修□
（后缺）[②]

S.10777r 唐实叉难陀译《大乘入楞伽经》卷二残片共残存 5 行，每行 17 字左右，有乌丝栏，抄写精美，应为官方写经。

八、S.8755r《七祖法宝记》（拟）

敦煌文献中曾发现 4 件与北宗神秀弟子有关的《七祖法宝记》，分别是大谷大学图书馆藏本（即《大正藏》第 85 册《诸经要抄》，简称大谷本）、P.3070、

[①] 骆慧瑛《新疆出土〈楞伽经〉——考究其出处、因缘与内容特色》，《丝绸之路研究集刊》第 3 辑，北京：商务印书馆，2019 年，第 187—205 页。
[②] 实叉难陀译《大乘入楞伽经》卷二，《大正藏》第 16 册，第 594 页，下栏第 1—6 行。

BD9517 和 BD15072[①]。《七祖法宝记》以摘录诸种佛经为主，经贺世哲先生比对，可以发现书中摘引的《楞伽经》均录自唐译[②]。可见，唐译《楞伽经》面世后，北宗禅僧人群体十分重视此新译，几乎以其取代南朝宋译本的地位。

在 S.6980 号以后，在残片 S.8755r 中，抄录了 1 条《思益经》和 5 条《楞伽经》。经笔者比对，5 条《楞伽经》均来自唐译，故怀疑 S.8755r 很可能是《七祖法宝记》的另一件写本。该残片《英藏敦煌文献》未收，见于 IDP。现根据《大正藏》原经经文校录如下：

（前缺）

1　又《思益经》云：尔时，净相 天 □□
2　求菩提、不愿菩提、不贪□□□
3　菩提、不分别菩提，云何如 来 □□
4　"如以草木茎节枝叶投于 火 □□
5　然！汝等莫然！"若以是语而不□□□
6　菩萨亦如是，不[①]憘乐贪着□□□
7　一切诸佛受[④]记。[⑤]《楞伽》弟（第）一：大惠！若[⑥]沙 门 婆 罗门，观
8　一切法，皆无自性，了知自心，妄想所见。若能离妄 想，
9　此菩萨不久当得生死涅槃，二种平等。[⑦]
10　《楞伽》弟（第）二：复次，大惠！菩萨摩诃萨若欲了知 能
11　取所取分别境界，皆是自心之所现者，当离愦

---

① 华方田曾校录过北殷 38 号（即 BD9517）和北新 1272 号（即 BD15072）的《七祖法宝记下卷》写卷，并推断书中 "七祖" 或为北宗神秀弟子，参华方田整理《七祖法宝记下卷》，《藏外佛教文献》第 2 辑，北京：宗教文化出版社，1996 年，第 133—165 页；又方广锠指出大谷大学图书馆藏本（即《大正藏》第 85 册《诸经要抄》）和 P.3070 是《七祖法宝记》，参方广锠撰 "七祖法宝记" 条，季羡林主编《敦煌学大辞典》，上海：上海辞书出版社，1998 年，第 723 页。杨富学、张田芳、王书庆辑校《敦煌写本禅籍辑校》对北殷 38 号（即 BD9517）和北新 1272 号（即 BD15072）又有校录（第 122—138 页）。
② 另《顿悟大乘正理决》《历代法宝记》和敦煌壁画楞伽经变应也与唐译《楞伽经》有关。参贺世哲《敦煌楞伽经变使用唐译七卷本〈楞伽经〉原因试析》，第 2—4 页。
① "不"，《思益梵天所问经》卷四作 "虽不"。
④ "受"，《思益梵天所问经》卷四作 "所"。
⑤ 此段参鸠摩罗什译《思益梵天所问经》卷四，《大正藏》第 15 册，第 59 页，下栏第 26 行—第 60 页上栏第 4 行。
⑥ "若"，《大乘入楞伽经》卷一作 "复有"。
⑦ 此段参《大乘入楞伽经》卷一，第 594 页，上栏第 7—15 行。有部分省抄词句。

173

12　闹昏滞睡眠，初夜①后夜勤加修习，通达②自心，分
13　别亦然③。　又《楞伽经》云：预流一来果，不还阿罗汉，是等
14　诸圣人，其心悉迷惑。我所立三乘，一乘及非乘，为愚
15　夫少智，乐寂诸圣说。第一义法门，远离于三④取，住于
16　无境界，何建立三乘。诸禅及无量，无色三摩地⑤，乃至
17　灭受想，唯心不可得。⑥　又《楞伽经》云：　佛所说经皆有
18　是义。大惠！诸修多罗，随顺一切众生心说，而非真实
19　在于言中。譬如阳炎，诳或（惑）诸兽，令生水想，而实⑦。
20　众经所说，亦复如是。随诸愚夫，自所分别，令生
21　欢喜，非皆显示圣智证处真实之法。大惠！应随
22　顺义，莫着言说。⑧　《楞伽经》弟（第）三：　佛告大惠："言语者，
23　起灭动摇，展转缘生⑨。于第一义，不能显示。第一义
24　者，无自他相，言语有相，不能显示。第一义者，但唯
25　自心，种々外相悉皆无有，言语分别，不能显示。
26　是故，大惠⑩

（后缺）

S.8755r 残存 26 行，每行约 19 字，书法一般，背面抄有白话五言诗。根据校记所见，S.8755r 摘引的 6 条经文均有省抄漏抄，但总体内容仍与原经文大差不差。其中摘引的《思益经》出自鸠摩罗什译《思益梵天所问经》卷四，摘引的《楞伽经》则分别出自唐译《楞伽经》卷一、卷二和卷三。此外，第 1—4 条《楞伽经》内容还见于《顿

---

① "初夜"，《大乘入楞伽经》卷二作"初中"。
② "通达"，《大乘入楞伽经》卷二两字前有"远离曾闻外道邪论及二乘法"，应为漏抄。
③ "亦然"，《大乘入楞伽经》卷二作"之相"。此段参《大乘入楞伽经》卷二，第 595 页，中栏第 11—14 行。
④ "三"，《大乘入楞伽经》卷二作"二"。
⑤ "地"，《大乘入楞伽经》卷二作"提"。
⑥ 此段参《大乘入楞伽经》卷二，第 597 页，下栏第 1—8 行。
⑦ "而实"，《大乘入楞伽经》卷二作"而实无水"。
⑧ 此段参《大乘入楞伽经》卷二，第 599 页，中栏第 3—8 行。
⑨ "缘生"，《大乘入楞伽经》卷三作"因缘生，若展转缘生"，疑 S.8755r 抄混。
⑩ 此段参《大乘入楞伽经》卷三，第 600 页，下栏第 11—19 行；又见于大谷大学图书馆藏《七祖法宝记》（即《大正藏》第 85 册《诸经要抄》），《大正藏》第 85 册，第 1195 页下栏第 25 行—第 1196 页上栏第 2 行。有部分省抄词句。

悟大乘正理决》，第5条《楞伽经》内容则见于大谷本。

经过对比分析，笔者以为 S.8755r 为《七祖法宝记》另一写本，理由大致有二：首先，《七祖法宝记》除大量引用唐译《楞伽经》外，《思益经》也有摘引，S.8755r 同样摘录了《思益经》并大量引用唐译《楞伽经》，这与《七祖法宝记》的摘引特点相似；其次，《七祖法宝记》至今未有完本出现，S.8755r 中前 4 条《楞伽经》不见于诸本《七祖法宝记》，而《楞伽经》第 5 条只见于大谷本，故 S.8755r 很可能是大谷本之外另一种《七祖法宝记》写本。以上只是笔者的初步推测，从 S.8755r 与《七祖法宝记》都大量摘引唐译《楞伽经》的体例来看，S.8755r 暂且可被视为《七祖法宝记》另一写本，或与《七祖法宝记》密切相关的某种抄本。

九、S.554r+S.9974r 慧净《般若波罗蜜多心经疏》

虽然慧净《心经疏》一般不被认为是禅宗典籍，但上文已论及该论疏对于禅宗影响颇大，且在 S.6980 号以后又有新发现，故在此处一并著录。方广锠先生曾将慧净《心经疏》的敦煌本和《卍字新纂续藏》本进行过解说和校录[①]，后又比定出 S.8313r 也为慧净《心经疏》[②]。实际上，S.6980 号以后还有一件小碎片 S.9974r 也是慧净《心经疏》，且可与方广锠先生校录该疏时所用丙本 S.554r 缀合（图 3-3）。该小残片《英藏敦煌文献》未收，见于 IDP。为节省篇幅，现参考方广锠校录本[③]，只校录 S.9974r 部分（加点部分为 S.9974r）如下：

```
        （前缺）
1       □□□□□      □□□□
2       □□□之表；正觉幽□□□
3       □□□机；迹被浅□□□
4   □然则即色非色，寄无色以为原□□
5   而遣色。故知至灵[④]无像，而为众像之宗；妙理无言，
```

---

① 参《般若心经译注集成》，第 17—18、138—238 页。还可参陈虹妙《敦煌汉文写本〈般若波罗蜜多心经〉及其注疏考》，浙江师范大学硕士学位论文，2015 年。
② 方广锠编著《英国图书馆藏敦煌遗书目录（斯 6981 号—斯 8400 号）》，第 389—390 页。
③ 参《般若心经译注集成》，第 138 页；慧净《般若波罗蜜多心经疏》，《卍续藏》第 26 册，第 591 页，上栏第 3—16 行。
④ "灵"，《般若心经译注集成》误作"虚"。

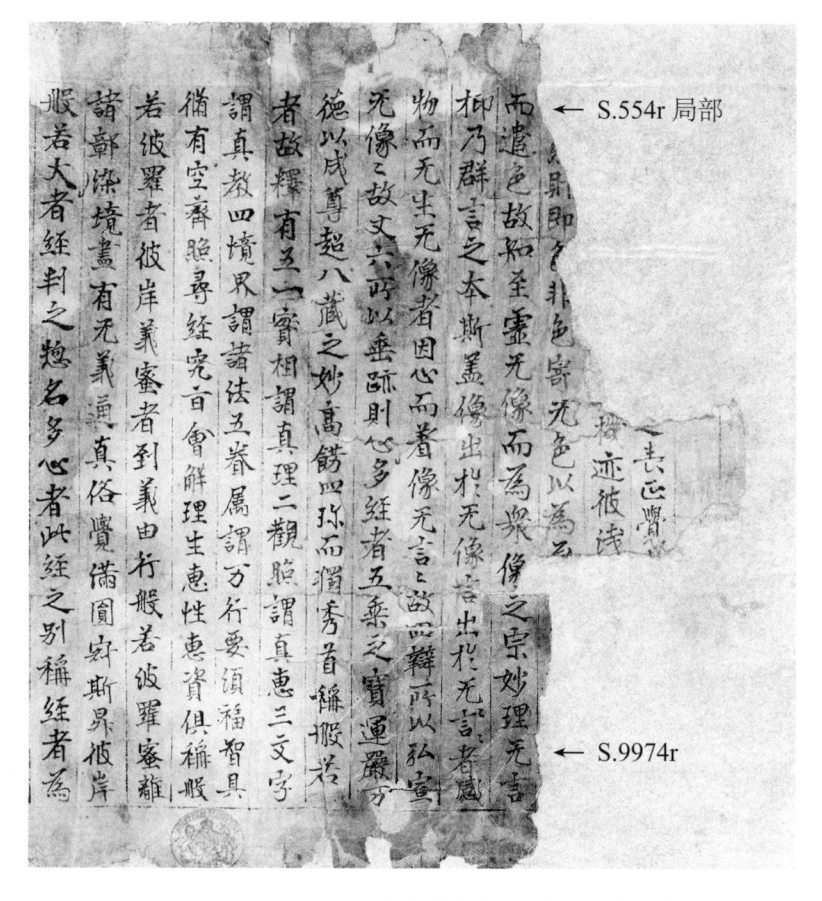

图 3-3　S.554r+S.9974r 慧净《般若波罗蜜多心经疏》

6　抑乃群言之本。斯盖像出于无像，言出于无々言々（无言。无言）者①，感②

7　物而无生；无像者，因心而着像。无言々故，四辩所以弘宣；

8　无像々故，丈六所以垂迹。则《多心经》者，五乘之宝运，严万

9　德以成尊；超③八藏之妙高，饰四珍而独秀。首称"般若"

10　者，故释有五：一、实相，谓真理；二、观照，谓真慧；三、文字

（后略）

---

① "者"，《般若心经译注集成》作"无言言者"，第 138 页。
② "感"，《般若心经译注集成》作"盖感"，第 138 页。
③ "超"，《般若心经译注集成》无，失校，第 138 页。按文意应有"超"。

S.9974r 慧净《心经疏》残存5行，每行约20字。该残片与 S.554r 缀合后，可进一步补全该写本。根据校记来看，该残片虽小，但仍具有一定校勘价值。

十、S.11413r 慧净《金刚般若波罗蜜经注》卷中

早期禅宗虽然以《楞伽经》印心，但到五祖弘忍时，《金刚般若波罗蜜经》（简称《金刚经》）已逐渐成为禅宗印心主要经典[①]。《金刚经》译本及相关注疏众多，在敦煌吐鲁番文献中就已发现十数种《金刚经》注疏本[②]。其中，慧净也曾为鸠摩罗什译《金刚经》作过注，即三卷本的《金刚般若波罗蜜经注》（简称慧净《金刚经注》）。慧净《金刚经注》在《卍续藏》中有收录，S.2050《金刚经疏》与慧净《金刚经注》也有密切关系。在 S.6980 号以后也有一件该注疏写本，即 S.11413r 慧净《金刚般若波罗蜜经注》卷中，《英藏敦煌文献》未收，见于 IDP。现著录如下：

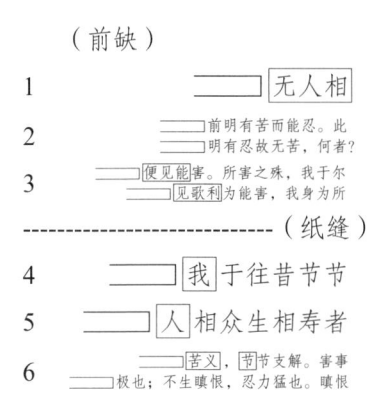

（前缺）

1　　　□□无人相
2　　　□□前明有苦而能忍。此
　　　　□□明有忍故无苦，何者？
3　　　□□便见能害。所害之殊，我于尔
　　　　□□见歌利为能害，我身为所
-------------------------- （纸缝）
4　　　□□我于往昔节节
5　　　□□人相众生相寿者
6　　　□□苦义 □节支解。害事
　　　　□□极也；不生嗔恨，忍力猛甚。嗔恨

[①]　《六祖大师法宝坛经》载五祖弘忍"大师常劝僧俗，但持《金刚经》，即自见性，直了成佛"（《大正藏》第 48 册，第 348 页，上栏第 10—11 行）。另参杨富学、王书庆《〈金刚经〉与南宗禅——以敦煌文献为中心》，《敦煌研究》2009 年第 1 期，第 74—80 页；冯焕珍《从〈楞伽经〉印心到〈金刚经〉印心》，《中山大学学报（社会科学版）》2014 年第 5 期，第 101—109 页；董大学《般若与禅：敦煌写本〈金刚经〉注疏研究——以北敦 15403 号背与〈晋魏隋唐残墨〉第 36 号为中心》，《敦煌研究》2020 年第 5 期，第 109—114 页。

[②]　方广锠《敦煌文献中的〈金刚经〉及其注疏》，《世界宗教研究》1995 年第 1 期，第 73—80 页；董大学《敦煌〈金刚经〉注疏叙录》，上海师范大学硕士学位论文，2009 年；董大学《敦煌本〈金刚经〉注疏的流布——以题记为中心的考察》，《文献》2014 年第 1 期，第 28—37 页；彭杰《略论柏孜克里克石窟新发现的汉文〈金刚经〉残卷》，《新疆大学学报（哲学·人文社会科学版）》2015 年第 1 期，第 46—49 页；李昀《旅顺博物馆藏〈金刚经〉注疏小考——附李善注〈文选·七命〉补遗》，《旅顺博物馆学苑·2016》，长春：吉林出版集团股份有限公司，2017 年，第 88—111 页。

177

7　　　　　　☐谁而作？然瞋是大 ①
　　　　　　　☐加之以楚毒
（后缺）

S.11413r《金刚般若波罗蜜经注》卷中残片共残存7行，有乌丝栏，有朱笔句读，《金刚经》经文原文大字书写，注疏双行小字抄写，每行大字正文应为17字左右，书法一般。该残片前两行还粘贴了其他小残片，只能辨认出"闻"字。残存部分主要注解经文："何以故？须菩提！如我昔为歌利王割截身体，我于尔时，无我相、无人相、无众生相、无寿者相。何以故？我于往昔节节支解时，若有我相、人相、众生相、寿者相，应生瞋恨。"

结　论

以上对于S.6980号以后禅籍及其相关文献的定名与缀合，只是抛砖引玉，希望能对未来英藏敦煌文献完整定名与刊布起到一定的推动作用。就敦煌文献中所见禅籍来看，早期禅宗的发展具有多样性，南顿和北渐并非绝对，只是由于历史上流传下来的材料的缺失，这段历史光景被遮蔽了。通过深入整理与研究这些出土禅籍，我们可以获知北宗禅对于南宗禅有着十分重要的影响，甚至"南宗是奠基于北宗的，没有北宗，就不可能有南宗"②。总的来说，早期禅宗的形成和发展，实际上奠基于南北朝隋唐以来佛教诸学派的相互交流融合。隋唐初期开放的文化氛围更是促进了禅宗这一具有中国特色的佛教学派的出现与兴起，并使其在后来成为东亚地区各民族间广泛传播且具有极大影响力的佛教学派。

（原刊于《隋唐辽宋金元史论丛》第15辑，上海：上海古籍出版社，2024年，第98—112页。收入本书有所增补。）

---

① 慧净撰《金刚般若波罗蜜经注》卷中，《卍续藏》第24册，第458页，下栏第8—17行。
② 马克瑞称柳田圣山是以此陈述而展开对禅宗北宗起源的探讨。参马克瑞著，韩传强译《北宗禅与早期禅宗的形成》，第216页注1。

第四章　增删与流布——文本传抄视角下的宗教信仰

　　信息的传播，文书行政、政治制度以及文学等"俗"的领域固然重要，宗教信仰同样扮演着不可或缺的角色。敦煌吐鲁番文献中，保存有大量中古时期的佛教、道教等宗教经典文本。这些信仰文本的传抄具有一定的规范，特别是官方写经，但这并不妨碍部分文本在传抄过程会发生一定的修改。实际上，这些文本的传抄过程，反映了宗教信仰与知识的传播形态，揭示了当时地方社会对于信仰与知识的接受。在制度与文本之间，存在着交错与距离，信仰的传播既遵循官方规定，也可能产生变异。

　　本章选取道世《法苑珠林》、玄应《一切经音义》以及西州道经三则个案，从宗教经典文本的增删与流布，来考察宗教信仰从长安到敦煌吐鲁番的传播情况。一般而言，宗教经典和知识的各种文本载体，大多汇集编纂于长安。当编纂成果被官方采纳成为范本后，随着官方的传抄行为，这些宗教文本和知识会得到广泛流传。此外，僧人、道士等信仰群体的流动性亦推动宗教经典与知识，以长安为核心，不断向周边辐射。其中，《法苑珠林》为长安西明寺道世所撰的一部博采兼收的佛教类书，卷帙浩繁，且编撰时于他书多有借鉴。玄应《一切经音义》作为阐释佛经音义的重要工具书，在吐鲁番地区传抄时，呈现出官方标准写经与适应个人需求的删减文本并存的状况。西州道经则得益于唐王朝官方力量的支持，与"开元道藏"等官颁道经保持一致性。

第一节 《法苑珠林》佛经引典的来源：借鉴与私心

自佛教传入中国以来，大量的佛经被译出，本土新撰论著也不断涌现。南梁僧祐《出三藏记集》记录了 2162 部佛经，共计 4328 卷。到了唐初道宣所撰《大唐内典录》，佛经数量已经激增至 2487 部，共计 8476 卷。由于佛经数量庞大，对于一般僧侣而言，直接抄录、收藏和使用都不是很方便，因此产生了取经典精粹的佛教类书。南梁宝唱撰集的《经律异相》是现存最早的完整佛教类书，而集大成者则是唐初道世所撰一百卷《法苑珠林》[1]。

道世，又名玄恽，是唐初长安西明寺的一位重要律僧。他以卓越的律学造诣及其撰述的佛教类书《法苑珠林》闻名于世，赞宁《宋高僧传》有其传[2]。《法苑珠林》总共一百卷，成书于总章元年（668），在编撰完成后并未立即被收入唐代大藏经。目前已知最早在《开宝藏》"咸平修订本"中有《法苑珠林》刻本[3]，亦即最迟在北宋初期，《法苑珠林》已被收入佛教大藏经。

此前，吐鲁番地区发现有 6 件《法苑珠林》残片[4]。在旅顺博物馆所藏数万件新疆出土文献中，我们又发现了两件道世《法苑珠林》写本残片。下文将就这两件吐鲁番出土《法苑珠林》残片展开讨论。

---

[1] 参释道世撰，周叔迦、苏晋仁校注《法苑珠林校注》，北京：中华书局，2003 年。
[2] 赞宁撰，范祥雍点校《宋高僧传》卷四《唐京师西明寺道世传》，北京：中华书局，1987 年，第 66—67 页。
[3] 韩国湖林博物馆藏有 77 卷《初雕大藏经》，属于《高丽藏》的初雕本。其中《法苑珠林》卷八二刻本残卷卷尾题记云："大宋咸平元年（998）奉敕雕。编录通慧大师赐紫沙门臣云胜较（校）勘；内品监印经院臣陈景崇；内侍殿头高品勾当印经院臣郑守钧。"此残卷很可能覆刻自《开宝藏》于北宋端拱二年（989）至咸平年间校订的"咸平本"。参柳富铉《〈高丽藏〉的底本及雕造考》，《文献》2002 年第 4 期，第 117—135 页；邵天松《韩国湖林博物馆藏〈法苑珠林〉卷八二的校勘价值》，《图书馆杂志》2012 年第 6 期，第 92—94 页。
[4] Ch 1786（T III 272.103）《法苑珠林》卷四为刻本，仅剩卷题与千字文编号"起"；Ch 1894（T III 34.40）为正反面书写，正面为《法苑珠林》卷三六，背面为《法苑珠林》卷四四；Ch/U 6018（无原编号）为《法苑珠林》卷五八写卷；Ch/U 6413（无原编号）为页边写有回鹘文的《法苑珠林》卷八九写卷；Ch/U 8099=MIK 028443（T III M 173.135）为木头沟遗址出的《法苑珠林》卷三五写本。分别参荣新江主编《吐鲁番文书总目（欧美收藏卷）》，武汉：武汉大学出版社，2007 年，第 148、157、337、366、469 页。《西域考古图谱》下卷典籍 54 为吐峪沟出土两面书写见叶本《法苑珠林》卷九四写本，参陈国灿、刘安志主编《吐鲁番文书总目（日本收藏卷）》，武汉：武汉大学出版社，2005 年，第 470 页。另，大谷文书 Ot.5054v 也被定名为《法苑珠林》卷八七，但经细致比对，该文书第 2、3 行内容皆未能在《法苑珠林》中找到，故该写本不应为《法苑珠林》，参陈国灿、刘安志主编《吐鲁番文书总目（日本收藏卷）》，第 324 页。

一、旅顺博物馆藏《法苑珠林》残片

经比对,旅顺博物馆所藏的两件《法苑珠林》残片均属卷三九《伽蓝篇·致敬部》,由于笔迹相差较大,两件残片应分属不同写本,现按CBETA位置顺序简要叙录如下:

(1) LM20-1468-07-07 《法苑珠林》卷三九

　　(前缺)

1　佛塔声闻塔前自他不□□□
2　□□又三千威仪经云□□□

　　(后缺)

该残片曾在《旅顺博物馆藏新疆出土汉文佛经选粹》中展出,但未定名。《旅顺博物馆藏新疆出土汉文文献》重新出版彩色图片,并将其定为《法苑珠林》卷三九的西州回鹘时期写本。[①]残片文字复原后的具体内容为:

> 又《十诵律》云:"佛塔、声闻塔前,自他不得礼。"又《五百问事》云:"佛塔前礼余人得罪。"又《三千威仪经》云:"不得座上作礼。"[②]

该段内容全同于《诸经要集》卷三《入寺缘》[③]。根据《法苑珠林校注》,残片文字涉及两部佛教戒律经典:《十诵律》卷四一与《大比丘三千威仪》卷上,均属于在佛塔前行礼的规范。《五百问事》的引文虽未在残片中出现,但根据抄写形态推断,该残片写本也应抄录此条,只是目前所见部分残损,故也将其进行复原。

(2) LM20-1466-21-09 《法苑珠林》卷三九

　　(前缺)

1　□□□远离师七尺又沙弥威仪云弟□□□

---

① 旅顺博物馆、龙谷大学合编《旅顺博物馆藏新疆出土汉文佛经选粹》,京都:法藏馆,2006年,第184页;王振芬、孟宪实、荣新江主编《旅顺博物馆藏新疆出土汉文文献》第11册,北京:中华书局,2020年,第30页。
② 道世撰《法苑珠林》卷三九《伽蓝篇·致敬部》,《大正藏》第53册,第593页,中栏第15—18行;另参《法苑珠林校注》,第1238—1239页。
③ 道世撰《诸经要集》卷三《入寺缘》,《大正藏》第54册,第23页,中栏第27—29行。

181

2　　□□人入寺法用前但不得在男子上座
3　　　□□戏共相排汤持手挑人□□□
4　　　　　□□责生女人□□□

（后缺）

该残片由《旅顺博物馆藏新疆出土汉文文献》展出彩版图片，并比定为唐道世撰《法苑珠林》卷三九的唐时期写本[1]。残片文字复原后的具体内容为：

> 故《善见论》云："弟子从师行，不得远离师七尺。"又《沙弥威仪经》云："弟子从师行，不得以足蹈师影。"
>
> 述曰：若女人入寺，法用前。但不得在男子上座，形相语笑。脂粉涂面，画眉假饰，非法调戏，共相排汤，持手挑人。必须摄心整容，随人教令，依次持香，一心供养。[2]

此处内容见于《诸经要集》卷三《入寺缘》，但具体文字略有不同，如残片第1行《诸经要集》中作："又是行时威仪进止，皆不得离师。故《善见论》云：弟子从师行，不得以足蹈师影。"[3]故此件残片可以确定不是《诸经要集》而是《法苑珠林》。根据《法苑珠林校注》校记，摘抄的两部佛经分别为《善见律毗婆沙》卷一六和《沙弥十戒法并威仪》[4]，涉及寺庙内弟子跟从师傅时应当遵守的规矩或戒律。"述曰"所论则是女子进入寺庙时应遵守的规矩，未注明出处。

详考两件残片所涉及的几部引典与"述曰"，我们能发现《法苑珠林》佛经引典与"述曰"存在些许问题。

---

[1] 王振芬、孟宪实、荣新江主编《旅顺博物馆藏新疆出土汉文文献》第10册，北京：中华书局，2020年，第113页。

[2]《法苑珠林》卷三九《伽蓝篇·致敬部》，第593页，下栏第14—20行；另参《法苑珠林校注》，第1240—1241页。其中残片"远离"，《诸经要集》、《大正藏》本《法苑珠林》和《法苑珠林校注》均作"远"；"前"，《诸经要集》、《大正藏》本《法苑珠林》和《法苑珠林校注》均作"同前"。

[3]《诸经要集》卷三《入寺缘》，第23页，下栏第27—28行。

[4]《法苑珠林校注》，第1240页。

二、《法苑珠林》残片所见佛经引典考

《法苑珠林》广泛收罗列举唐初所见的汉唐佛教经典与外典俗籍，堪称现存佛教类书的经典之作，同时也成为辑佚古籍的重要文献来源。然而，《法苑珠林》引典来源存在颇多问题。陈昱珍曾对《法苑珠林》所依据的外典资料（即非佛经部分）进行过详细比对，发现引文并不全是原始文献的真实风貌，而是为了契合篇旨进行过增删[①]。王侃也曾通过比对《法苑珠林》卷一六《发愿部》部分引文，指出其中引文的真正引典为道宣《释门归敬仪》卷下，而非原典[②]。旅顺博物馆所藏两件《法苑珠林》残片总共涉及四部佛经，均与原典佛经存在明显差异，其真正的引典来源仍有待细致考辨[③]。

LM20-1468-07-07 中，《法苑珠林》引《十诵律》云："佛塔、声闻塔前，自他不得礼。"但弗若多罗共罗什译《十诵律》卷四一原文作："佛前不得礼人，佛塔前、声闻塔前亦不得礼人。"[④]只有前半句最相似，后半句则有所增删。《法苑珠林》引《三千威仪经》云："不得座上作礼。"原典安世高译《大比丘三千威仪》卷上作："四者，不得座上为上座作礼。"[⑤]《法苑珠林》少引"为上座"三字，非直接摘抄。中古写本时代，各类撰述在相互引用过程中，对原文进行一定程度的增删或改写，是一种较为普遍的情况。然而，《法苑珠林》引典异文的来源可能更为特殊，即并非来自原典的增删，更像是承袭自其他撰述的抄录。

搜检其他佛典，除作为初本的《诸经要集》之外，上文两条引文还见于道世《毗尼讨要》和道宣《四分律删繁补阙行事钞》《四分比丘尼钞》。现条示如下（表 4-1）：

[①] 陈昱珍《〈法苑珠林〉所引外典之研究》，《中华佛学学报》第 6 期，1993 年，第 303—328 页。
[②] 王侃《中华书局本〈法苑珠林校注〉补考——兼谈〈法苑珠林〉引书来源问题》，《唐史论丛》第 34 辑，西安：三秦出版社，2022 年，第 349—362 页。
[③] 《法苑珠林》与显庆四年（659）道世所撰《诸经要集》（又名《善恶业报论》）关系密切，学界大致有两种意见：一是《诸经要集》为《法苑珠林》之初稿，如周叔迦先生就执此论；二是《诸经要集》为《法苑珠林》之节略本，日本学者高木神元提出该观点。参周叔迦《释家艺文提要》卷四"《诸经要集》"条，北京：北京古籍出版社，2004 年，第 231—232 页；吴福秀《〈诸经要集〉与〈法苑珠林〉版本流传之研究》，《钦州师范高等专科学校学报》2006 年第 1 期，第 61—64 页；吴福秀《〈法苑珠林〉分类思想研究》，北京：中国社会科学出版社，2014 年，第 54—62 页；王侃《〈诸经要集〉与〈法苑珠林〉成书时间及相关问题考辨》，《宗教学研究》2016 年第 4 期，第 116—121 页。两书虽存在先后详略之分，但相关引文大体相同，鉴于篇幅与主旨所限，此处主要以两件《法苑珠林》残片所涉及的引文来展开相关问题的讨论。
[④] 弗若多罗共罗什译《十诵律》卷四一，《大正藏》第 23 册，第 300 页，上栏第 5—6 行。
[⑤] 安世高译《大比丘三千威仪》卷上，《大正藏》第 24 册，第 916 页，中栏第 17 行。

表 4-1　LM20-1468-07-07 残存引文比较表

《法苑珠林》卷三九《伽蓝篇·致敬部》	《毗尼讨要》卷下《致敬尊仪章》	《四分比丘尼钞》卷中《致敬篇》、《四分比丘尼钞》卷上《说戒篇》	《四分律删繁补阙行事钞》卷下《僧像致敬篇》
又《十诵律》云："佛塔、声闻塔前，自他不得礼。"又《五百问事》云："佛塔前礼余人得罪。"又《三千威仪经》云："不得座上作礼。"	《十诵》云："佛塔、声闻塔前，自他不得礼。"《五百问事》云："佛塔前礼比丘，犯堕。"①……《三千威仪》云："不得座上作礼。"②	《十诵》云："佛塔、声闻塔前，自他不得礼。"《五百问事》云："佛塔前礼比丘，犯堕。"③　故《三千威仪经》云："比丘不得座上作礼。"④	《十诵》："佛塔、声闻塔前，自他不得互礼。"《五百问》云："佛塔前礼比丘，犯堕。"⑤……又《三千威仪》云："自在高处，及上座在前，自于后作礼；亦不得座上作礼。"⑥

此处《法苑珠林》与《毗尼讨要》最为接近，其中第二条引文略有不同；《四分比丘尼钞》的第二、三条引文均存在不同；相比之下，《四分律删繁补阙行事钞》的差别最为显著，尤其是第三条引文。就篇章布局而言，在《毗尼讨要》和《四分律删繁补阙行事钞》中，两条引文都置于与"致敬"相关的篇章中，只是具体篇名有些许区别，前者为《致敬尊仪章》，后者为《僧像致敬篇》。但在《四分比丘尼钞》中，两条引文分属该书卷中《致敬篇》和卷上《说戒篇》，区别较大。

《毗尼讨要》是道世早年居弘法寺期间所著，成书于 620—640 年间，早于《法苑珠林》和《诸经要集》。两部晚出之书的很多篇章内容很可能抄自《毗尼讨要》，相关引文也直接沿袭了道世原本对于《毗尼讨要》的编排与抄录。然而，值得注意的是，《毗尼讨要》显然也并非直接摘引自原典，而是与道宣的两部撰述存在密切的传抄或借鉴关系。

道宣是唐初著名的律僧，一生都以继承其师智首律师的律学学统而撰述，对《四分律》之学进行阐释与发扬，被世人尊奉为南山律宗初祖⑦。道世也曾跟随智首律师

---

① 道世撰《毗尼讨要》卷下《致敬尊仪章》，《卍续藏》第 44 册，第 379 页，中栏第 8—9 行。
② 《毗尼讨要》卷下《致敬尊仪章》，第 379 页，中栏第 17 行。
③ 《四分比丘尼钞》卷中《致敬篇》，《卍续藏》第 40 册，第 737 页，中栏第 6—7 行。
④ 《四分比丘尼钞》卷上《说戒篇》，第 726 页，下栏第 21—22 行。
⑤ 《四分律删繁补阙行事钞》卷下《僧像致敬篇》，《大正藏》第 40 册，第 132 页，上栏第 21—22 行。
⑥ 《四分律删繁补阙行事钞》卷下《僧像致敬篇》，第 132 页，下栏第 22—23 行。
⑦ 《宋高僧传》卷一四《唐京兆西明寺道宣传》，第 327—330 页。

修习律学。作为同门，道世长期辅佐道宣传承和弘扬《四分律》之学说："时道宣律师当涂行律，世且旁敷，同驱五部之车，共导三乘之轨。人莫我及，道望芬然。"[①] 二人在学术上相互影响，其撰述旨趣均以《四分律》为宗。如《毗尼讨要》卷题注云："正释《四分》，傍通诸部。"[②] 该书序还称："今所撰者，只《四分》为宗。若此文不足，则用诸部补阙。"[③] 道宣在贞观十九年（645）所撰《四分比丘尼钞》自序中也提道："今所撰者，用《四分》为宗，斯文不具，更将诸部补阙。"[④] 显然，两书关系十分密切，故有"或谓此《四分律比丘尼钞》者，唐道世律师述也"之误传，但妙辨已予以否定[⑤]。之所以有此误会，或许在于两书作者的关系太过密切，平日交流律学心得频繁，故撰述成书时间相近，旨趣也极为相似，引文部分因而出现互相"借鉴"的情况。所以，根据LM20-1468-07-07所存引文在《毗尼讨要》《四分律比丘尼钞》不同篇章的情况来看，道世后来在编撰《诸经要集》或《法苑珠林》时，很可能根据篇章需求对《毗尼讨要》或《四分律比丘尼钞》的引文进行过重新分类编排。

同时，《毗尼讨要》与《四分律比丘尼钞》的旨趣与篇章架构可能都改编自道宣早在武德九年（626）所撰写的《四分律删繁补阙行事钞》。周叔迦先生曾言《毗尼讨要》"所标行相，亦与道宣相合，诚足以提纲挈领，互相辉映。而受菩萨戒章，尤足补《行事钞》之阙，文字虽较《行事钞》为简洁，而条理明晰，殆有过之"[⑥]，《四分比丘尼钞》其实也当得此论。作为后出转精之作，《毗尼讨要》和《四分比丘尼钞》源自《四分律删繁补阙行事钞》，但都在该书基础之上，重新编排并加以精炼，使其更为简明扼要。

总之，可以推断，LM20-1468-07-07《法苑珠林》卷三九残存部分的引文并非直接源自原典，而是道世根据其早年所撰《毗尼讨要》进行过重新编排。至于《毗尼讨要》，则很可能"借鉴"了道宣的《四分比丘尼钞》。但无论《毗尼讨要》还是《四分比丘尼钞》，两者最终都源自道宣所撰南山律宗最要之书——《四分律删繁补阙行事钞》。上述关系大致推断如图所示：

---

① 《宋高僧传》卷四《唐京师西明寺道世传》，第66页。
② 《毗尼讨要》，第308页，中栏第8行。
③ 《毗尼讨要·序》，第308页，上栏第23—24行。
④ 《四分比丘尼钞·序》，第706页，中栏第2—4行。
⑤ 《四分比丘尼钞》妙辨跋后，第777页，上栏第3—17行。
⑥ 周叔迦《释家艺文提要》卷四"《毗尼讨要》"条，第233页。

道宣：《四分律删繁补阙行事钞》----→《四分比丘尼钞》

（武德九年，626年）　　（贞观十九年，645年）

道世：　　　　　　　　　　《毗尼讨要》———→《诸经要集》———→《法苑珠林》

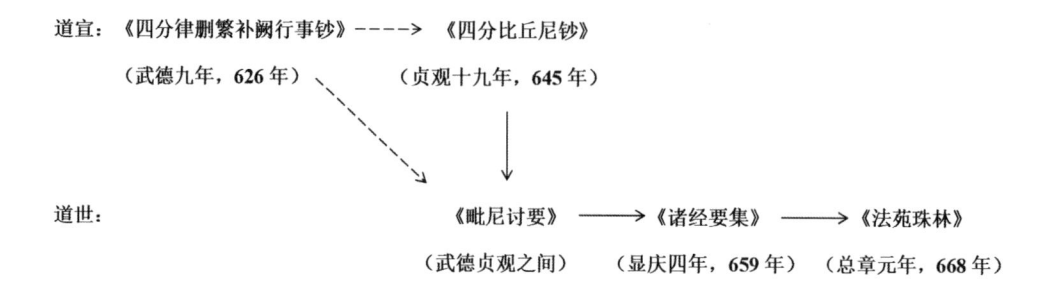

　　　　　　　　　　（武德贞观之间）　（显庆四年，659年）（总章元年，668年）

LM20-1466-21-09 也印证了上述结论。该残片中《法苑珠林》引《善见论》云："弟子从师行，不得远离师七尺。"但在《善见律毗婆沙》卷一六中未能找到完全对应的文字，仅有一处类似语句："若和上将去，着衣持钵随和上后，不得近不得远，去和上七尺而行。"① 同样，《法苑珠林》引《沙弥威仪经》云："弟子从师行，不得以足蹈师影。"而在失译《沙弥十戒法并威仪》中作："二者当随师后，不得以足蹈师影。"② 求那跋摩译《沙弥威仪》中作："二者当随，不得以足蹈师影。"③ 两书原文均与《法苑珠林》的摘抄不同。经过比对，《法苑珠林》此处引文同样更有可能抄录自道世的《毗尼讨要》，且最初来源为道宣《四分比丘尼钞》或《四分律删繁补阙行事钞》。现将四部佛典引文条列如下（表4-2）：

表4-2　LM20-1466-21-09 残存引文比较表

《法苑珠林》卷三九《伽蓝篇·致敬部》	《毗尼讨要》卷上《师徒相摄章》	《四分比丘尼钞》卷中《师徒篇》	《四分律删繁补阙行事钞》卷上《师资相摄篇》
故《善见论》云："弟子从师行，不得远离师七尺。"又《沙弥威仪经》云："弟子从师行，不得以足蹈师影。"	《善见》云："弟子从师行，不得远师七尺。"《沙弥威仪经》云："弟子随师行，不得以足蹈师影。"④	《见论》："弟子从师行，不得远师七步。"《沙弥威仪》云："弟子随师行，不得以足蹈师影。"⑤	《善见》："弟子随师行，不得去师七尺，不应蹋师影。"⑥

---

① 僧伽跋陀罗译《善见律毗婆沙》卷一六，《大正藏》第24册，第789页，上栏第13—15行。
② 失译《沙弥十戒法并威仪》，《大正藏》第24册，第928页，上栏第8—9行。
③ 求那跋摩译《沙弥威仪》，《大正藏》第24册，第933页，上栏第28—29行。
④ 《毗尼讨要》卷上《师徒相摄章》，第333页，下栏第15—16行。"七尺"，一作"可限七尺"。
⑤ 《四分比丘尼钞》卷中《师徒篇》，第734页，上栏第24行—中栏第2行。
⑥ 《四分律删繁补阙行事钞》卷上《师资相摄篇》，第32页，上栏第4—5行。

综上所述，通过对旅顺博物馆藏《法苑珠林》残片的细致考察，我们能够揭示《法苑珠林》的佛典引文并非完全来自原典佛经。《法苑珠林》的编撰基础，除了道世曾参与玄奘译场及入驻西明寺后得以广览群书的经历外，还有他早年如《毗尼讨要》等相关撰述，这些撰述才是该书直接且重要的引典来源。而深究其源，由于道世与道宣之间密切的同门关系，他们的撰述或有共同原典材料来源，抑或他们存在撰述之间的相互传抄[1]。道世早年的撰述很有可能"借鉴"了道宣的作品《四分律删繁补阙行事钞》或《四分比丘尼钞》，《法苑珠林》的引文异文则直接或间接承袭了道宣在撰述时对于原典的增删。

三、《法苑珠林》残片所见"述曰"考

不惟《法苑珠林》外典、佛典的引典与道世、道宣早期撰述有关，书中"述曰"部分也存在此问题。

按《法苑珠林》的体例，篇、部前皆有"述意部"，用以阐述该篇部之旨趣。而诸部内，不同引书间夹叙的79处"述曰"也被用以表达和补充作者的具体思想观点。LM20-1466-21-09 残片中残存的一处"述曰"，主要阐述了女子进入寺庙时应遵守的规矩，体现了对于佛教律学规矩的重视。此"述曰"尽管并未注明出处，但实际上也出自道世《毗尼讨要》或道宣《四分律删繁补阙行事钞》。

LM20-1466-21-09 残片残存的"述曰"见于《毗尼讨要》卷下《道俗届寺章》，其云：

> 清信女人入寺，仪式同前。唯不得在男子座上，形相语笑，脂粉涂面，画眉假饰，非法调戏，共相排荡，持手撑人。必须摄心整容，随人教令，依次持香，一心供养。[2]

道宣《四分律删繁补阙行事钞》卷下《导俗化方篇》几乎与《毗尼讨要》全同，只

---

[1] 川口义照将道宣关于感应缘部分的撰述同《法苑珠林》进行比对，认为道世与道宣的著述存在引用相同典籍的情况。川口义照《道世と道宣の撰述书》，《印度学佛教学研究》第52号，1978年，第304—306页。陈昱珍也根据《法苑珠林》的引书方式，发现道世与道宣两人确有引用相同原典或相互传抄的情形。陈昱珍《〈法苑珠林〉所引外典之研究》，第323—324页。
[2] 《毗尼讨要》卷下《道俗届寺章》，第378页，中栏第24行—下栏第2行。

187

是"座上"作"上坐","撑人"作"樏人"[1],存在个别异体字字形上的区别。对比两书与《法苑珠林》,可以发现它们只有几处用词差异,如"清信女人"在《法苑珠林》中作"女人","仪式"作"法用"等。而三书在核心观点上可谓完全一致。

《法苑珠林》中"述曰"所论观点同于《毗尼讨要》和道宣《四分律删繁补阙行事钞》的情况总共存在5处,现列表如下(表4-3):

表4-3 《法苑珠林》"述曰"引文比较表

序号	《法苑珠林》	《毗尼讨要》	《四分律删繁补阙行事钞》	备注
1	依如西域,凡有士女,既到伽蓝,至寺门外,庆己所遇,先整衣服,总设一礼,入寺门已,复设一拜,然后安庠直进,不得左右顾眄。(卷三九《伽蓝篇·致敬部》,CBETA, T53, no. 2122, p. 593a6-8)	士女入寺者,今依祇桓旧法。西国士民,凡至寺门外,整服一拜,入门复礼一拜,安详直进,不左右顾眄。(卷下《道俗届寺章》,CBETA, X44, no. 743, p. 378b4-6)	今依祇洹旧法出。中国士民,凡至寺门外,整服一拜,入门复礼一拜,安详直进,不左右顾眄。(卷下《导俗化方篇》,CBETA, T40, no. 1804, p. 141a5-7)	论士女入寺之法用。
2	若女人入寺,法用同前。但不得在男子上坐,形相语笑,脂粉涂面,画眉假饰,非法调戏,共相排荡,持手抷人。必须摄心整容,随人教令,依次持香,一心供养。(卷三九《伽蓝篇·致敬部》,CBETA, T53, no. 2122, p. 593c17-20)	清信女人入寺,仪式同前。唯不得在男子座上,形相语笑,脂粉涂面,画眉假饰,非法调戏,共相排荡,持手撑人。必须摄心整容,随人教令,依次持香,一心供养。(卷下《道俗届寺章》,CBETA, X44, no. 743, p. 378b24-c2)	清信女人入寺,仪式同前。唯不得在男子上坐,形相语笑,脂粉涂面,画眉假饰,非法调戏,共相排荡,持手摻人。必须摄心整容,随人教令,依次持香,一心供养。(卷下《导俗化方篇》,CBETA, T40, no. 1804, p. 141b18-22)	论女子入寺后的规矩。

---

[1] 《四分律删繁补阙行事钞》卷下《导俗化方篇》,第141页,中栏第18—22行。

续 表

序号	《法苑珠林》	《毗尼讨要》	《四分律删繁补阙行事钞》	备注
3	比见诸人非时分中，食于时食，何者是耶？谓边方道俗等，闻律开食果汁浆，遂即食干枣汁，或生梨、蒲萄、石榴，不捣汁饮，并子总食。虽有捣汁，非澄使清，取浊浓汁并滓而食。或有闻开食舍楼伽果浆，以患热病，遂取生藕并根生食，或有取清饭浆饮，或身无饥渴，非时食苏油、蜜、石蜜等，或用杏人煎作稠汤。如此滥者非一，不可具述。若准《十诵》，非前远行等五种之人，不得辄食，食便破斋。见数犯者多，故别疏记。（卷四二《受请篇·食讫部》，CBETA, T53, no. 2122, pp. 613c28-614a8）	而今世人，多有非时分中，食于时食，何者是耶？谓食干枣汁，或诸生果浆非澄清者，或食生藕根、米汁等，或身无重病，非时食啖石蜜、苏油、杏人汤等。此并非法。（卷上《四药受净章》，CBETA, X44, no. 743, p. 331c2-5）		论受食比丘的吃食。又见于《四分比丘尼钞》卷下《受药篇》："今时多有僧尼，非时分中，食于时食，何者是耶？干枣汁、生枣汁、奶酪、清浆、生藕根、或诸生果捣破，不以水和澄清，稠浊饮之，或食饧糖、清饭浆等。如是之类，非时而食。"(CBETA, X40, no. 724, p. 757b4-7）
4	如前教已，复将经像至病人所，题其经名、像名，告语示之。使开目睹见，令其惺寤。兼请有德智人，读诵大乘，助扬赞呗。幡华乱坠，宛转目前。香气氛氲，常注鼻根。常与善语，勿传恶言。以临终时多有恶业相现，不能立志排除。是故瞻病之人，特须方便善巧诱讠术，使心心相续，刹那不驻。乘此福力，作往生净土之意。（卷九五《病苦篇·敛念部》，CBETA, T53, no. 2122, p. 987b20-27）	如前教已，又将经像至病人处，题其经名、像名，具告说之。使开目睹见，令其惺悟。兼请有德智人，读诵大乘，助扬赞呗。幡华乱坠，宛转目前。香气氛氲，尝注鼻根。恒与善语，勿传恶事。以临终时多有恶业想现，不能立志排除。是故瞻病人时，须方便善巧诱诫，使心心相续，刹那不驻。乘此福力，作往生净土之意也。（卷下《瞻病送终章》，CBETA, X44, no. 743, p. 391a18-20）		论送经像至病人之处后的仪式。

续　表

序号	《法苑珠林》	《毗尼讨要》	《四分律删繁补阙行事钞》	备注
5	既知如此，诸道俗等若见师僧父母亡柩，外来吊人小于亡者，至其尸所，如常设礼已，先执孝子手默慰吊之，后至大德所，具展哀情，吊而拜之。（卷九七《送终篇·遣送部》，CBETA, T53, no. 2122, p. 999b16-19）		若高节拔群，由来清卓者，故不局世情；必任情喜怒，随俗浮沉者，至父母二师终亡，而护夏不来，虽来不展哀苦者，亦道俗同耻。彼外来吊人，小于亡者，至尸所设礼，执弟子手慰问已；然后至师所，依法吊慰。若奔丧来者，直来尸所礼拜，展哀情已，次第依位。若大德上座来吊者，依本威仪，随时坐立。（卷下《瞻病送终篇》，CBETA, T40, no. 1804, p. 145b6-12）	论临终送别之法。

这 5 处条目虽出自不同的撰述，但其所论及的核心观点具有一致性，仅在用词上有所差异。可见，《法苑珠林》中某些"述曰"的观点与旨趣，同样来自道世早期撰述的《毗尼讨要》，或道宣撰述的《四分律删繁补阙行事钞》（或《四分比丘尼钞》）。在编撰《法苑珠林》或《诸经要集》之际，道世不仅汲取自己在《四分律》律学方面的学术积累，还参考了同门道宣的撰述观点。

除《四分律删繁补阙行事钞》（或《四分比丘尼钞》）之外，道宣于龙朔元年（661）撰述的《释门归敬仪》也成为《法苑珠林》"述曰"观点的来源之一。

两书关于"述曰"的相似之处有三条。第一条，《法苑珠林》卷一六《敬佛篇·受戒部》作：

> 述曰：若是居家白衣未受戒者，先受翻邪三归，日别六时，随时便受。显归三宝，自誓不回，必得上生。[1]

---

[1] 《法苑珠林》卷一六《敬佛篇·受戒部》，第 402 页，上栏第 27—29 行；《法苑珠林校注》，第 528 页。

第四章　增删与流布

在《释门归敬仪》卷下《功用显迹篇》中作：

> 若未受戒，止得但受翻邪三归，日别六时，随时便受。显归三宝，自誓不回。①

第二条，《法苑珠林》卷二〇《致敬篇·敷座部》作：

> 述曰：敬寻经律，无敷坐具之文。但云脱屣礼足。今据事用，理须坐具。②

在《释门归敬仪》卷下《威容有仪篇》中作：

> 寻讨经律，无敷坐具之文。但云脱屣礼足。今据事用，理须坐具。③

第三条，《法苑珠林》卷二〇《致敬篇·仪式部》作：

> 述曰：此部别有五仪式：第一、明脱履者，此为申极敬仪也。如此土群臣朝谒之仪，皆在殿庭，履屣不脱。有时上殿，则剑履皆舍。此古之法，非始今仪。天竺国中地多湿热，以革为屣，制令着之。如见上尊，即令脱却。自余寒国，随有履着。行事之时，脱足为敬。④

在《释门归敬仪》卷下《威容有仪篇》中作：

> 四、明脱革屣者，中梵极敬。此土群臣朝谒之仪，皆在殿庭，故履屣不脱。有时上殿，则剑履皆舍。此古法也。天竺国中地多湿热，以革为屣，制令服之。如见上尊，即令脱却。自余寒国，随有履之。行事之时，既脱足已，可践土地。⑤

细致比对不难发现，以上三条虽存在个别字词差异，但主旨观点毫无二致。王

---

① 道宣撰《释门归敬仪》卷下《功用显迹篇》，《大正藏》第45册，第867页，上栏第22—23行。
② 《法苑珠林》卷二〇《致敬篇·敷座部》，第434页，上栏第23—24行；《法苑珠林校注》，第653页。
③ 《释门归敬仪》卷下《威容有仪篇》，第863页，上栏第21—22行。
④ 《法苑珠林》卷二〇《致敬篇·仪式部》，第434页，中栏第11—16行；《法苑珠林校注》，第654页。
⑤ 《释门归敬仪》卷下《威容有仪篇》，第863页，上栏第16—20行。

191

侃曾揭示《法苑珠林》中某段佛经引文实际源自道宣《释门归敬仪》卷下[①]。而审视以上三条,《法苑珠林》中"述曰"所表达的观点,实则也有部分源自道宣《释门归敬仪》。尤其值得注意的是,《诸经要集》一般认为要早于《释门归敬仪》成书,但《诸经要集》中却并未出现以上三条。这表明在道宣撰述《释门归敬仪》之际或之后,道世对该书的部分观点也极为认同,因而予以"借鉴"并编入《法苑珠林》。总的来说,《法苑珠林》的编撰深受同时代道宣撰述的影响,无论是佛经、感应缘的引典,抑或是撰述的主旨观点。

《法苑珠林》中还有一条"述曰"值得关注,即该书卷一五《敬佛篇·能见部》所载:

> 述曰:如凡夫二乘于秽土中见阿弥陀佛,诸菩萨等于净土中见阿弥陀佛。据此二说,报土则一向纯净,应土则有染有净。[②]

此条"述曰"主要论述在秽土和净土见阿弥陀佛之事。该论实际出自真谛所言,见于英藏敦煌文献S.2050《金刚经疏》:

> 真谛云:凡夫二乘于秽土中见阿弥陀佛,诸菩萨于净土中见阿弥陀佛。案:此二说,报土则一向纯净,应土则有染有净。[③]

S.2050《金刚经疏》首尾皆残,卷中大量引用无著、世亲和真谛的言论对鸠摩罗什译《金刚经》进行注疏[④]。该残卷还保存了不少慧净《金刚般若波罗蜜经注》的内容,平井宥庆据此认为唐初慧净对该残卷的撰述有重要影响[⑤]。不过,该条《法苑珠林》的"述曰"虽然见于S.2050,却不见于慧净《金刚般若波罗蜜经注》,故其"述曰"观点当与慧净无关。

根据上述其他可考来源之"述曰"可知,《法苑珠林》大多"借鉴"道世自己或道宣的撰述。因此,是否可以推测,这条"述曰"或许也出自道世或道宣的其他撰述?抑或S.2050《金刚经疏》也与道世的撰述有所关联?

---

① 王侃《中华书局本〈法苑珠林校注〉补考——兼谈〈法苑珠林〉引书来源问题》,第356—362页。
② 《法苑珠林》卷一五《敬佛篇·能见部》,第398页,上栏第24—26行;《法苑珠林校注》,第511页。
③ 录文参任继愈主编《中华大藏经·续编》第10册,北京:中华书局,2019年,第30页。
④ 方广锠《敦煌文献中的〈金刚经〉及其注疏》,《世界宗教研究》1995年第1期,第77页。
⑤ 平井宥庆《敦煌本金刚经疏と唐慧净》,《印度学佛教学研究》第41号,1972年,第146—147页。

尽管道世出身律宗并以《法苑珠林》名世，但他也曾"特慕上乘，融明实性"[①]，对大乘经典多有修习与感悟，并撰成《金刚般若经集注》三卷。这部集注目前已散佚无见，只在道宣《广弘明集》卷二二《法义篇》中保存了李俨为该书所撰之序，其云：

> 时有长安西明寺释道世法师，字玄恽。德镜玄流，道资素蓄。伏膺圣教，雅好斯文。以解诂多门，寻核劳止。未若参综厥美，一以贯之。爱掇诸家而为集注，开题科简，同铭斯部。勒成三卷，号为《集注般若》。兼出《义疏》三卷、《玄义》两卷。现行要用，文理周悉。[②]

按序言所述，道世曾综合以往诸家《金刚经》注疏，撰成《集注》三卷、《义疏》三卷和《玄义》两卷。而道世《金刚般若经集注》成书时间大致推断在麟德元年（664）[③]，故道世完全有可能见过并集录过慧净的《金刚般若波罗蜜经注》，《法苑珠林》也完全有可能从其《金刚般若经集注》中抄出相关观点内容。由此，笔者认为S.2050《金刚经疏》或为道世汇编的《金刚经》注疏。况且，S.2050背面还抄有《四部律并论要抄》题记[④]，其内容显然也与《四分律》相关，这也可佐证该写卷可能与道世相关撰述有关。因此，笔者认为S.2050可能是道世所撰《金刚般若经集注》的某个写本，不过尚需更多材料佐证。

小　结

通过对上述旅顺博物馆藏两件《法苑珠林》残片的考辨，可以发现《法苑珠林》并非道世晚年另起炉灶的撰述。书中多处摘抄的佛典、外典的文字并不都是源自原典，而是"借鉴"了道世自己以往的撰述与同时代同门道宣的撰述。书中部分"述曰"所见思想观点亦是如此。故而，《法苑珠林》虽然是一部博采兼收的佛教类书，但也是道世充分体现个人学术思想的"私心"之作。对于该书的认识，我们不能忽视道世一生所主张的辅佐道宣弘扬《四分律》的学术背景，以及他与《四分律》律

[①] 《宋高僧传》卷四《唐京师西明寺道世传》，第66页。
[②] 道宣撰《广弘明集》卷二二《法义篇》，《大正藏》第52册，第260页，上栏第16—21行。
[③] 参王侃《唐释道世平生著述考略》，《图书馆理论与实践》2018年第8期，第64页。
[④] 郝春文主编《英藏敦煌社会历史文献释录》第9卷，北京：社会科学文献出版社，2012年，第149页。

学相关的学术积累。这部一百卷的鸿篇巨作得以完成，很大程度上得益于道世早期的学术积累，以及他与道宣之间密切往来的学术交流，书中许多引典与观点均源自道世和道宣以往的撰述。正是这些丰厚的学术撰述，才构成了《法苑珠林》能够迅速撰成的材料基底。

第二节　吐鲁番《玄应音义》的传抄：版本与增删

佛典知识的传播，除《法苑珠林》等类书外，佛经音义也是相当重要的传抄文本。现存世的佛经音义主要有三种，分别为玄应的《一切经音义》（简称《玄应音义》），慧琳的《一切经音义》（简称《慧琳音义》）以及希麟的《续一切经音义》（简称《希麟音义》）[1]。《玄应音义》又称《众经音义》，系唐初沙门玄应专为音注、诠释当时已译出的佛经而作。该书是中古时期佛经音义的承上启下之作，后来的《慧琳音义》即在此书基础上增补而成。《玄应音义》虽为玄应未竟全功之作，但在其离世后不久便广泛传抄，并远传至日本。目前所见最早刻本收录在宋人编刊的《碛砂藏》之中。而得益于敦煌文献的发现，以及世界各地散藏吐鲁番文献的公开，早期《玄应音义》的写本亦得以重现。这些写本的出现为《玄应音义》早期风貌的复原提供了坚实的材料基础[2]。旅顺博物馆（简称"旅博"）藏新疆出土汉文文献，与日本大谷文书同属"大谷收集品"，多出自吐鲁番，其中亦发现20余件《玄应音义》的早期写本。以下将对这批旅博藏《一切经音义》展开讨论。

一、旅博藏《一切经音义》版本系统考

旅博藏《一切经音义》，此前已比定出2件，编号分别为LM20-1474-19A-03与

---

[1] 徐时仪曾对这三种佛经音义作过校注，见《一切经音义三种校本合刊》（修订第二版），上海：上海古籍出版社，2023年。

[2] 关于敦煌吐鲁番写本的《玄应音义》研究，可参石冢晴通《玄应〈一切经音义〉的西域写本》，《敦煌研究》1992年第2期，第54—61页；徐时仪《敦煌写本〈玄应音义〉考补》，《敦煌研究》2005年第1期，第95—102页；张涌泉《敦煌本玄应〈一切经音义〉叙录》，《汉语史研究集刊》第10辑，成都：巴蜀书社，2007年，第564—579页；徐时仪《玄应〈一切经音义〉写卷考》，《文献》2009年第1期，第30—41页；范舒《吐鲁番本玄应〈一切经音义〉研究》，《敦煌研究》2014年第6期，第106—115页。

LM20-1474-19A-01。张娜丽曾对其进行过录文和研究，考订其系《玄应音义》[①]。在王振芬、孟宪实、荣新江主编《旅顺博物馆藏新疆出土汉文文献》中，又新比定出26件《一切经音义》。这些残片分别属于几个不同的写本系统，具体编号等情况如下所示（表4-4）：

表4-4 旅博藏《一切经音义》残片表

编号	卷数	CBETA 位置	时期
LM20-1519-08-06	《玄应音义》卷一	C056, no. 1163, p. 815, c9-12	唐
LM20-1507-C1132a+ LM20-1506-C0897d	《玄应音义》卷一	C056, no. 1163, p. 816, b1-6	唐
LM20-1457-16-03	《玄应音义》卷一	C056, no. 1163, p. 816, b7-14	唐
LM20-1521-09-04 → LM20-1507-C1096a	《玄应音义》卷一	C056, no. 1163, p. 816, b11-17	唐
LM20-1520-23-11	《玄应音义》卷一	C056, no. 1163, p. 817, a1-8	唐
LM20-1469-05-05	《玄应音义》卷一	C56, no. 1163, p. 821, c18-19	唐
LM20-1523-18-177	《玄应音义》卷二	C056, no. 1163, p. 836, a1-4	唐
LM20-1521-25-17	《玄应音义》卷三	C056, no. 1163, p. 858, b18-20	唐
LM20-1464-13-12	《玄应音义》卷五	C056, no. 1163, p. 892, a12-15	唐
LM20-1474-19A-03 → LM20-1474-19A-01 → LM20-1456-15-07	《玄应音义》卷五	C056, no. 1163, p. 895, a15-b18	唐
LM20-1521-27-08	《玄应音义》卷六	C056, no. 1163, p. 912b11-c10	西州回鹘
LM20-1469-02-06	《玄应音义》卷八	C56, no. 1163, p. 936, b6-7	唐
LM20-1517-0141b → LM20-1520-18-11	《玄应音义》卷八	C056, no. 1163, p. 937, c3-7	西州回鹘
LM20-1507-C1144d	《玄应音义》卷八	C056, no. 1163, p. 937, c5-8	唐

[①] 两件图版见旅顺博物馆、龙谷大学合编《旅顺博物馆藏新疆出土汉文佛经选粹》（简称《选粹》），第162页。但《选粹》并未定名。张娜丽考辨缀合研究，见氏文《敦煌トルファン出土〈玄应音义〉写本について》，《相川铁崖古稀记念书学论文集》，东京：木耳社，2007年，第253—256页。

续　表

编号	卷数	CBETA 位置	时期
LM20-1508-C1362a	《玄应音义》卷八	C056, no. 1163, p. 946, b3-6	西州回鹘
LM20-1456-32-04+ LM20-1452-26-12	《玄应音义》卷八	C056, no. 1163, p. 942, c16-943, a2	西州回鹘
LM20-1548-05-18 → LM20-1502-C0054 → LM20-1517-0112c → LM20-1548-05-17	《玄应音义》卷一三	C056, no. 1163, p. 1015, c5-20	唐
LM20-1456-37-06	《玄应音义》卷二一	C057, no. 1163, p. 65, b13-19	西州回鹘
LM20-1509-C1633b	《玄应音义》卷二二	C057, no. 1163, p. 77, a2-5	唐

这批旅博馆藏 28 件《一切经音义》均属于玄应所撰《一切经音义》。玄应和慧琳均使用了相同的书名，内容上也存在部分重合，那如何判定上述 28 件都是《玄应音义》呢？从大的背景来看，高田时雄已指出《慧琳音义》作于唐末乱世，来不及广泛流通，故而其传播范围有限，甚至在敦煌吐鲁番地区也未见流传[1]。范舒的研究亦表明，由于《慧琳音义》部分转引了《玄应音义》的内容，加之吐鲁番出土的《玄应音义》多为残片，而《大正藏》仅收录了《慧琳音义》，故此，早期学界曾将部分《玄应音义》残片误认为《慧琳音义》[2]。

经由两位学者的揭示，可以认为，吐鲁番出土《一切经音义》基本都为《玄应音义》而非《慧琳音义》[3]。就文字内容而言，上述 28 件写本中部分内容虽亦见于《慧琳音义》，但均转引自《玄应音义》，并非《慧琳音义》所独有。特别是 LM20-1474-19A-03→LM20-1474-19A-01→LM20-1456-15-07 这组残卷，仅后半部分在《慧琳音义》转引《玄应音义》的部分中出现，而前半部分仅见于《玄应音义》，这有力地证实

---

[1] 高田时雄《藏经音义の敦煌吐鲁番本と高丽藏》，《敦煌写本研究年报》第 4 号，2010 年，第 7 页。
[2] 范舒《吐鲁番本玄应〈一切经音义〉研究》，第 108 页。
[3] 此外，石冢晴通和徐时仪在论述吐鲁番出土的《一切经音义》时，也都认定为《玄应音义》，见石冢晴通《玄应〈一切经音义〉的西域写本》，第 54—61 页；徐时仪《玄应〈一切经音义〉写卷考》，第 30—41 页。另西胁常记将德藏 Ch/U 8026 认定为《希麟音义》，参西胁常记《中国古典社会における佛教の诸相》，东京：知泉书馆，2009 年，第 6—9 页。又可参微信公众号"尤澳自述"，2024 年 12 月 23 日、2025 年 1 月 4 日。

了这组残卷只能是《玄应音义》。总之，旅博馆藏的这28件《一切经音义》均为《玄应音义》，而非《慧琳音义》。

根据徐时仪的研究，《玄应音义》的版本主要可分为《高丽藏》与《碛砂藏》两大系统[①]。此前敦煌吐鲁番出土的《玄应音义》，学者们大致将其划分为四个抄本系统，分别隶属于《高丽藏》和《碛砂藏》两大版本系统，尤以前者为多[②]。其中，《高丽藏》所据刻本与《开宝藏》关系密切。《开宝藏》作为北宋官方刻本藏经，主要收录《开元释教录》的佛经，其中所收《玄应音义》当与唐代开元时期官方藏经最为接近。《碛砂藏》虽也源自《开宝藏》，但受北方《契丹藏》版本系统的影响更大，增删之处更多，尤其在《玄应音义》卷五中，缺少了21种佛经的音义，这表明其传抄时间相对较晚，更接近后来刻本的形态。

旅博馆藏的28件《玄应音义》写本，部分可划归入上述两个经藏版本系统，部分则为当地有所增删的本子。例如，LM20-1457-16-03与《碛砂藏》本系统相关。这是因为LM20-1457-16-03所存词条的音义均缺少古文同字，此文本形态同于《碛砂藏》本，而《高丽藏》本中对应词条的古文同字则保存较为完整，故可知LM20-1457-16-03当属《碛砂藏》本系统。LM20-1464-13-12与LM20-1474-19A-03→LM20-1474-19A-01→LM20-1456-15-07均为《玄应音义》卷五，恰好属于《碛砂藏》本系统缺失的部分，这也正是《高丽藏》本与《碛砂藏》本系统最大的区别所在，所以这4件应归入《高丽藏》本系统。至于LM20-1456-32-04+LM20-1452-26-12则与《高丽藏》本和《碛砂藏》本均有差异，字迹欠佳，不似正规写经，且明显经过增删，推测为仅在当地使用的写本。

此前，吐鲁番地区发现的《玄应音义》有40件[③]，加上旅博的28件，总共68件，反映出《玄应音义》在吐鲁番地区颇为流行。《玄应音义》的流行与其本身特点及重要性密切相关。玄应以"正字"身份参与玄奘译经活动，《玄应音义》为随译随作的产物，其中收录均为当时新译并纳入官方佛藏的佛经。所收经目尽管不能完全

[①] 徐时仪《玄应〈众经音义〉研究》，北京：中华书局，2004年，第48页。

[②] 徐时仪《敦煌写本〈玄应音义〉考补》，第95—99页；范舒《吐鲁番本玄应〈一切经音义〉研究》，第111—114页。

[③] 参石冢晴通《玄应〈一切经音义〉的西域写本》，第54—61页；西胁常记《ドイツ将来のトルファン汉语文书》，京都：京都大学学术出版会，2002年，第47—66页；张娜丽《敦煌トルファン出土〈玄应音义〉写本について》，第253—256页；范舒《吐鲁番本玄应〈一切经音义〉研究》，第106—115页。另尤澳新近比定出德藏Ch 1688为《玄应音义》卷二三《显扬圣教论》卷八音义，参微信公众号"尤澳自述"，2024年12月9日。

等同于后来官方认定的经藏目录,但至少涵盖了当时大慈恩寺的主要藏经[1]。

《玄应音义》成书后不久,就被编入经藏。《大唐内典录》与《开元释教录》皆收录该书,并给予其"征核本据,务存实录,即万代之师宗,亦当朝之难偶也"的高度评价[2],可见其在当时经藏中占据的独特地位。之后,伴随着唐代官方经藏的颁布以及部分有关佛经的传抄活动,《玄应音义》得以从长安传抄至西北边陲及东北等地区和国家[3]。

二、《玄应音义》在吐鲁番的流传

写本时代,抄写遗漏、错误,甚至因误读以至于以讹传讹,造成原本知识的增删,从而出现不同的文献版本,是一种常见的文本传抄现象,也是其时知识传播与接受的重要特点。《玄应音义》是译经过程中为正字而作的产物,应归入字书类别,其主要目的在于为学习佛经的人士提供疑难字词的正确发音和含义。这些汇编成书的各种词条都是玄应本人学识的结晶,但当《玄应音义》成书后,在由长安流传至吐鲁番地区的过程当中,个体知识会借由传抄等方式,不断经历传播与接受的转换:

玄应的知识传播给长安官方→长安官方接受并向吐鲁番地方官方传播→吐鲁番地方官方接受再向当地读者传播→当地读者接受并留存至今

因此,现今所见的吐鲁番出土《玄应音义》,实则经历了多次不同区域社会背景下各类人群自发或无意识进行的知识传播与接受的过程,从而呈现出如今的面貌。在这一系列转换过程中,作为知识传播与接受主体的人发挥了主观能动的作用。他们在《玄应音义》的写本上留下种种痕迹,为之附上了不同时代和不同地域的独特印记。不同写本的增删,以及不同版本的出现,都是受到这些印记的影响,这也恰好揭示了人在知识传播与接受的过程中所扮演的重要角色。

《玄应音义》既然是为佛经批注音义,那么字词读音反切当然是其最基础与重要

---

[1] 张娜丽《玄奘の译场と玄应の行实》,土肥义和、气贺泽保规编《敦煌・吐鲁番文书の世界とその时代》,东京:汲古书院,2017年,第331—493页。
[2] 道宣撰《大唐内典录》卷五,《大正藏》第55册,第283页,中栏第24—27行。
[3] 方广锠依据敦煌写本中存在的30件带题记的佛经写本,认为唐代官方佛经曾在敦煌地区广泛传抄,见氏著《佛教大藏经史(八—十世纪)》,北京:中国社会科学出版社,1991年,第56—64页。笔者认为既然敦煌地区存在所谓的官藏,吐鲁番地区同样也应有官藏佛经存在。

的知识，而在旅博藏《玄应音义》中，反切的增删明显体现出当地个人实用色彩。唐帝国疆域内存在多种方言，这也导致同一文字在不同地区的发音存在差异。尽管玄应生平不详，但其人常驻京师寺庙，《玄应音义》同样成书于长安，故书中所注反切应源于当时长安通行的韵书。然而在敦煌吐鲁番所在的西北地区，则很可能流行其他与长安韵书不同的字词反切。

如 LM20-1456-32-04+LM20-1452-26-12 字迹较差，不像是正规官方写经，应当是吐鲁番当地私人传抄本。其第 4 行的"下直有反"不见于今传世诸本的《玄应音义》，也不像是词条"肶赘"的反切，反而更像是抄写者随手为该词条注文第一个字"籀"注音。"籀"一般指大篆字形，在《玄应音义》中属于注解里的正字部分，玄应当然不会专门为其注音，所以传世诸本的该词条中并未出现此字的反切。而在 LM20-1456-32-04+LM20-1452-26-12 中，抄写者却打破了《玄应音义》原本的体例，自行增添"籀"字的反切，这应当视为当地抄写者为了便于自己使用而对《玄应音义》文本进行改造的结果。此外，"籀"字在 P.3694《切韵》和《广韵》中均属去声"宥"小韵，前书作直右反，后书作直祐切[①]，"直有反"却没有在目前所见韵书中出现。且在唐代《切韵》系韵书中，"直有反"依据韵母"有"当为上声而非去声，所以这条音注很可能是当地抄写者自己使用的不同于通行韵书的字词反切。

在《玄应音义》原书基础上增添个人所用字词反切的行为，或许仅是抄写者随手所为。然而，这一行为背后却揭示了抄写者身为知识接受者与传播者的双重身份——抄写者学习并接受了本词条的音义知识，但又不满足于现状，在写本中添加了他所熟知的字词反切，以便自己日后使用。由此可见，《玄应音义》所蕴含的音义知识，原本是一种标准化的体现，然而，在该书传播过程中，这些知识不仅为更多人熟知与接受，还不断被扩充乃至改写，并进一步传播扩散。

释义也是《玄应音义》的重要内容，对其进行调整或删减，同样也能反映知识接受者对于不同知识的兴趣所在。在荣新江先生介绍的王重民旧照片中，有数件德国探险队在吐鲁番地区挖掘的《玄应音义》残片[②]，于亭指出这数件《玄应音义》残

---

① P.3694《切韵》参周祖谟《唐五代韵书集存》，北京：中华书局，1983 年，第 211 页；《广韵》参周祖谟《广韵校本》，北京：中华书局，1960 年，第 437 页。
② 荣新江《中国国家图书馆善本部藏德国吐鲁番文献旧照片的学术价值》，国家图书馆善本特藏部敦煌吐鲁番学资料研究中心编《敦煌学国际研讨会论文集》，北京：北京图书馆出版社，2005 年，第 271—272 页。

片主要保留了字形解读与注音部分，而训释则仅抄写了最低限度的内容[①]。这一发现进一步表明，即便释义富含深厚知识，但在当时或许未必会被当地人们所接受。抄写者很可能会根据自身需求进行抄写内容的增删，从而导致《玄应音义》的丰富内涵仅被部分使用。

此外，正形部分的内容也会被抄写者省略。《玄应音义》通常会在注文开头批注古字、异体字或通假字，但部分写本却省略了这一部分内容。如可能为私人抄写使用的 LM20-1457-16-03 就省略了每个词条起首的古字正形。相较之下，似为正规写经的 Ch 444（T II T 1940）等则依然保留了古文正形。正形对于人们认识和理解古今字固然十分有用，但在部分人眼中，该部分可以被忽略。毕竟，古文并非时人常用文字。特别对于地方上的僧人来说，古文更是非必要的学问与知识。他们只需掌握读解经文的能力，对于字词的古文写法，未必关心。因此，在私人抄写使用的写本中，往往就会省去他们不关心的知识。

小　结

在写本时代，抄写工作既耗时又艰辛，抄写者往往并非逐字逐句誊抄，而是根据自身需求对文本内容加以增删改造。这一改造过程同样体现了知识的传播与接受。《玄应音义》的知识结构丰富且完整，兼具宗教信仰与文学教育的双重内涵，但它不如佛经那么庄严神圣，实用性更强。在当时的吐鲁番地区，《玄应音义》通常用以解读佛经中的疑难字词，故而其宗教知识内涵无疑更为重要。其古文字形、丰富释义的文学内涵则相应被削弱，并未得到广泛接受与传播。同时，《玄应音义》作为一部专门用以阐释佛经字词的工具书，更侧重实用性。这类实用性工具书必然需要与时俱进、因地制宜、随时修订。尤其在敦煌吐鲁番地区，西北方音与唐代官话势必存在差异，书中相关内容在流传过程中只有进行相应增删，才能适应当地语言习惯。因地而改与因时而变，才是《玄应音义》这类实用性书籍得以传承下来的重要原因。最终，由长安传来的《玄应音义》，在经历了知识传播与接受的传抄过程后，在吐鲁番地区被改造成适应本地地方知识结构的独特的实用性文本。

---

① 于亭《玄应〈一切经音义〉研究》，北京：中国社会科学出版社，2009 年，第 92 页。

附：新见旅顺博物馆藏玄应《一切经音义》叙录

旅博所藏《一切经音义》，之前学界已经比定出 2 件，编号分别是 LM20-1474-19A-03 和 LM20-1474-19A-01，张娜丽先生曾作过录文和研究，考订出系《玄应音义》。近来，我们在对旅博馆藏新疆出土汉文文献进行整理的过程中，又新比定出 26 件《一切经音义》，分属几个不同的写本系统，现逐一考订如下，以为叙录。先列编号及卷数，次列在中华电子佛典协会所制 CBETA 中的位置及写本年代，最后是录文，六角括号内是推补的文字。

LM20-1519-08-06　《玄应音义》卷一

唐玄应撰，CBETA，C056, no. 1163, p. 815, c9-12。唐时期。

　　（前缺）

1　〔八梵　八种梵音者。〕案《十住〔断结经〕》云：一、不男〕
2　〔音，二、不女音，三、〕不强音，〔四、不愞音，五、不清〕
3　〔音，六、不浊音，七、〕不雄音，〔八、不雌音。〕
　　（后缺）

本件见于《玄应音义》卷一《大方广佛华严经》卷七音义，也为《慧琳音义》卷二〇所转引。本件按照残存行数来看，词条应为顶格书写，注文转行低一格。

LM20-1507-C1132a+LM20-1506-C0897d　《一切经音义》卷一

唐玄应撰，CBETA，C056, no. 1163, p. 816, b1-6。唐时期。

　　（前缺）

1　〔摩㝹　奴侯反。正言〕摩奴末〔耶，此云意生身，〕
2　〔言〕诸天等从〔意化生也。〕
3　不殉　旬俊〔反。《尚书》：殉于货色。注云：殉，求也。〕
4　　亦营也。
5　　第十四卷
6　六亲《汉书》：以奉六亲。〔应邵曰：六亲者，父母兄〕
　　（后缺）

201

两件写本缀合后见于《玄应音义》卷一《大方广佛华严经》卷一三和一四音义，也为《慧琳音义》卷二〇所转引。LM20-1507-C1132a 词条和注文之间会空一格，LM20-1506-C0897d 卷数和词条则均顶格书写，词条与注文单行书写且字体相同，又与下文的 LM20-1457-16-03 内容差不多相续，不过字体还是有所区别，不敢遽然断定就是同一写本。

LM20-1457-16-03　《一切经音义》卷一

唐玄应撰，CBETA, C056, no. 1163, p. 816, b7-14。唐时期。

（前缺）

1　弟、妻、子也。〔《苍颉篇》：亲，爱也。《释名》云：亲，榇也，〕
2　言相隐榇也。
3　侮慢亡甫反。《广疋》：〔侮，轻也。谓轻伤玩弄也。〕
4　递相徒礼反。《尔疋》：〔递，迭也。谓，更易也。迭音徒〕
5　结反。珍馔又作籑，〔同。仕眷反。《说文》：备具饮食〕
6　也。

（后缺）

本件见于《玄应音义》卷一《大方广佛华严经》卷一四音义，也为《慧琳音义》卷二〇所转引。其中每个词条和注文的字体相同，且词条顶格，注文转行低一个字，但格式又并不十分严格，如第 5 行"珍馔"没有顶格，而是紧接上条的注文。值得注意的是，本件每个词条音义均无正形的部分（即字词的古文形态），与《碛砂藏》本系统一致。

LM20-1521-09-04 → LM20-1507-C1096a　《一切经音义》卷一

唐玄应撰，CBETA, C056, no. 1163, p. 816, b11-17。唐时期。

（前缺）

1　〔递相徒礼〕反。《尔〔疋〕》：递，迭也。谓，更易也。迭音徒〕
2　〔结反。珍〕馔又作籑，〔同。仕眷反。《说文》：备具饮食〕
3　也。
4　老迈莫芥反。《说文》：〔远行也。《广疋》：迈，归往也。〕

5　第十六卷
（后缺）

两件写本字体相似且内容相续，但无法直接缀合，见于《玄应音义》卷一《大方广佛华严经》卷一五音义和卷一六卷题，也为《慧琳音义》卷二〇所转引。按行数来看，此件写本应与《慧琳音义》转引一样，均未抄写"诗云日月其迈是也"这句释义。

LM20-1520-23-11　《一切经音义》卷一

唐玄应撰，CBETA, C056, no.1163, p. 817, a1-8。唐时期。

（前缺）

1　〔 扪摸莫奔、莫本二反。扪亦摸也。〕谓 执持也。
2　〔金皆且廉反。金，咸也。《小尔疋》：金，同也。〕
3　〔循身似遵反。《三苍》：徇，〕遍也。循亦

（后缺）

本件见于《玄应音义》卷一《大方广佛华严经》卷二六音义，也为《慧琳音义》卷二〇所转引。根据写本行数来看，相比传世本《玄应音义》，此件写本的每个词条都缺少部分词义的注释。但此件写本所缺"经中有作摩捉日月是也"，在《慧琳音义》转引和《碛砂藏》本中也都缺失，所以此件写本可能更接近于慧琳所见的《玄应音义》版本。

LM20-1469-05-05　《一切经音义》卷一

唐玄应撰，CBETA, C56, no. 1163, p. 821, c18-19。唐时期。

（前缺）

1　戏也。
2　第九卷

（后缺）

本件虽残，仅存两行，但可推知为《玄应音义》卷一，为《慧琳音义》卷一七转引。其中第1行为《大集日藏分经》卷八音义，第2行则为《大集日藏分经》卷九的卷题。

LM20-1523-18-177　《一切经音义》卷二

唐玄应撰，CBETA, C056, no. 1163, p. 836, a1-4。唐时期。

（前缺）

1　　泛长又作汎，同。〔疋剑反。《说文》：泛，浮也。又驶疾也。茎干工〕
2　　旦反。〔枝主也。《广疋》：干，本也。《三苍》：枝，干也。〕

（后缺）

本件见于《玄应音义》卷二《大般涅槃经》卷五音义。本件纸张和字迹均较为一般，而且没有界栏，应为非正规写经，可能是私人抄写使用的写本。本件主要残存"泛长"和"茎干"两条，其中两词条与注文皆同一字体连写，词条稍低转行注文一格，更加确定此件写本并非正规写经。

LM20-1521-25-17　《玄应音义》卷三

唐玄应撰，CBETA, C056, no. 1163, p. 858, b18-20。唐时期。

（前缺）

1　　〔嵩高又作〕崧，同。〔思隆反。《尔疋》：山大而高曰嵩。〕
2　　〔蚑行渠支〕反，又音〔奇。谓虫行皃也。〕

（后缺）

本件见于《玄应音义》卷三《光赞般若经》卷二音义，为《慧琳音义》卷九所转引。按本件行数来看，此件写本更接近《高丽藏》本而非《碛砂藏》本。

LM20-1464-13-12　《一切经音义》卷五

唐玄应撰，CBETA, C056, no. 1163, p. 892, a12-15。唐时期。

（前缺）

1　　〔貘者耻俱反。似〕狸而大。《尔〔疋〕：今貘虎〕
2　　〔大于狗，文如狸。〕
3　　〔《博物志》云：貘〕大能化为虎。
4　　〔苑囿于救反。《三〕苍》：养牛马林木曰〔苑〕。

（后缺）

第四章　增删与流布

本件见于《玄应音义》卷五《超日明三昧经》卷下音义，为《慧琳音义》卷三四所转引。本件格式排列稍显奇怪，第3行可能是注文转行顶格书写，抄写格式并不太标准。

LM20-1474-19A-03 → LM20-1474-19A-01 → LM20-1456-15-07　《一切经音义》卷五

唐玄应撰，CBETA, C056, no. 1163, p. 895, a15-b18。唐时期。

（前缺）

1　〔　缥，帛也。缥非字体。缥音力计〕反，亦绿色也。
2　〔斑驳又作辩，同。补颜反。〕《苍颉篇》：斑，文皃也，
3　〔　杂色为斑。〕
4　〔髭鬓又作髭，同。子移〕反。《说文》：口之须也。字从
5　〔须。豌豆乌丸反。豆名也。〕经文作荳，於月反。或
6　〔作宛，并非也。〕
7　〔未曾有经上卷〕
8　〔无恙以尚反。《尔疋》：恙，忧也。孙〕炎曰：恙，病之忧
9　〔　也。案：《易传》云：上古草居露〕宿。恙，噬虫也。
10　〔　善食人心。凡相劳问无恙〕乎？复因以为病也。
11　〔顽嚚吴鳏反，下鱼巾反。《广疋》：顽，钝〕也。《苍颉篇》：

（中缺）

1　简阅又作阅，同。〔余说反。《说文》：简，阅也。亦挍阅也。〕
2　《小
3　　尔疋》：撰阅，具也。
4　乍得士嫁反。《广雅》：〔乍，暂也。《苍〕颉篇》：乍，两词也。
5　慌慌呼广反。慌忽，眼〔乱也，亦〕迷惑也。
6　下卷
7　先吃口迹反。谓吃唊〔食饮也。经文作啜，非也。〕
8　沛然普赖反。《三苍》：沛，〔水波流也。亦大也。经文〕
9　　作霈，近字也。
10　不思〕议功德经下卷

（后缺）

205

前两件已由张娜丽比定，从字迹看，这三件为同一写本，但不能直接缀合，故用箭头表示遥接。内容见于《玄应音义》卷五《移识经》卷下、《未曾有经》卷上下及《不可思议功德经》卷下音义，后两经音义为《慧琳音义》所转引。其中词条和注文的字体一致，但词条顶格书写，注文转行后低一格。这三件据记录出土于库车西方二百里的"ダジト古洞"，依照野村荣三郎日记的记载，当为1909年4月15日在塔西特（又称タシト）北边古洞发掘所得[①]。

LM20-1521-27-08　《一切经音义》卷六

唐玄应撰，CBETA, C056, no. 1163, p. 912, b11-c10。西州回鹘时期。

（前缺）

1　〔伶俜历丁、匹丁反。《三苍》云：伶俜犹联翩也。经文多作跉跰。蠲除古玄〕反。南〔楚疾愈者谓之蠲。〕

2　〔毁呰古文㱔、欪二形，同。子尔反。夙夜思六反。《尔雅》：夙、晨，〕早也。注〔记竹句、之喻二〕

3　〔反。《广雅》：注，疏也，识也。眇目亡了反。草庵一〕舍反。《广〔雅》：庵，舍也。小屋〕

4　〔之名也。何负古文 。《说文》：胡歌反。何，〕儋也。诸〔书胡可反。何，任也〕

5　〔今皆作荷。第三卷　诚如市盈反。《说文》：诚，信也。《广雅》：诚，敬也。豁谷〕苦奚、〔古木反。《尔雅》〕

（后缺）

本件见于《玄应音义》卷六《妙法莲华经》卷二、卷三音义，存五行，抄写错漏的情况较为严重，括号内文字系据每行字数推断所补。该件应与Дx.12409r-D+Ch/U 7449+Ch/U 6784（T Ⅱ Y 17.2）+Ch/U 7279（T Ⅱ Y 17.1）+王重民照片+Дx.10090r+Дx.12330r+Дx.12381r+Ch/U 7448（T Ⅱ Y 18.2）+Дx.10090r+Дx.12409r-A+Дx.12287r+Ch/U 8063（T Ⅱ D 85.501）+Ch/U 8093（T Ⅱ D 85）为同一

---

① 野村荣三郎《蒙古新疆旅行日记》，《新西域记》卷下，东京：有光社，1937年，第524—525页；中译本，董炳月译《蒙古新疆旅行日记》，乌鲁木齐：新疆人民出版社，2013年，第162—163页。

写本。这批写本的相关研究现状及缀合录文，可参荣新江、史睿主编《吐鲁番出土文献散录》[①]。

LM20-1469-02-06　《一切经音义》卷八

唐玄应撰，CBETA, C56, no.1163, p.936, b6-7。唐时期。

（前缺）

1　〔无〕量寿经　前世三世转〔经〕

（后缺）

本件仅存《玄应音义》卷八的经题目录一行。

LM20-1517-0141b → LM20-1520-18-11　《一切经音义》卷八

唐玄应撰，CBETA, C056, no. 1163, p. 937, c3-7。西州回鹘时期。

（前缺）

1　〔谓宣法教子养万姓〕也。《论语》：〔导之以政，是也。〕
2　〔不怙胡古反，〕《尔疋》：怙，恃也。〔《诗》云：无父何怙？怙，〕
3　〔赖也。**撮摩**《字林》：〕七活反。《广〔疋》：撮，持也。《释名》〕

（后缺）

两件写本不能完全缀合，但应为上下相续的同一写本，见于《玄应音义》卷八《维摩诘所说经》卷上音义，为《慧琳音义》卷二八所转引。其中传世本《玄应音义》的"不怙"条最后有"无母何恃恃负也"，而《慧琳音义》转引该词条则无此句。按本件残片行数来看，《慧琳音义》转引更为妥帖。

LM20-1507-C1144d　《一切经音义》卷八

唐玄应撰，CBETA, C056, no. 1163, p. 937, c5-8。唐时期。

（前缺）

1　〔不怙胡古〕反。《尔疋》：怙，〔恃也。《诗》云：无父何怙？怙，赖也。〕

[①] 荣新江、史睿主编《吐鲁番出土文献散录》，北京：中华书局，2021年，第76—87页。

207

2　〔撮摩〕《字林》：七活〔反。《广疋》：撮，持也。《释名》：撮，
　　卒也，谓暂〕
（后缺）

本件见于《玄应音义》卷八《维摩诘所说经》卷上音义，为《慧琳音义》卷二八所转引。此件写本虽然与LM20-1520-18-11属不同写本，但按行数来看，"不怙"条同样没有"无母何恃恃负也"，与《慧琳音义》转引更为相近。

LM20-1508-C1362a　《一切经音义》卷八

唐玄应撰，CBETA, C056, no. 1163, p. 946, b3-6。西州回鹘时期。

（前缺）

1　　　　　　　　〔一切法〕高王经
2　〔强伽旧名恒河是也，亦名殑伽。从〕阿耨大〔池〕
3　〔东面象口流出，入东海，其沙细与〕水同〔流也。〕

（后缺）

本件与LM20-1456-32-04+LM20-1452-26-12为同一写本，同属《玄应音义》卷八，但无法直接缀合，抄写了《一切法高王经》音义，为《慧琳音义》卷三二所转引。

LM20-1456-32-04+LM20-1452-26-12　《一切经音义》卷八

唐玄应撰，CBETA, C056, no. 1163, p. 942, c16-943, a2。西州回鹘时期。

（前缺）

1　〔肥腴庾俱反。《说文》：腴，腹〕下〔肥也。〕腴亦腹也。
2　〔猕猴古遐反。下居缚〕反。《说文》：大母猴也。经文又作
3　〔狲猓乎，非字体也。〕
4　〔胀麩籀文作𪍑，今亦作疣，〕同。有流反，下之芮反，下直有反。
5　　　　　　　　　非也

（后缺）

本件见于《玄应音义》卷八《法镜经》卷下音义，为《慧琳音义》卷一六所转引。其中第2行"经文"前漏抄"似猕猴而大，色苍黑，善攫持人，好顾眄"，第4行"下

直有反"为诸藏经本所无,且漏抄数句注释。此外,与前几件相比,此写本字迹最差,应当不是正规写经。

LM20-1548-05-18 → LM20-1502-C0054 → LM20-1517-0112c → LM20-1548-05-17　《一切经音义》卷一三

唐玄应撰,CBETA, C056, no. 1163, p. 1015, c5-20。唐时期。

（前缺）

1　〔骁〕勇 古尧反。《广〔雅〕:骁,健也。亦勇急也。《说文》:良马骏〕
2　名也。经文作胶,〔苦交反。宵胶不〕平也。胶非字
3　义。宵音乌包反。
4　〔橦杠音江,〕旗之〔竿也。《广雅》云:天子杠高〕九仞,十二旒
5　〔至地也。〕
6　〔鞿摄又作羁,同。呼见反。《左传》:晋车〕七百乘,鞿靷鞅
7　〔绊。杜预曰:在背曰鞿,在匈曰靷,在颈曰〕鞅,在〔足曰绊。下摄,〕之
8　〔涉反。〕
9　〔带鞬又作鞍,同。火见反。着腋者也。〕《释名》云:鞬也,横
10　〔经其腹下也。《苍颉解诂》:鞬,马〕腹带也。
11　射珥 如志反。《苍颉篇》:珠在耳也。耳珰垂珠者〕也。《楚辞》》

（后缺）

四件为同一写本,但无法直接缀合,见于《玄应音义》卷一三《琉璃王经》音义,为《慧琳音义》卷五五所转引。本件字迹工整且有界栏,当为正规写经。

LM20-1456-37-06　《一切经音义》卷二一

唐玄应撰,CBETA, C057, no. 1163, p. 65, b13-19。西州回鹘时期。

（前缺）

1　〔惛耄 呼昆反,下莫报反。《说文》:惛,不了〕也。《广雅》:惛,
2　〔　痴也。耄,忘乱也。〕
3　〔摩纳婆 亦言摩纳缚迦,此云〕儒童。旧言摩那婆,
4　〔　或作那罗摩那,又作摩纳,翻为〕年少净行。

209

5　〔《五分律》名那罗摩纳，译〕为人，皆一也。
6　〔异生愚异生也，言愚痴闇〕冥，〔不生无漏故也。〕
　　（后缺）

本件见于《玄应音义》卷二一《大菩萨藏经》卷一音义。

LM20-1509-C1633b　《一切经音义》卷二二
玄应撰，CBETA, C057, no. 1163, p. 77, a2-5，唐时期。
（前缺）
1　啰贺〔磨拏。此义言：承习梵天法者，其人种类。〕
2　自〔云：从梵天口生，四姓中胜，故独取梵名。〕
3　唯〔五天竺有，诸国即无。经中梵志亦此名。〕
（后缺）

本件见于《玄应音义》卷一八《杂阿毗昙心论》卷三音义，仅仅用于解释"婆罗门"这一个词条。其中第1行顶格书写，第2、3行低一格书写，但这三行均属注文部分，格式较为奇怪。

（原题《新见旅顺博物馆藏〈一切经音义〉研究——兼论〈玄应音义〉在吐鲁番的传播》，刊于《西域研究》2018年第1期，第32—39页；《中国人民大学复印报刊资料（宗教）》2018年第4期全文转载，第39—44页；收入《旅顺博物馆藏新疆出土汉文文书研究》，北京：中华书局，2020年6月。收入本书时，叙录部分单独拆出并有所补充修订。）

第三节　开元道藏与西州道经的传抄：流布与遗存

贞观十四年（640），唐太宗灭高昌王国置西州，吐鲁番盆地正式归入唐帝国版图。尽管在高昌国时期，中原文化已源源不断传入该地，佛教更是大行其道，而大规模的文化传播实始于西州时期，中原道教传入该地区亦以此为起点。尽管汉末以来的传统方术和民间信仰已在吐鲁番地区流布，但荣新江先生已明确指出，这些并非六朝以来渐成体系的道教①，佛教信仰才是当地主流。为了巩固对吐鲁番地区的统治，李唐王朝除了推行并建立正州的军事政治制度②，还大力推行道教信仰。

与佛教的传布相似，道经的传抄与流布是道教活动的重要形式，敦煌吐鲁番出土道经是我们了解当时道教传播的重要材料。在敦煌道经的整理研究中，大渊忍尔和王卡两位学者的成果尤其引人瞩目③。然而，由于挖掘时期不一，收藏较为分散，吐鲁番出土道经多数散见于各类总目书籍及叙录之中④，其整理工作相较而言更为艰巨。就目前所见，旅顺博物馆藏吐鲁番道经，不管在数量还是在价值上，均令人惊叹，其中大部分此前未曾公开⑤。这批珍贵资料并非孤立的个体，而是与德藏和日藏吐鲁番文献一样，同属唐代西州道教的遗存。尽管荣新江、雷闻二位先生已对唐代西州道教的面貌作了详尽讨论⑥，但受限于材料，部分论述仍有进一步深入的空间。本节在考订若干道经残片的基础上，将目前已知的吐鲁番道经置于"开元道藏"的脉络下考察，希望对唐代西州道经的整体流布情况有所申论。

一、两件西州道经再考辨

三洞四辅是中古时期道教的基本架构，其中洞真部的《上清经》因经义高深，"灵秘不杂，故得名真"，所以地位尊崇，只有少数道法精湛的道士才能修习。在唐代恐怕也仅有官方正式且高级的宫观方能传抄该部经典，因而此部经典颇为罕见。在德藏吐鲁番出土叙利亚文写本编号文献中，有一件至关重要的汉文道经残片

---

① 荣新江《唐代西州的道教》，《敦煌吐鲁番研究》第4卷，北京：北京大学出版社，1999年，第127—129页。
② 相关研究可参刘子凡《瀚海天山：唐代伊、西、庭三州军政体制研究》，上海：中西书局，2016年。
③ 大渊忍尔《敦煌道经·目录编》，东京：福武书店，1978年；王卡《敦煌道教文献研究：综述·目录·索引》，北京：中国社会科学出版社，2004年。
④ 王卡《敦煌道教文献研究：综述·目录·索引》兼及部分吐鲁番所出道经；陈国灿、刘安志主编《吐鲁番文书总目（日本收藏卷）》；荣新江主编《吐鲁番文书总目（欧美收藏卷）》；包晓悦《日本书道博物馆藏吐鲁番文献目录》（上、中、下），分见《吐鲁番学研究》2015年第2期、2016年第1期、2017年第1期；另外，郜同麟先生近来也对部分吐鲁番道经残卷再作辨析，见郜同麟《敦煌吐鲁番道经残卷拾遗》，《敦煌学辑刊》2016年第1期，第34—50页；郜同麟《拘校道文：敦煌吐鲁番道教文献研究》，北京：中国社会科学出版社，2023年。
⑤ 赵洋《新见旅顺博物馆藏吐鲁番道经叙录》，《敦煌吐鲁番研究》第17卷，上海：上海古籍出版社，2017年，第189—213页。另可参本节附录。
⑥ 除上引荣新江《唐代西州的道教》一文外，雷闻先生从唐代道教宫观系统角度对唐代西州道教传播再作补说，见雷闻《国家宫观网络中的西州道教——唐代西州道教补说》，《西域文史》第2辑，北京：科学出版社，2007年，第117—127页。

Syr 1749r（T II B 66）（图 4-1）①。此残片双面抄写不同经典，背面用于抄写叙利亚文景教文献，正面则楷书抄写 8 行道经，有乌丝栏，为正规道教写经。其录文如下：

（前缺）

1　重科条防检☐☐☐☐☐☐☐☐☐☐
2　仰进止容式轨☐☐☐☐☐☐☐☐☐☐
3　药秘要神草灵☐☐☐☐☐☐☐☐☐☐
4　明辨思神存真 念 ☐☐☐☐☐☐☐☐
5　元和道引三光 练 ☐☐☐☐☐☐☐☐
6　载述学业得☐☐☐☐☐☐☐☐☐☐☐
7　圣之辞巧饰章句 称 ☐☐☐☐☐☐☐
8　 向生尊 ☐☐☐

（后缺）

　　该残片为葡萄沟废寺遗址出土，主要论述道教经教体系十二部类中的戒律、威仪、方法、术数、记传、赞颂等，与六朝陆修静、宋文明及隋和唐初《玄门大义》《道教义枢》等对十二部事的解说都不尽相同②。尽管在唐代流行的《太玄真一本际经》卷三《圣行品》中也有近似文字，但差异较为明显。根据传世文献及敦煌道经，可以发现《太平御览》卷六七三《道部十五·仙经下》摘引的《太微黄书经》与本号第 1—6 行文字同，P.3676 前 4 行与本号第 5—8 行文字同，因此基本可将 Syr 1749r（T II B 66）残缺文字补全③。具体文字重合情况如下，先看《太平御览》卷六七三摘引：

---

① Nishiwaki Tsuneki, *Chinesische und manjurische Handschriften und seltene Drucke*, Teil 3. *Chinesische Texte vermischten Inhalts aus der Berliner Turfansammlung*, Stuttgart: Franz Steiner Verlag, 2001, p.133；西胁常记《ドイツ将来のトルファン汉语文书》，第 116 页，图 33；Erica C. D. Hunter & Mark Dickens, *Syrische Handschriften*, Teil 2. *Texte der Berliner Turfansammlung*, Stuttgart: Franz Steiner Verlag, 2014, pp.19-21.
② 王宗昱曾专门就数种道经所载十二部事进行讨论，见氏著《〈道教义枢〉研究》，上海：上海文化出版社，2001 年，第 169—196 页。
③ 大渊忍尔著录 P.3676 为"失题道经科仪书类"（《敦煌道经·目录编》，第 362 页），王卡则认为是"正一经残卷"（《敦煌道教文献研究：综述·目录·索引》，第 219 页），另详可参王卡《敦煌道经校读三则》，《道家文化研究》第 13 辑，北京：生活·读书·新知三联书店，1998 年，第 110—114 页。按王卡未注意到 P.3676 与《太微黄书经》的文字有高度重合。此残卷抄有残缺的道教十二部事及三十六部事，可能是杂抄道教三洞、四辅、七部、十二部和三十六部的类书。

图 4-1　Syr 1749r（T II B 66）《洞真太微黄书经》

（前略）

诫律者，玄圣制敕，诠量罪福，轻
重科条，防检过失也。威仪自然经者①，具示斋戒，奉法俯
仰，进止容式，轨范节度也。方法者，众圣著述，丹
药祕要，神草灵芝，柔金水玉，修养之道也。术数者，
明辨思神，存真念道，斋心虚志，游空飞步，餐吸
元和，导引三光，仙度之法也。记传者，众圣
载述，学业得道，成真证果，众事之迹也。

（后缺）

P.3676 相应文字如下：

（前缺）

心斋虚忘，游空飞步，餐吸
元和，导引三光，仙度之法。记传者，众圣

---

① 按照 Syr 1749r（T II B 66）的行款，此处"威仪自然经者"在残片中应作"威仪者"。

载述，学业得道，成真证果，众事之迹。赞颂者，众
　圣之辞，巧饰章句，称杨正道，令物信乐，发起回
　向，生尊重心。

　　（后略）

《太微黄书经》即《洞真太微黄书经》，全书原八卷，约出于东晋南朝，是早期上清派重要经典，今已散佚。《正统道藏》中收有《洞真太微黄书天帝君石景金阳素经》和《洞真太微黄书九天八箓真文》，仅为原书两卷内容。《太平御览》摘引仅为十二部中前十事，而P.3676刚好残余后四事，两者恰好补齐《太微黄书经》所载十二部事的内容。

关于此残片的定名，陈怀宇先生早已注意到该残片与《太平御览》摘引相同，且与《太玄真一本际经》（简称《本际经》）卷三《圣行品》相近，并由此认为此残片与背面同样抄写叙利亚文的n269r（T II B 66 No. 18）为同一写本，均为唐代流传的另一系统的《本际经·圣行品》[①]。确实，《本际经》存在五卷本与十卷本两个版本系统，《圣行品》也很可能同属于这两个版本系统。其实，笔者也曾对这件残片是否为《本际经》产生过疑问，但该残片与n269r（T II B 66 No. 18）的字迹有一定差异，并不似同一写本。且在唐中后期，《本际经》十卷本更为流行，《太平御览》如需摘引此经，也应选择十卷本系统而非五卷本系统。此外，目前所见敦煌本《本际经》中并未发现能与此件残片文字完全相合的写本，因此并没有直接证据能证明该残片即为五卷本系统的《太玄真一本际经》。

陈怀宇先生还认为《太平御览》摘引的内容其实来源于三部经书，只有开头第一句是摘引自《太微黄书经》[②]。《太平御览》所摘引的文字确实只有第一句能在现存《洞真太微黄书九天八箓真文》中见到，不过《太微黄书经》已然散佚大半，我们恐怕无法遽然断定其余摘引部分就不是《太微黄书经》的佚文。而且，除了这句能与《太微黄书经》完全吻合之外，其余摘引文字虽不见于传世残存的《太微黄书经》，

[①] Chen Huaiyu, "The Benji jing and the Anle jing: Reflections on Two Daoist and Christian Manuscripts from Turfan and Dunhuang"（《〈本际经〉与〈安乐经〉：略论两种西域出土文献之联系》），2014年9月6—8日普林斯顿大学学术国际研讨会论文；陈怀宇《从两件德藏吐鲁番文书看景教与道教之联系》，张小贵主编《三夷教研究：林悟殊先生古稀纪念论文集》，兰州：兰州大学出版社，2014年，第290—307页。

[②] 陈怀宇《从两件德藏吐鲁番文书看景教与道教之联系》，第292—295页。

但同样也不能与另外两部道经完全对应，仅是部分内容一致而已。实际上，关于道经所记载的十二部事等内容在诸多道经中均有传抄，如被王卡先生认为是《正一经》残卷的 P.3676 就同样摘抄有十二部事[①]。因此，仅凭内容，无法确凿判断其余摘引文字是否来源自另外两部道经。总之，该残片尽管太过残损，影响了对其性质的准确判断，但依据《太平御览》的摘引，其残存文字内容可暂定为《洞真太微黄书经》，故将该残片拟定名为《洞真太微黄书经》。

此外，日本书道博物馆藏 SH176-86 残片，也可能属于洞真部经典。周西波先生将其比定为《洞真太一帝君太丹隐书洞真玄经》，但误以为是敦煌所出，且录文不够完整[②]；包晓悦则在周西波研究的基础上，重新对该残片进行考察并给出了完整录文[③]。Syr 1749r（T II B 66）和 SH176-86 这两件洞真部经典在吐鲁番的发现，证明尽管唐代西州道教的传播只是唐王朝宗教统一的策略，但当地依然有最为高深的洞真部上清经在传抄。而且，此前吐鲁番还发现过隋唐之际道教弟子初入门时皆须诣师盟受的《老子五千文》及《十戒经》（Ot.4399r《洞玄灵宝天尊说十戒经》）。这也进一步证实，在经典的传授系统方面，唐代西州的道教活动已形成较为成熟的体系。

洞真部地位虽然高，但三洞之中习用者最多的却是洞玄部经典，故而现今遗存数量也最多。该部当中的《元始五老赤书玉篇真文天书经》（简称《赤书真文》）则被视为古灵宝经首经。敦煌只出土两件较完整的该经写本（S.5733 和 Дх.1893），吐鲁番则出土数件小残片。吐鲁番出土残片均属于大谷探险队挖掘所得，分藏日本龙谷大学和中国旅顺博物馆，其中大致能缀合的三件 Ot.8116r+LM20-1507-C1086d+LM20-1520-36-12（图 4-2）共存 4 行，从字迹及纸张形态来看，应为唐代写本[④]。其录文如下：

（前缺）

1　右少阴之气化生太阴五气〔玄天主小劫申〕

2　大劫酉阳气之极百六乘九〔黑帝行佩此文〕

---

① 王卡《敦煌道经校读三则》，第 110—114 页。
② 周西波《中村不折旧藏敦煌道经考述》，《敦煌学》第 27 辑，台北：乐学书局，2008 年，第 88—89 页。
③ 包晓悦《日本书道博物馆藏敦煌吐鲁番"写经残片册"的文献价值》，《文献》2015 年第 5 期，第 46—47 页。另外，部同麟认为此残片应为《无上秘要》卷五抄本，笔者对此持保留意见，但也并不排除有此可能，参部同麟《敦煌吐鲁番道经残卷拾遗》，第 43 页。
④ 残片具体情况见赵洋《新见旅顺博物馆藏吐鲁番道经叙录》，第 190—191 页。

3　〔度甲〕申大水洪〔灾以黑〕书白缯七〔寸佩身〕

4　〔西方七宝金门皓灵〕皇老君符命

（后缺）

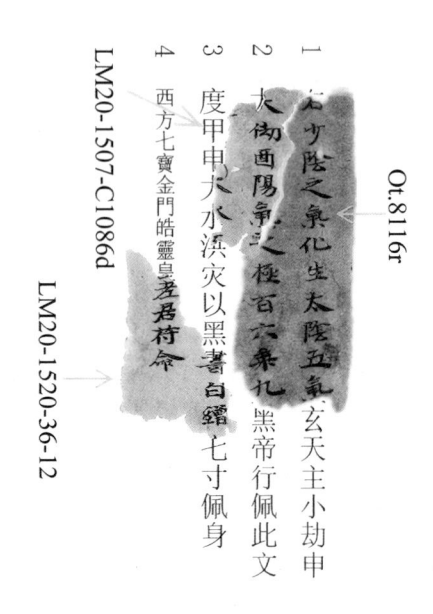

图 4-2　Ot.8116r+LM20-1507-C1086d+LM20-1520-36-12
《元始五老赤书玉篇真文天书经》

第2行"酉"，《道藏》本作"子"，《无上秘要》卷二六摘引《洞玄元始五老赤书玉篇经下》也作"子"。敦煌本该部分残缺，但在佚名《高上玉皇本行集经》（简称《玉皇经》）摘引中，却作"酉"[①]。除此差异外，三部经典对于五方之炁化生还有其他差异，如下表所示（表4-5）：

[①] 此经作者不详，编撰年代也有成于隋唐之际和不早于宋代之说，参赵宗诚《玉皇经》，《宗教学研究》1983年第2期，第34页。

表 4-5　《赤书真文》中五方之炁化生比较表

五方	《道藏》本		《无上秘要》摘引		《玉皇经》摘引	
东方	少阳之炁	化生太阳三炁丹天，主小劫巳，大劫午	少阳炁	化生太阳三炁丹天，主小劫巳，大劫午	少阳之炁	化生太阳三炁丹天，主小劫巳，大劫午
	元阳之炁	生九炁青天	元阳之炁	生九炁青天	元阳之炁	生九炁青天
南方	太阳之炁	化生中元，主小劫丑未，大劫辰戌	太阳之炁	化生中元，主小劫丑未，大劫辰戌	太阳之炁	化生中央一炁黄天，主小劫丑未，大劫辰戌
	洞阳之炁	生三炁丹天	洞阳之炁	生三炁丹天	洞阳之炁	生三炁丹天
中央	元一之炁	化生少阴七炁素天，主小劫申，大劫酉	元一之炁	化生少阴七炁素天，主小劫申，大劫酉	元一之炁	化生少阴之炁素天，主小劫申，大劫酉
	元皇之炁	生元一黄炁之天	元高皇之炁	生元一黄炁之天	元高皇之炁	生元一炁黄之天
西方	少阴之炁	化生太阴五炁玄天，主小劫亥，大劫子	少阴之炁	化生太阴五炁玄天，主小劫亥，大劫子	少阴之炁	化生太阴五炁玄天，主小劫申，大劫酉
	元阴之炁	生七炁素天	元阴之炁	生七炁素天	元阴之炁	生七炁素天
北方	太阴之炁	化生少阳九炁青天，主小劫亥，大劫子	太阴之炁	化生少阳九炁天，主大劫寅，小劫卯	太阴之炁	化生少阳九炁青天，主小劫亥，大劫子
	洞阴之炁	生五炁玄天	洞阴之炁	生五炁玄天	洞阴之炁	生五炁玄天

凡与《道藏》本不一致处均字下点标出。首先，《道藏》本中南方"太阳之炁"化生"中元"与《无上秘要》同，但在《玉皇经》中作"中央一炁黄天"（"央"应为"元"），与中央"元皇之炁"所生对应更加合适，反而《道藏》本和《无上秘要》有被篡改之嫌；其次，《道藏》本中央"元皇之炁"在《无上秘要》和《玉皇经》中皆为"元高皇之炁"，与其他四方之炁体例不符，应属后世传抄篡改之误；最后，《道藏》本中北方"太阴之炁"所主和《玉皇经》一致，同为"小劫亥，大劫子"，但《无上秘要》却作"大劫寅，小劫卯"，如果十二地支都要出现，似乎《无上秘要》更为妥帖，《道藏》本和《玉皇经》则都有两个地支出现了两次。由于为同一件写经的 LM20-1453-18-05 可以确定就是《赤书真文》[1]，所以 Ot.8116r+LM20-1507-C1086d+LM20-1520-36-12 是目前仅见的该部分《赤书真文》早期写本，并非道教类书或其他道经的摘引。其中有关五方之炁主劫地支的内容，应与《玉皇经》更为接近。但三部经典中，"申"和"酉"均曾在中央出现过，这又殊不可解。想要解决此问题，后续可能需要更多相关材料的支持。不过，由此可见《道藏》本中关于五方五炁化生与主劫的部分，确实已非中古时期原貌。这三件缀合的唐代写本残片部分保存了该经在中古时期的原始形态，具有很高的校勘价值。

二、西州道经流布时间蠡测

除隋唐以前就形成的三洞部经典以外，隋唐之际新造的《本际经》也是当时颇为流行且重要的道经。该经原为五卷，唐初被续为十卷，但元代以后渐次散佚。不过敦煌遗书中已发现《本际经》唐写本一百余件，经学者们的复原及研究，十卷本系统中除卷八外，其余各卷基本可复原[2]。吐鲁番也出土大量《本际经》残片，而在这些《本际经》残片中，LM20-1464-33-04 和 LM20-1460-37-14 需作重点讨论[3]。

首先，LM20-1464-33-04（图 4-3）的录文如下：

---

[1] 参都筑晶子等《大谷文书の比較研究：旅順博物館藏トルファン出土文书を中心に》，《龙谷大学佛教文化研究所纪要》第 49 集，2010 年，第 72 页。
[2] 万毅《敦煌道教文献〈本际经〉录文及解说》，《道家文化研究》第 13 辑，第 367—484 页；叶贵良《敦煌本〈太玄真一本际经〉辑校》，成都：巴蜀书社，2010 年。
[3] 残片具体情况见赵洋《新见旅顺博物馆藏吐鲁番道经叙录》，第 208—209 页，收入本节附录。

第四章　增删与流布

（前缺）
1　〔无常苦恼秽恶无自在者须央〕变〔灭〕犹如〔梦〕
2　〔幻汝等咸应生厌离想虽复〕神仙寿亿万 劫
3　〔终必死坏三清众圣念念无〕常 是故世间无
4　〔可保者吾今所以为汝等故〕权应现身 教〔导〕
5　〔汝等并得开度诸未度者为〕后世缘 功〔成〕
（后缺）

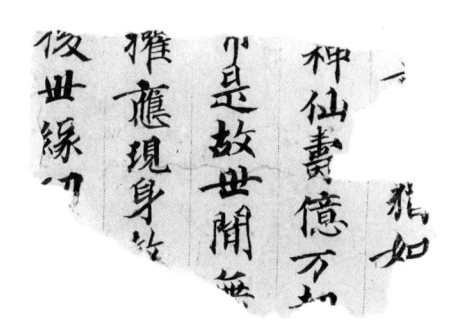

图 4-3　LM20-1464-33-04《太玄真一本际经》

其中第 2 行 "神仙寿亿万劫" 的 "神仙"，与《道藏》本卷二同，LM20-1456-01-03 和敦煌本则均作 "天仙"①。这种文字的差异，恐怕不能简单地仅将其视为异文，还需考虑到《本际经》曾由五卷续作十卷的历史背景。因此，与依据敦煌文献复原的十卷本《本际经》相比，LM20-1464-33-04 可能属于五卷本的系统，而 LM20-1460-37-14 应当也与此系统存在关联。

LM20-1460-37-14（图 4-4）虽然只残存 2 行，其正文内容见于十卷本的卷三，但残存首题却有所不同。录文如下：

（前缺）
1　〔太玄真一本际经〕圣行品第四
2　〔三天大〕法 师正一〔真人张道陵时游繁阳大〕
（后缺）

---

① 叶贵良《敦煌本〈太玄真一本际经〉辑校》，第 40 页。

219

图 4-4　LM20-1460-37-14《太玄真一本际经》

在目前所能见到的《本际经》卷三写本中，仅有首尾完整的 P.2795 中存有首题，但作"圣行品第三"，尾题则与其他敦煌写本一致，均显示圣行品卷第三。字形上"四"与"三"的差异显著，LM20-1460-37-14 在抄写过程中出现错误的可能性较小，因此这件写本明显不属于十卷本的系统。而之所以会出现这种首题不同的写本，应与《本际经》在唐初由五卷本续成十卷本有关。

目前，学者已基本依据敦煌写本将《本际经》复原为十卷本，但其中哪五卷是隋代刘进喜所造，哪五卷又是唐初李仲卿所续，仍然众说纷纭。姜伯勤曾提出十卷本中卷一、二、三、八、九提到"兼忘"和"重玄"之趣，怀疑这五卷为最初所造[1]；万毅则依据《本际经》中有几卷存在"异称"，认为卷一、四、五、六、七是最初的五卷，其余为后来所续[2]；山田俊根据《本际经》各卷的内容和体例，认为卷一、四、六、七、八为最初五卷[3]；刘屹则依据《本际经》的叙事结构，认为卷一、二、三、四、六是最初的五卷[4]。旅博馆藏 LM20-1464-33-04 和 LM20-1460-37-14 似乎佐证了姜伯勤和刘屹的观点，即十卷本中的卷二和卷三应属最初造作的五卷。刘屹还指出，在约于贞观元年（627）成书的释法琳《辨正论》中，引到《本际经》的三个品题：

---

[1] 姜伯勤《〈本际经〉与敦煌道教》，初刊《敦煌研究》1994 年第 3 期，第 8—9 页；此据氏著《敦煌艺术宗教与礼乐文明：敦煌心史散论》，北京：中国社会科学出版社，1996 年，第 239—240 页。
[2] 万毅《日本天理图书馆藏卷敦煌本〈本际经〉论略》，《华学》第 1 期，广州：中山大学出版社，1995 年，第 167—169 页；《道教〈本际经〉的造作及其异名与续成流行的关系》，《论衡丛刊》第 2 辑，成都：巴蜀书社，2002 年，第 294 页。
[3] 山田俊《唐初道教思想史研究：〈太玄真一本际经〉の成立と思想》，京都：平乐寺书店，1999 年，第 35—41、169—174 页。
[4] 刘屹《本际经的"续成"问题及其对南北道教传统的融合》，初刊《华学》第 9、10 辑合刊，上海：上海古籍出版社，2008 年；此据氏著《神格与地域：汉唐间道教信仰世界研究》，上海：上海人民出版社，2011 年，第 351—356 页。

"护国品""圣行品"和"道性品",而且称"护国品"为"卷第二"(十卷本为卷一),所以以上三个品题当属最初造作[①]。与"护国品卷第二"对应,LM20-1460-37-14中的"圣行品第四"很可能也是在后来续成过程中被改写为十卷本的卷三。再进一步推测,LM20-1464-33-04和《道藏》本卷二在五卷本中可能就是卷三。

综上所述,尽管旅博藏的这两件《本际经》残片保存的文字内容并不多,以上有些推测也需要更多材料支撑,但根据残片中关键字词的不同,可以暂时认为:《本际经》最初造作的五卷本中,卷二至卷四的品题可能是"护国品""付嘱品"和"圣行品"。

LM20-1464-33-04和LM20-1460-37-14的存在,不仅提示了最初造作的五卷本品题,还指示了唐代西州道经最早流传的时间。雷闻先生曾在荣新江先生研究的基础上推进,认为西州道教至迟于高宗时就已被纳入国家宫观网络[②]。刘屹先生根据敦煌写本中带题记的十卷本《本际经》,并结合续作者的生活年代,指出《本际经》由五卷本变成十卷本应在贞观的二十多年间,亦即唐太宗时期之事[③]。以此联系到唐王朝于贞观十四年正式改高昌为西州,可以进一步推测,《本际经》由五卷本续成十卷本,当在此后的十年间。唐代西州道经的流布至迟恐怕也在唐太宗贞观末年。此外,LM20-1464-33-04中"世"字未避讳,而太宗朝只要"世"与"民"不连读写,就无需避讳[④]。同时,LM20-1457-32-04《洞玄灵宝长夜之府九幽玉匮明真科》中"世"与"治",以及部分吐鲁番出土《道德经》中"治"皆未避讳,亦可证明唐代西州道经开始传抄的最晚时间应在唐高宗以前。由此,根据目前所见吐鲁番道经可知,迟至唐太宗末年,西州已有道教的传播及道经的传抄活动。

三、西州道经与"开元道藏"

对照敦煌道经中唐代官方写本的纸张及书法样态,可以得知,目前所见吐鲁番道经绝大多数与敦煌官方写经相似,采用优质厚黄纸,有乌丝栏并以楷书精心抄写。因此,唐代西州道经也多以正规官写本为主,这与唐代官颁道藏的传抄密切相关。

---

① 刘屹《神格与地域:汉唐间道教信仰世界研究》,第350页。
② 雷闻《国家宫观网络中的西州道教——唐代西州道教补说》,第117—120页。
③ 刘屹《神格与地域:汉唐间道教信仰世界研究》,第351页。
④ 《贞观政要》记载626年唐太宗即位下诏曰:"其官号人名,及公私文籍,有'世'及'民'两字不连读,并不须避。"吴兢编撰《贞观政要》卷七,上海:上海古籍出版社,1978年,第225页。

在王朝力量的支持下，中古时期的道教也借鉴佛教传统，将经典汇编成藏。早期道教融合了大量汉代以前的巫觋方术信仰，但在自身发展以及向佛教学习的过程中，中古道教虽受魏晋南北朝时期南北对峙等形势的影响，有南北两个不同的道统体系，但都在逐步摒弃自身形而下的巫术色彩，转而努力构建起类似佛教系统化的经典体系，亦即刘屹先生提出的"经教化"[①]。北周时期，京师玄都观所编《玄都经目》收录经书2040卷。在敦煌文献S.2295《老子变化经》末有题记"大业八年八月十四日……秘书省写"，亦可证隋代也有官方性质的道经传抄。及至唐代，老子被李唐王室尊奉为先祖，以此来树立其政权的合法性，道教势力因而得到极大的发展，相关的道藏编修活动也愈发兴盛。

唐高宗时期，长安昊天观观主尹文操所编《玉纬经目》，很可能是继承了《玄都经目》的藏经。此外，依据敦煌文献S.1513《御制一切道经序》中"故展哀情，为写一切道经卅六部"等语，可以推知唐高宗曾发动官方力量，主持编纂过一部《一切道经》[②]。《一切道经》即唐代官方编修道藏的统称。其后唐玄宗先天年间，长安太清观观主史崇玄受敕命编修《一切道经音义》，模仿佛教《一切经音义》的形式，以音训方式诠释京内道藏。直至开元年间，玄宗再次将当时所能见到的道经汇集纂修成《三洞琼纲》（亦称"开元道藏"），并于天宝七载（748）诏传广抄。这部"开元道藏"是中古时期道藏的集大成者，彰显了唐代对道教的尊崇[③]。然而，遗憾的是，安史之乱以后，高宗《一切道经》和玄宗"开元道藏"都遭损毁而未能流传于世。目前所见传世道藏为明《正统道藏》，其经目与藏经已与中古时期道藏的最初面貌相距甚远。

得益于敦煌吐鲁番道经的发现，我们不仅能拥有丰富的材料来了解中古时期道经的流传情况，甚至还可据此复原许多散佚的道经，如《本际经》和《升玄内教经》。但更需要被关注和重视的是，敦煌道经中出现了高宗《一切道经》和玄宗"开元道藏"的遗存。如上文已提及的S.1513《御制一切道经序》即为高宗《一切道经》遗存；

---

① 刘屹《试论南朝经教道教的产生及其对北方道教的影响》，首都师范大学历史系硕士学位论文，1997年，后删改为《神格与地域：汉唐间道教信仰世界研究》第四章第一节《南朝经教道教的形成及其对北方道教的影响》，第245—280页。

② 见S.1513《老子像名经》前《一切道经序》。据汤用彤先生考辨，这是武后为太子李弘的病逝而作，参汤用彤《从〈一切道经〉谈到武则天》，《汤用彤学术论文集》，北京：中华书局，1983年，第349—354页。

③ 中古道藏书目及编修，可参陈国符《道藏源流考》（新修订版），北京：中华书局，2014年，第89—107页。

背面纸缝钤有"凉州都督府之印"的俄藏 Дх.1111+Дх.1113《道德经》则为"开元道藏"遗存①。类似的状况也见于吐鲁番道经。如芬兰马达汉（Mannerheim）收藏品 MS.30-3《老子道德经序诀》中"民"字避讳为"人"②，推测为唐高宗或其后的官写本。另外，出现武周新字的 LM20-1470-22-01+LM20-1497-06-03+Ot.8104r《洞渊神咒经》，与同名经卷 S.930 笔迹近似，疑为官方同一书手所抄③；更重要的是，德藏吐鲁番文献 MIK III 7484r《度人经》背面纸缝也钤有"凉州都督府之印"④。故而，有理由相信，唐代西州、沙州和焉耆等地流布的道经都应该在当时官颁道藏的体系之内："令内出《一切道经》，宜令崇玄馆即缮写，分送诸道采访使，令管内诸郡转写。"⑤太宗时抄写的道经和高宗的《一切道经》最终都被融入玄宗的"开元道藏"，那么在西州广泛流布的道经，其实也可以归属此藏。进而，利用敦煌吐鲁番道经来复原"开元道藏"，就成为一个很诱人的题目。

由于"开元道藏"现今已近乎散佚，经目无存，具体藏经数量亦难以确知。但自南北朝时陆修静等人创立"三洞四辅"的七部道书体系以来，后世道藏基本沿用。三洞包括"洞真上清经""洞玄灵宝经"和"洞神三皇经"（洞渊神咒经），四辅则为"太玄部""太平部""太清部"和"正一部"。唐代道藏的编修体例应与此体系最为接近⑥。又"开元道藏"原名《三洞琼纲》，显然亦据此体系得名。因而以此来考量西州道经流布与"开元道藏"的关系，应是恰当之举。此外，蜀地出土的《南竺观记》记录了天宝八载（749）本地南竺观的藏经目录，亦为可据的参考材料⑦。

在大渊忍尔、王卡二位先生的研究基础上，下文将以吐鲁番出土道经为中心，依据王卡先生所定七部道书体系，并参考《南竺观记》及传世《道藏》所存道经情况，

---

① 荣新江《唐代西州的道教》，第 139 页。
② 西胁常记《中国古典时代の文书の世界：トルファン文书の整理と研究》，东京：知泉书馆，2016 年，第 190—191 页；游自勇《吐鲁番所出〈老子道德经〉及其相关写本》，《中华文史论丛》2017 年第 3 期，第 155—157 页。
③ 王卡《敦煌道教文献研究：综述・目录・索引》，第 145 页。
④ 荣新江《唐代西州的道教》，第 139 页。德藏 MIK III 7484r《度人经》原本被视为吐鲁番出土道经，后来荣新江先生自陈瑞翾先生处得知该道经残片为焉耆 Shorchuk 出土，笔者也承蒙荣新江先生告知最新信息，故有此说明。
⑤ 本敕文分别收入《混元圣纪》卷九、《唐大诏令集》卷九和《全唐文》卷四〇。具体下诏时间和文字出入，考辨参李刚《唐玄宗诏令传写〈开元道藏〉的时间考辨》，《宗教学研究》1994 年 Z1 期，第 8—10 页。
⑥ 王卡《敦煌道教文献研究：综述・目录・索引》，第 32 页。
⑦ 此碑的释读参 Liu Yi（刘屹），"Research into the Catalogue of the *Daozang* of the Early Tang Dynasty: Based on *Nanzhu guan ji* and the Daoist Scriptures of Dunhuang"（《唐前期道藏经目研究：以〈南竺观记〉和敦煌道经为中心》），Poul Andersen & Florian C. Reiter eds. *Scriptures, Schools and Forms of Practice in Daoism: A Berlin Symposium,* Wiesbaden: Harrassowitz Verlag, 2005, pp.185-214.

制表如下（表4-6，详细编号见本节附录）：

表4-6　吐鲁番出土道经种类表

七部分类	吐鲁番出土道经种类	敦煌道经	《南竺观记》	《正统道藏》
洞真上清	《洞真太微黄书经》（拟）	P.3676 摘引	上清一百卷	×
洞真上清	《洞真太一帝君太丹隐书洞真玄经》	BD1017 摘引		√
洞玄灵宝	《元始五老赤书玉篇真文天书经》	√	灵宝卌卷	文字略有差异
洞玄灵宝	《太上洞玄灵宝自然九天生神章经》	√		√
洞玄灵宝	《太上灵宝诸天内音自然玉字》（两卷本）	√		四卷本
洞玄灵宝	《太上洞玄灵宝智慧上品大戒》	√		略有差异
洞玄灵宝	《洞玄灵宝长夜之府九幽玉匮明真科》	√		有差异
洞玄灵宝	《太上洞玄灵宝智慧定志通微经》	√		√
洞玄灵宝	《太上洞玄灵宝真文度人本行妙经》	√		×
洞玄灵宝	《太上洞玄灵宝无量度人上品妙经》	√		六十一卷本
洞玄灵宝	《太上洞玄灵宝智慧本愿大戒上品经》	√		略有差异
洞玄灵宝	《太上洞玄灵宝三元玉京玄都大献经》	√		有差异
洞玄灵宝	《太上洞玄灵宝升玄内教经》	√	√	卷七存
洞玄灵宝	《太上洞玄灵宝业报因缘经》	√		有差异
洞玄灵宝	《太上洞玄灵宝三十二天尊应号经》（拟）	×		卷一二、二二存
洞玄灵宝	《洞玄灵宝天尊说十戒经》	√		√
洞玄灵宝	《太上九真妙戒金箓度命拔罪妙经》[①]	√		√
洞渊神咒	《太上洞渊神咒经》（十卷本）	√	√	二十卷本

---

① 该道经承蒙北京大学历史系硕士研究生徐伟喆比对并告知，不胜感激。

续　表

七部分类	吐鲁番出土道经种类	敦煌道经	《南竺观记》	《正统道藏》
太玄	《老子道德经序诀》	√	太玄 二百七十卷	节录本
	《老子道德经》（五千文本）	√		×
	《老子道德经河上公章句》	√		√
太玄	佚名《老子道德经注疏》	×		
	《唐玄宗老子道德经疏》	√		√
	《庄子疏》成玄英撰	×	《南华》	注疏本
	《太玄真一本际经》（十卷本）	√	√	卷二存
	《无上内秘真藏经》	卷题、 P.2467摘抄		√
	《太上老君说常清静妙经》	×		√
太清（？）	《养性延命录》（拟）	×	太清 三十六卷	有差异
道教类书	失题道教类书	×	《秘要》	×
符咒	道教符箓	×	符图七十卷	×
	灵宝斋愿文	×		×
	国忌行香题记	×		×

√：表示保存；×：表示佚失；？：表示不确定

依据上表，吐鲁番出土的道经尽管数量远少于敦煌，但依然保存了"开元道藏"中"三洞四辅"的基本框架。尤其同敦煌道经及《南竺观记》的种类相比，其基础的三洞道经和流行道经种类相差不大，仅在个别道经的有无方面有所区别。之所以如此，可能主要还是由于高宗和玄宗向天下传抄道藏的这一政治性宗教活动，使得当时唐朝疆域内，几乎所有道观所藏道经种类都趋于统一。这种全国各地道经流布种类趋于整齐划一的状况，在当时的西州、沙州和蜀地也不应例外。不过，在目前所见吐鲁番道经中，四辅中的太平、太清和正一经典明显缺失。但这并不能说明这些经典在当时的西州就没有流布，可能只是没有遗存下来或尚未被发现而已。实际上，在敦煌道经中，这三部经典也并不多见，如太平部只存《太平经目录并序》（S.4226）

和《太上济众经》（P.2364等），正一部也仅有一件疑为《正一经》残卷（P.3676）和几个经箓仪法残卷（P.2457等）而已。但据《南竺观记》所载，太平部有一百七十卷、太清有三十六卷、正一部有二百卷，相关经典卷帙规模并不小。另外，当时流行的道教类书《无上秘要》，在敦煌已有发现，而目前吐鲁番所见道经均较为残缺，部分可能并非原本道经抄本，而是《无上秘要》的摘引抄本，如前文提及的SH176-86《洞真太一帝君太丹隐书洞真玄经》。

同时，唐代颇为流行的《升玄内教经》《洞渊神咒经》《道德经》和《本际经》，在吐鲁番道经、敦煌道经和南竺观道经中均有收录，确证了这几部道经在唐朝疆域内流布的广泛性。而且，在敦煌道经中多见《老子道德经序诀》《老子五千文》和《十戒经》的合抄本，而在吐鲁番道经中也有这三部道经的遗存，只是太过残损，无法贸然断定是否为合抄本。按理来说，隋唐时期道士初入道门时，皆会前往其师处受度此三部道经，这是当地道教发展的基础经典。虽然暂时无法确证吐鲁番道经中这三部经典是否为合抄本，但它们很可能就是当地初入门的道士所得。这也表明唐代西州道教不再仅是外来的宗教，当地人也很可能在此受度入道。

此外，《洞渊神咒经》的流行来源于其神秘的驱鬼消灾效力，故而高宗、武后也曾专门命人缮写来为太子祈福。《升玄内教经》和《本际经》则是南北朝至唐前期道教重玄派理论之重要成果。唐代道士还曾依据"重玄"理论重新对《道德经》《南华真经》予以注疏。还应注意到，新造作的《升玄内教经》和《本际经》，体现的毕竟是南北朝至唐前期流行的重玄思想，它们虽同六朝时盛行的三洞经典有传承关系，但在经义思想上却有较大差别。这批重玄派经典在唐代的西州、沙州和蜀地被大量传抄，《本际经》更是两度被玄宗传命于天下转写，这都突显了唐代道教在经义学术上的重要转折。因此，在"开元道藏"的体系中，这批重玄派经典应该有着十分特别的地位。

另一方面，目前所见西州道经的情况，与沙州和蜀地也有些许不同。首先，敦煌道经是从藏经洞出土，为敦煌当地佛寺的收藏品。这批文献虽为学界研究中古道教提供了丰富材料，但性质和来源较为复杂，部分道经并不属于官方"开元道藏"的藏经，如二十卷本的《洞渊神咒经》（S.8076+S.9047v）即为唐末五代所造。相较而言，吐鲁番道经虽然是近代自吐鲁番众多遗址中挖掘所得，数量有限且以碎片为主，但西州道教的传播基本依靠官方力量主导而盛行。而且从抄写的纸张、字迹及样式来看，吐鲁番道经主要为官方写经，基本涵括于唐代官方道藏之内，故对"开元道藏"的复原具有指示性作用。

其次，据刘屹先生的研究，《南竺观记》所载经目或许最接近"开元道藏"，但依旧是"南方道教传统的代表和象征"[①]。西州道经的情况则不同，它们不可能源于南方道教传统，只能是中央传写至该地区的"开元道藏"传统，亦即与高宗时《玉纬经目》和《一切道经》相似，更接近北朝、隋的道教传统。

总之，吐鲁番道经虽然在形态上显得残损，但仍能彰显各种道经在唐代西州的广泛流布。作为唐代道藏的重要组成部分，吐鲁番道经的价值不容忽视。敦煌道经与吐鲁番道经在内容和形态上趋于一致，表明二者具有共同的文本来源，而此来源极有可能就是唐玄宗时期的"开元道藏"。

小 结

唐代西州道经的流布，需以当地道观为根基。唯有当地建构起完善的道观体系，并融入国家宫观网络，道教才能在当地扎根立足，道经才有望在当地广泛流布。因此，道观的建立与存续，通常被视为当地道教传播的开端与发展的基石。通过考证阿斯塔那墓出土的两件文书，荣新江先生业已指出开元四年（716）是目前所见吐鲁番文献中最早提到道观的纪年，大历四年（769）则为目前所知的西州道教活动的最晚时间[②]。雷闻先生进一步考证发现，在高宗举行封禅之后，全国性的道观网络中已包含西州道观，因此乾封元年（666）应为西州道观建立的最早时间[③]。然而，根据前文的讨论，西州道观最早建立的时间应不迟于贞观末年。如此，西州道观及道教活动至少在当地存续了百余年。

目前，在唐代沙州可见八座道观[④]，在伊州则有祥舜观、大罗观（伊吾县）和天上观（柔远县）[⑤]。至于唐代西州的道观，据荣、雷二位先生的研究，列表如下（表4-7）：

[①] 刘屹《唐前期道藏经目研究：以〈南竺观记〉和敦煌道经为中心》，第211—212页。
[②] 荣新江《唐代西州的道教》，第130、134—138页。
[③] 雷闻《国家宫观网络中的西州道教——唐代西州道教补说》，第120页。
[④] 参王卡《敦煌道教文献研究：综述·目录·索引》，第7—8页。
[⑤] 参王仲荦《〈沙州伊州地志〉残卷考释》，郑秀宜整理《敦煌石室地志残卷考释》，北京：中华书局，2007年，第202—205页。

表 4-7　唐代西州的道观

时期	观名	地处
乾封元年（666）	万寿观	高昌县
神龙元年（705）	龙兴观	高昌县
开元八年（720）	总玄观	
开元十九年（731）	安昌观	天山县
天宝二年（743）	紫极宫	高昌县安西坊
宝应元年（762）	唐昌观	

表格中所载，万寿观、龙兴观和紫极宫均位于西州治所高昌县，都是当时国家宫观网络中西州地区的道教中心，三者或许为同一道观在不同时期易额而来[①]，分别反映了高宗、中宗及玄宗对于道教的尊奉。尤其是龙兴观，雷闻先生根据《西域考古图谱》所录道经题记及相关史料，推测该观曾举行过唐高祖太穆神皇后的忌日行香仪式[②]，是国家政治象征的重要场域。此外，大历四年的吐鲁番文书中出现了天山县的道门领袖张真等人，他们也极可能是安昌观的道士。

唐朝从中央经由凉州颁下的道藏，应当就是在这些道观抄写、流布和保存。然而，历经千年历史变迁，后人对于这些道观在吐鲁番地区的具体位置已难以确知。目前所知的吐鲁番道经出土地，主要为吐峪沟、胜金口、葡萄沟和交河城遗址。其中，吐峪沟大致位于唐代西州柳中县，距离高昌故城不远，是当时各种宗教的圣地，佛教在此造窟无数；胜金口位于高昌县北，也是宗教兴盛之处，该地区还发现过"开元通宝"等钱币文物；葡萄沟在交河县，有摩尼教及景教在此传教；交河城遗址则是西州交河县城。这四处遗址既然都出土了道经，那么很可能在这些区域当年都有西州道观的存在。不过，或许还存在另一种可能性，即同敦煌地区类似，随着唐王朝势力逐渐退出西州，曾经繁荣兴盛的西州道教也渐渐走向衰败，各个道教宫观内的道经被其他宗教寺院收走以作补经之用。如葡萄沟发现的背面抄写叙利亚文景教

---

① 吐鲁番阿斯塔那 509 号墓出土《唐西州高昌县出草帐》将龙兴观置于崇宝等寺之前，德藏 Ch 1046（T II 4042）《唐安西坊配田亩历》也将紫极宫置于崇宝寺之前，所以龙兴观和紫极宫应该都与崇宝寺位于同一区域，且万寿观、龙兴观与紫极宫皆为当时西州地区官方道观领袖，所以两者很可能是同观但易额而来。另外，笔者还猜测唐昌观为安昌观易额而来，但材料不足以展开讨论，暂且存疑。
② 雷闻《国家宫观网络中的西州道教——唐代西州道教补说》，第 126 页。

文献的道经 Syr 1749r（T II B 66）《洞真太微黄书经》和 n269r（T II B 66 No. 18）《本际经》，很有可能就是景教寺庙侵占了破败后的道观所得。另外，笔者也怀疑胜金口出土的"开元道藏"遗存或许原为高昌县内紫极宫的藏经。

时过境迁，西州道教在唐前中期得益于官方力量的支持而蓬勃发展，中央颁布的道藏经典在西州广泛流布。然而，随着唐王朝势力的衰落，道教在该地区的踪迹已然难觅。曾经盛极一时的道观，如今荡然无存，仅余片片道经残纸留存至今。

附：新见旅顺博物馆藏吐鲁番道经叙录

道教作为中国本土宗教，其发展与传播的历史，向来备受学者关注。随着敦煌吐鲁番地区出土文献不断刊布，中古时期该地区的道教传播问题，也日益得到重视。吐鲁番地区出土的道经，主要分藏于德国国家图书馆、日本龙谷大学、日本书道博物馆、中国旅顺博物馆及新疆等地。其中德藏文书、日本龙谷大学藏大谷文书和日本书道博物馆藏文书，近年来都已陆续刊布，并有中国学者编录的总目供大家索引，甚是方便[1]。大渊忍尔与王卡二位先生在整理敦煌道经时，也曾对部分吐鲁番道经进行过考订[2]。荣新江、雷闻二位先生对唐代西州的道观、道教活动进行过全面探讨，对唐代西州道教的传播提出了许多有价值的看法，并兼及部分重要道经残片的考订[3]。郜同麟先生近来也对部分吐鲁番道经残卷再作辨析[4]。但相较于敦煌地区道教研究的丰富，吐鲁番地区道教的相关讨论则受限于材料，未能完全展开。

2015 年迄今，笔者参加了旅顺博物馆藏新疆出土汉文文献的整理工作，新比定出了不少道经残片。旅博藏吐鲁番文书与大谷文书为同一批材料，均属当年大谷探险队在吐鲁番等地所得。此前日本学者已对这批文书中的部分道经残片作过整理[5]，但受限于当时的条件，仍有许多道经残片未能公布。据笔者的统计，目前吐鲁番出

---

[1] 陈国灿、刘安志主编《吐鲁番文书总目（日本收藏卷）》，荣新江主编《吐鲁番文书总目（欧美收藏卷）》，包晓悦《日本书道博物馆藏吐鲁番文献目录》（上、中、下）。
[2] 大渊忍尔《敦煌道经·目录编》，王卡《敦煌道教文献研究：综述·目录·索引》。
[3] 荣新江《唐代西州的道教》，第 127—144 页；雷闻《国家宫观网络中的西州道教——唐代西州道教补说》，第 117—127 页。
[4] 郜同麟《敦煌吐鲁番道经残卷拾遗》，第 34—50 页；郜同麟《拘校道文：敦煌吐鲁番道教文献研究》。
[5] 旅顺博物馆、龙谷大学合编《旅顺博物馆藏新疆出土汉文佛经选粹》，京都：法藏馆，2006 年（正文简称《选粹》，且只出页码）；都筑晶子等《大谷文书の比较研究：旅顺博物馆藏トルファン出土文书を中心に》，第 68—79 页。

土的道经中，旅博藏品的数量居于首位①。不过由于这批材料都是在遗址废墟中挖掘所得，保存形态基本以碎片为主，在辨认和性质的判定上，仍有进一步探讨的空间。现将这批新见的旅顺博物馆藏吐鲁番道经叙录如下②。

与敦煌道经相似，吐鲁番道经也以灵宝经的数量居多，这大概也是唐代道经流传的基本状况。其中，被视为古灵宝经首经的《元始五老赤书玉篇真文天书经》（简称《赤书真文》）约出于东晋，《正统道藏》（简称《道藏》）全文收录，敦煌道经有 S.5733 和 Дx.1893 两件写本，均不全。此前所知吐鲁番道经只有 LM20-1453-18-05 和 Ot.8116r 两件，均出于吐峪沟，为同一写经，但无法直接缀合③。新见旅博所藏吐鲁番道经中有 5 件亦属此经。其中 LM20-1496-08-05 仅存 2 行，为该经阐述"地发二十四应"之第十三、十四，楷书精美，并有乌丝栏，录文如下：

（前缺）

1 〔冬夏生〕华，结实 繁 〔茂，无有凋伤。十四者、四气〕

2 〔调和，灾〕疫不行，天〔人悦庆。无有夭年。十五者〕

（后缺）

LM20-1507-C1086d 和 LM20-1520-36-12 各存 2 行，楷书，但栏线不太清晰，与 Ot.8116r 大致可缀合，内容为经中西方白帝灵宝七炁天文化生黑帝炁，但与传世本有个别异文；另外 LM20-1506-C0868c 和 LM20-1493-38-05 各存 4 行和 5 行，楷书，有乌丝栏，均似与可缀合的三件为同一写本。大致拼接后录文如下：

（前缺）

1 右 少阴之气，化生太阴五气〔玄天，主小劫申，〕

2 大劫酉④，阳气之极，百六乘九，〔黑帝行佩此文，〕

3 〔度甲〕申大水洪〔灾，以黑〕书白缯 七 〔寸佩身。〕

---

① 参赵洋《唐代西州道经的流布》，《中华文史论丛》2017 年第 3 期，第 163—192 页。
② 与《老子道德经》相关的残片已有细致整理，此处不再赘述，参游自勇《吐鲁番所出〈老子道德经〉及其相关写本》，第 139—161 页。
③ 都筑晶子等《大谷文书の比较研究：旅顺博物馆藏トルファン出土文书を中心に》，第 72 页。
④ "酉"，《道藏》本作"子"。异文的讨论与研究，参赵洋《唐代西州道经的流布》，第 168—171 页。

第四章 增删与流布

4 〔西方七宝金门皓灵〕皇老君符命
　（中缺）
1 〔东方安宝华林青〕灵〔始老，号曰苍帝，姓烟，讳〕
2 〔开明，字灵威仰。头〕戴青精玉冠，衣〔九炁青羽〕
3 〔飞衣，常驾苍龙，建〕鹑旗，从神甲乙〔官将九十〕
4 〔万人。其精始生，上〕号东方青〔牙九炁之天，中〕
　（中缺）
1 〔中央玉宝元灵元老，号曰黄帝，姓〕通班，讳〔元〕
2 〔氏，字含枢纽。头戴黄精玉冠，衣五〕色飞衣，常
3 〔驾黄龙，建黄旗，从神戊己官将十〕二万人。其
4 〔精始生，上号中央元洞太帝之天，〕中为镇星，
5 〔下为嵩高山。上出黄气，下治地〕门。其烟如云
　（后缺）

古灵宝经中流传较广的《太上洞玄灵宝无量度人上品妙经》（简称《度人经》）在敦煌文书中存有18件，其中P.2606较为完整，只是卷首微残。作为中古时期流传最广的古灵宝经，《度人经》在北宋时还被宋徽宗列为众道经之首，甚至将其扩充为六十一卷本通行于世。此经造作可能受佛教影响，突出"度人"的内容，但仍是强调个人的修行度人。此经在旅博中新比定出11件，分属此经不同片段，均为楷书，有乌丝栏，分别录文为如下：

LM20-1520-27-16存5行，见于P.2606第11—15行：

（前缺）
1 〔遍。南方无极〕无量品〔至真大神，无鞅之众，浮〕
2 〔空而至，说经〕三遍。西方〔无极无量品至真大〕
3 〔神，无鞅之众，〕浮空而至，〔说经四遍。北方无极〕
4 〔无量品至真大〕神，无鞅〔之众，浮空而至，说经〕
5 〔五遍。东北无〕极无量〔品至真大神，无鞅之众〕
　（后缺）

231

LM20-1461-11-07 存 4 行，见于 P.2606 第 14—17 行：

（前缺）

1　〔四遍。北方无极无量品至真大神，无鞅〕之众，
2　〔浮空而至，说经五遍。东北无极无量〕品至真
3　〔大神，无鞅之众，浮空而至，说经六遍。东〕南无
4　〔极无量品至真大神，无鞅之众，浮空而〕至，说
　　（后缺）

LM20-1503-C0175 存 4 行，见于 P.2606 第 32—35 行：

（前缺）

1　〔授于我。当此之时，喜庆难言，法事粗〕悉，诸天
2　〔复位。倏欸之间，寂无遗响。是时天人遇〕值经
3　〔法，普得济度，全其本年。无有中伤，倾土〕归仰，
4　〔咸行善心。不杀不害，不嫉不妒，不淫不〕盗，不
　　（后缺）

LM20-1456-17-13 和 LM20-1462-14-05 前后可缀合成 6 行（图 4-5），但下部仍残泐，文字内容见于 P.2606 第 47—52 行：

（前缺）

1　〔士秽〕气未消，体〔未洞真，召制十方，威未制天〕
2　政。可伏御地祇，束缚〔魔灵，但却死而已，不能〕
3　更生。轻诵此章，身则被殃。〔供养尊礼，门户兴〕
4　隆，世世昌炽，与善因缘，〔万灾不干，神明护门。斯〕
5　经尊妙，独步玉京。度〔人无量，为万道之宗，巍〕
6　巍大范，德难可胜。
　　（后缺）

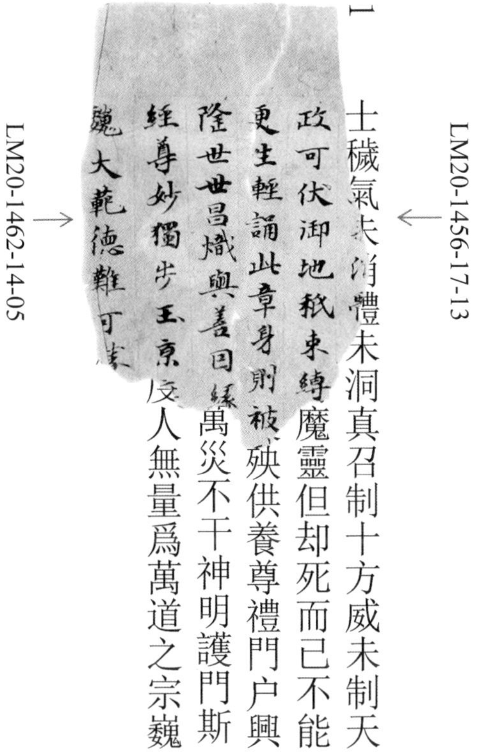

第四章　增删与流布

LM20-1456-17-13

士秽气长消体未洞真召制十方威未制天
政可伏御地祇束缚魔灵但却死而已不能
更生轻诵此章身则被殃供养尊礼门户兴
隆世世昌炽与善回缘禹灾不干神明护门斯
经尊妙独步玉京度人无量为万道之宗巍
巍大乾德难可量

LM20-1462-14-05

图 4-5　LM20-1456-17-13+LM20-1462-14-05《太上洞玄灵宝无量度人上品妙经》

LM20-1498-28-03 存 3 行，见于 P.2606 第 98—100 行：

（前缺）
1　〔东方无极飞天神王长〕生大圣无〔量度人，南〕
2　〔方无极飞天神王长生〕大圣〔无量度人，西方〕
3　〔无极飞天神王长生大〕圣无量〔度人，北方无〕
（后缺）

LM20-1461-26-11 存 4 行，见于 P.2606 第 147—150 行：

（前缺）
1　〔化上清，无量之奥，深不可详，敷落神〕真，普〔度〕

233

2　〔天人。今日欣庆受度，历关诸天，请灭〕三恶，斩

3　〔绝地根，飞度五户，名列太玄，魔王监〕举，无拘

4　〔天门。东升主算，西升记名，北斗落死，〕南〔升上〕

（后缺）

LM20-1497-37-02 存 4 行，见于 P.2606 第 158—161 行：

（前缺）

1　神公受命，普扫不祥。八威吐〔毒，猛马四张。天丁〕

2　前驱，大师仗幡。掷火万里，〔流铃八衡，敢有干〕

3　〔试，〕巨遏上真。金钱前戮，巨〔天后刑。屠割鬼爽，〕

4　〔风火无停。千千〕截首，万万〔剪形。魔无干犯，鬼〕

（后缺）

LM20-1508-C1243 存 4 行，见于 P.2606 第 233—236 行，"民"未避讳：

（前缺）

-- （纸缝）

1　〔天灾，保镇帝王，下禳毒害，以〕度兆民。生死受

2　〔赖，其福难胜。故曰无量普度天〕人。

3　〔道言：凡有是经，能为天地帝主，兆民〕行是功

4　〔德，有灾之日，发心修斋，烧香诵经十过，皆〕诸

（后缺）

LM20-1455-03-05 存 3 行，见于 P.2606 第 247—249 行：

（前缺）

1　云上九都，〔飞生自骞。那育郁馥，摩罗法轮。〕

2　灵持无镜，〔览姿运容。馥朗廓奕，神缨自宫。〕

3　刀利禅猷，〔婆泥谷通。宛薮涤色，太眇之堂。〕

（后缺）

LM20-1461-09-16 存 4 行，见于 P.2606 第 249—252 行：

（前缺）
1　刀利禅〔猷，婆泥谷通。宛薮涤色，太眇之堂。〕
2　流罗梵萌，景蔚〔萧峏。易邈无寂，宛首少都。〕
3　阿滥郁竺，华莫延〔由。九开自辩，阿那品首。〕
4　无量扶盖，浮罗合神。〔玉诞长桑，柏空度仙。〕
（后缺）

与度人观念有关的灵宝经还有《太上洞玄灵宝真文度人本行妙经》。该经已散佚，但《无上秘要》卷四七、《云笈七签》卷一〇一与一〇二及《一切道经音义妙门由起》中摘引诸多佚文，可供勘定。大谷文书 Ot.3289r、Ot.5050r 和 Ot.5790r 为该经同一写本，但无法缀合。目前旅博藏新见 5 件，均为楷书，有乌丝栏，现录文如下：

LM20-1521-27-18+LM20-1520-29-06 共存 3 行（图 4-6），见于 P.3022v 第 31—33 行：

（前缺）
1　〔出度人。元始天尊以我因缘〕之勋，锡我太上
2　〔之号，封郁悦那林昌玉台天帝〕王，位登高圣，
3　〔治玄都玉京。实由我身，尊承〕大法，灵宝真文
（后缺）

LM20-1520-37-11 存 3 行，见于 P.3022v 第 45—47 行：

（前缺）
1　〔即灭，一退遂经〕三劫，中〔值火劫改运，元庆又〕
2　〔受炁寄胎于〕洪氏之胞。〔上天以其先身好色，〕
3　〔故转为女子，〕以遂〔其先好色之愿，以朱灵元〕
（后缺）

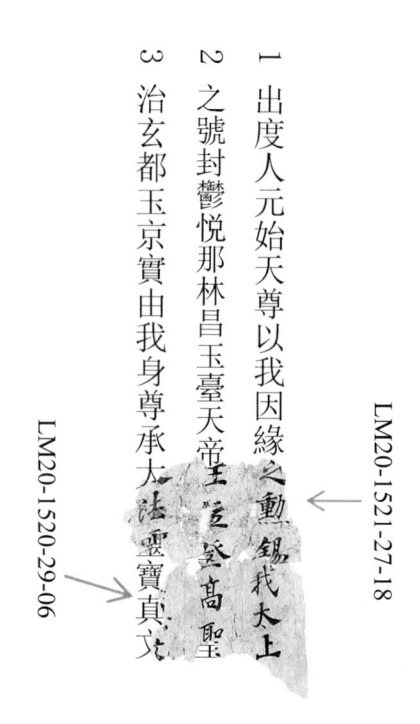

图 4-6　LM20-1521-27-18+LM20-1520-29-06《太上洞玄灵宝真文度人本行妙经》

LM20-1501-23-04 存 3 行，见于 P.3022v 第 61—64 行：

（前缺）
1　座长〔林枯桑之下，众真侍座，分校仓元宝录〕
2　灵宝真文，诸〔天交灌，香华妓乐，流精月水，无〕
3　鞅数种，〔光明洞达，映朗十方。是日那台，正于〕
（后缺）

LM20-1522-17-01 存 2 行，参《云笈七签》卷一〇二：

（前缺）
1　〔香华妓乐，五〕千万众，〔真文奕奕，光明洞达，映朗〕
2　〔内外，云景〕炜烁，如〔星中之月，去阿丘曾所住舍〕
（后缺）

同佛教类似，道教也用科仪戒律来规范道士的日常行为。目前在旅博也新见数种科仪戒律道经。其中 LM20-1522-15-13 和 LM20-1461-11-14 均为《太上洞玄灵宝智慧上品大戒》，分别存经文 2 行和 3 行，楷书，有乌丝栏，内容为起首的"智慧上品十戒"，是中古道教规范道士行为的重要戒律，也是灵宝经中的重要道经。此经在《道藏》中题作《太上洞真智慧上品大诫》。在敦煌文书中也有数件此经写本，而新见的 2 件残片内容分别见于 P.2461 第 8—9 行和第 11—13 行。刘屹先生曾对此经所出时间等问题有专门研究[①]。另外，LM20-1461-11-14 的内容在《无上秘要》卷三五（云出《大戒经》）、卷四八（云出《金箓经》）和卷五〇（云出《大诫经》）皆有。但该件文字与《道藏》本和敦煌本皆有差异，其中"生人间"在《道藏》本及敦煌本中皆作"生人中"，而"诫"在敦煌本中作"戒"，但在传世本中作"诫"，从文意来看，LM20-1461-11-14 文字更为通顺。现分别录文如下：

LM20-1522-15-13：

（前缺）

1　天尊告 太 〔上道君曰：今当普宣通法〕
2　音，开悟 群 〔生，为诸男女，解灾却患，请〕

（后缺）

LM20-1461-11-14：

（前缺）

--（纸缝）

1　生人间， 转 〔轮圣王。修斋求道，皆当一心，请奉十〕
2　诫，谛受〔勿忘，专心默念，洞思自然，勿得杂想，〕
3　 挠 〔乱形神。能如是者，便当静听。〕

（后缺）

而新近发现的 LM20-1520-36-18《太上洞玄灵宝智慧罪根上品大戒经》卷下，与《太上洞玄灵宝智慧上品大戒》相关，也是灵宝经当中重要的戒律道经。本件内容

---

① 刘屹《古灵宝经"未出一卷"研究》，《中华文史论丛》2010 年第 4 期，第 93—101 页。

在该卷里多次可见，但无法确定其确切位置，其录文如下：

（前缺）
1　▢▢▢▢▢▢▢▢▢
2　　▢▢▢女人修奉智慧▢▢▢
（后缺）

中古道教科仪，以《洞玄灵宝长夜之府九幽玉匮明真科》比较常见。此经在敦煌文书中存有 10 件，部分写本还有传世本不存的中题。据新近比定的结果，此经在旅博藏有 7 件，其中 LM20-1457-32-04 和 LM20-1494-23-01 在《选粹》中收录但未定名（第 157、203 页），都筑晶子则比定出了 LM20-1494-23-01[①]。7 件文书具体情况及录文如下：

LM20-1457-32-04 存 7 行，楷书，有乌丝栏，文字内容见于《道藏》本第 23—29 行，"治""世"未避讳：

（前缺）
1　说罪福宿 命 〔因缘，善恶报应，解拔苦根，诫人〕
2　治行，身入光明，远恶〔就善，终归福门。其法弘〕
3　普，广度天人，生死蒙〔惠，免脱八难，身超三界，〕
4　受庆自然，世世 欢 〔乐，享祚无穷，今以相告，密〕
5　遵之焉。
6　上智童子〔前进作礼，长跪稽首上白天尊言：〕
7　不 审 〔今所普见诸天福堂，及无极世界地狱〕
（后缺）

LM20-1490-14-03 存 5 行，见于《道藏》本第 32—36 行，"世"未避讳：

（前缺）
1　〔缘，死入镬汤，无复〕人身。〔生世何缘，死循剑树。〕

---

① 都筑晶子等《大谷文书の比較研究：旅順博物館藏トルファン出土文書を中心に》，第 79 页。

第四章　增删与流布

2　〔风刀往还。生世〕何缘，头面燋〔燎，头戴火山。生〕
--（纸缝）
3　〔世何〕缘，身无衣服，铁杖负身。〔生世何缘，身被〕
4　〔髡截，〕负石无闲。生世何缘，〔死受锁械，幽闭三〕
5　〔光。生世〕何缘，驱驰〔苦极，食息无宁。生世何缘〕
　　（后缺）

LM20-1494-23-01、LM20-1462-31-09 和 LM20-1468-23-03 为同一写本，只是中部残泐，存9行，楷书，有乌丝栏，见于 P.2730 第12—20行，大致缀合后录文如下（图4-7）：

（前缺）
1　〔明真科曰：生世好学，修行经教，吞精〕咽炁，恒
2　〔无殆倦，持斋服御，吐纳自练，积功〕布德，名书
3　〔上清。致得尸解下仙，游行五岳，后生〕人中，更
4　受经法，为〔人师宗，转轮道备，克得〕上仙，白日
5　飞行，位及〔高真。〕
6　明真科〔曰：生世练真，服御神丹，〕五石镇生，神
7　宝五宫，〔功微德侠，运未升天。〕身受灭度，而骸
8　骨芳盈，亿〔劫不朽，须神反形，〕便更受炁，还生
9　人中。智慧〔听达，逆知吉凶，通灵彻视，役〕使鬼
10　
　　（后缺）

LM20-1490-08-12 存3行，楷书，有乌丝栏，见于 P.2730 第28—30行：

（前缺）
1　〔受师宗，命过〕升天，〔为太上之宾。后生人中，得〕
2　〔为人〕尊，三界所敬，鬼〔神所称，门户清贵，天人〕
3　〔所欣。〕于此而学，宗受〔大经，修斋持诚，广建福〕
　　（后缺）

239

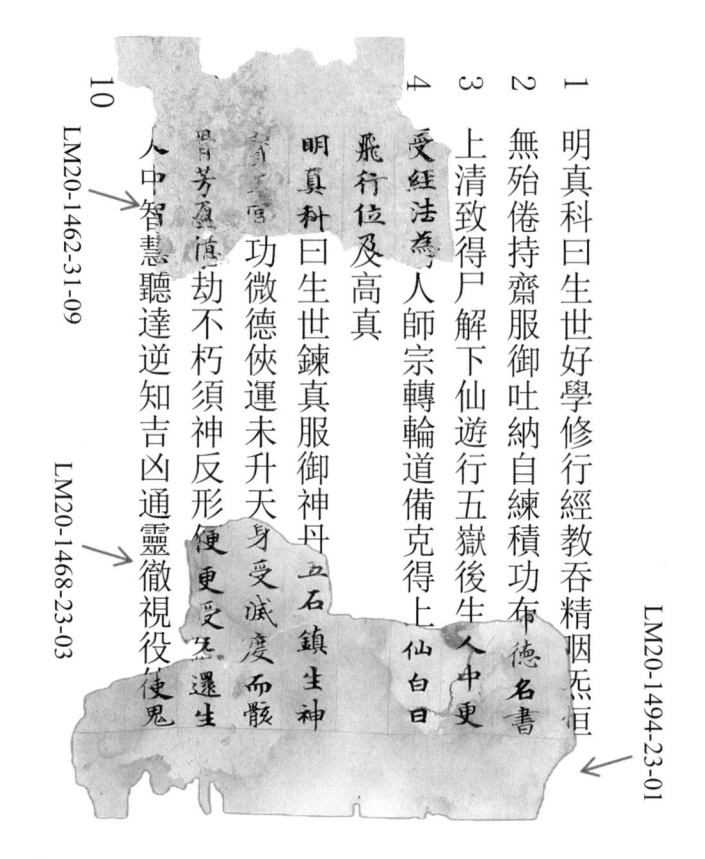

图 4-7　LM20-1494-23-01+LM20-1462-31-09+LM20-1468-23-03
《洞玄灵宝长夜之府九幽玉匮明真科》

1　明真科曰生世好學修行經教吞精咽无恒
2　無殆倦持齋服御吐納自練積功布德名書
3　上清致得尸解下仙遊行五嶽後生人中更
4　受経法為人師宗轉輪道備克得上仙白日
　　飛行位及高真
　　明真科曰生世鍊真服御神丹五石鎮生神
　　功微德俠運未升天身受滅度而骸
　　冒芳蘆湏劫不朽須神反形便更受炁還生
10 人中智慧聽達逆知吉凶通靈徹視役使鬼

LM20-1520-30-14 存 1 行，楷书，有乌丝栏，见于 P.2730 第 31 行：

（前缺）
1　〔田，功满〕德足，克得神仙
（后缺）

道教戒律经典还有 LM20-1468-20-02《太上洞玄灵宝智慧本愿大戒上品经》，存经文 6 行。此经也是中古时期比较重要的道教戒律经典，在敦煌文书中存 3 件。本件文字见于 P.2468 第 80—85 行的十善劝戒部分，楷书，有乌丝栏。现录文如下：

240

第四章 增删与流布

（前缺）
1　〔男〕女贤〔儒，不更诸苦。〕
2　戒曰：劝〔助斋静读经，令人世世不堕地狱，即〕
3　升天堂，〔礼见众圣，速得反形，化生王家。在意〕
4　所欲，玩服备〔足，七祖同欢，善缘悉会，终始荣〕
5　乐，法轮〔运至，将得仙道。〕
6　戒曰：劝〔助众人经学，令人世世才智洞达，动〕
（后缺）

此外，LM20-1468-18-02《太上洞玄灵宝智慧定志通微经》（简称《定志通微经》）为吐鲁番地区新见，残存3行，楷书，有乌丝栏，为天尊听闻十戒后的诵言：

（前缺）
1　▬▬▬▬▬▬▬▬▬
2　〔此法实玄妙，免汝九祖役。是其人不授〕，令人与道隔。
3　〔非人而趣授，见世被考责。死堕三涂苦，万劫悔〕无益。
（后缺）

此经在敦煌文书中只有一件残本P.5563，有武周新字。另外，有意思的是，在敦煌文书S.6454《十戒经》上有后来抄写上去的四句话："此法实玄妙，免汝九祖役。是其人不受，令人与道隔。非人而取受，见世被考责。死堕三涂中，万劫悔无益。"这些文字与《定志通微经》只是略有差异，而《十戒经》中最重要的十戒其实就是源自《定志通微经》。吴羽先生业已指出S.6454《十戒经》盟文中也有源自《定志通微经》的词句，认为通过勤修经戒能避免轮回之苦，是十戒在修道成仙宗教实践中的功能[1]。

《十戒经》是初入道者被授予的戒律，在新近整理中也发现了1件LM20-1520-26-08，残存3行，楷书，有乌丝栏，内容为劝诫与人相处的三条准则，其录文如下：

---

[1] 吴羽《敦煌写本中所见道教〈十戒经〉传授盟文及仪式考略——以P.2347敦煌文书为例》，《敦煌研究》2007年第1期，第76页。

241

（前缺）

1　〔与〕人子言〔则孝于亲，〕
2　与人友言则〔信于交，〕
3　〔与〕人夫言〔则和于室〕

（后缺）

中古时期的道经受佛教影响较大，其中《太上洞玄灵宝业报因缘经》在唐代比较流行。此经所出较晚，《道藏》收有完整十卷本，经义内容当与佛教因果业报的思想有关。此经在敦煌文书中有 25 件，但其中文字同传世本差异颇大。旅博藏有 7 片，其中 LM20-1506-C0748d 为卷一，存 2 行，楷书，有乌丝栏，文字见于台北 4721 第 48—50 行；LM20-1521-25-22 为卷九，存 2 行，楷书，有乌丝栏，文字见于 S.861 第 7—9 行。另外 5 件皆为与传世本差异最大的卷六部分，内容为《慈济品》中太上道君为劝诫普济真人，解说数位贤者恒行慈悲而被其授予经法修行成道的故事，从字迹来看，这 5 片应为同一写本。其中 LM20-1462-36-04 和 LM20-1456-35-20 不能直接缀合，但上下仅隔一行，楷书，有乌丝栏，文字内容见于 P.2387 第 23—29 页；LM20-1450-23-01、LM20-1456-29-15 和 LM20-1467-20-03 则可以直接缀合，楷书，有乌丝栏，见于 P.2387 第 34—45 行。此外，LM20-1467-20-03 原为《西域考古图谱》著录，吐峪沟出土，有传世本不存的品题"太上业报因缘经救护品第十五"，《选粹》收录并比定（第 203 页）。这 7 件录文如下：

LM20-1506-C0748d：

（前缺）

1　〔见有国王列百宝座，〕讲说大乘，昼夜不〔绝，敷〕
2　〔扬妙义。见有国王亲〕率大臣来就观〔中，舍施〕

（后缺）

LM20-1462-36-04→LM20-1456-35-20→LM20-1450-23-01+LM20-1456-29-15+LM20-1467-20-03（图 4-8）：

第四章 增删与流布

（前缺）

1　女授与此①经。修〔行十三年，金芝生庭，凤凰下〕
2　侍，天衣自来。又六十②〔年，吾〕遣太玄童子乘一
3　轮之车下迎，升于〔皇〕茄天中，为主③图先生。又
4　清净国王夫人常行布施，慈④济众生。一〔百年〕
5　中，吾遣上元玉女授〔与〕洞〔神真经，度为女冠。得〕
6　〔三〕十六年，吾遣变〔化童子吐火练形，反其童颜。〕

（中缺）

1　授与〔此经。奉行七年，勤苦〕转加。十七年中，地
2　生莲花，一茎⑤千叶，叶⑥广于丈；一一⑦叶间皆有⑧
3　经文，及宝函宝韫⑨，名香仙药；玉童玉女，捧接
4　飞行，遍满左右，奇妙难思。王子精诚，心转坚
5　固。四十年⑩，吾遣九光童子度为道士，授与升
6　玄妙经，昼夜勤修。七百年中，吾遣九〔天使者〕⑪
7　以八凤之舆下迎，为九天仙人。如斯等辈，⑫〔尘〕
8　沙之数，不可得言。汝等男女，但能广行慈〔悲，〕
9　念度⑬众生，无大无小，我悉知之。汝辈男女，但
10　有始无终，或不能勤苦，暂时还退，功行⑭未彻，
11　子宜勤之，子宜勤之⑮。

---

① "此"，《道藏》本作"真"。
② "六十"，《道藏》本作"十七"。
③ 《道藏》本作"玉"。
④ "慈"，《道藏》本作"普"。
⑤ "茎"，《道藏》本作"具"。
⑥ "叶"，《道藏》本无。
⑦ "一一"，《道藏》本作"二"。
⑧ "有"，《道藏》本无。
⑨ "韫"，《道藏》本作"蕴"。
⑩ "年"，《道藏》本作"年中"。
⑪ "修七百年中吾遣九〔天使者〕"，《道藏》本作"苦"。
⑫ "以八凤之舆下迎为九天仙人如斯等辈"，《道藏》作"倍"。
⑬ "念度"，《道藏》本作"济度一切"。
⑭ "功行"，《道藏》本作"功德"。
⑮ "子宜勤之"，《道藏》本无。

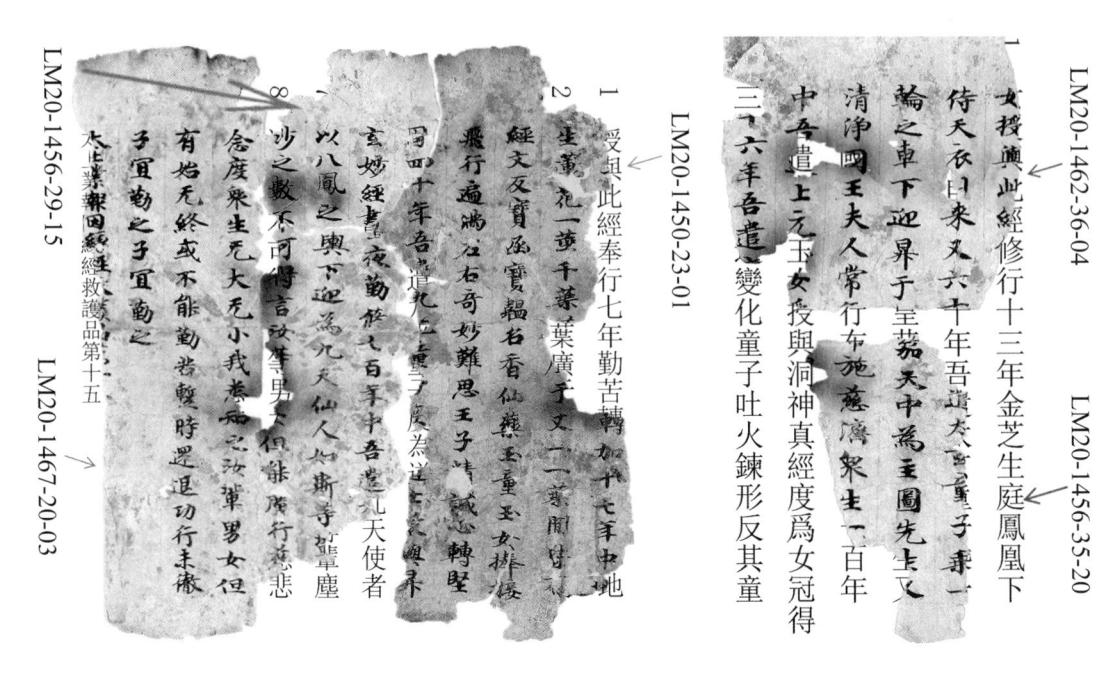

图 4-8　LM20-1462-36-04 → LM20-1456-35-20 → LM20-1450-23-01
+LM20-1456-29-15+LM20-1467-20-03《太上洞玄灵宝业报因缘经》卷六

12　太上业报因缘经救护品第十五①
（后缺）

LM20-1521-25-22：

（前缺）
1　〔为〕天女，已七千〔岁。王子期者，断谷不食，独坐〕
2　〔空山，〕不修诸行，〔六十年化为青石，后三十年〕
（后缺）

参考佛经而作的道经，还有 LM20-1454-29-10《太上洞玄灵宝三元玉京玄都大献经》。此经一般被认为是道教三元斋的经典来源。唐玄嶷《甄正论》称"道士刘无待造"，

---

① "太上业报因缘经救护品第十五"，《道藏》本作"救苦品第十五"。

244

第四章　增删与流布

"以拟《盂兰盆》"，吕鹏志亦指出此经可能是参考了《佛说盂兰盆经》和《三元品戒经》而创立的仪式①。该经在今《道藏》中为注释本，敦煌文书只有 S.3061，首残尾全，与传世本文字略有差异。而 LM20-1454-29-10 残存 6 行，楷书，有乌丝栏，最后两行则见于 S.3061 前两行，可作对勘，录文如下：

（前缺）

1　〔牵，五〕体烂坏，〔头面燋燎，镬汤煮渍，万痛切〕
2　身，金槌乱考②，食炭③〔渴饮火精④，流〕
3　曳三涂八难⑤之中。〔道君稽首上白天尊：〕
4　未审此辈罪〔人，生世之日，行何罪业，作何因〕
5　缘，受斯楚毒⑥。〔伏愿天尊赐垂训励，告所未闻，〕
6　共众⑦开悟，仰〔受圣恩。〕

（后缺）

洞渊部的经典主要为《洞渊神咒经》。此经出于东晋末，是一部集中体现江南地方性鬼神信仰，但编撰系统更加经教化的道经，也是南北朝隋唐时期流传较广的道经。唐前期编为十卷，唐末被续为二十卷，《道藏》本亦为二十卷。敦煌已发现该经写本 30 余件，基本为十卷本（也有二十卷的唐末写本），与《道藏》本有较大文字出入。旅博藏有 3 件，其中 LM20-1493-14-05 残存 4 行，楷书，有乌丝栏，为卷三写本，敦煌本尚未发现，文字相当于《道藏》本卷三第 160—164 行，文字略有差异。录文如下：

---

① 吕鹏志《灵宝三元斋和道教中元节——〈太上洞玄灵宝三元品戒经〉考论》，《文史》2013 年第 1 期，第 164—171 页。
② "金槌乱考"，《道藏》本作"金锤乱拷"。
③ "食炭"，《道藏》本作"饥即食炭"。
④ 王卡在《中华道藏》有注云："案'万劫'以下至此数十字，原本作注文。核诸前后文义，当作经文为是。今改作经文。"张继禹主编《中华道藏》第 4 册，北京：华夏出版社，2004 年，第 177 页。然核对本件残片行数，应当还是注文为是。
⑤ "八难"，《道藏》本作"五苦"。
⑥ "毒"，《道藏》本作"痛"。
⑦ "共众"，《道藏》本作"如蒙"。

245

（前缺）

1　各 护〔助〕此 三洞〔之人，不令疾病也。若人〕
2　其①有 忿怒 此②法师，骂〔辱欺打，图谋杀害者，此人〕
3　等 悉〔令〕身 亡灭③，七劫〔无形，托风倚雨，依尘附草，令万劫〕
4　〔乃〕复人身。鬼王 等护〔助此三洞法师，若有不信吾言者〕

（后缺）

另外，LM20-1470-22-01+LM20-1497-06-03 同大谷文书 Ot.8104r 可以直接缀合（图 4-9），存 23 行，楷书，有乌丝栏，为《洞渊神咒经》卷六写本，其中有武周新字"囼"，吐峪沟出土，文字同于敦煌本 S.930 第 69—91 行，与《道藏》本出入颇多。《选粹》已收录并比定出 LM20-1470-22-01（第 208 页），都筑晶子也曾将 LM20-1470-22-01 和 Ot.8104r 作过拼接④。另外，赵和平先生曾怀疑 Ot.8104r 可能与 P.3233、P.2444 同为长安宫廷官监写本⑤，王卡先生则认为此件与 S.930 笔迹近似⑥。现录文如下，画横线部分为新拼接的 LM20-1497-06-03：

（前缺）

1　道言：复有廿万 赤索鬼，鬼〔王自首领卅九万〕
2　汝鬼，春来取男子，秋若取女〔子，冬便取小口，〕
3　夏来取老公，昼日在水中，暮〔来伺人家。或取〕
4　六畜牛马，行其火毒，令人 家〔贫穷疾病，病不〕
5　可治，日日来取人。自今以 去，〔汝速驰走，若今〕
6　不去者，汝各各头破作十二〔分，鬼王被诛也。〕
7　道言：中国甲子之旬，有白下〔鬼三万头，鬼王〕
8　名赤都，游逸天下，行七十八 种〔病，病不可治也。〕
9　令人狂走，妄语下痢，臃肿下 血，〔血出而〕

---

① "其"，《道藏》本无。
② "此"，《道藏》本无。
③ "灭"，《道藏》本作"灭门"。
④ 都筑晶子等《大谷文书の比较研究：旅顺博物馆藏トルファン出土文书を中心に》，第 77 页。
⑤ 赵和平《武则天为已逝父母写经发愿文及相关敦煌写卷综合研究》，《敦煌学辑刊》2006 年第 3 期，第 19—20 页。
⑥ 王卡《敦煌道教文献研究：综述·目录·索引》，第 145 页。

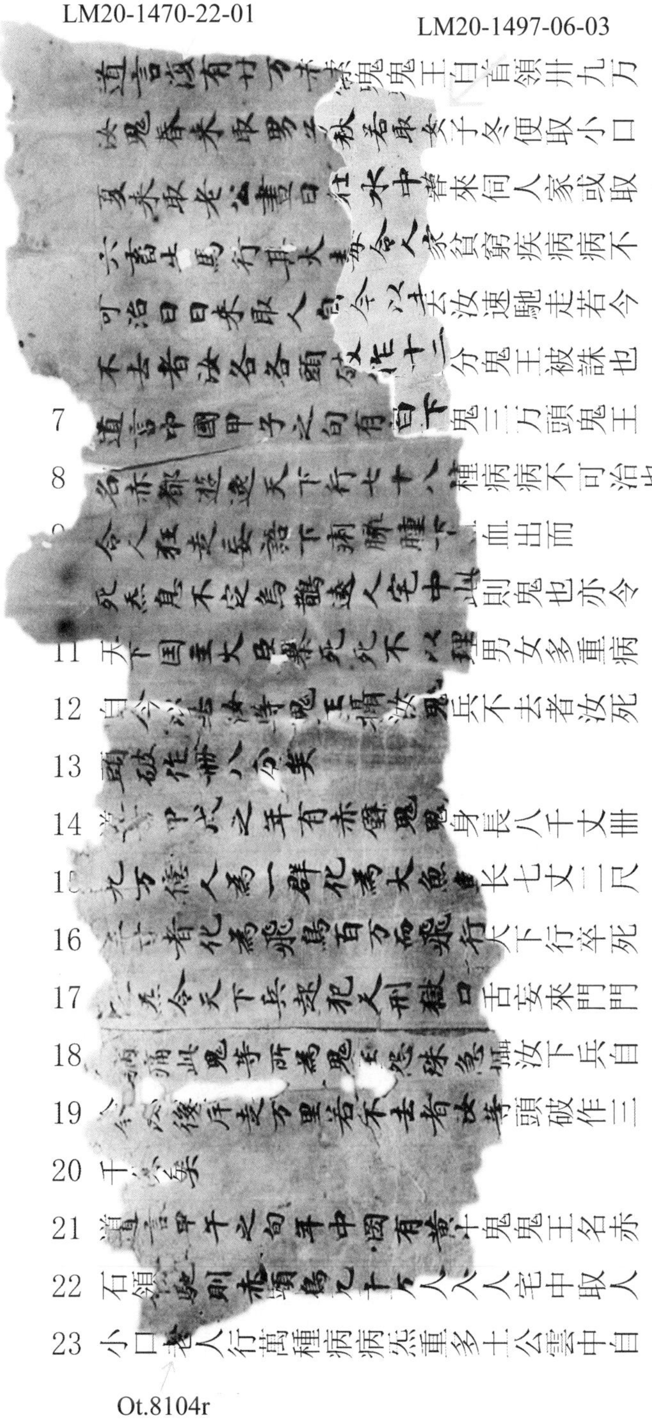

图 4-9 LM20-1470-22-01+LM20-1497-06-03+Ot.8104r《洞渊神咒经》卷六

10　死，炁息不定，乌鹊绕人宅中，此〔则鬼也。亦令〕

11　天下国主大臣暴死，死不以理，〔男女多重病。〕

12　自今以去，汝等鬼王，摄汝鬼〔兵，不去者汝死，〕

13　头破作册八分矣。

14　道言：甲戌之年，有赤壁鬼，鬼〔身长八千丈，册〕

15　九万亿人为一群，化为大鱼，鱼〔长七丈二尺〕

16　三寸者，化为飞鸟百万而飞行〔天下，行卒死〕

17　之炁，令天下兵起，犯人刑狱，口〔舌妄来，门门〕

---（纸缝）

18　病痛，此鬼等所为。鬼王怨珠急摄〔汝下兵，自〕

19　今以后，斥走万里，若不去者，汝等〔头破作三〕

20　千分矣。

21　道言：甲午之旬，年中囷有黄牛〔鬼，鬼王名赤〕

22　〔石，〕领驰则赤头乌，九千万人入〔人宅中，取人〕

23　〔小口〕老人。〔行万种病，病炁重多。土公云中，自〕

（后缺）

隋唐时期，重玄思想较为流行。《老子》"玄而又玄"的理论被不断阐发，由此造作出一批新的道教经典。其中《太上洞玄灵宝升玄内教经》（简称《升玄内教经》）多被传抄。此经原为十卷，《道藏》仅存卷七注疏本。敦煌文书中则保存了此经28件写本，万毅对各写本卷数问题已有考证，已基本将此经复原[1]。旅博藏有确定的11件此经残片，均楷书，有乌丝栏。都筑晶子已将其中LM20-1499-19-04、LM20-1465-02-03、LM20-1498-36-02、LM20-1498-32-05、LM20-1498-32-04等5件与Ot.4395r做过缀合，缀合后的内容为该经卷九中的"无极九诫"[2]。另有5件LM20-1468-33-01a、LM20-1509-C1569f、LM20-1463-25-03、LM20-1508-C1274、LM20-1498-

---

[1] 万毅《敦煌本〈升玄内教经〉试探》，《唐研究》第1卷，1995年，北京：北京大学出版社，第68—73页。此外，刘屹先生也有一系列论文讨论《升玄内教经》的卷次及内容等问题，此据氏著《经典与历史：敦煌道经研究论集》，北京：人民出版社，2011年，第117—213页。其中刘屹先生提出《升玄内教经》卷七注疏本中"理贯重玄，义该双遣"为唐初重玄思想流行的背景下所作的注解，而十卷本《升玄内教经》本身并没有明显的重玄意味，《本际经》才是彻底的重玄思想作品（第186—213页）。

[2] 都筑晶子等《大谷文书の比较研究：旅顺博物馆藏トルファン出土文书を中心に》，第75—77页。

第四章 增删与流布

37-04 同都筑晶子缀合的数件为同一写经,也均属卷九"无极九诫"的内容,但有些无法直接缀合。全部残片缀合后录文如下(图4-10):

（前缺）

1　物，拾遗〔取施，执持兵器，兴用非法，不知动入〕

2　罪网，不能〔自觉手过之罪，罪之莫大，不自手〕

3　犯，不得教令于人，摄意持〔戒，终身奉行。是吾〕

4　太太上上太一第四诫也。

5　第五诫曰：目不得视非道〔非法非义，荣华容〕

6　〔饰，淫视女色，〕照曜盈目，〔贪欲洋溢，琦丽珍宝，〕

7　〔淫邪妖孽，不正之色，目为心候，主收百凶，来致〕

8　〔祸〕毒，罪罾臻〔集，一皆目致，心目口手，致殃祸〕

9　〔主〕，动为祸端，〔收罪之首，心目口手，致罪之府〕

（中缺）

1　诫〔也。〕

2　第六诫曰：耳不得听八音〔五乐淫声妖孽，辞〕

3　正亡国妖伪之乐，无有厌足，不知动〔入罪网，〕

4　不能自觉耳〔过〕之罪，罪亦复大，不自耳犯，不

5　〔得〕教令于〔人，摄意持诫，终身奉行。是吾太太〕

6　上上太一第〔六诫〕也。

7　第七诫曰：鼻不得贪香恶臭，妄察善恶，不〔知〕

8　动入罪网，不〔能自觉鼻过之罪，罪亦为次，不〕

9　自鼻犯，不得教令〔于人，摄意持诫，终身奉行。〕

10　是吾太太上上太〔一第七诫也。〕

11　第八诫曰：足不得〔妄蹈非义，不践非法，不涉恶〕

12　〔履非，妖淫境界，不〕知〔动入罪〕网，不〔能自觉足〕

13　〔过之罪，罪亦为次，〕不自足犯，不得教令于〔人，〕

14　〔摄意持诫，终身奉行。是〕吾太太上上太一第〔八〕

15　〔诫也。〕

16　〔第九诫曰：身不得放情〕任意，强〔兴神器，功非其〕

17　〔敌，精散神消，三炁亡〕逸，放情纵恣，无有厌〔足，〕

249

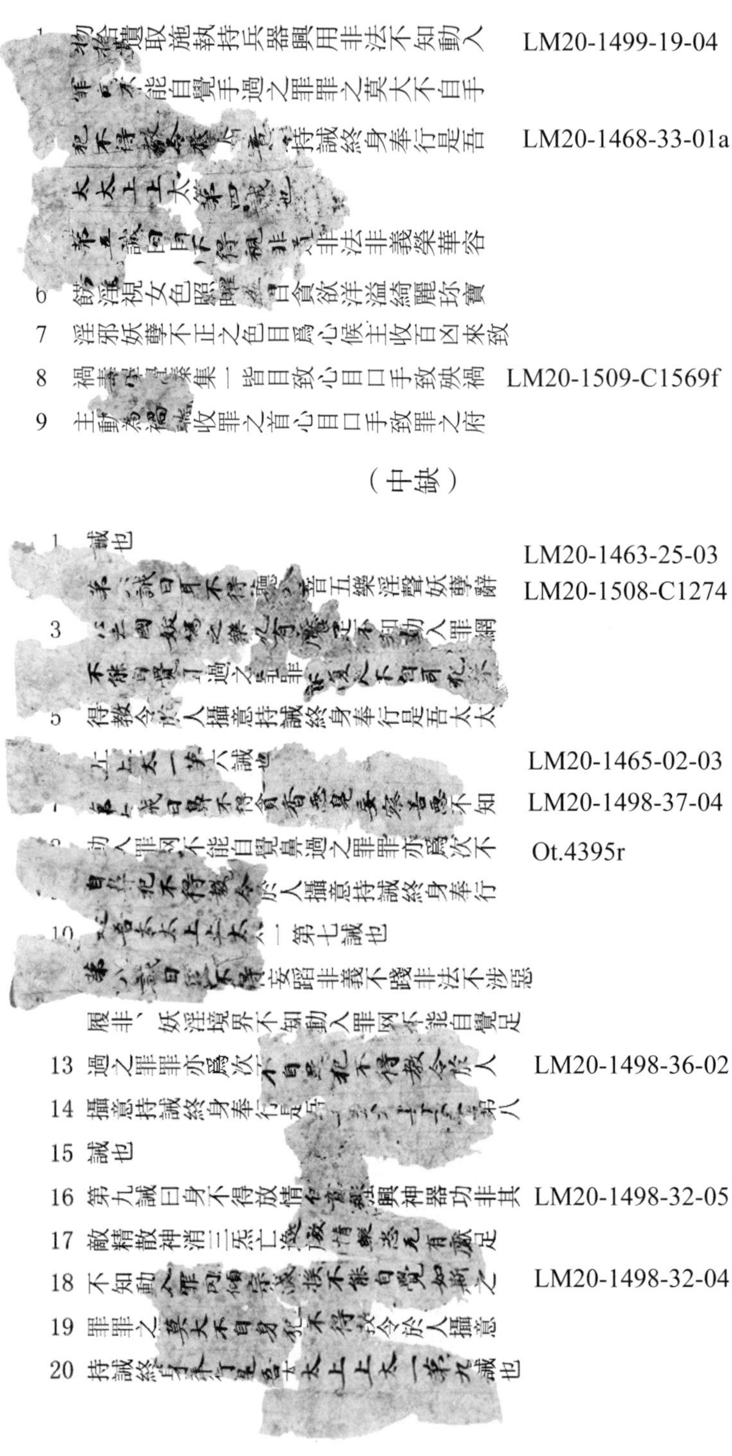

从长安到高昌：敦煌吐鲁番文献所见信息传播与唐代地方社会

```
1  物格鬷取施執持兵器興用非法不知勁入    LM20-1499-19-04
2  罪者不能自覺手過之罪罪之莫大不自手
3  犯不待教令恣人攝意持誡終身奉行是吾    LM20-1468-33-01a
4  太上大素帝君
5  希夷誡曰自身不得積非義非法非義榮華答
6  飾淫視女色照瞻貪欲洋溢綺麗珎寶
7  淫邪妖孽不正之色目鳥心候主收百來致
8  禍毒舉愆集一皆致心目口手致殃禍        LM20-1509-C1569f
9  主勁苦禍誡收罪之首心目口手致罪之府
```

（中缺）

```
1  誡也                              LM20-1463-25-03
2  太誡曰身不得聽五樂淫聲妖辭            LM20-1508-C1274
3  淫聞妖孽之樂亂心使不知勁人罪
4  不深令罪身覺過之罪罪亦為次不
5  得教令恣人攝意持誡終身奉行是吾太太
6  太上大素一誠                       LM20-1465-02-03
7  素君誡曰身不得貪布惑無察吾不知      LM20-1498-37-04
8  勁人罪犯不待教令恣人攝意持誡終身奉行   Ot.4395r
9  是吾太上大素一第七誡也
10 太素曰身不得妄語非義不踐非法涉惡
11 履非妖淫境界不知勁入罪岡花自覺足
12 過之罪罪亦為次不自覺犯不得令恣人     LM20-1498-36-02
13 攝意持誡終身奉行是吾
14 誡也
15 第九誡曰身不得放情縱欲興神器功非其   LM20-1498-32-05
16 敢精散神消亡致殃傾情炁无有庶足
17 不知勁入罪凡伸宗族句兆如斷之        LM20-1498-32-04
18 罪罪之莫大不自覺犯不得令恣於人攝意
19 持誡終身奉行是吾太上一第九誡也
```

图 4-10 LM20-1499-19-04+LM20-1468-33-01a→LM20-1509-C1569f→LM20-1463-25-03+LM20-1508-C1274+LM20-1465-02-03+LM20-1498-37-04+Ot.4395r→LM20-1498-36-02+LM20-1498-32-05+LM20-1498-32-04《太上洞玄灵宝升玄内教经》卷九

250

第四章 增删与流布

18 〔不知〕动入罪网，倾宗灭族，不能自觉如斯之
19 〔罪，罪之〕莫大，不自身犯，不得教〔令于人，摄意〕
20 〔持诫，〕终身奉行。是吾太上太上太一第九诫〔也。〕
（后缺）

此外，LM20-1458-20-12 也是该经卷九的"无极九诫"，存 7 行，看不清栏线，抄写第四、五诫，但此件有明显烧过痕迹，与上面的缀合并非同一写本，现录文如下：

（前缺）

1 〔犯，不得教令于人，摄意持〕诫，〔终身奉行。〕
2 〔是吾太上太一第四〕诫也。
3 〔第五诫曰：目不得视〕非道非〔法非义，荣华容〕
4 〔饰，淫视女色，照曜〕盈目，贪〔欲洋溢，琦丽珍宝，〕
5 〔淫邪妖孽，不正之〕色，目为心〔候，主收百凶，来致〕
6 〔祸毒，罪罾臻集，一〕皆目致，心目〔口手，致殃祸〕
7 〔主，动为祸端，收罪之首，〕心目口手，致〔罪之府〕
（后缺）

最后，还有一件 LM20-1460-25-01，残存 3 行，楷书，有乌丝栏，文字见于 P.2466《大道通玄要》摘引的《升玄内教经》卷一。同时，LM20-1460-25-01 与此前未定名的 Ot.4410r 字迹极为相似，且 Ot.4410r 第 3 行见于《大道通玄要》摘引该经卷一的第 1 行，故 LM20-1460-25-01 和 Ot.4410r 应为同一写经（图 4-11）。另外，中村不折所藏 4 件吐鲁番道经 SH174-3-6 + SH174-3-4 + SH174-3-3 + SH174-3-5 也为该经卷一，且内容衔接在 LM20-1460-25-01 之后，字迹也有一定相似，但暂时无法肯定两者是否为同一写本。现将 LM20-1460-25-01 录文如下：

（前缺）

1 〔二当于真于〕是，坚〔信不转；〕
2 〔三〕当建志，誓必得道；
3 四当奉戒，防身口意恶
（后缺）

251

图 4-11　Ot.4410r → LM20-1460-25-01《太上洞玄灵宝升玄内教经》卷一

　　重玄思想的传播，除《升玄内教经》之外，更为流行的是《太玄真一本际经》（简称《本际经》）。此经据唐玄嶷《甄正论》所称，系隋道士刘进喜初造《本际经》五卷，唐李仲卿续成十卷，所以是了解隋唐道士对于重玄思想阐发认识的珍贵材料。而且此经在唐代有着十分重要的地位，唐玄宗曾颁布敕令，"宜令天下诸观，起来年正月一日，至年终以来，常转《本际经》"[1]。可惜原书约于元代缺佚，传世本仅存卷二《付嘱品》和同为卷二但单行流传的《元始洞真决疑经》。敦煌文书中存《本际经》唐写本一百余件，万毅先生曾做过复原及解说[2]，叶贵良先生也有辑校成果[3]，目前除卷八外，十卷本系统的《本际经》基本已复原。旅博藏有 7 件，均楷书，有乌丝栏，其中 LM20-1465-20-07 和 LM20-1468-33-02 为卷一，文字内容有重叠，分别存经文 4 行和 3 行，见于 P.3371 第 159—162 行和第 159—161 行；LM20-1452-04-23、LM20-1464-33-04 和 LM20-1456-01-03 为卷二，分别存经文 4 行、5 行和 3 行，见于 P.2393 第 6—9 行、第 8—12 行和倒数第 7—9 行，其中前两件文字内容有重叠；LM20-

---

[1]　《册府元龟》卷五三《帝王部·尚黄老》，北京：中华书局，1960 年影印本（2012 年重印），第 596 页。《本际经》的传播研究，可参姜伯勤《〈本际经〉与敦煌道教》，初刊《敦煌研究》1994 年第 3 期；此据氏著《敦煌艺术宗教与礼乐文明：敦煌心史散论》，第 225—252 页。

[2]　万毅《敦煌道教文献〈本际经〉录文及解说》，第 367—484 页。

[3]　叶贵良《敦煌本〈太玄真一本际经〉辑校》。

第四章　增删与流布

1460-37-14存首题及1行正文，正文见于P.2795此经卷三的第1行，但首题略有不同，估计为该经五卷本系统写经[①]；LM20-1452-05-17为卷四，存经文2行，见于P.2470第216—217行。就这7件而言，因有文字内容的重复，所以可以确认有两个以上的不同抄本。其录文分别如下：

LM20-1465-20-07：

（前缺）

1　〔无有还期，〕受报幽牢，〔缄〕闭重槛，昼夜拷掠，〔不〕
2　〔睹三光；〕或抱铜柱，形体燋伤；或上刀山，痛毒
3　〔难忍，〕冥冥长夜，万劫无出，纵得受〔生，还为六〕
4　〔畜非人之类，永失〕人〔道。汝等四众，广加开化〕

（后缺）

LM20-1468-33-02：

（前缺）

1　〔无有还〕期，〔受〕报幽〔牢，缄闭重槛，昼夜拷掠，不〕
2　睹三光，或抱铜柱，形〔体燋伤，或上刀山，痛毒〕
3　难忍，冥冥长夜，〔万〕劫无〔出。纵得受生，还为六〕

（后缺）

LM20-1452-04-23：

（前缺）

1　〔微妙光明，遍照十方一切国〕土，〔光中演出种〕
2　〔种异音，各随风俗，闻〕者皆解。宣说〔诸法，悉是〕
3　〔无常，苦恼秽恶，无自〕在者，须臾变灭，〔犹如梦〕

[①] 异文的讨论与研究，参赵洋《唐代西州道经的流布》，第171—175页。

253

4　〔幻。汝等咸应生厌离〕想，虽复天仙寿亿〔万劫〕
　　（后缺）

LM20-1464-33-04，"世"未避讳：

（前缺）
1　〔无常，苦恼秽恶，无自在者，须臾〕变〔灭，〕犹如〔梦〕
2　〔幻。汝等咸应生厌离想，虽复〕神仙[①]寿亿万劫，
3　〔终必死坏，三清众圣念念无〕常，是故世间无
4　〔可保者。吾今所以为汝等故，〕权应现身，教〔导〕
5　〔汝等，并得开度。诸未度者，为〕后世缘，功〔成〕
　　（后缺）

LM20-1456-01-03：

（前缺）
1　〔断绝〕倒想恋着心，　　消除诸见灭〔耶取。〕
2　〔太上道〕君告四座曰：汝等当知，一切〔诸法皆〕
3　〔空寂相，〕生死道场〔性无〕差别，〔不应妄生去来〕
　　（后缺）

LM20-1460-37-14：

（前缺）
1　〔太玄真一本际经〕圣行品第四[②]
2　〔三天大〕法师正一〔真人张道陵时游繁阳大〕
　　（后缺）

---

① "神仙"，LM20-1456-01-03 和敦煌本均作"天仙"，《道藏》本作"神仙"。
② "第四"，敦煌本残存该卷首题均作"第三"。

第四章　增删与流布

LM20-1452-05-17：

（前缺）
1　清虚，了无 非 ［无，知有非有，安住中道正观之］
2　域，反我两〔半，处于自然，道业日新，念念增益〕
（后缺）

同为隋唐之际造作，并且与《本际经》内容相似的道教经典还有《无上内秘真藏经》。此经十卷《道藏》皆收，敦煌文书中仅 Дх.2774A 存卷题"真藏经卷第一"，另 P.2467《诸经要略妙义》有此经八卷节录本。旅博藏有 1 件 LM20-1491-02-04，残存 5 行，楷书，有乌丝栏，为该经卷一写本。对照节录本及传世本，此件应为全本残片。其录文如下：

（前缺）
1　是时大〔众闻深法已，悉会道真，皆得解脱。得〕
2　解脱已，〔得道心，得道意，得道眼，得道声，得道〕
3　香，得道〔味，一切悉通达。〕
4　复次，仙灵童〔子从座而起，伏地闭目，上白天〕
5　尊：一切诸法，皆〔具十二种印。唯愿大慈开演〕
（后缺）

此外，都筑晶子曾依据《道藏》将 LM20-1464-21-13 比定为《太上灵宝诸天内音自然玉字》[①]。此件残存经文见于《道藏》本卷四，但此经在唐代应为上下二卷本，故本件当为此经卷下的内容。只是本件毕竟为残片，暂时无法遽然断定是原经写本还是道教类书的摘引。同时，在敦煌道经中存两件此经的同一写本（Дх.5913 和 P.2431），内容对应《道藏》本卷二，应为唐时期此经卷上的内容。

除以上已经辨认出的道经以外，还有几件未能比定的残片，分别介绍如下。
LM20-1452-09-03 残存 6 行，楷书，有乌丝栏：

---

① 都筑晶子等《大谷文书の比较研究：旅顺博物馆藏トルファン出土文书を中心に》，第 74 页。

　　　　（前缺）
1　□□□□□
2　□平
3　□□经云□
4　□大劫运□
5　□□天神□
6　□□□
　　　　（后缺）

第3行作"经云"，疑此件为道教类书。

LM20-1458-14-15残存4行，楷书，有乌丝栏：

　　　　（前缺）
1　□一二月为□
2　□政威神光明胜第□
3　□□阴阳事亦如人间□
4　□炎魔天寿□
　　　　（后缺）

第3行有"阴阳事"，应与道教信仰有关。

LM20-1458-24-04残存4行，楷书，有乌丝栏：

　　　　（前缺）
1　即□□
2　天中其妇□
3　乏救恤天人□
4　受书今为□
　　　　（后缺）

第3行出现"天人"，疑为道经的残文。

第四章　增删与流布

LM20-1461-21-10 残存3行，楷书，无栏线，《选粹》已收录但未定名（第203页）：

（前缺）
1　☐☐五亿诸天三清上境☐☐
2　☐☐开晓等一光明日月潜☐☐
3　☐☐能对地狱宁闲奇虽☐☐
（后缺）

其中可辨识出"三清上境""地狱"等语，故而也应是与道教相关的经典。

LM20-1464-25-18 残存3行，楷书，有乌丝栏，应属于某经的偈语部分：

（前缺）
1　☐☐修无量言☐☐
2　☐☐次说手神☐☐
3　☐☐无上天尊☐☐
（后缺）

LM20-1466-04-08 残存5行，楷书，有乌丝栏：

（前缺）
1　☐☐☐☐万七千人即是☐☐
2　☐☐见自宿命此经功德不可思☐☐
3　☐☐无有边际说不可尽☐☐
4　☐☐仙童玉女将诸眷属十☐☐
5　☐☐☐不令诸魔异道不得其☐☐
（后缺）

其中有"此经功德""仙童玉女""诸魔异道"等语，故也应为道教经典。

LM20-1466-09-06 残存6行，楷书，无栏线：

（前缺）
1　　　☐☐贪负宝负无

257

```
--------------------------------（纸缝）
2    ▭□是以真人高录重契
3    ▭□所误而况于凡夫是
4     ▭来生炼其真文图
5    ▭面分布三部流▭
6    ▭□□
     （后缺）
```

其中有"负宝""真人""真文图"等语，故也应该是道经的残文。

LM20-1494-09-05 残存4行，楷书，有乌丝栏：

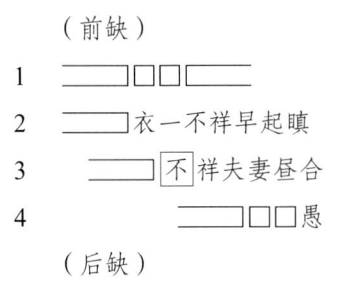

```
     （前缺）
1   ▭□□
2   ▭衣一不祥早起瞋
3    ▭不祥夫妻昼合
4      ▭□□愚
     （后缺）
```

残文与梁陶弘景撰《养性延命录》卷上"杂诫忌禳害祈善篇"论述"六不祥"及"七痴"内容相同，但文字有些许差异。此外，孙思邈《千金翼方》卷一二和《医心方》卷二七引《养生经》也有相同内容。综上，本残片疑为《养性延命录》的早期写本，或与此相关的论述道教养生的经典。

LM20-1501-08-01 残存2行，楷书，有乌丝栏：

```
     （前缺）
1   □□▭
2   乘空白日▭
     （后缺）
```

第2行"乘空白日"，见于《太上洞玄灵宝智慧罪根上品大戒经》卷下和《洞玄灵宝长夜之府九幽玉匮明真科》，但第1行辨识不清，无法判断到底是哪部道经。

第四章　增删与流布

LM20-1506-C0766a 残存 4 行，楷书，无栏线：

（前缺）
1　▢▢▢
2　▢脱受诸▢▢
3　▢除九幽释散五▢
4　▢一切天人我▢▢
（后缺）

其中"九幽释散"见于杜光庭《太上黄箓斋仪》卷五八"忏禳疾病方忏"，所以此件可能为唐时期的黄箓斋仪。

LM20-1520-37-02 残存 4 行，楷书，有乌丝栏：

（前缺）
1　▢▢
2　▢论天地▢
3　▢危长短▢
4　▢▢
（后缺）

其中出现论及天地的词语，但无法找到确切的道经依据，只能暂时归入失题道经残片。

LM20-1522-02-01 残存 2 行，楷书：

（前缺）
1　▢▢曰仙公云▢▢
2　　　▢世▢
（后缺）

其中出现"仙公云"，暂归入失题道经残片。

259

表 4-8 吐鲁番道经目录

编号	经名及卷数
Syr 1749v（T II B 66）	《洞真太微黄书经》（拟）
SH176-86	《洞真太一帝君太丹隐书洞真玄经》
LM20-1496-08-05	《元始五老赤书玉篇真文天书经》卷上
LM20-1453-18-05 Ot.8116r ↓ LM20-1507-C1086d ↓ LM20-1520-36-12 LM20-1506-C0868c LM20-1493-38-05	
Ot.8105r	《太上洞玄灵宝自然九天生神章经》
LM20-1464-21-13	《太上灵宝诸天内音自然玉字》卷下
LM20-1520-36-18	《太上洞玄灵宝智慧罪根上品大戒经》卷下
LM20-1522-15-13	《太上洞玄灵宝智慧上品大戒》
LM20-1461-11-14	
LM20-1457-32-04	《洞玄灵宝长夜之府九幽玉匮明真科》
LM20-1490-14-03	
LM20-1494-23-01 ↓ LM20-1462-31-09 ↓ LM20-1468-23-03	
LM20-1490-08-12	
LM20-1520-30-14	
SH174-5-103	
LM20-1468-18-02	《太上洞玄灵宝智慧定志通微经》

续 表

编号	经名及卷数
LM20-1521-27-18 ↓ LM20-1520-29-06	《太上洞玄灵宝真文度人本行妙经》
LM20-1520-37-11	
LM20-1501-23-04	
LM20-1522-17-01	
Ot.3289r Ot.5050r Ot.5790r	
Ch/So 18255r	
LM20-1520-27-16	《太上洞玄灵宝无量度人上品妙经》
LM20-1461-11-07	
LM20-1503-C0175	
LM20-1456-17-13 ↓ LM20-1462-14-05	
LM20-1498-28-03	
Ch 349r（T II T 2052） Ch 1002v（T II T 1005）	
LM20-1461-26-11	
LM20-1497-37-02	《太上洞玄灵宝无量度人上品妙经》
LM20-1508-C1243	
LM20-1455-03-05	
LM20-1461-09-16	
Ch 1065v（T II 1819）[①]	
Ot.5383rA ↓ Ot.5384r	

---

① 该道经承蒙北京大学历史系硕士研究生徐伟喆告知，不胜感激。

续 表

编号	经名及卷数
LM20-1468-20-02 Mannerheim MS. 65A-3	《太上洞玄灵宝智慧本愿大戒上品经》
LM20-1454-29-10	《太上洞玄灵宝三元玉京玄都大献经》
Ot.4410r LM20-1460-25-01 SH174-3-6 ↓ SH174-3-4 ↓ SH174-3-3 ↓ SH174-3-5	《太上洞玄灵宝升玄内教经》卷一
Ch 935（T III 2023）	《太上洞玄灵宝升玄内教经》卷二
Ch 3095r（T II T 1007）	《太上洞玄灵宝升玄内教经》卷七
LM20-1458-20-12 LM20-1499-19-04 ↓ LM20-1468-33-01a LM20-1509-C1569f LM20-1463-25-03 ↓ LM20-1508-C1274 ↓ LM20-1465-02-03 ↓ LM20-1498-37-04 ↓	《太上洞玄灵宝升玄内教经》卷九
Ot.4395r LM20-1498-36-02 ↓ LM20-1498-32-05 ↓ LM20-1498-32-04	《太上洞玄灵宝升玄内教经》卷九
LM20-1506-C0748d	《太上洞玄灵宝业报因缘经》卷一
LM20-1462-36-04 ↓ LM20-1456-35-20 LM20-1450-23-01 ↓ LM20-1456-29-15 ↓ LM20-1467-20-03	《太上洞玄灵宝业报因缘经》卷六

续　表

编号	经名及卷数
高昌残影 236 号	《太上洞玄灵宝业报因缘经》卷八
LM20-1521-25-22	《太上洞玄灵宝业报因缘经》卷九
Ch 2401r（T II T 2070）	《太上洞玄灵宝三十二天尊应号经》（拟）
Ot.4974	《天尊说随愿往生罪福报对次说预修科文妙经》
Ot.4399	《洞玄灵宝天尊说十戒经》
LM20-1520-26-08	
Ch 1065r（T II 1819）	《太上九真妙戒金箓度命拔罪妙经》
LM20-1493-14-05	《太上洞渊神咒经》卷三
LM20-1470-22-01 ↓ LM20-1497-06-03 ↓ Ot.8104r	《太上洞渊神咒经》卷六
SH174-2-50 ↓ SH174-2-58 LM20-1506-C0734a ↓ Ot.8111r SH174-5-78	《老子道德经序诀》
Mannerheim MS.30-3	
LM20-1522-09-16	
LM20-1499-27-06 LM20-1453-09-06 ↓ LM20-1520-34-14 LM20-1458-23-08 LM20-1454-08-06 ↓ LM20-1520-24-13	《老子道德经》第一三章 《老子道德经》第三三、三四章 《老子道德经》第三四章 《老子道德经》第三五至三七章
LM20-1464-17-07 LM20-1452-18-07	《老子道德经》第三八、三九章
SH174-3-2	《老子道德经》第五五、五六章

续 表

编号	经名及卷数
LM20-1504-C0330 LM20-1498-41-04 ↓ LM20-1505-C0497a	《老子道德经》第六三、六四章
LM20-1453-11-07	《老子道德经》第六四章
Ot.8120r	《老子道德经河上公章句》卷四
LM20-1523-16-153	
高昌残影 237 号（11 片）	《老子道德经河上公章句》卷六、廿二、廿三、廿五
LM20-1521-06-12	《唐玄宗御制道德真经疏》卷七
LM20-1468-23-05 Ot.8103r	《唐玄宗御制道德真经疏》卷七、八
LM20-1452-37-17 ↓ LM20-1455-17-04	佚名《老子道德经》注疏
Ch 773v（T II 1510）	《庄子疏》成玄英撰
80TBI: 456-6a+80TBI: 079a+80TBI: 0606	《文子·九守篇》
LM20-1465-20-07	《太玄真一本际经》卷一
LM20-1468-33-02	
LM20-1452-04-23	《太玄真一本际经》卷二
LM20-1464-33-04	
LM20-1456-01-03	
LM20-1460-37-14	《太玄真一本际经》卷三（首题"卷四"）
n269r（T II B 66 No.18）	《太玄真一本际经》卷三
LM20-1452-05-17	《太玄真一本际经》卷四
Ot.4085r	《太玄真一本际经》卷五

续　表

编号	经名及卷数
Ch 243（T III T 514）↓ Ch 286（T II 1178）	《太玄真一本际经》卷八
LM20-1491-02-04	《无上内秘真藏经》卷一
Ot.4970r	《太上老君说常清静妙经》[①]
LM20-1494-09-05	《养性延命录》（拟）
日本静嘉堂藏 007	灵宝斋愿文
LM20-1506-C0766a	道教黄箓斋仪（？）
西域考古图谱（下）附录 5-1	道经题记
Ot.1030r	道教符箓
Ot.8101r	元始符
Ch 353r（T III T 161）	失名道教类书
LM20-1452-09-03	失题道教类书
LM20-1458-14-15	失题道经残片
LM20-1458-24-04	失题道经残片
LM20-1461-21-10	失题道经残片
LM20-1464-25-18	失题道经残片
LM20-1466-04-08	失题道经残片
LM20-1466-09-06	失题道经残片

[①] 《吐鲁番文书总目（日本收藏卷）》著录为"佛典残片"（第315页）。都筑晶子著录为《太上老君说常清静妙经注》，不确，参都筑晶子等《大谷文书の比较研究：旅顺博物馆藏トルファン出土文书を中心に》，第69页。

续　表

编号	经名及卷数
LM20-1501-08-01	失题道经残片
LM20-1520-37-02	失题道经残片
LM20-1522-02-01	失题道经残片
Ot.3322r	失题道经残片
Ot.4470Ar	失题道经残片
Ot.10228r	失题道经残片
Ot.10228v	失题道经残片
Ch 349v（T II T 2052）	失题道经残片（刻本）
Ch 1002r（T II T 1005）	

同一格内表示为同一写本，↓表示可与下件缀合

（本文系旅顺博物馆、北京大学中国古代史研究中心、中国人民大学国学院合作项目"旅顺博物馆藏新疆出土汉文文书整理与研究"，即"教育部人文社会科学重点研究基地北京大学中国古代史研究中心重大项目（项目编号16JJD770006）"成果之一。原刊于《敦煌吐鲁番研究》第17卷，2017年，第189—213页。收入本书又略有修订增补，并附表4-8《吐鲁番道经目录》。）

附录：柏孜克里克石窟出土吐鲁番文献拾遗

20世纪80年代初，在柏孜克里克石窟清理获得的千余号残片，其年代从公元5世纪跨越至13世纪，是一批十分珍贵的宝藏。在这批文献中，796件汉文残片已经由吐鲁番学研究院和武大中国三至九世纪研究所共同整理的《吐鲁番柏孜克里克石窟出土汉文佛教典籍》（以下简称《典籍》）刊布。虽然这批汉文残片绝大部分为佛经，但也发现了诸如荀悦《前汉纪》晋写本残卷、建昌五年（559）义导写经题记

和元代金箔包装纸等重要文献材料①。学界对于这批文献的研究也极为丰富，如陈国灿、柳洪亮、彭杰、于亭、党宝海、武海龙和李亚栋等先生都对这批出土残片进行过细致考证与补订，他们尤为关注吐鲁番出土印本佛典与金藏、辽藏的关系②。近来，笔者重新检索《典籍》又略有所获，今著录如下，祈请方家指教。

一、80TBI:001a+80TBI:395a《汉纪·孝武皇帝纪》

敦煌吐鲁番地区已发现不少"汉史"相关文献，柳洪亮、荣新江、余欣、包晓悦和冯璇等学者从不同视角对这批"汉史"文献的学术价值进行过揭示③。其中柏

---

① 新疆维吾尔自治区吐鲁番学研究院、武汉大学中国三至九世纪研究所编《吐鲁番柏孜克里克石窟出土汉文佛教典籍》，北京：文物出版社，2007年。
② 陈国灿《吐鲁番出土元代杭州"裹贴纸"浅析》，《武汉大学学报（哲学社会科学版）》，1995年第5期，第41—44页，此据氏著《陈国灿吐鲁番敦煌出土文献史事论集》，上海：上海古籍出版社，2012年，第675—683页；柳洪亮《新出吐鲁番文书及其研究》，乌鲁木齐：新疆人民出版社，1997年；党宝海《吐鲁番出土金藏考——兼论一组吐鲁番出土佛经残片的年代》，《敦煌吐鲁番研究》第4卷，1999年，第103—125页；柳洪亮主编《吐鲁番新出摩尼教文献研究》，北京：文物出版社，2000年；于亭《吐鲁番柏孜克里克石窟所出小学书残片考证》，《古籍整理研究学刊》2009年第4期，第33—35页；张新鹏《吐鲁番出土四则〈切韵〉残片考》，《汉语史学报》第14辑，上海：上海教育出版社，2014年，第117—125页；李亚栋《〈吐鲁番柏孜克里克石窟出土汉文佛经典籍〉误漏数则》，《吐鲁番学研究》2014年第2期，第48—51页，图版5；彭杰《略论柏孜克里克石窟新发现的汉文〈金刚经〉残卷》，《新疆大学学报（哲学·人文社会科学版）》2015年第1期，第46—49页；彭杰《吐鲁番柏孜克里克石窟出土汉文佛教文书相关问题研究——以1980—1981年出土文书为中心》，兰州大学博士学位论文，2016年；彭杰《吐鲁番柏孜克里克石窟新发现汉文写本〈大藏经〉残卷探析》，《丝绸之路研究集刊》第2辑，北京：商务印书馆，2018年，第339—347页；李亚栋、仵婷《吐鲁番柏孜克里克石窟1980年出土佛经残片整理订补》，《吐鲁番学研究》2019年第1期，第64—71页；武海龙、彭杰《吐鲁番博物馆所藏〈契丹藏〉佛经残片考释——从〈啰嚩拏说救疗小儿疾病经〉看〈契丹藏〉传入高昌回鹘的时间》，《西域研究》2019年第4期，第90—97页。此外，西胁常记与王招国还考订出80TB10:03a和80TB10:07a为诠明《弥勒上生经疏会古通今新抄》，参西胁常记《中国古典社会における佛教の诸相》，第220—221页注11；王招国《斯8044、8166、9732号缀合、定名与作者蠡测》，《佛教文献研究》第3辑，桂林：广西师范大学出版社，2019年，第333页。
③ 香川默识编《西域考古图谱》下卷，北京：学苑出版社，1999年影印本，经籍类图版5—1、2；柳洪亮《新出吐鲁番文书及其研究》，第127页；荣新江《〈史记〉与〈汉书〉——吐鲁番出土文献札记之一》，《新疆师范大学学报（哲学社会科学版）》2004年第1期，第41—43页；余欣《写本时代知识社会史研究——以出土文献所见〈汉书〉之传播与影响为例》，《唐研究》第13卷，北京：北京大学出版社，2007年，第463—504页，此据氏著《中古异相：写本时代的学术、信仰与社会》，上海：上海古籍出版社，2011年，第29—73页；池田昌广《敦煌秘笈の〈汉书〉残卷》，《杏雨》第16号，武田科学振兴财团，2013年，第115—131页；包晓悦《日本书道博物馆藏敦煌吐鲁番"写经残片册"的文献价值》，第38—40页；荣新江《日本散藏吐鲁番文献知见录》，《浙江大学学报（人文社会科学版）》2016年第4期，第18—26页；冯璇《新见旅顺博物馆藏新疆出土汉文文献中的汉史写本考释》，《西域研究》2018年第1期，第1—13页；荣新江、史睿主编《吐鲁番出土文献散录》，第115—117页。

孜克里克石窟出土的"汉史"史籍残片 80TBI:001a《汉纪》具有十分重要的价值。这件《汉纪》写本虽只短短数行残纸，但其定名、抄写时期和流传情况颇受学者重视。经细致检索，笔者在《典籍》"未定名佛经残片"中又发现一件同写本的小残片 80TBI:395a（《典籍》第 423 页）。这件小残片有 3 行，与 80TBI:001a 可以上下相接（图 4-12），内容也是东汉荀悦的《汉纪·孝武皇帝纪》，现将缀合后的情况著录如下：

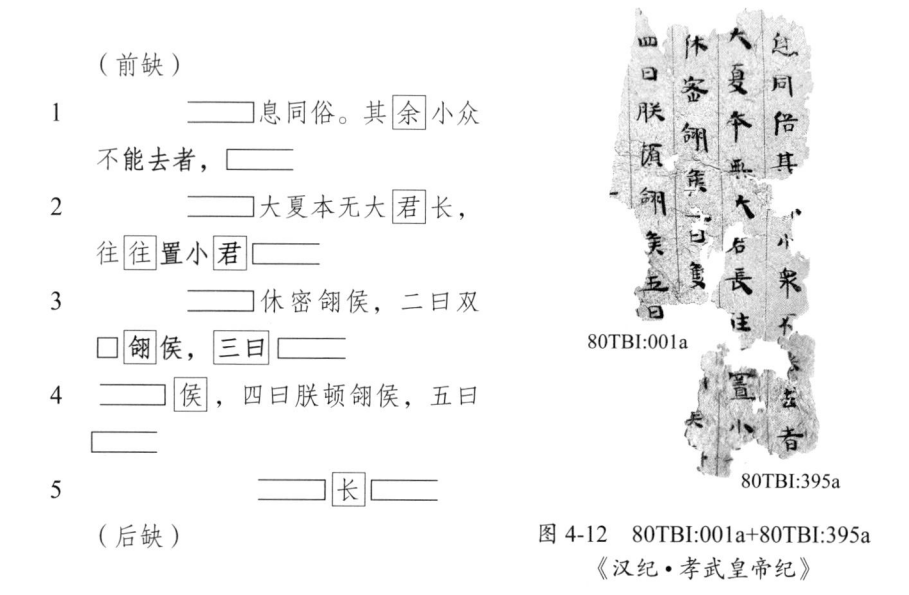

（前缺）

1　　□息同俗。其余小众不能去者，□

2　　□大夏本无大君长，往往置小君

3　　□休密翖侯，二曰双□翖侯，三曰

4　　□侯，四曰朕顿翖侯，五曰

5　　□长

（后缺）

图 4-12　80TBI:001a+80TBI:395a
《汉纪·孝武皇帝纪》

《汉纪》为东汉时期荀悦仿《春秋左传》体例所作三十篇的《汉书》节略改编本，也是敦煌吐鲁番地区出土的重要"汉史"文献。根据冯璇的统计，敦煌地区的"汉史"文献多为唐写本，吐鲁番地区出土的"汉史"文献则以唐之前写本为主，基本抄写于麴氏高昌时期[①]。而柏孜克里克石窟寺是麴氏高昌的皇家寺庙[②]，从字体书法来看，柏孜克里克石窟出土的这件 80TBI:001a+80TBI:395a《汉纪·孝武皇帝纪》应当也是麴氏高昌王族旧藏。所以将这件缀合残片定为晋写本当无异议。

《汉纪》是《汉书》的节略改编本[③]，且目前所见《汉纪》皆为辑本，故两书部

---

① 冯璇《新见旅顺博物馆藏新疆出土汉文文献中的汉史写本考释》，第 12—13 页。
② 李树辉《柏孜克里克石窟寺始建年代及相关史事研究》，《新疆大学学报（哲学·人文社会科学版）》2006 年第 1 期，第 55—61 页。
③ 关于《汉纪》与《汉书》之间的关系，可参余欣《写本时代知识社会史研究——以出土文献所见〈汉书〉之传播与影响为例》。

分内容会见重复。80TBI:001a 在早期考古简报中就曾被定名为"晋写本《汉书·西域传》残卷"①,《典籍》中则改为"晋写本东汉荀悦撰《前汉纪》《前汉孝武皇帝纪》残卷"（第 330 页）。下面我们将缀合后的这件晋写本《汉纪》与传世《汉纪》《汉书》进行比较，如表所示（表 4-9）：

表 4-9　晋写本《汉纪》、传世《汉纪》、《汉书》内容比较表

出处	80TBI:001a+80TBI:395a	《汉纪·孝武皇帝纪》	《汉书·西域传》
内容	……息同俗。其余小众不能去者……大夏本无大君长，往往置小君……休密翖侯，二曰双□翖侯，三曰……侯，四曰朌顿翖侯，五曰……长……	其土地与安息同俗。其余小众不能去者，保南山，号小月氏焉。大夏本无大君长，往往置小君长，有五龠侯：一曰休密龠侯，二曰双靡龠侯，三曰贵霜龠侯，四曰朌顿龠侯，五曰高附龠侯。康居国，在乌孙西北，去长安万二千三百里。户十三万，口六十万。与大月氏同俗。②	其余小众不能去者，保南山羌，号小月氏。大夏本无大君长，城邑往往置小长，民弱畏战，故月氏徙来，皆臣畜之，共禀汉使者。有五翖侯：一曰休密翖侯，治和墨城，去都护二千八百四十一里，去阳关七千八百二里；二曰双靡翖侯，治双靡城，去都护三千七百四十一里，去阳关七千七百八十二里；三曰贵霜翖侯，治护澡城，去都护五千九百四十里，去阳关七千八百八十二里；四曰朌顿翖侯，治薄茅城，去都护五千九百六十二里，去阳关八千二百里；五曰高附翖侯，治高附城，去都护六千四十一里，去阳关九千二百八十三里。凡五翖侯，皆属大月氏。③

通过上表的对比，可以很明确得知 80TBI:001a+80TBI:395a 只能是节略改编本《汉纪》而非全本《汉书》。

此外，从校勘角度来斟字酌句，80TBI:001a+80TBI:395a 写本也有一定价值。首先，写本中"翖"在《汉纪》中作"龠"，而《汉书》中作"翖"。颜师古注云："翖即龠字。"④ 两字在当时相通。其次，写本中"朕"在《汉纪》《汉书》中均作"朌"。按"朌顿"一词最早就出自《汉书·西域传》，"朌"又可作"肸"。岑仲勉先生

---

① 吐鲁番地区文物管理所《柏孜克里克千佛洞遗址清理简记》，《文物》1985 年第 8 期，第 54—55 页。柳洪亮《新出吐鲁番文书及其研究》也沿用此定名，第 127 页。
② 荀悦撰《汉纪》卷一二《孝武皇帝纪》，张烈点校《两汉纪》，北京：中华书局，2002 年，第 203—204 页。
③ 《汉书》卷九六上《西域传》，北京：中华书局，1962 年，第 3890—3891 页。
④ 《汉书》卷九六上《西域传》，第 3891 页。

曾试图对"胯顿"一名进行还原，但未能得出圆满解说[1]。如果依据写本将"胯顿"校改为"朕顿"，可能会对这一地理名词有更加明确的解释。

麹氏高昌虽地处西域，但其官方对于中原文化十分向往，根据这件原麹氏王家寺庙遗址出土的晋写本《汉纪》，我们可以或多或少了解到麹氏对于中原史籍文献的收集情况，这也是晋唐时期西域地区对于中原文化接受与认可的表现。同时，这两件残片虽然过于残缺，但荣新江先生早已指出 80TBI:001a 与 SH174-1-47+SH174-1-48（《汉纪·孝武皇帝纪》）写本内容都与西域有关，恐怕不是巧合[2]。所以，作为《汉书·西域传》的节略改编本，如果从其实用性来考量，柏孜克里克出土的这件《汉纪》与日本书道博物馆藏《汉纪》，除了便于传抄、携带和阅读，阅读者也能通过其内容获知西域地区各国的风土人情。这一方面有利于更好提前获知西域地区的形势变化，另一方面也是来往西域交通时最佳的旅行指南。

二、80TBI:456-6a+80TBI:079a+80TBI:060b《文子·九守篇》

吐鲁番地区以佛教最为流行，但也有许多道教经典留存。根据荣新江、雷闻和笔者研究，吐鲁番地区的道教自贞观十四年以后才兴起，其后道藏开始在该地区传抄[3]。柏孜克里克石窟也出土了两件可以缀合的道经残片 80TBI:079a+80TBI:060b，《典籍》将其定名为《通玄真经·九守篇》，笔者以为该定名并不准确。此外，笔者又找到一小片残片 80TBI:456-6a（《典籍》第 405 页未定编号，暂名）可以与这两件道经缀合（图 4-13），现录文如下以便展开讨论：

（前缺）
1 　　□气□ 五脏之 使候也。 故 □
2 　　□ 五藏摇动而不定，血 气
3 　　□ 精 神驰骋而不守，祸福之

---

[1] 岑仲勉《汉书西域传地里校释》，北京：中华书局，1981年，第224页。
[2] 荣新江《日本散藏吐鲁番文献知见录》，第21页；荣新江、史睿主编《吐鲁番出土文献散录》，前言第12—13页。
[3] 荣新江《唐代西州的道教》，第127—129页；雷闻《国家宫观网络中的西州道教——唐代西州道教补说》，第117—127页；赵洋《唐代西州道经的流布》，第163—192页。此外，王卡《敦煌道教文献研究：综述·目录·索引》和郜同麟《敦煌吐鲁番道经残卷拾遗》《拘校道文：敦煌吐鲁番道教文献研究》也兼及部分吐鲁番所出道经。

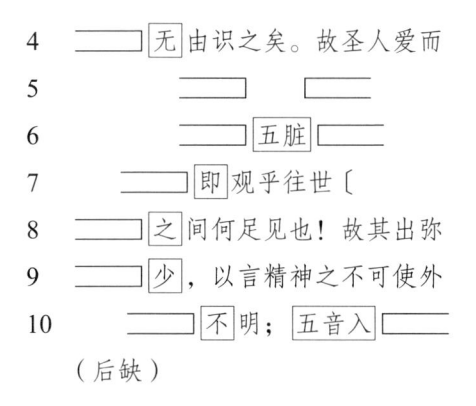

4 ☐☐ 无 由识之矣。故圣人爱而
5 ☐☐ ☐☐
6 ☐☐ 五脏 ☐☐
7 ☐☐ 即 观乎往世〔
8 ☐☐ 之 间何足见也！故其出弥
9 ☐☐ 少，以言精神之不可使外
10 ☐☐ 不明；五音入 ☐☐
（后缺）

图 4-13　80TBI:456-6a+80TBI:079a+80TBI:060b《文子·九守篇》

《文子》又名《通玄真经》，传为春秋末范蠡之师计然所撰，但王重民、王叔岷等学者早已指出该书主要剽袭《淮南子》等书而成①。《文子》虽是剽窃之书，但在唐代却地位颇高。如天宝元年（742）文子被追赠为通玄真人，故该书又称《通玄真经》。中晚唐道士徐灵府还专为《通玄真经》作注，后来被收入《正统道藏》洞神部玉诀类。

在今敦煌文献中发现过数件《文子》写本，多数为该书《道德篇》和《下德篇》，

---

① 王重民《敦煌古籍叙录》，北京：中华书局，1979 年，第 254—255 页；王叔岷《诸子斠证·文子斠证》，北京：中华书局，2007 年，第 493—494 页。

是开元、天宝时期的白文写本[①]。其中 P.3768 天宝十载（751）道学博士索肃林记校定的《文子》写本尾题为"文子道德第五"；P.2380《文子》写本残存题记云："大唐开元廿七年二月一日，开元圣文神武皇帝，上为宗庙、下为苍生，内出钱七千贯敬写。"可知，《文子》曾被收入唐玄宗开元年间敕修的《一切道经》，广为传抄至敦煌等地区，且天宝十载之前仍名《文子》。

80TBI:456-6a+80TBI:079a+80TBI:060b《文子·九守篇》虽然出土于柏孜克里克石窟寺，背面还抄写了不知名佛经，但其最初来源当属唐代西州道观内所传抄的道藏。与敦煌本《文子》相类，这件吐鲁番地区出土《文子》的抄写形态和书法与唐官写本极为相近，都是正规楷体抄写的《文子》白文本。所以，根据其背面后来被用以抄写佛经注疏来推测，该写本原属西州道观传抄保存的《一切道经》官写本，在唐朝势力被迫撤出西域后，道教势力亦随之逐渐被削弱，道观内的诸多道经也遭废弃，最后流入柏孜克里克石窟寺内，其背面被用以抄补其他佛经。据此，这件吐鲁番道经也应按照敦煌本之例，定为《文子》。

三、81TB10:02a 佚名《般若波罗蜜多心经注》

《般若波罗蜜多心经》，又称《般若心经》或《心经》，是大乘佛教般若类经典中一部短小精炼的佛经。玄奘精心译出的六百卷鸿篇巨著《大般若波罗蜜多经》是般若类最重要的经典，但该经卷帙过于浩繁，并不利于广泛流通。全篇仅 260 字的《心经》则将《大般若波罗蜜多经》中心思想进行浓缩，更加便于书写、读诵与传抄。目前敦煌吐鲁番文献中已发现数百件《心经》译本及其注解本的写本和刻本[②]。其中除慧净、智诜、文沼等人的注疏之外，还有一种传世佚失的唐代佚名《心经》注本，

[①] 朱大星《试论敦煌本〈文子〉诸写本之写作时代及其价值》，《文献》2001 年第 2 期，第 202—211 页；朱大星《敦煌写本〈文子〉残卷校异》，《文史》2001 年第 4 辑，第 139—148 页；朱大星《敦煌本〈文子〉校补》，《敦煌研究》2004 年第 6 期，第 103—105 页；王卡《敦煌道教文献研究：综述·目录·索引》，第 185 页；许建平《英伦法京所藏敦煌写本残片八种之定名并校录》，氏著《敦煌文献丛考》，北京：中华书局，2005 年，第 326—331 页；葛刚岩《敦煌写本〈文子〉校补》，《敦煌学辑刊》2007 年第 2 期，第 168—176 页；赵曜曜、周欣《敦煌写卷 p.3768〈文子·道德第五〉考校》，《洛阳师范学院学报》2011 年第 12 期，第 85—87 页；何明明《敦煌本〈文子〉残卷研究》，西北师范大学硕士学位论文，2017 年。

[②] 参方广锠编纂《般若心经译注集成》，上海：上海古籍出版社，2011 年；陈虹妙《敦煌汉文写本〈般若波罗蜜多心经〉及其注疏考》，浙江师范大学硕士学位论文，2015 年。

神田喜一郎、方广锠和王三庆等先生曾对该注本做过整理与研究[①]。笔者在《典籍》中也意外发现一件该佚名注本的写本81TB10:02a（《典籍》第381页，图4-14），尚属吐鲁番地区首见，现著录如下：

（前缺）

1　故，遂不成因，将何感报，故无业无报，萧然解□。以是义故，
2　"菩萨照见五蕴皆空"。"度一切苦厄"，由见五蕴是有贪
3　著五蕴法故，造其苦因。言"苦"者，所□苦。々々（八苦）者：一者
4　生苦，二者老病，三者病苦，四者死苦，五者爱别离苦，六
5　□怨憎会苦，七者求不得苦，八者五盛阴□□□者

（后缺）

81TB10:02a佚名《心经注》依据玄奘译本作注，残片抄写《心经》"照见五蕴皆空"和"度一切苦厄"两句经文的注疏内容。经注单行抄写，第二行《心经》正文"度一切苦厄"应为朱笔，背面抄写不知名佛经。依敦煌本序文可知，该注疏作者是应丹川公之请而撰述，王三庆先生虽考知该注本为唐人所作注疏，但作者与丹川公具体为何许人也，因目前材料所限，尚且存疑[②]。不过，纵观全书，该佚名《心经注》的义理内容精深，颇得《心经》般若之义，可见该佚名僧人对于《心经》义理的阐发已到很高境界。

该佚名《心经注》在敦煌地区已发现5件较为完整的写卷：P.3904、BD3610、津艺256、津艺275和日本天理大学图书馆藏敦煌文献イ183-293号，柏孜克里克石窟出土的这件81TB10:02a则为该注疏在吐鲁番地区首次发现的写本。虽然这只是

---

① 神田喜一郎《新らたに発见せられた般若心经の注本》，《ビブリア：天理图书馆报》第5号，1955年，第24—25页；王三庆《日本天理大学天理图书馆典藏之敦煌写卷》，《第二届敦煌学国际研讨会论文集》，台北：汉学研究中心，1991年，第79—98页；王三庆《〈般若波罗蜜多心经〉注本价值试论——敦煌塔出土文物之一》，《敦煌学》第19辑，台北：学生书局，1992年，第87—108页；荣新江《海外敦煌吐鲁番文献知见录》，南昌：江西人民出版社，1996年，第204—206页；《般若心经译注集成》，第386—425页；王三庆《敦煌文献〈般若波罗蜜多心经〉唐·佚名注本再探——以天理大学图书馆イ183—293为中心》，《敦煌吐鲁番文献与日本典藏》，台北：新文丰出版公司，2014年，第67—123页。尤澳又发现大谷文书MS.4369为该佚名《心经注》的序文残片，参微信公众号"尤澳自述"，2025年4月27日。
② 王三庆《敦煌文献〈般若波罗蜜多心经〉唐·佚名注本再探——以天理大学图书馆イ183—293为中心》，第72—80页。

图 4-14　81TB10:02a
佚名《般若波罗蜜多心经注》

一件残片，但从所存文字内容仍能推测其与敦煌本的些许联系。王三庆先生曾指出 P.3904 "在所有抄本中抄录最不严谨，文多臆改，并多错漏"[1]，故以天理本为底本、P.3904 为丁本进行校录。81TB10:02a 写本比较特殊，其残存文字与 P.3904 相同，反而与天理等本有差，现列表如下（表 4-10）：

---

[1] 王三庆《敦煌文献〈般若波罗蜜多心经〉唐·佚名注本再探——以天理大学图书馆イ183—293 为中心》，第 69 页。

第四章 增删与流布

表 4-10 81TB10:02a、P.3904、天理本本内容比较表

81TB10:02a	P.3904	天理本
（前缺）故，遂不成因，将何感报，故无业无报，萧然解□。以是义故，"菩萨照见五蕴皆空"。"度一切苦厄"，由见五蕴是有贪着五蕴法故，造其苦因。言"苦"者，所□□苦。"夕夕（八苦）"者：一者生苦，二者老病，三者病苦，四者死苦，五者爱别离苦，六□怨憎会苦，七者求不得苦，八者五盛阴□□□者（后缺）	（前略）不被熏故，遂不成因，将何感报，故无业无报，萧然解脱。以是义故，"菩萨照见五蕴皆空"。"度一切苦厄"，由见五蕴是有贪着五蕴法故，造其苦因。言"苦"者，所谓八苦。"八苦"者：一者生苦，二者老病苦，三者病苦，四者死苦，五者爱别离苦，六者怨憎会苦，七者求不得苦，八者五盛阴苦。所言"厄"者，谓厄难，即八难也。（后略）	（前略）不被熏故，遂不成因，既不成因，将何感报，故得无业无报，萧然解脱。以是义故，"菩萨照见五蕴皆空"。"度一切苦厄"，由见五蕴是有贪着五蕴法故，造其苦因。言"苦因"者，所谓八苦。"八苦"是何：一者生苦，二者老病，三者病苦，四者死苦，五者爱别离苦，六者怨憎会苦，七者求不得苦，八者五盛阴苦。所言"厄"者，"厄"谓厄难，即八难也。（后略）

经对比，不同之处明显有三：一是 81TB10:02a 和 P.3904 中"将何感报，故无业无报"，天理本中作"既不成因,将何感报，故得无业无报"；二是 81TB10:02a 和 P.3904 中"言'苦'者"，天理本中作"言'苦因'者"；三是 81TB10:02a 和 P.3904 中"'八苦'者"，天理本中作"'八苦'是何"。王三庆先生整理录文时指出第一处是 P.3904 臆改，第二处为 P.3904 脱字，第三处是 P.3904 改字[①]。可见，81TB10:02a、P.3904 两写本之间关系十分密切，同天理本等写本则有许多不同，我们可将其视为该注疏的两个传抄体系。

P.3904 在许多方面较其他写本特殊，如该本为 12 页册页本，抄写年代可能较晚，与其他写本的文字出入甚多等。其实在写本时代，文本传抄过程中出现错漏添删和臆改等情况并不少见，如于亭先生讨论的 80TB1: 002a《中阿含经音义抄》就是这类增删混搭的写本[②]。故此，虽然王三庆先生认为 P.3904 在所有抄本中抄录最不严谨，但鉴于吐鲁番本 81TB10:02a 的存在，P.3904 这种所谓臆改本在当时也并非孤本，其臆改内容已然成为该注疏另一个独立的传抄系统，并且在敦煌吐鲁番等地区被广泛传抄，形成一种新的《心经》义理阐发的文本。

---

① 王三庆《敦煌文献〈般若波罗蜜多心经〉唐·佚名注本再探——以天理大学图书馆イ183—293 为中心》，第 105 页。

② 于亭《吐鲁番柏孜克里克石窟所出小学书残片考证》，第 34—35 页。

275

四、80TBI:389 慧净《金刚般若波罗蜜经注》

在传译至中国的大量佛教经典中，《金刚般若波罗蜜经》也是译介最早、影响最广最深的般若类佛经之一。其译本及相关注疏众多，在敦煌吐鲁番文献中还发现十数种《金刚般若波罗蜜经》注疏本[①]。柏孜克里克石窟出土的为同一写本残片 80TBI:219（图 4-15）和 80TBI:239（《典籍》第 315—316 页，图 4-17），也是一种《金刚般若波罗蜜经》的注疏写本，《典籍》将其定名为《金刚经疏》。此外，80TBI:389（《典籍》第 392 页，图 4-16）与上两件也为同一写本。三件不能完全缀合，彼此相距约两行，今著录如下：

80TBI:219

（前缺）

1 ▢执而生。我执既无，▢
2 ▢是小缠。大惑
3 ▢之以楚毒也。

（后缺）

80TBI:389

（前缺）

1 ▢有乐。何者▢
2 ▢无瞋▢

（后缺）

80TBI:239

（前缺）

1 ▢则心疲而
2 ▢升。为防退
3 ▢菩提以▢

（后缺）

[①] 方广锠《敦煌文献中的〈金刚经〉及其注疏》，第 73—80 页；董大学《敦煌本〈金刚经〉注疏叙录》；彭杰《略论柏孜克里克石窟新发现的汉文〈金刚经〉残卷》，第 46—49 页；李昀《旅顺博物馆藏〈金刚经〉注疏小考——附李善注〈文选·七命〉补遗》，第 88—111 页。

图 4-15　80TBI:219　　　　　图 4-16　80TBI:389　　　　　图 4-17　80TBI:239

慧净《金刚般若波罗蜜经注》

这三件残片均为标准唐楷抄写，经细致比对，应为唐代慧净的《金刚般若波罗蜜经注》，而非不知名《金刚经疏》。《典籍》可能依据《大正藏》第 85 卷所收敦煌文献 S.2050 进行定名，而平井宥庆先生早已指出 S.2050《金刚经疏》与《卍字新纂续藏》所收唐慧净《金刚经注》关系十分密切[1]。

慧净，俗姓房氏，常山真定人，是唐初长安僧徒领袖。其人一生著述颇丰，曾为《俱舍论》《法华经》和《般若心经》等作注，惜大多已佚，只有部分注疏被保存在《卍字新纂续藏》及敦煌吐鲁番文献中。根据《续高僧传·释慧净传》记载，慧净乃应庾初孙之请为《金刚经》作注，褚亮则为该书撰序：

> 学士颍川庾初孙请注《金刚般若》，乃为释文举义，郁为盛作，穷真俗之教源，尽大乘之秘要，遐迩流布，书写诵持。文学词林，传诸心口，声绩相美，接肩恒闻。太常博士褚亮英藻清拔，名誉早闻，钦此芳猷，为之序引。[2]

慧净的撰述对于其后唐代佛教发展影响巨大，如禅宗弘忍门下弟子智诜的《般若心经疏》就是在慧净《般若心经疏》基础上进行的重编[3]。继敦煌文献，在柏孜克里克石窟也发现了慧净《金刚般若波罗蜜经注》，这说明慧净的论著不仅在长安和敦煌有所传抄，还曾传入吐鲁番地区，其佛学思想也曾在西域地区广泛传播。

---

[1] 平井宥庆《敦煌本金刚经疏と唐慧净》，第 146—147 页。
[2] 道宣撰，郭绍林点校《续高僧传》卷三《唐京师纪国寺沙门释慧净传》，北京：中华书局，2014 年，第 74 页。
[3] 《般若心经译注集成》，第 17—20 页。

五、80TBI:744-1a、2a 彦琮《众经目录》

佛经经录，是专门记载佛教典籍名目的目录书籍。自佛教传入中国，佛经翻译活动也逐渐兴盛，汉文佛经数量急剧增加，佛经目录的编撰也与时与地同进。在敦煌吐鲁番地区已发现很多种佛经经录写本[①]，柏孜克里克石窟其实也有佛经经录出土，惜未收录入《典籍》，而是由李亚栋、仵婷进行订补但未定名[②]，这就是 80TBI:744-1a、2a 彦琮《众经目录》（图4-18），现录文如下：

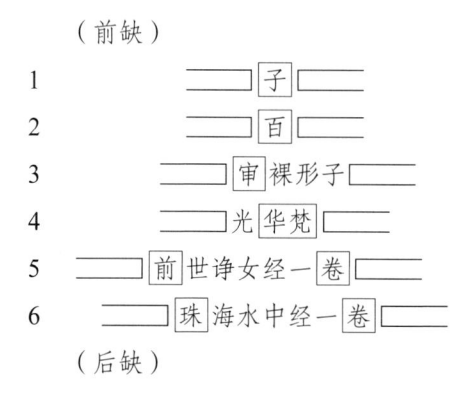

（前缺）
1　　　□□子□
2　　　□□百□
3　　□审裸形子□
4　　□光华梵□
5　　□前世诤女经一卷□
6　　□珠海水中经一卷□
（后缺）

图 4-18　80TBI:744-1a、2a 彦琮《众经目录》

[①] 方广锠《敦煌佛教经录辑校》，南京：江苏古籍出版社，1997年；王振芬、孟彦弘《新发现旅顺博物馆藏吐鲁番经录——以〈大唐内典录·入藏录〉及其比定为中心》，《文史》2017年第4辑，第171—196页。

[②] 李亚栋、仵婷《吐鲁番柏孜克里克石窟1980年出土佛经残片整理订补》，第69页。

第四章 增删与流布

80TBI:744-1a 为前 4 行，80TBI:744-2a 为后 2 行，两件不能直接缀合但内容前后相续，故将其著录在一起。这两件写本都用正楷抄写，经录抄写顺序均仅见于隋法经和隋彦琮的两种《众经目录》。因此前旅顺博物馆藏吐鲁番文献 LM20-1520-18-13 被定名为彦琮《众经目录》卷二，出于谨慎考虑，本文姑且将 80TBI:744-1a、2a 定为彦琮《众经目录》卷三。

彦琮的《众经目录》为隋仁寿二年（602）长安大兴善寺僧彦琮受敕编撰的五卷佛经经录，共录经目 2109 部、5058 卷。该书分类体例参考法经《众经目录》改制而成，故两书虽经目颇多重复，但对于唐代佛经经录的分类编撰均有很大影响[①]。80TBI:744-1a、2a 残存经录抄录了彦琮《众经目录》卷三"别生·小乘出别生"类 6 种佛经经名，LM20-1520-18-13 残存经录抄录了彦琮《众经目录》卷二"贤圣集传"类 5 种佛经经名。从字迹等特点来看，两件残片不是同一写本，抄写时期可能也相距甚远。

敦煌吐鲁番地区已出土道宣《大唐内典录》、智升《开元释教录》以及"龙兴寺藏经目录""灵图寺藏经目"等经录，方广锠、王振芬和孟彦弘等先生业已指出唐末以前敦煌吐鲁番地区流行的经录主要依据《大唐内典录》而作[②]。80TBI:744-1a、2a 和 LM20-1520-18-13 彦琮《众经目录》的出现，说明隋代的佛经目录也曾在吐鲁番地区流行传抄。此外，李亚栋、仵婷称 80TBI:744-1a、2a "正面为汉文回鹘文夹杂"，"回鹘文为对汉字之对应书写，书于汉字左侧，紧贴而书"[③]。依此抄写形态的描述，回鹘文应是直接在《众经目录》原卷上对译夹写，并非同时对译誊抄。柏孜克里克石窟寺是西州回鹘王国的王家寺庙[④]，这件经录很可能在西州回鹘时期被寺院回鹘僧人实际阅读和使用，大概被用以搜集、入藏和点勘寺院佛典。所以，吐鲁番地区流行的佛经目录并不只受《大唐内典录》影响，隋代所编佛经经录也曾实际被传抄和使用。

《典籍》与诸多学者对柏孜克里克石窟出土吐鲁番文献大多已作定谳，以上新近

---

① 梁启超《佛家经录在中国目录学之位置》，《图书馆学季刊》第 1 卷第 1 期，1926 年，此据梁启超著，汤仁泽、唐文权编《中国佛学史稿》，北京：中国人民大学出版社，2012 年，第 423 页；方广锠《中国写本大藏经研究》，上海：上海古籍出版社，2006 年，第 55 页；陈王庭《〈玄应音义〉所据唐代早期写本大藏经研究》，上海师范大学硕士学位论文，2010 年，第 59—60 页。
② 方广锠《中国写本大藏经研究》，第 71—402 页；王振芬、孟彦弘《新发现旅顺博物馆藏吐鲁番经录——以〈大唐内典录·入藏录〉及其比定为中心》，第 171—196 页。
③ 李亚栋、仵婷《吐鲁番柏孜克里克石窟 1980 年出土佛经残片整理订补》，第 69 页。
④ 柳洪亮《柏孜柯里克石窟年代试探——根据回鹘供养人像对洞窟的断代分期》，《敦煌研究》1986 年第 3 期，第 58—67 页。

比定的小残片只是对先贤的整理成果略作补遗。在这些吉光片羽中，我们既能发现晋写本《汉纪》，也能找到唐写本道经，还可以见到高昌回鹘僧人所用佛教经录。这些小残片在不同程度上反映出以柏孜克里克石窟为核心的吐鲁番地区，在汉唐以来长期与中原地区保持着十分密切的文化交流，多个民族、多种信仰和多类文献都曾在该区域留下许多历史痕迹，并为我们留下珍贵且不可或缺的文本遗存。

（原刊于《西域研究》2024年第1期，第76—85页。收入本书略有修订。）

结　语　从长安到高昌：信息传播与唐代地方社会

作为"丝绸之路"重要的交通要道与中转枢纽，敦煌吐鲁番虽地处唐帝国的"周边"区域，但在历史长河中，该地区产生、汇聚并传播着种种历史信息，成为中古时期历史图景的一个缩影。在纵向的时间和横向的空间中，国家统治力量的渗透与人类社会属性的存在，使得信息传播无时无刻不在发生。在这些必然与偶然的信息流动过程中，既有的社会关系或被巩固或被削弱，新的社会结构则逐步构建。本书所关注的议题，大体如刘志伟先生所言：

> 这个人，是经历了漫长的历史塑造出来的人，他是社会的人，具有文化的属性，同时也只能在历史制造的时空结构、意识形态、社会关系、文化形态和国家制度下行动，他是一个能动者，他在既有的结构下行动并创造新的结构，我在研究中所追求的，就是去建立对这个结构过程的认识。[①]

笔者希望透过敦煌吐鲁番文献，利用区域社会史的研究范式，在信息传播的视野下，以历史中"人"的能动行为活动为主体，去考量制度与文本之间的张力，从而呈现敦煌吐鲁番地区的社会结构过程，并折射出中央与地方之间的关系。需明确的是，制度系人为制定的国家框架与社会架构，文本则承载着历史中"人"的能动行动印记。二者既有交集，亦存在疏离。这些交集与疏离共同构建了中央与地方之间独特且富有互动性的联系，形塑着唐代地方社会的基本面貌，同时也构成了唐朝国家历史图景的多元化面相。

[①] 刘志伟、孙歌《在历史中寻找中国：关于区域史研究认识论的对话》，上海：东方出版中心，2016年，第35—36页。

一、国家的身影：地方社会的底色

地方社会的结构过程，必然存在一个基底，亦即时代的底色，这其中也隐含着国家的身影。信息的传播犹如流动着的河流，贯穿着时间与空间，地方社会亦随之不断经历结构的调整。国家作为信息传播的主导与源头，无论信息传播在河流下游的流向、流速等如何变化，国家本身所秉持的正统观念及所制定的治理框架，皆制约着地方社会的变迁形态。"国家的在场"成为传统区域社会研究中无法回避的核心问题之一[①]。

制度，无疑是国家身影最为直接的显现。诸般制度既构建了地方社会历史变迁与社会结构的基本框架，亦是我们理解国家与地方社会历史图景的重要指南。诸如"汉承秦制"或"唐承隋制"的表述，主要强调制度的延续性，但也可能会淡化秦、汉与隋、唐各自国家身影的存在。如秦简的相关研究表明，秦的地方行政制度对地方社会的控制更偏重技术手段，且中央对地方社会的行政干预较多，这些特点并未被汉制所承袭[②]。所以，尽管国家制度有其延续性，但正所谓一朝天子一朝臣，每个时代的国家制度都具备其独特的时代特征。而以国都为中心，制度向地方辐散开来，国家的强制力使得制度在地方社会得以落地生根，从而深刻影响地方社会的形成、发展和崩溃。这或许正是区域社会史研究者能从地方、区域去寻找国家的重要原因之一。

对于地方社会的理解，我们应当将国家制度作为其研究的前提与大背景。作为国家统治者和官僚体系所制定的规范，制度不仅体现了国家的治理理念和管理框架，更是一种重要的知识、信息载体。因此，一纸之文的制度只有动态地实际运作起来，才不会成为一纸空文。从中央到地方的制度推广施行过程，实质上也是国家的信息传播过程，其中官文书扮演了至关重要的角色。尽管敦煌吐鲁番文献通常被认为较少受到精英知识阶层的筛选，但在敦煌吐鲁番文献的信息传播视野下，以制度为代表的国家仍然以各种形式出现，成为地方社会日常运作中不可或缺的一部分。即便国家的这种角色往往日用而不为人所知。

地方社会的日常运行，依赖国家制度的动态运作。冨谷至先生的《文书行政的

---

① "国家—社会"已成为常用的历史分析工具，如科大卫、刘志伟、萧凤霞、郑振满等学者关于华南宗族的研究就注意到国家的存在，赵世瑜先生亦提出对华北的研究要注意"国家的存在"，参赵世瑜《作为方法论的区域社会史——兼及12世纪以来的华北社会史研究》，《史学月刊》2004年第8期，第5—8页，后收入氏著《小历史与大历史：区域社会史的理念、方法与实践》，北京：生活·读书·新知三联书店，2006年，第1—11页。

② 参沈刚《秦简所见地方行政制度研究》，北京：中国社会科学出版社，2021年。

汉帝国》指明汉代国家最大的特征就是文书行政制度的建立,从敦煌吐鲁番文献来看,文书行政制度也依然是唐代国家最显著的特征,但其机制明显更加成熟、内容更加丰富、特点也颇为不同。敦煌吐鲁番所见事目类文书,作为官司日常收发文书的目录,正是国家制度在地方社会实际运作机制的呈现,直接反映了唐代地方社会日常运作的情况,能帮助我们更好地理解国家与地方社会的关系。

事目类文书的制作,贯穿文书行政的整个流程,体现了文书行政制度广泛且全面的施行与运作。在敦煌吐鲁番文献中,我们可以看到敦煌、西州等州县的诸多事目类文书,说明在唐代地方社会的结构过程中,文书行政制度长期且多方面的参与,已然逐渐成为地方社会日常运行的稳定支撑与基本框架。具体而言,事目类文书仅能由地方官司的官员来抄写,制作格式需遵循唐代的文书行政制度,象征着国家权威的支持;其中文书内容涉及地方社会每日产生的各类需官方处理的信息,体现了地方社会的运转。这些均标志着地方官司利用官文书在有条不紊地处理着地方社会的日常事务,即国家通过文书行政制度塑造了地方社会运行的基本格局。这一基本格局意味着地方社会的日常运作依托于各种文书。在国家权力与权威的背书下,这些文书在传递过程中能有效解决各类地方事务,从而确保地方社会的正常运转与稳定,以适应时代的变迁。

同时,根据事目类文书的内容来看,相较于秦汉时期,唐代地方官司日常传递的官文书种类更为丰富且完善。其中,既包括来自国都长安尚书省诸部的符文,也含有来自周边州县、军坊的牒状;涉及事务范围广泛,不仅有国家军政大事,亦有地方马料与财产纠纷;官司每月需处理的事务数量也相当可观。这表明,自秦汉至隋唐,文书行政制度在逐步走向成熟的过程中,也不断渗透融入地方社会的运转,这些制度发挥着强大的治理作用,覆盖了地方社会方方面面的事务。由此可见,唐代地方社会的日常事务不仅更加细致和多样,需要处理的事务也更多且复杂。然而,在文书行政制度日益完善的背景下,这些多样且复杂的事务均能及时且妥善地被处理,使得敦煌吐鲁番的地方社会保持正常且稳定的运转。故此,国家制度在潜移默化中引领着地方社会的变迁,确保地方社会能够跟随国家的步伐而前进。

唐代的过所、释奠礼等制度亦是如此。唐代国家制度或多或少汲取了汉晋旧制、北朝、南朝与隋制的因素①，然而这并不意味着唐制仅有继承。吴丽娱先生在探讨《大唐开元礼》的撰作缘起时，指出《开元礼》是对《贞观礼》《显庆礼》的"折衷"，揭示了唐代礼制的时代化和创新精神②。诸般创新进而凝结为唐代的国家独特性。比如，唐代的过所制度在掌控关津内外、人口流动等方面发挥重要作用，同时行用效力较弱但使用便捷灵活的公验亦得到广泛运用，这显然更契合唐代国家与社会发展的需求。至于唐代释奠礼的礼仪活动，与吴丽娱先生所论《大唐开元礼》类似，虽然源自"晋故事"，但其举行目的、活动类型与释奠文内容呈现出明显的时代特色。故而，即便唐代的过所、释奠礼等同样继承自前朝，但具体落实到敦煌吐鲁番的地方社会时，已逐渐适应了时代需求，地方社会与唐代国家的时代特征保持同步，国家依然对地方社会的结构过程产生重要影响。

在这些日常制度之外，不常的情况更能凸显国家对地方社会的影响力。如 S.2589 号文书所示，在制度运转不畅的情况下，官文书的信息传递自然出现错乱，时效性与准确性无法得到保障，地方社会因而无法及时获取来自国家的权威信息。同时，西州道教的发展，全然得益于唐朝国家力量的进入，故此吐鲁番地区才能建立起官方的宫观道教系统。然而，当唐朝国家力量被驱逐，国家力量无法再给予支持，道教的传播与道经的流布也就无从谈起。这些不常的情况反而彰显了国家对地方社会的巨大影响。总之，"区域社会的历史脉络，蕴涵于对国家制度和国家'话语'的深刻理解之中"③。国家的权威、权力与力量，引导并庇护着地方社会结构的形成与发展，当国家身影的消失或离去时，地方社会结构将面临崩溃与重组。

二、人的能动性：信息传播的流动

在地方社会结构形成过程中，国家身影或隐或显存于其中，成为日用而不知的存在。然而，实际书写社会结构形成过程历史的是人的能动性。"在历史研究中，我们总是从人的活动去把握和解释规范其行为的结构，同时我们也要研究人的行为

---

① 陈寅恪先生最早提出"南朝化"的概念（陈寅恪《隋唐制度渊源略论稿》，北京：中华书局，1963 年），此后钱穆、唐长孺等诸位学者均就"南北化"的问题展开讨论。可参陈勇《"历史出口说"的"理论出口"——兼说"南朝化"讨论中的"北朝化"问题》，《宗教信仰与民族文化》第 8 辑，北京：社会科学出版社，第 68—83 页。
② 吴丽娱《营造盛世：〈大唐开元礼〉的撰作缘起》，《中国史研究》2005 年第 3 期，第 73—94 页。
③ 陈春声《走向历史现场》，赵世瑜《小历史与大历史：区域社会史的理念、方法与实践》，丛书总序第 5 页。

如何改变和创造新的结构。"① 在社会结构发展的过程中，历史中的人如何应对国家、制度、事务等一系列活动，都是其能动性的体现。得益于信息传播的流动性，人的能动性才得以充分发挥作用。

信息传播是指在人与人之间、人与社会之间发生的信息流动活动的总称，亦在历史中人们所留下的文本中显露，是人的能动性的体现。"传播"的拉丁语为"Communicare"，原义为告知、分享或与之共同，相应的英语"Communication"主要包含告知、迁移或传输、交换等意。不论是拉丁语还是英语，"传播"一词都指至少有两个主体进行告知、分享、传输或交换等活动，涉及一对一、一对多或多对多等传播模式。人、社会是构成人际关系、社会网络传播的主体。人们所告知、分享、传输或交换的内容都能被视为信息。文本则是传播过程中的信息载体，能够反映历史中人的行为活动，及其所产生的影响。通过分析这些文本的信息传播过程，探讨人在信息流动过程中的能动性，拆解其行为活动的成因及作用，我们或许能更好地理解历史中人与人如何处理彼此之间的关系，以及人在社会结构过程中起到了怎样的作用。

关于人的身份，"精英—民众"这一二元对立的概念，常被用作"国家—社会"研究架构的补充，用以区分区域社会史的研究内容与核心关注点。然而，当我们将目光聚焦于作为信息传播主体与参与者的"人"时，精英与民众之间的差异便变得不再那么重要。他们都是人际关系和社会网络的重要缔结者，只是在历史舞台上的"能见度"有所差异。宛盈曾通过敦煌写经题记探讨了隋代佛教经典在写造流传过程中所呈现出的人群圈层的递进性：

> 皇室宫廷写经依托大兴善寺制造国家级别的典范，出镇亲王与世族、僧政合作制造地方都邑的官方写经，都城大兴作为帝国中心由上而下带动僧民参与传写，将帝国需要传导的宗教文化贯输给敦煌在内的全国各地僧民。②

宗教经典是信息传播的重要内容，从中央皇室亲王到地方僧政百姓，不同阶层不同身份的人群都曾积极参与隋代佛经的传抄过程。因此，在历史中寻找"人"的能动

---

① 刘志伟、孙歌《在历史中寻找中国：关于区域史研究认识论的对话》，第 48 页。
② 宛盈《隋代佛教经典写造流传的层递呈现——以敦煌写经题记为中心》，《中华文史论丛》2023 年第 4 期，第 206 页。

性，无需过于纠结于精英与民众的身份区别，因为他们的行为逻辑都是信息传播的体现，他们也都是区域社会结构过程的主要参与者。

敦煌吐鲁番文献，作为历史中人在信息传播活动中遗留下来的文本，是理解地方社会的重要史料，也是了解人的行为逻辑的实际依据。敦煌吐鲁番文献的来源多样且复杂，从长安到高昌，各种文本均能在其中有所留存。这些文本作为信息传播的载体，是混揉了不同人群行为活动的产物，从而能够更加全面且真实地揭示人的能动性，突显敦煌吐鲁番地方社会的区域特殊性以及唐代的历史图景与时代面貌。

敦煌吐鲁番文献中国家制度的相关文本，其书写、传递与施行均有人的参与。制度是国家身影的体现，人则是制度施行的主体。上至帝王官员，下至黎民百姓，各色人等的行为活动不尽相同，制度的实际运作与地方社会的形塑往往呈现出复杂的情况。一般而言，国家制度具有一定普遍性，这是国家与地方社会得以上下一致的内核。"每个人的行为也必然受制于他们与其他人的关系，更是在特定的社会结构和制度性环境下行动"[1]，但人的能动性，则使得国家和地方社会的制度在施行过程中，往往会出现溢出特定的社会结构和制度性环境之外的因素。这便造就了地方区域社会既同于国都长安，又独具特色的历史图景。

在敦煌吐鲁番文献中，存在着原本国家制度条文以外的安排。若从人类行为逻辑的角度去拆解这些溢出制度之外的安排，或许能够得到一些新的历史认识。毕竟，不同的人具有各自不同的行为目的，由此会出现不同的行为方式与习惯，这些差异性均会影响历史中国家制度的运行。例如，唐代官文书具有高效且完善的传递与归档的制度安排，而事目类文书却出现了众多不同的抄写形态，这已然超出了既定的制度范畴。考虑到目前所见事目类文书的保存状况并不完整，且原抄写官司不尽相同，我们不妨大胆推测，在事目类文书的传递、抄写与处理过程中，不同地域、不同官司的官吏们，或许在原本官方格式的基础上，为满足自身习惯与抄写便利等需求，制作出了适用于自身行为习惯的不同文本。此外，唐代行用效力较弱但便捷灵活的公验，也是为了解决过所制度过于严格的问题，以满足人们日益增长的便利往来临近州县以及宽松人身控制的需求而被创造使用的。

唐代释奠礼与七夕节日的种种安排，同样源于人们多样化的需求。唐高祖曾在释奠礼上引儒释道三教进行驳难，唐太宗则将释奠礼正式纳入国家礼典，他们的目的都在于整合儒家群体，突显中央官学地位，以巩固唐帝国中央政权的政治地位。

---

[1] 刘志伟、孙歌《在历史中寻找中国：关于区域史研究认识论的对话》，第33页。

至于唐代的七夕节日，尽管有国家制度对它的基本规定，但上至长安帝王官民，下至敦煌百姓，均会在国家制度的基本框架下，内化为自身的节日行动安排，包括但不限于帝王宫廷宴饮、宫女乞巧、长安城内儿孙乞巧以及敦煌曲子词的传唱等。

除却这些溢出制度的安排，人们在面临自身迫切需求时，往往还会打破制度的规定。如唐代长安城有着严格的门禁与宵禁制度，但在重大历史事件的冲击下，这些制度或沦为形同虚设的空壳。如文献所见，皇帝权宦会因为叛乱而趁夜色从开远门出逃长安，官员甚至不惜骗杀门官以谋生路。在人们的想象世界中，生人还可以通过梦游等途径，毫无顾忌地突破长安城的宵禁，以实现生人空间与冥界空间的过渡。在常态的制度运作之外，非常态的情况也时常出现。面对这些非常态状况，人们的行为逻辑与方式将遵循自身的目的，打破制度的约束便成为必然之举。

制度作为既定的基础框架和固有的社会结构与社会关系，更多的是让我们看到历史的连续性。而人的能动性不仅限于对原有框架的利用与突破，更在于人的一系列行为活动对社会结构的变迁所产生的深远影响，这是历史连续性与创新性的集中体现。在这种认识下，通过信息的流动，人既能在这些既定框架内行动，也能够调动其能动性，挑战和重塑已有的社会结构与社会关系，同时催生新的结构与关系。在信息传播的引导下，人的行为活动不再局限于个体自身，而是在流动的信息中，跨越时间与空间的距离，对周围的人、周边的地方社会施以作用。

这一重塑与作用的流动过程，同样也体现在文本的传抄与删改中。文本由人来书写，历史亦由文本来构建，因此，历史书写作为知识的传播，在信息流动之时，也是人的能动性对国家或地方社会施加作用的显现。"史大奈碑"原为官方所立神道碑，碑文撰写者意图展示国家官方意识形态的政治理念，但该碑文在由长安传播至敦煌、由丰碑转变为习字的过程中，性质已然发生转换与失真。这种文本传抄过程中性质的转变，其内在逻辑依循的是传播者和习字者的需求与喜好。对地方社会来说，官方意识形态的宣传，被传播者与习字者重塑为对教育与文学辞藻的需求，从而作用于地方社会知识结构的建构。至于"孝子传"的书写，通过梳理正史与敦煌吐鲁番文献的传抄情况，可以发现敦煌吐鲁番的地方社会虽同样存在塑造孝子形象与宣传孝道观念的需求，但与唐代长安这个文化汇聚、知识精英汇集之地相比，当地人更倾向借助与《孝子传》关系密切的通俗化类书与散韵合体化变文来实现这一目的。

从《法苑珠林》和《玄应音义》来看，文本的删改同撰写者的编撰动机、社交网络密切相关。《法苑珠林》作为一部广纳博采的佛教类书，却是道世充分展现其个人学术思想的"私心"之作。书中对佛经引典与"论曰"的删改，其行为背后隐藏着他一生致力于辅佐道宣弘扬《四分律》的学术背景，以及与道宣之间紧密的社交往来。而《玄应音义》作为玄应参与玄奘译场的产物，同时也是一部专门阐释佛经字词的工具书，实用性较强。这类实用工具书势必需要因地制宜，随时修订。故而在其流传过程中，文本内容会有所增删，以适应地方社会文本使用者的语言习惯。在文本传抄与删改的过程中，人的存在不应忽略，人的动机需求与社交关系是促进文本传抄与删改的主要动力。

总之，信息传播的流动性特点，充分给予人在历史变迁中发挥能动性的空间。无论是制度规定或是知识文本，只要处于动态的传播过程中，人就会出于自身的需求与目的，对制度加以遵从或突破，对文本进行传抄与删改，从而重塑与作用地方社会的结构过程与历史变迁。

三、长安到高昌：敦煌吐鲁番的地方图景

由上可见，形形色色的人通过信息的流动，对地方社会的结构过程与历史变迁施加影响。历史变动无常，信息流动不息。信息的流动过程，也是历史变迁的缩影。因此，从历史中人的能动性出发，去考量敦煌吐鲁番文献所见的信息传播与唐代地方社会，将有助于我们更深入地理解唐代国家与地方社会的历史变迁，并建构对于敦煌吐鲁番地方图景的认识。

近年来，区域社会史的研究致力于突破国家的宏大叙事，这一研究取向值得推崇与肯定。然而，具体落实到历史中某区域社会的研究时，"国家的角色是必须考虑的"[①]。毕竟，区域社会的历史是国家历史的一个组成部分，人的行为活动也是在国家的背景下展开。我们需要重新审视个人在地方社会中所扮演的角色及其历史的分量，但也不能忽视国家在某种程度上参与了对地方社会的形塑，并成为当地历史的底色。毕竟，国家存在于人们"日用而不自知"的制度背后。信息的流动使得制度的动态化与同步性成为可能，并推动了国家力量辐射范围的扩大。所以，突破既有的国家的宏大叙事，并不意味着完全摒弃对国家的讨论，而是可以以人或地方社会为切入点，去思考历史中人的能动性，以及某个具体区域社会的结构过程。由此，可以深入了解历史中人的存在与地方社会的独特性，建构起对于地方图景的认知，

---

① 赵世瑜《作为方法论的区域社会史——兼及12世纪以来的华北社会史研究》，第7页。

更加具体地去评估国家的"大历史"与人的"小历史"[①]。

关于敦煌吐鲁番文献所见信息传播与唐代地方社会,也可以从中提炼出类似"大历史"与"小历史"的历史认识。具体而言,唐代敦煌吐鲁番地区的地方图景由"大图景"与"小图景"共同构成。

"大图景"指的是,作为唐帝国的正州,敦煌、吐鲁番虽地处边陲,但该区域社会与长安共享着唐代的时空结构、意识形态、社会关系、文化形态和国家制度,其中包括成熟的文书行政机制、丰富的礼俗活动安排、多样的知识传播方式以及不同的宗教文本传抄等。从长安到高昌,乃至唐朝所掌控的疆域内,各色人等均能在这个"大图景"中发挥各自的能动性,推动唐代国家与社会的历史变迁,因此"大图景"具有普遍性。

"小图景"则是"大图景"在某个区域社会的放大展开,比如敦煌吐鲁番这个特定区域社会内的具体历史,其中包括地方官司文书行政的日常与不常、地方礼俗活动的同步性与通俗化、地方知识传播的推广与失真,以及地方宗教文本的接受与删改等。在国家的历史变迁中,这些现象可能只是敦煌吐鲁番区域社会中某个人偶然行为的产物,但它们依然构成了与唐代其他区域社会的历史差异与距离,故而"小图景"具有特殊性。

从长安到高昌,从国家到地方,以敦煌吐鲁番文献为载体,人的能动性与信息的流动性相互作用,"大历史"与"小历史"、"大图景"与"小图景"分别被有机串联。历史的普遍性与特殊性相互交融,共同形塑了唐代敦煌吐鲁番这一独特且具体的地方社会,使之呈现出与长安既趋于统一又存在诸多差异的唐代地方图景。

[①] 此处借用了赵世瑜先生小历史与大历史的概念,参赵世瑜《小历史与大历史:区域社会史的理念、方法与实践》,第10页。

附录一　书评：郑雅如《亲恩难报：唐代士人的孝道实践及其体制化》

孝，是中国文化最突出的特质，关乎社会伦理与政治制度的种种面向。同时，作为儒家伦理中的重要概念，孝道自汉代起就被视为国策而受到高度重视。随着中古时期儒家伦理的法制化，孝道也逐渐成为国家制度及上行下效的统治观念而不断被阐释与实践，其发展本身就是一个长时段的历史过程，各个时段的表现也存在着微妙的差别。新近出版的郑雅如《亲恩难报：唐代士人的孝道实践及其体制化》一书，就是通过考察士人阶层的具体实践来探讨唐代孝道史学内涵的专著。作者毕业于台湾大学，目前供职于"中研院"史语所。从硕士阶段开始，作者就关注魏晋南北朝时期的母子关系[1]，进入博士阶段，其研究视野下延至唐代士人的孝道文化[2]，但基本的关注点仍是制度与情感之间的关联。本书系其博士论文及近年研究成果的整合与修订，对于认识唐代孝道文化的丰富内涵具有显著启发意义，并为制度史、社会史与文化史的综合研究提供了有益借鉴。

全书共六章，除第一章绪论和第六章结论外，中间四章内容包含了事生送死的禄养、侍亲、服丧、归葬、追赠、追孝与追福的多种具体孝道实践。绪论介绍了全书的研究背景、学术史梳理以及研究方法和框架。

第二章"生养死哀"论述仕宦与事亲的连结，养亲、侍亲和送亲（服丧）这三个孝道实践都是由此而生发的。作者敏锐地发现"以禄养亲"是孝道文化下理所当然的入仕动力。受到国家选官和任官制度的约束，士人因常年的宦游状态还会陷入

---

[1] 郑雅如《情感与制度：魏晋时代的母子关系》，台北：台湾大学文史丛刊114，2001年；修改版收入《古代历史与文化研究辑刊》，台北：花木兰文化出版社，2009年。

[2] 郑雅如《唐代士人的孝道实践及其体制化》，台湾大学历史学研究所博士论文，2010年。

无法归侍亲人的境地。而三年丧制被纳入国制规范、居丧过礼引发批评的评价以及起复与孝德之间的紧张关系,在作者看来都是国家对于士人私家生活的深入检视,凸显了士人依违于仕宦与事亲难以兼顾的伦理困境,其面向更显复杂。

第三章"归葬先茔"讨论的是唐代士人归葬现象与孝道之间的连结。归葬在唐代是较为普遍的现象,相关讨论已不乏其人,然而此前研究并未深入探讨归葬现象背后的孝道文化[①]。作者则指出归葬这种"死后之孝"包含三个层面的伦理意义,分别为死后归侍地下、现世亲情投射以及生命归全返本,尤其注意到佛教徒依然希望死后归葬的要求。在对于士人家族归葬实践的审视中,我们看到即便家族墓地有转移与重建的情况发生,但归附先茔的观念及其践行依然根深蒂固。作者还归纳出情感伦理、经济、信仰、仕途和战乱等诸多因素对葬事迁延的影响,认为士人阶层深知仕途显达之际便是风光改葬之机,因此唐代士人对葬事的迁延并无过多批评。

第四章"追赠先世"探讨了"扬名显亲"作为中古封赠制度的核心价值观念,也是官员仕途成就与孝道实践的基础。作者详细梳理了汉唐之际封赠制度形成的过程,指出封赠本为皇家特权,到了北魏时期大量官员的先世受到追赠,直至唐代中宗以后,一套以官品职位为依据的大赦封赠制度才逐渐形成。对于士人私门而言,追赠先世不仅能够弥补孝养不及的遗憾,以达到"扬名显亲"的目的,同时还提升了葬事规格,带来了荫亲等实际利益。从国家角度来看,皇帝运用皇权帮助官员成就私门孝亲伦理,而官员也要代先人与私家报之以忠诚,这实质上反映的是以皇帝为中心的政治秩序将私家纳入其中,并缔结了新的忠孝关系。

第五章"追孝与追福"以祭祀与追荐两个核心主题,深入考察了唐代士人如何实现死后之孝的。唐代士人的祖先祭祀以家庙祭祀(含寝祭)和墓祭为主。学者已经对唐代家庙制度进行了充分研究,体察到了其身份、权利与等级之间复杂关系背后所蕴含的"移孝为忠"的观念和皇权对于官人"私家"的收编。作者立足前人研究,进一步强调了家庙制度运作中孝道实践与身份等级的连结,指出因家制宜的寝祭和影堂可能更贴合宦游士人的实际情况,墓祭也为唐代士人提供了更具延展性与包容性的追孝方式。相较于儒家祭祀体系,佛教追荐冥福的观念为唐代士人提供了报答亲恩的机会。尤其值得注意的是,佛教认为"报"才是真正尽孝的表现,这样的理念能抚慰孝子们亲恩未报之憾。

---

① 可参吴丽娱《孤立四十年后的怨家回归——从新出墓志看唐代官员的归葬问题》,《隋唐辽宋金元史论丛》第 4 辑,上海:上海古籍出版社,2014 年,第 7—32 页。

第六章结论部分对士人的孝道实践及行孝特质进行了概括。作者归纳指出："唐代的官僚体制、社会习俗、宗教文化皆参与了士人孝道的建构。"（第340页）总的来说，唐代国家体制规范了官员尽孝的行为，习俗也给葬亲和祭亲活动带来深刻影响，"亲恩难报"的焦虑一直环绕仕宦士人的左右，促使他们完成应尽的孝道实践。最后的余论还对全文讨论的若干细节问题进行了说明，并对未来的延伸讨论提出期许。

全书层次结构较为清楚，相较作者此前关于中古母子关系中人伦角色及人伦关系的关注，本书研究视野和深度均有显著提升，可视为作者在中古人伦关系与价值理念研究领域的延展。近年来，在国外与国内台湾地区兴起的新史学思潮，尤其是新社会史的研究越来越得到重视。其中，性别史与家庭史研究对唐代孝道文化的探讨起到了重要的推动作用。所谓新社会史，是指区别于以往狭隘的社会史研究，据杜正胜先生所言是"以过去历史研究所重视的政治制度、社会结构和生产方式为骨干，傅益着人的生活和心态，使历史学成为有骨有肉、有血有情的知识"[1]。传统的政治制度史是新社会史的基本骨架，在此基础之上整体且联系地去考量时人的生活与心态，才能使骨架丰满、活动起来，构成生动的历史图像。在笔者看来，本书正是杜氏所说的新社会史研究路径的延续。

就"孝"的主题研究而言，传统孝文化的研究从近代就已经开始，经历了新文化运动、新儒学复兴、新中国建立和改革开放等阶段，逐步构建起中国传统孝道文化的理论框架，但仍有诸多问题未能解决。唐代孝文化的讨论以牛志平《试论唐代的孝道》一文的发表为标志[2]，才得以充分展开，其后研究大体集中于孝道观及孝道文献的分析，尤其是孝治、《孝经》研究和"移孝为忠"等观念问题，总体来说，大而全，专而精，为我们揭示了唐代孝道文化的多个侧面[3]。但是，全面往往失于笼统，专精则易流于片面。这一方面是因为研究的积淀尚不够充分，主要侧重基础问题的讨论，另一方面则是问题意识的片面化，缺乏整体性与深入性把握的研究思路。作者集中关注唐代士人孝道实践与制度、社会文化相交涉互动的几个具体面向，用女性特有的细腻与理解力，对其一一进行了分析讨论。作者察觉到由于仕宦体制的变

---

[1] 杜正胜《从眉寿到长生：医疗文化与中国古代生命观》，台北：三民书局，2005年，第3页。
[2] 牛志平《试论唐代的孝道》，《晋阳学刊》1991年第1期，第22—27页。
[3] 学术史可参季庆阳《唐代孝文化研究》，陕西师范大学博士学位论文，2011年，第2—9页；另可参郑雅如《亲恩难报：唐代士人的孝道实践及其体制化》，台北：台湾大学出版中心，2014年，第14—21页。

动,唐代士人在养亲、侍亲、送亲、荣亲和报亲的一生孝道实践过程中所具有的特质,最终指出公家利用皇权对士人孝道实践的制度规范以及礼俗和佛教报恩观念的夹杂,在使士人多了几分"亲恩难报"的焦虑之外,也提供了缓解焦虑情绪的方式与机会。值得注意的是,本书虽然也论及"移孝为忠"观念下事亲与事忠的跨蹉,但作者似乎更着力于强调唐代士人由于种种原因无法践行孝道所产生的那种复杂焦虑心情。为了消解这些焦虑,唐代士人的孝道实践与国家制度及社会文化发生了种种交汇,从而共同塑造了唐代独特的孝道文化特色。

史料方面,本书主要利用的是墓志与唐人文集材料。一方面,本书的研究对象为唐代士人,墓志与文集皆是与之密切相关的一手史料;另一方面,墓志作为私密性文本,走的是任情路线,多有墓主或葬者对于父母子女间私情的描写[①],其中更是收录了大量士人对于亲恩的叙述。例如,本书第三章第二节的第一小节就根据现有墓志资料掌握了范阳卢氏正言房三十九人的卒葬信息,从而使我们能够更为生动且具体地了解到唐代士人归附意识和归葬行为中所蕴含的孝道实践,这在正史材料中是很难见到的。本书第四章第三节的第二小节中,大赦文、封赠制书和谢恩表共同构成了君臣之间关于追赠认识的互动论述,这些文本中书写下的字眼直观地体现了唐代君臣对于孝与忠关系的认识。概而言之,对同一类型墓志的集中考察弥补了正史材料缺乏私家生活记载方面的遗憾,生动地展现了时人的生活情状与情感;相关制敕与表状之间的联系及文本分析,亦有助于我们观察到公家与私家在某些观念上的共识。

方法论方面,本书堪称多视角综合研究的典范。"为了重建唐代士人身处的伦理情境,勾勒孝行实践与时代条件的连结",作者"在研究方法上采取多元、综合的取径,涵盖制度的梳理、个案的分析、集体心态的考察、信仰观念的剖析等,试图结合制度史、社会史、文化史的视角,建立更具有立体感、层次丰富的唐代孝文化图像"(第22页)。本书紧紧扣住隋唐仕宦制度变迁的大背景,每一章节对与论题相关的国家制度进行了长时间段的梳理,并在此基础上分析国家制度及社会风俗信仰对孝道实践的影响,以反映唐代士人的集体心态及孝道文化特质。孝道文化归根结底是一种人为建构起来的伦理观念,但是这套伦理观念必然要通过一些实践行为表现出来。这些实践行为的实行也无可避免地与国家制度和社会文化发生关系,因而要透过孝道实践观察孝道文化的肌理,制度史、社会史和文化史的视角是我们

---

① 参卢建荣《北魏唐宋死亡文化史》,台北:麦田出版社,2006年,第39—40页。

理应具备的。作者较早接触性别史的研究，对于社会史和文化史的理论较为清楚，而制度史更是史学研究者必备的基础，故而作者才能站在一定的理论高度，从政治、社会和文化等层面为唐代孝道文化编织出一个丰富多彩的图像。

具体而言，首先是研究对象的选取——唐代士人群体。有关唐代士人的史料相对比较丰富，材料基础较为坚实。在隋唐仕宦体制变革的宏观背景下，科举选官制的诞生和授官回避本籍规定的严格执行，都对唐代士人的生活行为方式产生了深刻影响。作为唐代社会的一份子，唐代士人不可避免地携带了当时社会文化观念的种种痕迹。更为关键的是，在效忠与事亲的抉择问题上，唐代士人所面临的困境更为艰难和复杂。故而，唐代士人是我们考察孝道实践在政治、社会和文化等层面交汇作用的理想研究对象。

其次是研究的策略——主要实践项目的并列讨论。本书中间四章的内容基本将事生到事死的相关制度规范与实践情形一一铺展开来逐个考察，这既"能掌握行动者的孝道实践与生命历程发展之间的互动"，"更能看出个别孝行在整体孝道文化中的位置，避免过度放大某一行为，并可比较孝道重心与实践方式如何移动，客观地衡量唐代孝道文化有何特色"（第22页）。本书各章所讨论的几个孝道实践虽然有同时发生的情况，但基本可以按时间先后顺序排列，这与唐代士人的生命历程是互动着并行前进的，对于我们全面而生动地把握唐代孝道文化的时代面向是极其有帮助的。针对每个孝行进行单章详论，在有利于深入探讨的同时，也使我们感受到这些孝道实践在唐代的广泛性与重要性，从而避免了对特殊孝行过度关注所带来的认知偏差。

最后则是细致的个案分析。甘怀真先生曾强调我们不该用理论框架为个案分析制造预设，而应从个案出发，着重在发掘个案中的事实，以显现中古时期历史事实的多元面向，以个案研究为基础来架构起大的理论框架才是合理而稳妥的[①]。本书因循的也是类似的做法，各章节均填充了丰富的个案研究，如崔祐甫家族的权殡案例等。作者通过对个案中历史信息细致而到位的分析，尤其注重揭露其中人物行为与国家制度及社会文化的互动联系，为我们呈现唐代孝道文化的各个面向。这种研究方法无疑使得本书的论证更加扎实可靠，令人信服其建构的历史画卷的真实性。特别值得注意的是，本书中有两处论述详细的个案均源于作者之前的研究成果：一是对于

---

① 甘怀真编《身份、文化与权力：士族研究新探》，台北：台湾大学出版中心，2012年，序第6页。

佛教徒韦契义墓志的考察，可参考作者早期的墓志考释①；二是关于"范阳卢氏大房正言系的归葬实践"，则源自作者之前对于唐代范阳卢氏大房宝素系的居住形态与迁移的考察②。这既展示了作者学术积累的深厚，也体现了前后研究连续的重要性。

总之，本书为我们深入体察唐代士人孝道实践的各个面向提供了一幅图卷，并对制度史、社会史和文化史相结合的新社会史研究理路作出了积极的探索，值得肯定。在此，笔者也想提出一些商榷意见。

首先是全书的谋篇布局，第二章部分小节似可作适当调整。本章核心内容在于养亲、侍亲和送亲，但是第一节中第三小节"钟鼎致养，以官荣亲"说的却是论述孝道实践与仕宦成就的密切结合，体现了"扬名显亲"的观念。而且封赠既可以针对生前死后，也可以并指追封追荣③，与第四章的内容关联更为紧密。尤其本节还提及子贵与否对于父母荣亲的差异，若置于第四章也可以更好地展开讨论。第一节的第四小节"宦游与侍养"则与第二节第三小节"带官侍养"论述的内容略有重复，毕竟宦游其实也是有官职在身，两部分还都提到了为了侍亲便利而改调近便的官职，故可考虑将其合并，集中进行讨论。第一节第六小节"仕与养之间的选择"和第七小节"禄养无成的士人"亦可考虑整合。作者所述禄养无成之人主要针对应举不第的士子，他们所承受的焦虑也正是在于仕与养之间的抉择，如果禄养无望也会放弃科举而归家侍养④，故而可以将其作为一类特殊人群涵盖入"仕与养之间的选择"。

第二是史料的解读。第88—89页对杜暹谥号的讨论，作者引用吴丽娱的观点，认为谥号所表现的伦理价值乃多数官员集体意识的呈现，而非皇帝个人专制而行的结果，杜暹终以"贞孝"定谥，显示朝臣并未赞同裴总以起复否定孝德的看法。然而，笔者却以为，既然太常已拟定谥号"贞肃"，则说明多数官员的集体意识实际上已经排除了杜暹"孝"的品质，引起的相关争论也并未扭转结果，只是后来杜家的陈诉申请惊动了玄宗，而杜暹生前深受玄宗器重，故玄宗下令重新研议才得以改定谥号。由此观之，可能如唐雯所言，谥号的改定"最终在其中起作用的仍是其生前的政治资源"⑤。皇帝在其中可能起到决定性作用。杜暹此例能否说明所论问题，笔者持有

---

① 郑雅如《〈韦契义墓志铭〉释读——兼论唐人的孝道意识》，《早期中国史研究》第1卷，2009年，第63—80页。
② 郑雅如《"中央化"之后——唐代范阳卢氏大房宝素系的居住形态与迁移》，《早期中国史研究》第2卷第2期，2010年，第1—65页。
③ 吴丽娱《终极之典：中古丧葬制度研究》，北京：中华书局，2012年，第822页。
④ 廖宜方《唐代的母子关系》，台北：稻香出版社，2009年，第287页。
⑤ 唐雯《盖棺论未定：唐代官员身后的形象制作》，《复旦学报（社会科学版）》2012年第1期，第89页。

疑议。

第282—283页，作者引用贞元九年（793）大赦制书更改庙制的例子，在注21中认为这反映了原本祔庙资格的限制正是不利于家庙相续的重要原因。该制书将原本对于祔庙资格中官品的限制更改为爵位的限制，这确实会对祔庙造成影响。然而，爵位毕竟只传给嫡子，这本身就很好地说明了家庙延续的核心在于嫡系香火的接续不断绝，官品的影响相较之下并不显著[1]，符合家庙的宗法制特征。而作者认为父祖没资格入祀家庙会导致后裔维持家庙祭祀的消极，但实际上，"宗庙者，先祖之尊貌也"[2]，家庙本身就是先祖的象征，对其祭祀以申孝思本就是对于父祖的尊崇。另外，韩休和王珪的家庙并未因后裔衰落而中断香火，尤其在贞元制书颁布前，王氏家庙就已经持续了一百六十一年之久。

第290页元稹"宗子"身份的解说，作者认为当时士人家祭多采兄终弟及的方式，不似家庙的嫡长相继，而且其时"宗子"之称可能与古代宗法观念相差甚远，其角色扮演与意义已大不相同。"宗子"亦即嫡子，古代通常以长为嫡，但嫡子却未必就是长子。如王珪死后由嫡子崇基袭爵，崇基死后，袭爵的却是其次子尚逸，而非长子体仁。因此，作者关于元稹"宗子"身份的解说尚需进一步细辨。

第294页作者参考江川式部的研究，认为玄宗开元二十年（732）敕文中"士庶有不合庙享"的士庶应是指支庶出身、没有祭祀权的官员及庶人。江川式部与作者强调的是宗子的祭祀权独享，但是根据第289页作者提到旁支可以陪祭方式参与，而且兄弟分官也可各祭于寝，所以这里强调没有祭祀权可能不甚准确，而且敕文的论述明确是"士庶"中"有不合庙享"，庙享当然是指家庙，故而这里的士庶或许还是指涉六品以下不能够立庙之官员与庶人。

在唐代佛教徒的论述中，作者认为，服丧作为一种孝道实践，其价值存在被贬低的倾向，时常被视为一种不完全的、消极的"孝"，并列举了大历年间萧升、中唐士女和武周时期李峤的例子（第328—329页）。尽管服丧作为儒家传统的孝道实践可能确实与佛教理念存在一定程度的格格不入，但在作者所举三例中，佛教徒仍肯定服丧的孝道价值，认为"此孝也"，属于"展孝思"，他们只是在此基础上进一步延伸，主张服丧"匪报也"和"不资神道"，着重强调佛教"报"的理念，弥

---

[1] 游自勇《礼展奉先之敬——唐代长安的私家庙祀》，《唐研究》第15卷，北京：北京大学出版社，2009年，第465—469页。
[2] 《通典》卷四七《天子宗庙》，北京：中华书局，1988年，第1298页。

补的是孝子心中的"伤痛与遗憾"（第332页）。由此可见，佛教徒并非贬低服丧的价值，而是对其内涵有更为深入的理解和诠释。

第三是研究对象范围的扩大化问题。作者对于士人的界定基本可以概括为"允文允武、以入仕作官为其业"（第3页）。其对于本书论题的意义，前文笔者已经给予肯定，但具体到部分内容的论述上，则存在研究范围扩大化的倾向，亦即部分并不符合定义的人群也被纳入论题的考量，这可能会混淆我们对于唐代士人孝道特质的认识。如全文多处涉及佛教徒和唐代女性的讨论，他们显然不属于士人的范畴，是某类比较特殊的群体。但作者没有明确交代这些群体与士人的关系，这就导致论述稍显枝蔓，不够集中。比如，本书论述女儿归葬本家是"不忘本"的表现，因女性存在本家与夫家归葬的选择区别，而士人不具备此特点。对士人来说，"返本"的生命观本就是理所当然的，无需用女儿归葬的例子来作佐证。另外，上文提及佛教对于"报"的强调，这也是佛教徒极力推广的，但是士人群体当中究竟有多少人接受了这种观念，仍需有更多细致的考察。第325页作者对梁肃写的一段议论的分析，指出梁肃所批评的对象极可能是站在儒家立场反对追福的士人，这就从侧面说明仍有一部分坚守儒家立场的士人未接受佛教"报"的理念。故此，关于追福的孝道实践在唐代士人中间到底有多大效力，仍有深挖之处。

最后是考察内容的全面性问题。"亲恩难报"是本书正式出版时所添加的主标题，博士论文无。这个标题的增设表明，作者在书中意图强调士人在仕宦与事亲之间的焦虑，这就很容易给人一种印象，仿佛整个唐代社会就是一个孝子遍布的时代，所有士人的一生都是处于强大的尽孝压力之下。但正所谓人各有志，有些士人对于仕途的向往压倒了尽孝的责任，有些士人一生仕途可能很是顺利，尽孝对他们而言并非难以承受之重。尤其对中下层官员而言，国家权力对私家的渗透并不深，他们可以禄养父母，根据给侍制度归侍，不会有被起复的压力，能够依据变礼祭拜父祖。至于两京地区的官员，更是可以免受宦游的压力，他们能够根据国家相关制度及社会风俗习惯，自主地选择更为适宜的方式践行孝道。作者在文中所举出的案例有些过于特殊，缺乏普遍性。比如，作者举出京兆尹于顿因母病请求归侍未被允许，进而认为国家给侍制度所能解决的伦理问题其实相当有限。但是根据李锦绣《试论唐代的给侍制度——儒家学说的具体实现》，国家给侍制度具有普遍性和完备性[①]。如

---

① 李锦绣《试论唐代的给侍制度——儒家学说的具体实现》，《学人》第1辑，南京：江苏文艺出版社，1991年，第396—416页；此据氏著《唐代制度史略论稿》，北京：中国政法大学出版社，1998年，第357—376页。

此，作者也失于全面性的考察，未能做到"立体感"与"层次丰富"。

本书总体上为我们进一步探讨唐代孝道文化提供了方向，而且各章节几乎都可再做纵向和横向的延伸。如归葬制度在宋代又是如何的面向可继续探讨，追赠文本中的孝道论述可再从文书传递或历史书写等角度另文申论，等等。

（原刊于《唐研究》第 20 卷，北京：北京大学出版社，2014 年，第 531—539 页。收入本书略有修订。）

附录二 丝路研究的继承与探索——《丝绸之路新探索：考古、文献与学术史》评介

"丝绸之路"一词，是1877年由德国地理学家李希霍芬提出，原用以指称从中国古代长安出发，经由中亚、西亚并通向欧洲的陆上交通贸易的道路。随着百余年学术研究的探索，以及"一带一路"倡议的提出，近年来"丝绸之路"的内涵及研究范围被不断拓展，相关的学术会议和研究论著更是层出不穷。2018年10月13日至15日，北京大学中国古代史研究中心与冯其庸学术馆联合举办的"北京大学丝绸之路文明高峰论坛"在江苏省无锡市冯其庸学术馆召开，此次会议的论文涵盖了丝绸之路相关研究的多个学科，充分展示了北大学人在相关领域的学术传统与诸多探索。2019年11月，该会议论文集由荣新江、朱玉麒二位先生担任主编，以《丝绸之路新探索：考古、文献与学术史》为题在凤凰出版社结集出版，为学界了解丝路相关研究的新材料、新动向和新成果等方面提供了便利。除序言外，这部论文集共收录了29篇论文及1篇会议综述。20余篇论文被划归为三组，分别对应副标题的"考古""文献"和"学术史"三大主题。

北京大学与丝绸之路的关系相当密切。二位主编在序言中简明扼要地介绍了2018年学术研讨会的主旨："希望继承北京大学的学术传统，在东西方文明交流的领域、在丝绸之路的多个方面做出新的探索。""继承与探索"正是本论文集的核心旨趣所在，只有结合近百年来北大史学群体在丝路研究学术史中的地位，我们才能更好地理解本论文集的学术价值所在。

第一个"继承与探索"在于重视实地考古调查，以及出土文物与传世文献的互证。对于丝绸之路的研究，仅停留于传世文献的讨论必定是不充分的。科学的实地考古调查与利用出土文书来印证史籍，对于丝绸之路的研究尤为重要。从东亚经中亚、

西亚直至欧洲，古人在这条丝路上留下的足迹与遗址，都是十分珍贵的研究材料。重走古人昔日开拓的丝路，我们才能切身见到、感受到和触碰到丝路文明的历史底蕴，并熟练地获取和运用相关材料来印证丝绸之路的历史发展。

  在论文集序言中，两位主编提及，早在1927年参加"中国西北科学考察团"的北大人就多达8位。此次西北考察团在中国西北考古和丝绸之路研究的学术史中占据十分重要的地位。作为中国学者首次参与的丝绸之路考察活动，它不仅开创了我国近代以来西北考古调查的先河，也开启了丝绸之路科学考古调查的新篇章，对后世丝绸之路的研究更是影响深远。如黄文弼先生当年就曾以北大国学门教师身份，跟随考察团对丝路上吐鲁番盆地及塔里木盆地等沿线，进行了细致的考古调查与发掘。随后为之撰写的考古报告与论著，不仅为后人重走丝路留下了宝贵的记录，还特别注重考古遗址与古籍记录的互证，解决了不少丝路研究中的重大问题，如高昌历史纪年和楼兰古国的历史等[1]。其后，多次西北考察活动也均有北大学者的参与，如向达先生就曾积极参与1943年的西北科学考察团，赴河西和敦煌等地进行考古调查活动，其在丝路文明研究方面的大作《唐代长安与西域文明》同样十分强调出土文物与传世史籍的相互印证[2]。这是北大学人学风一脉相承的体现。

  以黄文弼先生与向达先生为代表的西北考古调查与丝绸之路研究的先驱者们，为后人进行丝绸之路的探索树立了良好的榜样。相较于前辈学者，如今我们已能更加便捷地前往丝路古道进行考察与研究，甚至也不再局限于中国境内，中亚、西亚都有我们考察队伍的踪迹。就笔者目光所及，近年来北大丝路研究团队便时常会前往丝路沿线开展实地调查。如北大考古文博学院的林梅村先生几乎每年都会深入丝绸之路沿线古城进行实地考古调查，足迹涉及天山南北许多重要遗址。再如，2012年和2016年，在"马可·波罗研究计划"项目的支持下，荣新江、王一丹等人就曾在伊朗实地调查过马可·波罗当年经行的路线[3]。这些北大学者们的实地考察记录、所见遗迹和各类出土文物，都通过他们的研究论著与考察报告呈现在我们面前，不断更新着我们对于丝绸之路的认识。

---

[1] 黄文弼《西域史地考古论集》，北京：商务印书馆，2015年。
[2] 向达《唐代长安与西域文明》，北京：生活·读书·新知三联书店，1957年。
[3] 荣新江《沿着马可·波罗的足迹走访伊朗——2012年初考察纪要》，《国际汉学研究通讯》第5期，北京：北京大学出版社，2012年，第295—312页；王一丹《沿着马可·波罗的足迹走访伊朗（之二）——2016年10月考察纪要》，《国际汉学研究通讯》第15期，北京：北京大学出版社，2017年，第321—342页；此外还有林梅村先生在2012年发表的五篇伊朗考察记，此不赘述。

第二个"继承与探索"在于对新材料的整理与研究,以及新研究领域的开拓。"丝绸之路"虽以丝绸为名,但随着敦煌吐鲁番文书、考古出土材料的不断发现与整理研究,其内涵也在不断丰富。虽然彼得·弗兰科潘《丝绸之路:一部全新的世界史》将"丝绸之路"扩展为25种道路[①],但依然无法完全概括丝路的全部内涵,新的研究领域也在不断被学者们摸索与开拓。如前所言,早期丝路研究以黄文弼先生为代表的考古调查为开端,通过新发现的敦煌吐鲁番以及和田等地区的文书及遗址,不断开拓着丝路文明研究的新领域。如以冯承钧先生为代表的"民族文化交流史"、以张星烺为代表的"中西交通史"、以向达先生为代表的"敦煌学"以及以季羡林先生为代表的"印度学",都对丝路文明的研究具有重要开创意义[②]。诸位前辈学者的开拓性贡献,不仅极大地夯实了丝绸之路研究的基础,也对当今学界的研究方向与风气有着深远影响。

如今,在这些前人研究基础上,北大学人及相关学界同仁双向并进,一方面致力于搜集与整理新发现的文献与材料,另一方面则积极运用新见材料来开拓新的研究领域。首先,在新见文书的整理与研究方面,有旅顺博物馆、北大中国古代史研究中心、人大国学院合作项目"旅顺博物馆藏新疆出土汉文文书整理与研究"。旅顺博物馆收藏有一批当年大谷光瑞遗留下来的新疆出土文书,该项目组耗时数年对这批文书进行了细致整理与研究,已在《文史》《文献》等重要期刊发表了不少重要研究成果,即将出版的图录解题本将进一步丰富吐鲁番学研究所能利用的材料[③],也会极大增进我们对于高昌国至唐时期丝绸之路文化交流的认识。此外,北大外国语学院段晴教授领衔主持的"新疆丝路南道所遗存非汉语文书释读与研究"重大项目,则联合新疆文物考古研究所、新疆博物馆,对楼兰、鄯善地区考古发掘所得的佉卢文书进行释读,并对新出土的于阗语及其他胡语文书作综合研究。该项目将有力推动丝绸之路南道的相关研究,特别是对佉卢语、于阗语及其他胡语的释读,也会为学界提供更便于利用的文献材料。其次,新研究领域的拓展,如张广达先生对于西域史地的探索、荣新江先生对于粟特的研究、朱玉麒先生对于清代西北边疆史的讨论、余欣先生对于"博物学"的探索,以及外国语学院诸位老师对于梵文、巴利文等语

---

① 彼得·弗兰科潘著,邵旭东、孙芳译,徐文堪审校《丝绸之路:一部全新的世界史》,杭州:浙江大学出版社,2016年。
② 李明伟《丝绸之路研究百年历史回顾》,《西北民族研究》2005年第2期,第90—106页。
③ 目前图录解题本已正式出版,即王振芬、孟宪实、荣新江主编《旅顺博物馆藏新疆出土汉文文献》(全35册),北京:中华书局,2020年。

言学的解读，都不同程度地拓宽了丝绸之路的研究领域，使学界更加深入地感受到丝路文明的丰富历史与文化。

第三个"继承与探索"在于多学科研究团队的培养、建设与合作，这也是北大史学群体对丝绸之路研究做出的最大贡献。上文已提到丝绸之路沿线遗址与出土文物众多，文化内涵相当丰富，短时间内只依靠单门学科很难做出极富创见的研究成果。北大在蔡元培先生任校长时就十分注重现代教育和学科设置，不拘一格引进各方面人才。这也使得北大在多学科人才的培养、多学科团队的建设和多学科学者的合作等方面，一直都对丝路研究贡献巨大。如早期北大专门聘请俄国学者钢和泰先生教授梵文及古印度史，胡适先生常常亲自为其担任翻译，陈寅恪先生也时常与其进行学习交流。其后北大历史系有向达和周一良等诸位先生专攻中外交通史和敦煌学，东方学系则有季羡林和金克木先生教授梵文与巴利文。两系的研究方向虽各有侧重，但也会互相进行交流与合作，以培养综合性的学术人才并编撰出推动丝路研究的学术成果。例如季羡林先生主持的"西域研究读书班"就培养和汇集了不同学科的优秀学者，如今依旧在北大从事教学研究的就有中古史中心的荣新江、外国语学院的段晴和考古文博学院的林梅村等诸位学界知名学者[①]。此外，玄奘的《大唐西域记》是研究唐代丝绸之路交通与文化交流的重要典籍，但中国学界在20世纪80年代以前一直没有整体性的研究成果。在中华书局的组织下，由季羡林先生担任总编，带领诸位学者花费数年努力于1985年出版了63万字的《大唐西域记校注》[②]。历史系的张广达先生和当时在南亚研究所的蒋忠新、王邦维先生都参与其中。而如我们所知，这几位先生的重要研究都从不同方面推进了丝绸之路的探索。因此，北大史学群体之所以在丝绸之路的学术研究中如此之活跃，与其多学科的培养、建设与合作密不可分。

现在北大学科的发展越来越精细化，研究丝绸之路的学者也分散于考古文博学院、中国中古史中心和外国语学院等院系，但凭借着丝绸之路的纽带，北大内部多学科之间依然保持良好的合作关系。同时，各学科培养出的优秀学者也广泛分布于学界各大高校与科研机构，这也使得北大与外校多学科之间的合作也日益紧密。最为突出的就是荣新江等北大老师主持的"马可·波罗读书班"。该读书班以重新为《马

---

① 荣新江《季羡林先生领导的"西域研究读书班"侧记》，《人格的魅力：名人学者谈季羡林》，延边：延边大学出版社，1996年，第241—245页。
② 王邦维《北京大学的印度学研究：八十年的回顾》，《北京大学学报（哲学社会科学版）》1992年第2期，第98—104页。

可·波罗行纪》翻译与作注为目的,集合了北大和北京地区部分研究中外关系史、蒙元史和伊朗学的不同学科的专家学者、研究生,定期在北大进行研读与翻译,并且还与国外研究机构合作,利用各种机会与不同学科学者进行学术交流并前往伊朗等国实地考察[①]。《马可·波罗行纪》作为元代欧洲人往来中国与意大利的重要旅行记录,对于陆上丝绸之路和海上丝绸之路的研究均有极为重要的史料价值,但目前国内一直都只能使用1936年冯承钧先生的译本。北大组织这个读书班,其实是集培养、研究与合作等多个目的在内的共同学习体,这大概也是继承了当年季羡林先生组织的"西域研究读书班"的传统。该读书班最终的研究与翻译成果也将是中国学界另一部"《大唐西域记校注》",在丝路研究中占据相当重要的位置。

以上是北大史学群体在丝绸之路研究中继承的传统以及新的探索,同时也是北大近百年来对于丝绸之路研究作出的杰出贡献。本论文集所收录的29篇论文,也正是这些"继承与探索"的最新注脚。以下将结合具体论文进行简要评论。

论文集第一组8篇论文以"汉唐之间丝绸之路与相关问题"为题,集中了诸位学者对于丝绸之路的实地考察以及相关出土文物的研究。张德芳《丝绸之路上的丝绸——以河西出土实物和汉简为中心》与霍巍《汉晋时代西藏西部的"酋豪"及其与丝绸之路的开拓》主要是利用考古材料对汉晋时期丝绸之路开辟与发展的情况作了讨论。荣新江先生此前曾通过敦煌吐鲁番文书来证明"丝绸之路"确实是一条"丝绸"的道路[②],张文则从考古文物与简帛史籍互证的视角,充分结合丝绸之路出土的丝绸实物以及汉简帛书记载,明确指出两汉时期的河西走廊曾往来大量丝绸,并且这些丝织品大多来源于齐鲁与中原。由此再次确证两汉时期的河西走廊有大量丝织品流通,为"丝绸之路"的名实提供了有力的证据。霍巍先生一直致力于西藏地区的考古与历史研究,其论文利用近年来西藏西部地区的考古工作成果,指出汉晋时期西藏西部已存在一条"高原丝绸之路",连接了羊同地区与陆上丝路,而这条高原丝路的开辟与羊同"酋豪"有着密切关系。

孟宪实《论唐代敦煌与伊州的交通》与徐媛媛《唐通渤海之路——以唐鸿胪井刻石为中心》两文则分别利用敦煌吐鲁番文书和唐鸿胪井刻石,一西一东,对相关丝路交通问题进行了新的讨论。敦煌与伊州之间的交通在传世史料中记载无多,严

---

① 荣新江《沿着马可·波罗的足迹走访伊朗——2012年初考察纪要》,第295—312页;王一丹《沿着马可·波罗的足迹走访伊朗(之二)——2016年10月考察纪要》,第321—342页。
② 荣新江《丝绸之路就是一条"丝绸"之路》,赵丰主编《丝绸之路:起源、传播与交流》,杭州:浙江大学出版社,2015年,第2—8页。

耕望先生的《唐代交通图考》与陈国灿先生的《唐五代敦煌四出道路考》都曾对两地之间交通作过讨论，而孟文结合敦煌吐鲁番文书对敦煌与伊州之间往来道路的形成与变迁进行梳理，还以《唐总章二年（669）八月九月传马坊牒案卷》为例讨论了敦煌与伊州之间的交通运输，并指出这些长途运输对于民众的负担相当沉重。徐文则介绍了原立于辽宁旅顺的唐鸿胪井碑的相关情况，并结合史籍对当年崔忻出使渤海国以及渤海朝贡的路线进行分析，再次强调了东北亚丝绸之路的重要性。

胡兴军《安西四镇之于阗镇防体制考》与刘子凡《丝绸之路上的弓月城与弓月道》都是两位学者通过实地考察并结合相关文献记载所作出的考证成果。胡兴军先生任职于新疆文物考古研究所，经常参与新疆地区各类遗址的调查与考察工作，对如今和田地区遗址情况相当了解，文章首先详细介绍了该所对和田地区现存遗址的考古调查情况，随后通过文献记载对唐代于阗地区镇防的分布和路线进行印证。刘子凡先生则借2012年随新疆考古所赴伊犁考察的机会，实地踏上了进入伊犁的古代交通道路。由此，刘文通过实地探查与各种文献的相互考证，明确唐代弓月城应位于今伊犁伊宁县附近的吐鲁番于孜古城，并对丝绸之路上弓月道的交通路线进行了辨析，指出丝路变迁对于古代城市发展的重要影响。

姚崇新《略论宗教图像母题之间的借鉴问题》与沈睿文《吐峪沟所见纳骨器的宗教属性》则是对丝绸之路上宗教信仰的传播问题进行了重新辨析。丝绸之路也是各种宗教汇聚与往来交流的地方，不同宗教在交流碰撞时往往会相互借鉴以促进自身教义的传播。姚文通过对丝路上多种宗教图像母题之间借鉴情况的详尽梳理，将宗教图像之间的借鉴做法归纳为"加上""置换"和"通盘模仿"三类，并指出图像吸收者的宗教性质并不会被被吸收者所改变。姚文的归纳与发现无疑是十分有见地的，也很好地解释了各类宗教在传播过程虽然会互相借鉴，但自身宗教性质依然会保持不变的原因所在。沈文则是对吐峪沟出土两件陶棺的宗教属性提出了质疑，认为这两件陶棺并不能如影山悦子所论将其视为祆教葬具。而通过对敦煌壁画与《隋书·石国传》的辨析，并结合伯希和在新疆、敦煌佛寺发现的陶棺，沈文将这些"纳骨器"视为佛教僧侣林葬用具，观点独到，令人信服。

该组8篇文章分别讨论了丝绸之路早期的开辟与发展、交通路线的调查与考证以及宗教信仰的借鉴与传播等课题，涉及多个学科领域，包括考古学、历史地理学，以及艺术史和敦煌吐鲁番学等。文章中相关问题的提出、讨论与解决均基于实地调查、考古文物、出土文书以及传世文献的相互印证。在丝绸之路的研究当中，不同学科之间的相互借鉴、不同材料之间的相互运用，如同姚崇新先生所论宗教图像母题那样，并不会改变某学科或某研究的性质，反而能很好地推动该学科或该研究在丝绸之路的探索中解决更多的问题。

第二组以"陆海丝绸之路上的典籍与文书"为名，共15篇解读陆海丝路上流传的各类典籍与文书的论文，其中尤以新发现的于阗文、波斯文以及古梵文、巴利文写本的译读最为引人瞩目。如段晴、侯世新和李达《于阗伏阇雄时代的两件契约》和王一丹《巴达赫尚的红宝石》分别讨论于阗语案牍和波斯语文献，前者增进了我们对于于阗国社会体系运营情况的了解，后者则阐明了巴达赫尚红宝石传入中国的过程。北大段晴先生一直致力于古于阗语的研究，侯世新与李达先生分别供职于四川博物馆与新疆博物馆，论文中所刊布的两件于阗语案牍则收藏于新疆博物馆。此次三位学者的合作，既是不同学科的交流结晶，也是不同研究单位的合作成果，文章不仅对于阗语词汇与语法的释读有重大推进，同时也为学界研究于阗国社会面貌提供了可靠的新材料。王一丹先生则精通波斯语，其论文虽然只是讨论了马可·波罗记载中的巴达赫尚红宝石，却是以小见大，通过大量波斯语和阿拉伯语文献的解读，展示了物质文化如何通过丝绸之路在中亚与中国之间进行传播。

除于阗语和波斯语之外，古梵文与巴利文在丝绸之路的研究中也占据重要地位，尤其与佛教典籍的传入与翻译息息相关。本组共有6篇文章关涉到这两种语言的研究，基本是佛典译本的比较。如北大萨尔吉与西藏社会科学院欧珠次仁二位先生合作的《〈海龙王所问经〉诸本研究》比较了该经梵文贝叶经写本、敦煌藏文写本及传世汉、藏译本的异同，肯定了梵文本的价值。《宝鬘论颂》历来为藏传佛教所重视，普仓《西藏发现的〈宝鬘论颂〉梵文写本及其译本》则介绍了新近在西藏发现的该经梵文写本的史料价值，并结合藏文译本与梵文注释本对该经译本谱系进行充分讨论。佛教重要经典在流传过程中往往会出现多种译本，而重译本与前译本之间的关系，是近年来佛经翻译研究领域内讨论较为热烈的问题。王继红《〈金刚经〉重译的同化与异化之别》从《金刚经》梵文原典出发，仔细比较了鸠摩罗什译本与菩提流支重译本之间的异同，指出鸠摩罗什本是明显的归化翻译，采取了汉文语境的表达方式，而菩提流支重译本则是明显的异化翻译，尊重原典语境的特征，而这也是两次译经时不同历史背景所造成的结果。北大范晶晶与西安博物院李超合作的《西安博物院藏不动明王咒石释读》对西安博物院收藏的一件悉昙体梵语咒文石碑进行了初步释读，发现该石碑所刻梵语咒文可能是不动明王的曼荼罗坛场，用来除障与保护。这一重要梵语咒文石刻的发现与解读将有助于我们拓展对唐代不动明王信仰的认识。此外，佛教传法有南北之分，其中北传佛教以汉文译经为主，南传佛教则以巴利文经典为主。悟陈如称《缅甸收藏的巴利文写本》介绍了法胜三藏项目（DTP）中缅甸巴利文佛经写本的基本情况，为学界研究南传佛教提供了新的材料，可惜内容还是稍显简略，让人意犹未尽。而萧贞贞《佛教〈大缘经〉中人类诞生因缘的研究》则将《大缘经》的南传巴利文《长部》写本与北传汉译《长阿含经》本中人类诞生因缘部分作了详尽对勘，指出相较于汉译本，巴利文写本记载更为准确。该文虽然只是对一部佛经的文献学研究，但其重要的启发在于提示我们应更加重视南北佛教经典之间的比较，通过不同翻译版本的对比，我们也许能更接近原始的佛教。

敦煌吐鲁番学已然成为世界显学，相关文书的发现与讨论更是极大地推动了丝绸之路的研究。墓田是古代先亡亲人最后归宿所在，相比宋代丰富的传世文献记载，唐代墓田的相关材料难得一见。游自勇《"沙州龙神力亡兄墓田争讼案卷"再探——兼论敦煌文献中的"墓田"》对敦煌文书中"沙州龙神力亡兄墓田争讼案卷"进行了重新校录与研究，指出敦煌地区民众对于墓田的保护以及官方的重视，由此我们也可进一步了解死后世界的想象对于敦煌地方社会建构的重要性。毛秋瑾《丝绸之路汉文书法研究综述》从书法史的角度重新梳理了丝绸之路汉文书法的资料与研究成果，最后呼吁未来书法史研究可以置于其他学科的视野之下，积极探索更广阔的研究路径。武海龙《吐峪沟新出汉文佛典过眼录》则为学界介绍了近年来吐鲁番出土的汉文佛典，并讨论了其中的"高夫人写经题记"，推测高夫人可能是高昌义和政变到重光复辟时高宝的夫人。这一发现将进一步丰富高昌晚期政治史的研究，值得关注。此外，因福建霞浦文书的发现，摩尼教的相关研究也日益丰富。马小鹤《从死海古卷到明教文书——摩尼教"十天王"与"四天王"综考》与汪娟《从敦煌礼忏到霞浦科册〈摩尼光佛〉的仪节析论》都是利用霞浦文书对摩尼教传播问题进行的讨论。马文详细讨论了大力士故事随着宗教文明自西向东传播的路径，尤其是对该故事从死海古卷到吐鲁番伊朗语《大力士经》，再到霞浦文书、屏南文书过程的梳理，尤为精彩，可视为宗教传播研究的典范。而汪文则利用敦煌礼忏对霞浦科册《摩尼光佛》仪节进行了分析，认为《摩尼光佛》应属摩尼教礼忏（赞愿）文集，是将礼忏文集的内容化繁为简，并推测科册雏形可能在唐代就已成立。这就为学界进一步了解霞浦文书的性质及文本成型年代上限提供了参考。

日本自隋唐以后与中国往来交流更加频繁，也是海上丝绸之路研究需要着重关注的国家，该国所保存的相关典籍也应得到充分重视。尊经阁所藏九卷残钞本《天地瑞祥志》为仅见于日本的唐代佚籍，为我们研究唐代的瑞应图籍提供了宝贵材料。余欣《符应图书的知识谱系——敦煌文献与日本写本的综合研究》利用该书与史志著录，兼及敦煌本《瑞应图》和《白泽精怪图》，试图重绘中古符应图书的成立过程与"知识—信仰—制度"结构。该文其实可视为多年前余欣先生关于《汉书》传播与影响研究的姊妹篇[1]，是其建构知识社会史体系的重要成果之一，期待未来余欣先生有更具方法论意义的著作出现。《大唐西域记》作为唐代玄奘所撰游历行记，在日本也有广泛流传。史睿《〈西域记〉泛海东瀛考——以最澄〈显戒论〉为中心》结合日本古文书的相关记载，以入唐僧最澄《显戒论》为中心，梳理了《西域记》在日本传承的过程，也为我们揭示了最澄利用《西域记》的记载来改革日本僧团戒律的目的。这其实提示我们不应只将《大唐西域记》视为佛教行记，它作为得自丝绸之路的知识文本也曾东传至日本并发挥了重要作用。

陆海丝路，贯穿欧亚大陆，历史上与之产生文化联系的国家、宗教等更是多若繁星。于阗语和梵巴文的研究虽然略显小众，但对于丝绸之路的研究，尤其是新见相关语言文书的释读而言，具有解答以往忽视或难以解决的重大问题的特殊价值。尤其在丝绸之路南道沿线的交通与文明的研究，以及回应佛教等其他宗教传入中国的历史等问题方面，这些小众但重要语言的释读都具有相当关键的工具书式的作用。敦煌吐鲁番文书的讨论也由此开启新的研究方向。而日本尽管在早期丝路研究中一度处于被忽略的状态，但作为丝路上长安以东沿线交通的重要节点，丝路文化依然在当地留下了诸多重要的痕迹并产生了深远影响。这些新的研究对象、工具和方向都离不开出土文书与传世典籍的参读，也离不开语言学、历史学等多学科的相互合作，本组论文正是这些相关研究成果的综合体现。

第三组"丝绸之路的考察与记录"共6篇论文，虽以考察与记录为名，实则是对丝绸之路早期探险史的梳理与研究。早期各国西域探险队在中国西部与中亚等地的探险开启了丝绸之路的研究，如今百余年已过去，相关学术史的梳理与研究理应得到重视。特别是早期探险史的揭示，不仅能帮助我们正确认识与了解丝绸之路研究的发展过程，也有助于我们更好传承与发扬前辈学者优良的探索精神。

丝绸之路的研究虽以李希霍芬为开端，但是清代对于西北边疆的经营仍可视为丝路探索的前史。吴华锋《清代西域题壁诗研究》通过梳理清朝平定西域后大量文人所作的题壁诗，再现了清代文人对于西北地区的探索足迹与心态变化。清朝平复西域叛乱，重新将丝绸之路收入囊中，而其后文人在该地区游历的记录，对于了解

---

[1] 余欣《写本时代知识社会史研究——以出土文献所见〈汉书〉之传播与影响为例》，《唐研究》第13卷，北京：北京大学出版社，2007年，第463—504页。

近代丝绸之路的交通具有启发意义。祥麟作为清末重要的西北边疆之臣，却未在史传中留下传记。朱玉麒《散藏海内外的祥麟西北日记》细心搜集散藏在世界各地的祥麟所撰西北日记，不仅丰富了我们对于祥麟其人的了解，也对清末西北边疆管理与交通路线的研究提供了新的史料。未来也更加期待朱玉麒先生对于相关日记的细致研究。

清末民国初，各国探险队进入丝绸之路进行"探宝"，开启了近代丝路研究的热潮，也获得了不少重要文物与文书。荣新江《丝路考古探险与丝路研究》详细梳理了19世纪末20世纪初西域考古探险时代的情况，肯定了这一时期对于如今丝路研究的重大意义。王冀青《法国碑铭学院保宁中亚考察队研究》则向学界介绍了法国碑铭学院所赞助的保宁中亚考察队的相关情况。在此之前，保宁及其考察队并未被学界所关注，其考察经过及所获文物的相关信息也都不被我们所了解。王文所论极大地填补了西域考古探险的历史。高田时雄《〈新疆大发掘（第三回报告）〉与内藤湖南》介绍了日本关西大学图书馆内藤文库所藏橘瑞超《新疆发掘记》及其与内藤湖南的关系。橘瑞超作为日本大谷探险队的重要成员，其参与第二次探险的记录一直未见发表。高田先生的这一重大发现对于大谷探险队的研究具有重要意义。柴剑虹《以真性情抒写丝路之魂——重读冯其庸先生〈瀚海劫尘·自叙〉感言》回顾了冯其庸先生关于西域的相关作品，高度评价了冯先生对于丝路研究的重大贡献。

以上是本论文集核心旨趣与全部内容的简要评述。此外，由于本论文集并未收录当时全部参会论文，最后所附刘子凡《"北京大学丝绸之路文明高峰论坛"综述》对当时参会论文都有详细介绍，所以仍值得大家翻阅。通览完全本论文集，笔者受益良多，既叹服于诸位学者的研究功底与学术眼光，也深感丝绸之路的研究仍有许多发展的空间。同时，概观整本论文集所收论文，仍有些许问题需简单谈谈，可能会有吹毛求疵之嫌。一是整本论文集基本都只是关于陆上丝绸之路的研究，而海上丝绸之路作为丝路研究中的重要组成部分，论文集中只有徐媛媛、余欣与史睿三位先生的论文与之相关，殊难完全展现当前学界对于丝路研究的全面成果与整体面貌；二是佛教经典的相关研究在本论文集中占据相当篇幅，显现出语言学与宗教学在丝路研究当中的重要作用，但地区政治文明、世俗商贸往来与物质文化交流也是丝路研究的重要内容，而这些方面的研究在本论文集中未能充分体现；三是本论文集有些论文属于介绍性的研究，仍有许多重要的细节问题未能完全展开，为我们留下了进一步讨论的余地。

总之，本论文集是当前北大多学科团体对丝路研究"继承与探索"的最佳注脚。

纵观北大史学群体在丝绸之路学术史上的贡献，优良传统的继承与创新研究的探索，都不断推动丝路研究的发展。尤其在信息发达、资料丰富、学术交流便捷的当下，出土文物与传世史籍的相互印证已然成为学者们的共识，多学科团队的培养、构建与合作也为学界源源不断输送优秀的人才，新的研究成果亦在不断继承与探索的步伐中自然而然地被催发出来。

在国家提出"一带一路"倡议的背景下，北大积极响应并紧跟步伐以推动丝路研究的进步。如北大倡议的"'海上丝绸之路与郑和下西洋'及其沿线地区的历史和文化研究项目"和"丝路重大考古发掘与丝路文明传承研究项目"，分别从陆海两方面发力丝路的相关研究。此外，作为以人文与社会科学基础学科为主、推动跨学科交叉研究并促进国际交流合作的实体学术机构，北大人文社会科学研究院（文研院）时常会组织不同国家、不同科研机构和不同学科的学者开展广泛学术交流，丝绸之路的相关研究亦为文研院所重视并时常论及。如上文提到的北大"马可·波罗读书班"及相关项目，都是直接关涉到丝路的研究。展望未来，笔者期待北大的丝路研究团队能为学界贡献更多优质的研究成果。

（原刊于《隋唐辽宋金元史论丛》第10辑，上海：上海古籍出版社，2020年，第143—152页。收入本书又略有修订。此外，文中提及的北京大学外国语学院段晴教授于2022年病逝，谨此以表怀念之情！）

附录三　吐鲁番文献整理与研究的阶段性成果
——《吐鲁番出土文献散录》评介

与敦煌文献集中出土于藏经洞不同，20世纪初各国以探险名义进入中亚和中国新疆等地区大肆挖掘古遗址和墓葬后，吐鲁番文献才得以大量现世。这些吐鲁番文献作为古代西域地区政治、经济、文化和宗教等各方面重要的一手材料，在不同层面都能帮助我们更加细致地了解古代西域地区的历史与文化。不过，当初的探险活动往往采取比较野蛮的"挖宝"方式，基本未留下科学严谨且实用的考古报告，这也造成部分探险队所获吐鲁番文献的出土情况并不明确。此外，挖宝所得的吐鲁番文献大多是较为零碎的纸片，百年来世事变迁，这些文献或被转手，或被束之高阁，有的甚至连踪影都已无从寻觅。我们想要完全厘清所有吐鲁番文献的出土与流散情况实际已无可能，但对于散藏吐鲁番文献进行调查、整理与研究等工作，仍具有十分重要的学术意义。

此前大宗吐鲁番文献的整理成果有唐长孺主编《吐鲁番出土文书》[1]、小田义久主编《大谷文书集成》[2]、柳洪亮著《新出吐鲁番文书及其研究》[3]、陈国灿和刘永增编《日本宁乐美术馆藏吐鲁番文书》[4]、杨文和主编《中国历史博物馆藏法书大观》第十一卷等[5]。近些年来，还有荣新江、李肖、孟宪实主编的《新获吐鲁番出土文献》

---

[1] 唐长孺主编《吐鲁番出土文书》（录文本），北京：文物出版社，1981—1991年；《吐鲁番出土文书》（图录本），北京：文物出版社，1992—1996年。
[2] 小田义久主编《大谷文书集成》，京都：法藏馆，1984—2010年。
[3] 柳洪亮《新出吐鲁番文书及其研究》，乌鲁木齐：新疆人民出版社，1997年。
[4] 陈国灿、刘永增编《日本宁乐美术馆藏吐鲁番文书》，北京：文物出版社，1997年。
[5] 杨文和主编《中国历史博物馆藏法书大观》第11卷，京都：柳原书店、上海：上海教育出版社，1999年。

和王振芬、孟宪实、荣新江主编的《旅顺博物馆藏新疆出土汉文文献》等[①]。此外，一些私人旧藏的吐鲁番文献也有公布，如《台东区立书道博物馆所藏中村不折旧藏禹域墨书集成》[②]等。虽然这些正式整理公布的吐鲁番文献可能已占所有文献的十之八九，其中不乏许多重要发现与范例之作，但实际上仍有许多散布于世界各地的零碎的吐鲁番文献有待被调查、搜集、整理与研究。荣新江、史睿二位先生主编的《吐鲁番出土文献散录》（以下简称《散录》）[③]，便是将这些吉光片羽汇编成册，无论是从实用性还是专业性上，都将极大地便利于学界了解与使用这些散藏于世界各地的吐鲁番文献。

《散录》共上下两册，分为典籍编与文书编。其中，典籍编以经史子集分类，但将字书、道经和佛经题记单列。本书虽未以收藏地分类著录，但整理者已在前言中简明扼要地介绍了书中收录的吐鲁番文献收藏地的调查、整理与研究等情况，读者足以藉此了解当前世界各地散藏吐鲁番文献的渊源以及各个机构目前的收藏情况。正文部分，整理者会在起首尽可能给每件文献一个准确的定名，随后附上该文献相关解题以及参考文献，并按照文献原格式进行释文著录。若数件文献可以缀合或为同一写本，则会将其放在一起著录。书后还附详细索引，以便读者检索所需。

本书的体例编排与《新获吐鲁番出土文献》（以下简称《新获》）一脉相承。根据整理者自序可知，《散录》实则是《新获》的副产品，两书参与整理工作的成员也有很大部分是重合的，所以两书编排颇为相似，也就不足为奇。如两书整理主体都以"文献"命名而非"文书"，郝春文先生曾指出"严格说来，把这些在古代已经成书的典籍称为'文书'是不准确的，但'文献'就可以涵盖世俗文书和典籍等两个部类，当然也可以涵盖王素先生所说的墓志之类"[④]。《散录》之所以将全书分为典籍编与文书编，再以"文献"加以统摄，其缘由应当也源于此。同时，两书正文体例的编排也有诸多好处，既能够向读者直观和准确地呈现每件文献的具体面貌及相关研究，使之不至于陷入重复劳动的窠臼，也能让读者自行按图索骥翻找前人著录与研究成果进行核对，直接利用该书的著录展开深入研究。此外，《新获》大体遵循唐长孺先生所编《吐鲁番出土文书》的体例与范式（《新获》，第15页），

---

① 荣新江、李肖、孟宪实主编《新获吐鲁番出土文献》，北京：中华书局，2008年；王振芬、孟宪实、荣新江主编《旅顺博物馆藏新疆出土汉文文献》，北京：中华书局，2020年。
② 矶部彰编《台东区立书道博物馆所藏中村不折旧藏禹域墨书集成》，东京：二玄社，2005年。
③ 荣新江、史睿主编《吐鲁番出土文献散录》，北京：中华书局，2021年。
④ 郝春文《〈新获吐鲁番出土文献〉读后》，《敦煌研究》2009年第1期，第113页。

《散录》则在《新获》的基础上又有所继承与发展。这不仅再次强化了唐先生所树立的吐鲁番文献整理范式,也能更好地将这些散藏的吐鲁番文献纳入学界数十年来吐鲁番文献的整理与研究的学术理路当中。

除全书体例之外,《散录》的主要内容围绕"散"而展开。相比大宗的吐鲁番文献整理成果,《散录》所著录的吐鲁番文献散布于世界各地不同机构,最初的材料调查与收集就显得尤为重要。吐鲁番文献的出土地与收藏地都比较复杂与分散,这些散藏于世界各地的小宗吐鲁番文献虽都出自中国西北,但是具体出土地则分布于吐鲁番盆地大大小小不同的遗址或墓地,挖掘者、经手者和保存者更是不尽相同,细碎化情况十分严重。很多吐鲁番文献如果不实地深入搜寻甚至都很难为学界所知,只能成为"透明的宝藏"。由此,想要弄清已知吐鲁番文献的出土地、收藏地与数量,就需要进行大量的调查工作。虽然早年国外学者已在日本及欧美等地调查和收集散藏的敦煌吐鲁番文献,如马伯乐和藤枝晃等都曾整理过部分较为集中的小宗吐鲁番文献[1],但由于诸多条件的限制,当时被公开的散藏吐鲁番文献的体量并不大,仍留下许多有待调查与整理的工作。

作为编者历经多年在全世界范围内实地调查与搜集的碎片化"宝藏",《散录》所汇集的散藏吐鲁番文献,首先在藏品收藏地数量与时间耗费等方面就已远超之前诸多调查成果。序言中,编者称该书汇编发端于 2005 年,但实际上该书所有材料的调查与收集从 1984 年就已经开始。1984 年,主编之一的荣新江先生前往荷兰莱顿大学师从著名汉学家许理和教授访学时,就"以访查敦煌、吐鲁番文献残卷为己任"(序),由此开启了他周游世界各国调查和收集散藏的吐鲁番文献的旅程,持续时间长达 30 余年。在这 30 余年间,几乎全世界范围内所有熟知或不为人知的地方与机构,只要收藏有敦煌吐鲁番文献,不管数量多少,荣氏都竭尽所能地寻找机会前往调查、搜寻与抄录。关于调查与收集的过程,荣氏此前发表和出版过《欧洲所藏西域出土文献闻见录》《海外敦煌吐鲁番文献知见录》《欧美所藏吐鲁番出土汉文文献:研究现状与评介》《吐鲁番文书总目(欧美收藏卷)》《中国散藏吐鲁番文献知见录》《日

---

[1] Henri Maspero, *Les Documents chinois de la Troisième Expédition de Sir Aurel Stein en Asie Centrale*, London: The Trustees of the British Museum, 1953;藤枝晃编《高昌残影:出口常顺藏トルファン出土佛典断片图录》,京都:法藏馆,1978 年,非卖品。

本散藏吐鲁番文献知见录》《欧美所藏吐鲁番文献新知见》等论著[1]。从这些论著中，我们能够详细了解到荣氏以荷兰为出发点，调查、收集文献的历程，他踏足的地区和机构有伦敦、巴黎、柏林、不来梅、哥本哈根、斯德哥尔摩等，然后是日本龙谷大学、静嘉堂文库、藤井有邻馆、宁乐美术馆、羽田亨纪念馆等，接着是美国耶鲁大学、普林斯顿大学等，最后还有中国各地大大小小的博物馆与图书馆，其访查足迹早已散布海内外，几乎遍布目前已知的所有吐鲁番文献散藏地。

走访散藏地的工作耗时耗力，而得到入库抄录文献的机会则更加难得。与当前散藏吐鲁番文献逐步公开化与数据化相比，早年这些"透明的宝藏"或被束之高阁，或外人难以获知，编者搜集过程中遭遇的艰辛与曲折，往往只在知见录与回忆录的只言片语中有所体现，荣氏也经常感叹良好的师友对于他学术生涯的影响颇为深远[2]。根据这些知见录与回忆录的记载，当年许多收藏机构的藏品从不轻易示人，荣氏在多位前辈学者，如张广达、季羡林、许理和、贝利和百济康义等诸位老先生的引荐与支持下，经过多方联系才得以入库调查文献原卷。而且，在不允许拍照或胶卷照片价格过高的情况下，许多文献甚至只能由编者在有限的时间内亲手抄录，收集颇为不易。据游师自勇回忆，这些珍贵的原始资料摞起来有数尺之高，光是将这些散抄的资料整理录入计算机，就花费了半年时间，可见这项任务的工作量之大。

经过尽可能全面的调查与搜集之后，如何从原始材料中挑拣出最有价值的文献进行整理与研究，这对于编者的文献功底与学术眼光将是最大的考验。与大宗吐鲁番文献能以完整面貌集中整理出版相比，《散录》由于其原始材料"散乱"的特性，全书根本无法将所有收集的材料一一呈现，故而只能从中精挑细选出最有学术价值的文献进行整理著录。如书中收录了一批中国国家图书馆善本部藏的王重民、向达

---

[1] 荣新江《欧洲所藏西域出土文献闻见录》，《敦煌学辑刊》1986年第1期，第119—133页；《海外敦煌吐鲁番文献知见录》，南昌：江西人民出版社，1996年；《欧美所藏吐鲁番出土汉文文献：研究现状与评介》，新疆吐鲁番地区文物局编《吐鲁番学研究：第二届吐鲁番学国际学术研讨会论文集》，上海：上海辞书出版社，2006年，第37—41页；《吐鲁番文书总目（欧美收藏卷）》，武汉：武汉大学出版社，2007年；《中国散藏吐鲁番文献知见录》，本书编委会主编《敦煌吐鲁番文书与中古史研究：朱雷先生八秩荣诞祝寿集》，上海：上海古籍出版社，2016年，第26—39页；《日本散藏吐鲁番文献知见录》，《浙江大学学报（人文社科版）》2016年第4期，第18—26页；《欧美所藏吐鲁番文献新知见》，《敦煌学辑刊》2018年第2期，第30—36页。

[2] 回忆录参荣新江《学理与学谊：荣新江序跋集》，北京：中华书局，2018年；《从学与追念：荣新江师友杂记》，北京：中华书局，2020年；《三升斋随笔》，南京：凤凰出版社，2020年；《三升斋续笔》，杭州：浙江古籍出版社，2021年；《三升斋三笔》，兰州：甘肃文化出版社，2023年；《温故与知新》，杭州：浙江古籍出版社，2024年。

二位先生早年拍摄的数十件德藏吐鲁番文献旧照片。这些旧照片是二位先生分别在 1935 年和 1937 年走访柏林所得，虽然数量不多，但由于都是早期实物拍摄所得的高清照片，同时还有部分原卷因战火损毁，故而弥足珍贵。之后又因种种原因，这批照片长期无人问津。荣氏在早年走访散藏吐鲁番文献时，意外发现这批尘封的材料，并向学界介绍了这批照片的学术价值[1]，可谓独具慧眼。

此外，书中著录的一组吐鲁番出土《文选·李善注》也可称之为吐鲁番文献整理与研究的典范之例，充分展现了整理者深厚的文献功底与学术眼光。这组《文选》注的内容为张景阳《七命》，总共由 11 件碎片缀合而成，这 11 件碎片又分别散藏于德国、俄罗斯、日本龙谷大学和中国旅顺博物馆。其中德藏的那件碎片最早就曾被王重民先生拍摄与比定，后经荣新江、张涌泉和李昀等学者不断加以补充[2]，其研究成果最终都汇集于《散录》之中。纵观全书，这样的例子不胜枚举。所以，在笔者看来，出土文献的学术价值往往需要通过整理者的文献功底与学术眼光才能得到充分体现，如果没有多年调查走访的经历以及对于相关文献残片的关注，这些散藏文献可能依然只是仓库内散碎的小纸片。

与此同时，荣氏培养的学生也对《散录》成编起到很大作用。如前言中荣氏提及曾委托学生付马在赫尔辛基大学进修期间，对马达汉收集品进行调查，本书《老子道德经序诀》残片正是该部分收集品之一；学生包晓悦整理的《日本书道博物馆藏吐鲁番文献目录》亦为本书的整理助益颇多[3]。这种利用文献调查、收集和整理的学术任务来夯实学生文献学素养的做法，大概也是北京大学历史学的学术传统之一，与季羡林先生早年主持的"西域研究读书班"一脉相承[4]。所以《散录》历经数十年得以汇编与荣氏的为人处世和学生培养方式息息相关，这既有学术界师友之间的交流与帮助，也是一种学术上的传承，更是本书在学术之外的价值。

《散录》的"散"还体现在编写人员的分工明确与编校工作的专业认真。本书两

---

[1] 荣新江《中国国家图书馆善本部藏德国吐鲁番文献旧照片的学术价值》，国家图书馆善本特藏部敦煌吐鲁番资料研究中心编《敦煌学国际研讨会论文集》，北京：北京图书馆出版社，2005 年，第 267—276 页。

[2] 参李昀《吐鲁番本〈文选〉李善注〈七命〉的再发现》，《西域文史》第 9 辑，北京：科学出版社，2014 年，第 135—154 页。

[3] 包晓悦《日本书道博物馆藏吐鲁番文献目录》（上、中、下），分见《吐鲁番学研究》2015 年第 2 期、2016 年第 1 期、2017 年第 1 期。

[4] 荣新江《季羡林先生领导的"西域研究读书班"侧记》，《人格的魅力：名人学者谈季羡林》，延边：延边大学出版社，1996 年，第 241—245 页。

位主编自不必赘述，他们参与过多项大宗敦煌吐鲁番文献的整理工作，为学界贡献了不少卓越的敦煌吐鲁番文献整理成果，相关整理与编写经验十分丰富，专业性毋庸置疑，如最近出版的《旅顺博物馆藏新疆出土汉文文献》便深受好评。同时参与编写的20位学者大多数也都是荣氏的学生或有密切学缘关系者，他们均不同程度地参与过《新获吐鲁番出土文献》或《旅顺博物馆藏新疆出土汉文文献》的整理工作，对于出土文献的整理流程及规范十分熟悉，在分工专业明确的安排下，完全有能力承担其专攻领域内吐鲁番文献的整理任务。就本人而言，便参与过《旅顺博物馆藏新疆出土汉文文献》的整理工作，主要负责《一切经音义》和道经的整理，在《散录》中也被安排负责字书和道经部分的整理。在整理《散录》部分的文献时，我们基本会收到主编初步录出的底稿和相关图版，再据此一字一句地核对校录。如果近些年来有新的研究成果，也需要及时进行补充。如我就曾对一件道经写本的定名和所有道经的排序提出不同看法，同时修正过几件《一切经音义》的定名并对相关残片进行缀合，这些意见基本被主编吸纳入本书。此外，编写人员中的朱玉麒、孟宪实、雷闻和游自勇等老师也都是整理敦煌吐鲁番文献的专家，《散录》的专业性当无可置疑。

不过，《散录》初稿虽在2011年前后即已完成，甚至一度在网上被售卖，后却因各种原因而搁置。在此后的十年间，随着新的研究成果不断问世，初稿也处于不断增订的状态。鉴于全书汇编自多人之手，且编纂周期跨度过长，文稿在文字与格式方面难免留下些许瑕疵。为了尽可能消灭这些瑕疵，全书在两位主编的统筹下，经过数次细致和严谨的校改，图版与残片的缀合也历经数次修订。2019年本书最终确定出版，即便受2020年新冠疫情影响，本书的校订、图版缀合以及校样的审定仍照常进行。我有幸参与过2021年2月9日的第四次校改工作，这也是本书正式出版前的最后一校。此次工作在新年除夕的前两天进行。在北大中古史中心图书馆，主要编写者首先对其负责部分进行校对，逐字逐句翻看改定，其后两位主编翻阅全篇进行最终审定。此次校对工作改正了许多此前忽略的错误，统一了全书格式，圆满完成了正文部分的最终定稿。至于残片的图版及其缀合，两位主编及出版社编辑均要求相关制作尽可能完美。最终书稿的编辑排版交由中华书局的编辑李勉负责。在排版过程中，一旦发现缀合图存在模糊或不精确的问题，李勉不仅会主动与作者沟通以核实细节，还会积极寻求解决方案，对图版和缀合图进行修正，可谓尽职尽责。所以，《散录》虽成于众手，但在主编、编写人员和编辑们的共同努力下，最终还是给学界交付了一部文献整理方面难得的范本之作。

《散录》的顺利出版，既是荣氏数十年来"以访查敦煌、吐鲁番文献残卷为己任"的阶段性成果，也是当前吐鲁番文献整理与研究成果的补充与总结。随着敦煌吐鲁番文献"最后的宝藏"——旅顺博物馆藏新疆出土汉文文献的整体公布，世界范围内吐鲁番文献的大宗收藏品均已刊布。在这样的背景下，散藏吐鲁番文献的收集和整理自然成为下一个学术热点，《散录》的出版正当其时。它虽非皇皇巨著，书中整理的文献数量也只占目前所知全部吐鲁番文献中的十之一二，但这部分散藏吐鲁番文献的学术价值仍不可低估。总之，《散录》延续了之前由唐长孺先生开创的吐鲁番文献整理范式，吸收了《新获》的成功经验，在"散"的基础之上，对零散吐鲁番文献的调查、收集、整理及编校都做到了"精益求精"，是同类文献整理的典范之作。伴随《散录》的出版，目前所知绝大部分吐鲁番文献都已公布完毕，期待未来能见到对吐鲁番文献进行集中分类的综合性研究成果，并希望能以此进一步描绘唐代西域地区复杂多样的地方图景与历史面貌。

　　（原刊于《敦煌吐鲁番研究》第21卷，上海：上海古籍出版社，2022年，第438—443页。收入本书又略有修订增补。）

附录四　串起吐鲁番学的学术史——荣新江《吐鲁番的典籍与文书》评介

荣新江《吐鲁番的典籍与文书》（上海：上海古籍出版社，2023年），全书总共500余页，汇编了作者近四十年来所撰关于吐鲁番学研究的论文与评介文章共计36篇（含序），以"历史与地理""文书与碑刻""群书与佛典""调查与报告""综述与书评"五个门类加以统摄，"以便读者了解我在吐鲁番学方面研究的主要问题和关涉的领域"（序，第1页）。纵览全书，其内容主要涉及中古吐鲁番地区的历史变迁、中古典籍与佛典在吐鲁番的流传、中古吐鲁番文书与碑刻的个案研究、吐鲁番文献的流散与调查，以及国内外吐鲁番学研究论著评介。这些精选汇编的论文，虽为荣氏之旧作，且发表时间跨度较大，发表刊物各异，但均聚焦于吐鲁番学整理与研究方面的诸多重要议题，不仅集中展现了荣氏在吐鲁番学领域内长期关注的焦点问题与兴趣点，更是系统记录了荣氏常年奔波于世界各地，为追踪、调查和整理吐鲁番文献所踏出的步伐。故而，本书无疑是对荣氏在吐鲁番学整理与研究方面所取得成就的一个重要阶段性学术回顾与总结，同时也为深入理解与探索吐鲁番学学术发展历程以及展望未来发展方向提供重要的学术参考价值。

敦煌吐鲁番学，历经百余年发展，已逐步确立其国际性显学的地位。然而，相较于敦煌学，吐鲁番学之声势则稍显不足，亟待进一步加强推动与发展。敦煌文献与吐鲁番文献，均以佛教典籍与公私文书为主体，聚焦中国中古时期，对于探究中国中古史及中西交流史具有极高学术价值。敦煌文献出自敦煌藏经洞，总量有其固定上限，中、英、法、俄四地所藏就已占据其中绝大部分，且以吐蕃至归义军统治时期的文书居多，便于集中且深入地展开查阅、释读、整理与研究等相关工作。相较之下，吐鲁番文献是19世纪末20世纪初各国探险队在中亚及中国新疆等地"挖宝"

时才得以现世的"宝藏",历经流转,部分早期所获残卷或被多次转手,或被束之高阁,且文书涉及时代的跨度很大,自十六国高昌郡及蒙元皆有。加之吐鲁番文献的碎片化问题相当严重,其流散、查阅、释读、整理与研究等工作之推进远较敦煌文献更为艰难。这要求研究者们不仅要具备敏锐的学术洞察力和深远的学术眼光,还应当积极开展广泛的国际性学术交流。在此情况下,吐鲁番学数十年来的学术史历程,大致可分为四个阶段。《吐鲁番的典籍与文书》一书,便是这个学术史历程的具体展现。

一、整理与研究的草创期

吐鲁番学需整理与研究并行,研究应在大量整理成果的基础之上展开。在序言中,荣氏坦言:"我在敦煌方面历史研究多于文献整理,在吐鲁番方面整理工作多于历史研究,这和我最初的想法是有很大出入的。"(序,第3页)。之所以如此,根据作者自己所划分的四轮吐鲁番文献整理与研究的经历来看,这既受到作者个人学术生涯中自身努力以及种种天时地利人和的影响,也与吐鲁番学的发展阶段以及吐鲁番文献零散且持续出土的现状密切有关。

早期吐鲁番文献的出土,多与各国探险队的寻宝活动相关联,往往未能留下科学严谨的考古报告,加之文献出土地与现收藏地分布广泛且零散,学者们大多只能依赖探险队相关人员的游记或日记,以略窥部分文献的大致面貌。20世纪80年代之前,欧洲与日本学者率先对吐鲁番文献展开整理与研究。1953年出版的马伯乐《斯坦因第三次中亚探险所获汉文文书》对斯坦因所获英藏吐鲁番文献进行了较系统整理[①],1975、1985年施密特(G. Schmitt)、梯娄(T. Thilo)主编的《汉文佛教文献残卷目录》第1、2卷则对德藏吐鲁番文献进行著录[②],1978年的藤枝晃编《高昌残影:出口常顺藏吐鲁番出土佛典断片图录》展示了日本人出口常顺早年在柏林所购吐鲁番文献[③]。然而,这些海外整理成果在当时很难被国内学者获取,日本学者则借助出国之便,对这批著录成果纷纷加以吸收,如池田温先生的《中国古代籍帐研究》

---

① Henri Maspero, *Les Documents chinois de la Troisième Expédition de Sir Aurel Stein en Asie Centrale*, London: The Trustees of the British Museum, 1953.
② Gerhard Schmitt & Thomas Thilo, *Katalog chinesischer buddhistischer Textfragmente*, Band I-II, Berlin: Akademie Verlag, 1975-1985.
③ 藤枝晃编《高昌残影:出口常顺藏トルファン出土佛典断片图录》,京都:法藏馆,1978年,非卖品。

和大渊忍尔的《敦煌道经·目录编》等①。尽管该阶段吐鲁番文献的整理与研究取得了一些成果，但由于文献整体面貌披露不全等问题，往往只能作为敦煌文献整理与研究的附庸，或仅就个别重要残片加以介绍与研究。这一阶段相当于吐鲁番学发展的草创期，而更为关键的是，此时明显缺乏中国学者的参与。

1980年代以后，国内吐鲁番学的研究正式起步，其标志性事件为唐长孺先生主编的《吐鲁番出土文书》的出版。在时间上，该书的出版时间也与荣氏投入吐鲁番研究的首轮时间段大致相符。唐长孺先生主编《吐鲁番出土文书》平装本自1981年开始陆续问世②。这批文书是中国考古队于1959—1975年在吐鲁番地区考古发掘所获出土文书的整理结晶，对吐鲁番学的研究奠定了坚实的材料基础。然而，诚如荣氏在本书序言中所云，《吐鲁番出土文书》平装本直至1991年全部10册方告出版完成，且10册平装本实为录文初稿本，1992—1996年唐长孺主编《吐鲁番出土文书》4册图录本才是最终定本③。此外，限于时代条件，书中为黑白图版且清晰度稍显不足，录文也有改进空间。因此，尽管《吐鲁番出土文书》的整理工作堪称完善，是全世界范围内最早被完整整理的大宗吐鲁番文献，还为后续吐鲁番文献的整理工作树立了标准体例（特指图录本），但由于以上原因，吐鲁番学研究仍然面临着材料不全等问题，整理研究工作无法及时跟进。

荣氏于1984—1985年赴荷兰莱顿大学汉学院跟随许理和（Erik Zürcher）教授进修，期间深感资料之不全，而未能完成新出吐鲁番文献的介绍。尽管如此，书中《辽宁省档案馆所藏唐蒲昌府文书》（第267—279页）一文，实为其1985年2月7日于莱顿完成之作，介绍了此前辽宁省档案馆新披露的六件唐代蒲昌府文书。这些文书虽早在1981、1982年就已公布，但"或许是由于用了较后起的名词'档案'来称唐代的'文书'，抑或是因为图版不清，录文残缺不全的缘故"（第267页），并未引起吐鲁番学界的注意，荣氏遂重新对其进行细致过录并解读了其中历史细节。这说明荣氏当年除了关注《吐鲁番出土文书》，对其他来源的吐鲁番文书也下过很多功夫。可见，早期吐鲁番学研究实则要滞后于吐鲁番文献的整理工作。这既缘于学界内信息交流不畅，即便学者们投入关注，但仍有遗漏，也因吐鲁番文献的披露

---

① 池田温《中国古代籍帐研究：概观、录文》，东京：东京大学出版会，1979年；中译本，龚泽铣译《中国古代籍帐研究》，北京：中华书局，2007年；大渊忍尔《敦煌道经·目录编》，东京：福武书店，1978年。
② 唐长孺主编《吐鲁番出土文书》（录文本），北京：文物出版社，1981—1991年。
③ 唐长孺主编《吐鲁番出土文书》（图录本），北京：文物出版社，1992—1996年。

与整理尚处于起步阶段，图版、录文等方面均存在诸多亟待解决的问题。这或许是荣氏在该轮工作中虽对吐鲁番文献投入了大量精力，但成果仅有《辽宁省档案馆所藏唐蒲昌府文书》与《吐鲁番的历史与文化》两文的主要原因之一。

二、调研与著录的发展期

对于世界范围内吐鲁番文献的调研与编目，成为推动吐鲁番学研究的又一重要途径。继唐长孺先生之后，小田义久主编《大谷文书集成》（四册）[1]、柳洪亮《新出吐鲁番文书及其研究》[2]、陈国灿与刘永增编《日本宁乐美术馆藏吐鲁番文书》[3]、杨文和主编《中国历史博物馆藏法书大观》第十一卷等整理成果相继问世[4]。尽管吐鲁番文献的整理工作已取得显著成果，但对海内外众多吐鲁番文献的调研与整理仍显得不尽如人意。或许受施密特或藤枝晃等海外学者的影响，荣氏第二轮吐鲁番学的研究目光与工作重心，转向海内外吐鲁番文献的深入调研与细致编目，旨在推动学界更加充分地认识与了解以往被深藏高阁的吐鲁番文书。

自1984年荣氏远赴荷兰深造伊始，其对于海外敦煌吐鲁番文献的追索始终未曾停歇。在此期间，作者充分利用出国讲学等机会，对海外吐鲁番文献的收藏状况进行了详尽的实地调研，特别聚焦于汉文非佛教文献领域。本书第四部分"调查与报告"中，集结了作者数十年来对海内外各地所藏吐鲁番文献的调研报告，基本实现了对国内外绝大多数吐鲁番收集品的调研、叙录与编目。这些调研报告均是在作者的实地考察与亲眼所见的基础之上所编写，涵盖了散藏于欧美、日本和中国各地的大小宗吐鲁番文献。这些调查与报告在初次发表时，披露的文献信息大多首次为学界所获知，由此引领了学者们对过去鲜为人知的吐鲁番文献的深入认知与研究。

其中，德藏吐鲁番文献的相关调研成果尤为重要。在作者之前，国内仅王重民、向达二位先生曾赴德国调查过该部分残卷。二位先生分别在1935年和1937年访问柏林，专注于收集古籍类资料。尽管他们曾对这批文献进行过比对并拍摄了一些重要文献照片，但吐鲁番文献并非他们关注的重点，因此相关照片长期在图书馆库房中尘封，鲜有人关注。然而，作者在《中国国家图书馆善本部藏德国吐鲁番文献旧

---

[1] 小田义久主编《大谷文书集成》，京都：法藏馆，1984—2009年。
[2] 柳洪亮《新出吐鲁番文书及其研究》，乌鲁木齐：新疆人民出版社，1997年。
[3] 陈国灿、刘永增编《日本宁乐美术馆藏吐鲁番文书》，北京：文物出版社，1997年。
[4] 杨文和主编《中国历史博物馆藏法书大观》第11卷，京都：柳原书店、上海：上海教育出版社，1999年。

照片的学术价值》（第409—426页）一文中，独具慧眼地重新发现了二位先生相关工作的重要价值，第二次"发掘"了这批吐鲁番文献。

德藏吐鲁番文献为现存吐鲁番文献最大宗之一，然而"由于第二次世界大战前德国经济问题和二战本身的破坏，德国吐鲁番收集品中的许多文献和文物被转卖、盗窃和炸毁，不少珍贵文献和文物现已不知所在"（第409页）。王重民和向达两位先生的旧照片均摄于二战前，其本身业已成为珍贵的文物。这些旧照片不仅保留了原件的原始面貌，还保存了现今已不知去向的文献影像。文中，作者不仅详尽地叙述了王重民、向达两位先生的考察过程以及这些旧照片的递藏经历，还对旧照片进行了系统编目与解读，使学术界能够全面认识这批珍贵文物的学术价值。如一组关于玄应《一切经音义》卷六的旧照片就展示了其早期写本形态，而该写卷原件现已不知去向[①]。书中《德国"吐鲁番收集品"中的汉文典籍与文书》（第355—365页）与《再谈德藏吐鲁番出土汉文典籍与文书》（第366—408页）则是作者对于德藏吐鲁番收集品的调研报告与编目，从而接续了王重民、向达二位先生的调查。

由此可见，吐鲁番学所面临的最大挑战就在于吐鲁番文献收藏地零散、数量难以准确统计，甚至部分收藏地的藏品还难以公开获取。同时，考古工作的持续深入，也使得吐鲁番等区域仍源源不断有新的文书出土，这无疑加剧了吐鲁番文献整理与研究的复杂性和困难程度。"调查与报告"虽未能如文献整理般全面且详尽，图版与录文也无法完全公开，但其对于后续吐鲁番文献的整理与研究工作仍起到至关重要的基础作用。原因大致有两点：其一，吐鲁番文献由于种种原因流散至世界各地，在整理之前，我们需要先解决文献在哪、去哪和有什么的问题，亦即文献的早期挖掘史与递藏史；其二，为了对吐鲁番历史进行深入的剖析与解读，我们必须立足于全面把握和深刻理解吐鲁番文献的基础之上，否则在史料的解读与运用中，将难以全面发掘文献的学术价值。

此外，《日本散藏吐鲁番文献知见录》一文虽发表时间较晚，但其中许多荣氏调查所得，早已在2005年陈国灿、刘安志主编《吐鲁番文书总目（日本收藏卷）》的编撰过程中发挥了重要作用[②]。书中《欧美所藏吐鲁番文献新知见》的调研与编目

[①] 可参范舒《吐鲁番本玄应〈一切经音义〉研究》，《敦煌研究》2014年第6期，第106—115页；赵洋《新见旅顺博物馆藏〈一切经音义〉研究——兼论〈玄应音义〉在吐鲁番的传播》，《西域研究》2018年第1期，第32—39页。

[②] 陈国灿、刘安志主编《吐鲁番文书总目（日本收藏卷）》，武汉：武汉大学出版社，2005年。

成果则基本汇入 2007 年荣氏主编《吐鲁番文书总目（欧美收藏卷）》①。2021 年，荣新江、史睿主编《吐鲁番出土文献散录》更是汇集了本轮工作所有调研与文献整理的精华，可供读者做进一步的延展阅读与研究②。

荣氏该轮的研究成果，基本收录于本书第三部分"群书与佛典"。该部分深入探讨了吐鲁番地区《史记》与《汉书》的传抄状况，以及五代洛阳民间印刷业的发展，并对《唐律》《唐礼》及《春秋后语》进行了精细考释。这些内容基本以札记或叙录的形式呈现，是调研与编目工作的深化与拓展。尽管作者在序言中提及，该轮的研究成果因材料限制而显得较为琐碎，但同时期完成的《唐代西州的道教》（第 105—125 页）一文，则展现了其系统且成熟的研究。雷闻与笔者关于西州道教发展的探讨，基本是在该文研究框架下稍作补订③。

在笔者看来，荣氏第二轮的相关工作对于吐鲁番学第二阶段的推进具有举足轻重的承上启下作用，彰显了其卓越的学术眼光与出色的学术交流能力。书中收录的这些研究成果，在吐鲁番学学术史中必当占据一席之地。尤其是第四部分"调查与报告"，对于初涉吐鲁番学研究的学者而言，其重要性不言而喻，均为必读之作。

三、大宗吐鲁番文献的全面整理期

随着调研工作的持续深入，旧藏大宗吐鲁番文献的整理与研究得以稳步推进。相较于国外学术界，中国史学界在敦煌吐鲁番文献的整理方面起步较早，并已取得众多显著成果。这主要归功于中国深厚悠久且已成体系的文献学传统。随着相关信息的公布，吐鲁番文献的学术价值日益凸显，引起了学界的广泛关注。自 2000 年以后，大宗吐鲁番文献的整理工作遵循唐长孺先生早年确立的完善且系统的整理体例与范式，迈入了新的发展阶段。

荣氏在书序中称："到了 2004 年我接受吐鲁番文物局的邀请，从事'新获吐鲁番出土文献'的整理工作，也就开启了我的第三轮吐鲁番学研究。"（序，第 2 页）吐鲁番文献集中出土的时间，大致可划分为三个阶段：其一为 19 世纪末到 20 世纪

---

① 荣新江主编《吐鲁番文书总目（欧美收藏卷）》，武汉：武汉大学出版社，2007 年。
② 荣新江、史睿主编《吐鲁番出土文献散录》，北京：中华书局，2021 年。另可参笔者书评，见《敦煌吐鲁番研究》第 21 卷，上海：上海古籍出版社，2022 年，第 438—443 页，及本书附录。
③ 雷闻《国家宫观网络中的西州道教——唐代西州道教补说》，《西域文史》第 2 辑，北京：科学出版社，2007 年，第 117—127 页；赵洋《唐代西州道经的流布》，《中华文史论丛》2017 年第 3 期，第 163—192 页。

上半叶，以外国探险队发掘为主；其二为 20 世纪 50 年代到 80 年代，以阿斯塔那古墓群、哈拉和卓古墓群与柏孜克里克千佛洞的抢救性发掘为主；其三为 20 世纪 90 年代到 21 世纪初，以新发现的墓葬区为主，如洋海墓地、阿斯塔那古墓二区、木纳尔墓地、巴达木墓地以及交河故城附近[1]。笔者以为，2007 年出版的《吐鲁番柏孜克里克石窟出土汉文佛教典籍》标志着第二阶段所获文书基本整理完毕[2]。荣氏所言"新获吐鲁番出土文献"，特指第三阶段所获文书，"新获"之名旨在与《吐鲁番出土文书》相区别。经过整理小组四年的辛勤努力，由荣新江、李肖、孟宪实主编的《新获吐鲁番出土文献》于 2008 年最终付梓出版。本书所收《新获吐鲁番出土文献概说》（增订本）（第 129—146 页）一文，即荣氏对该项整理工作的全面概述。这部成果的出版，不仅接续了唐长孺先生对吐鲁番出土文书整理的优良传统，更标志着第三阶段集中出土的吐鲁番文献开始进入全面整理的阶段，具有里程碑意义。

第三阶段吐鲁番文献的系统性整理，为推动吐鲁番学的研究奠定了扎实的文献材料基础。荣氏在《新获吐鲁番出土文献》的整理工作中用心颇多，并基于这批珍贵材料撰写了多篇具有重要影响力的研究论文，如本书所收《吐鲁番新出送使文书与阚氏高昌王国的郡县城镇》（第 49—75 页）、《〈且渠安周碑〉与高昌大凉政权》（第 147—173 页），以及《吐鲁番新出〈前秦建元二十年（384）籍〉研究》（第 175—198 页）、《吐鲁番新出〈前秦建元二十年籍〉的渊源》（第 199—215 页）。后面两篇论文均围绕《前秦建元二十年籍》展开。

中国古代籍帐制度极为发达，涉及国家制度、地方社会与婚姻经济等诸方面。《前秦建元二十年籍》这份珍贵的前秦时期官方户籍文书，于 2006 年在洋海一号台地 4 号墓赵货墓中被发掘并拆解出来。在此之前，我们对于户籍的了解最早只能追溯至英藏敦煌文献 S.113《西凉建初十二年（416）籍》。通过对《前秦建元二十年籍》的整理与讨论，荣氏不仅为了解古代纸本户籍的实际面貌提供了更早的实物资料，还根据其他吐鲁番文书，对该户籍内容逐条进行考释，讨论了户籍中田地与奴婢等财产异动的情况。这件文书的发现，对于深入探究汉唐时期籍帐制度的演变具有重要史料价值[3]。

---

[1] 参新疆维吾尔自治区吐鲁番学研究院、新疆维吾尔自治区吐鲁番地区文物局《近年吐鲁番的考古新发现》，荣新江、李肖、孟宪实主编《新获吐鲁番出土文献》，北京：中华书局，2008 年，第 3—5 页。
[2] 新疆维吾尔自治区吐鲁番学研究院、武汉大学中国三至九世纪研究所编《吐鲁番柏孜克里克石窟出土汉文佛教典籍》，北京：文物出版社，2007 年。
[3] 另参张荣强《〈前秦建元籍〉与汉唐间籍帐制度的变化》，《历史研究》2009 年第 3 期，第 16—38 页；《简纸更替与中国古代基层统治重心的上移》，《中国社会科学》2019 年第 9 期，第 180—203 页。

荣氏对于新获吐鲁番文书的研究贡献卓越，大概出于其他分类安排，还有两篇重要论文未被收录，但仍有必要在此提及一二。一是《阚氏高昌王国与柔然、西域的关系》，发表于《历史研究》2007年第2期，为书中《吐鲁番新出送使文书与阚氏高昌王国的郡县城镇》一文的延续①。该文重点探讨了新获吐鲁番文书中阚氏高昌王国永康九年、十年（474—475）高昌护送外来使者记录中的送使情况，深入揭示了当时以高昌为交通枢纽的阚氏高昌与柔然、西域、南朝之间错综复杂的关系。二是作者序中曾提及的《新出吐鲁番文书所见唐龙朔年间哥逻禄部落破散问题》，发表于2007年沈卫荣主编《西域历史语言研究集刊》第1辑②。哥逻禄属于漠北铁勒、突厥系统的部落，主要活动于隋末唐初的金山地区，该文主要针对由36个残片组成的关于处理哥逻禄部落破散问题的案卷展开讨论。文中不仅对文书内容及相关名词进行了深入解读，更揭示了哥逻禄部落破散的史实，并澄清了哥逻禄部落与燕然都护府的关系及相关地理位置等问题。新获吐鲁番出土文献对于吐鲁番学的发展以及荣氏的学术生涯而言，无疑占据着举足轻重的地位。

在该轮工作中，荣氏的学术贡献不局限于整理与研究方面。透过部分论文的注释，不难发现他在这一阶段还有另一项重要成就，即利用新获吐鲁番出土文献的整理工作，注重培养吐鲁番文献整理与研究俱佳的学术团队。后续《吐鲁番出土文献散录》与《旅顺博物馆藏新疆出土汉文文献》的整理与出版③，"新获吐鲁番出土文献整理小组"众多成员在其中作出了相当多的贡献。这既展现了荣氏深厚的学术造诣，更彰显了他对吐鲁番学学术传承的远见卓识。

四、整理与研究的收尾与再起步期

旧藏大宗吐鲁番文献的整理已然完备，这既代表吐鲁番学一个阶段的圆满落幕，也预示新一轮工作正式拉开序幕。荣氏将2015年参与的"旅顺博物馆藏新疆出土汉文文献"整理项目视为其第四轮的主要工作，该项目成果最终于2020年汇编为35册《旅顺博物馆藏新疆出土汉文文献》（含3册《总目索引》）正式出版。在笔者

---

① 荣新江《阚氏高昌王国与柔然、西域的关系》，《历史研究》2007年第2期，第4—14页、图1（封三）。
② 荣新江《新出吐鲁番文书所见唐龙朔年间哥逻禄部落破散问题》，《西域历史语言研究集刊》第1辑，北京：科学出版社，2007年，第13—44页；日文版见西村阳子译《新出吐鲁番文书に見える唐龙朔年間の哥逻禄部落破散問題》，《内陆アジア言语の研究》XXIII（森安孝夫教授还历纪念特集号），2008年，第151—185页、pls.XII—XX。
③ 王振芬、孟宪实、荣新江主编《旅顺博物馆藏新疆出土汉文文献》（全35册），北京：中华书局，2020年。

看来,《旅顺博物馆藏新疆出土汉文文献》的整理出版实际是前三阶段出土的旧藏大宗吐鲁番文献整理与研究工作的结束与延续。

旅顺博物馆藏新疆出土汉文文献,为20世纪初日本大谷光瑞组织的中亚探险队所获收集品,与前述《大谷文书集成》同源。这批文书以残片为主,总数逾两万件。长期以来虽为学界所知,但受限于种种原因,鲜有学者能目睹其真容。旅顺博物馆与日本龙谷大学曾合作整理公布过其中极少部分的残片[1]。自2015年起,荣氏与王振芬馆长、孟宪实教授领衔的整理小组,对这批材料进行了全面且彻底的整理,编排图版并撰写解题。该项目工作量极大,最终出版成果的意义及重要性不言而喻,基本将以往出土的大宗吐鲁番文献进行了补全。所以,荣氏第四轮的整理工作可视为是对旧藏大宗吐鲁番文献整理工作的最终收尾,同时也为吐鲁番学未来的发展开启了新的学术"预流"。

至于研究方面,正如荣氏在序言中所称,"我主要的工作是把握好图录和目录编纂的每个环节,研究工作几乎全部交给年轻学者和研究生们去做了"(序,第3页)。在旅博文书的项目中,荣氏主要担任项目的宏观指导与把关的重要角色,以确保整理成果的高质量。同时,他继续沿用上一轮培养学术团队的成功经验,藉此机会训练更多年轻学者和研究生投入吐鲁番学的整理与研究工作中[2]。因而荣氏此轮工作的相关研究成果相对较少,仅《旅顺博物馆藏新疆出土佛典的学术价值》(第310—329页)、《"康家一切经"考》(第216—239页)与《新见敦煌吐鲁番写本〈楞伽师资记〉》(第330—338页)。其中,《旅顺博物馆藏新疆出土佛典的学术价值》详细介绍了荣氏参与整理的这批文书中重要佛典的学术价值,而其他两篇则反映了荣氏长期以来的学术兴趣点。上海古籍出版社曾晓红女史已就《"康家一切经"考》撰写背景,阐述了荣氏多年来对《武周康居士写经功德记碑》(康居士碑)追索与考证的情况[3]。《新见敦煌吐鲁番写本〈楞伽师资记〉》则是敦煌吐鲁番文献中久佚的净觉《楞伽师资记》残片情况的最新著录,包括了两件旅顺博物馆藏文书LM20-1454-05-18、LM20-1522-17-16。对于敦煌吐鲁番出土的禅宗典籍,荣氏关注已久且用力颇多,如序言中提到的与邓文宽先生合编的《敦博本禅籍录校》,"是在众多

---

[1] 参旅顺博物馆、龙谷大学合编《旅顺博物馆藏新疆出土汉文佛经选粹》,京都:法藏馆,2006年。
[2] "旅顺博物馆藏新疆出土汉文文献"整理项目小组成员的相关研究成果,可参见孟宪实、王振芬主编《旅顺博物馆藏新疆出土汉文文书研究》,北京:中华书局,2020年。
[3] 参《三十余载吐鲁番学术研究成果首度结集——上海古籍社重磅推出〈吐鲁番的典籍与文书〉》,百道网2024年2月22日采访报道 https://www.bookdao.com/article/436374。

的国内外学者，在长达几十年内对敦煌禅籍的校录基础上的集大成之作"①。此外，荣氏还有《ロシア所藏の景徳传灯录》《敦煌本禅宗灯史残卷拾遗》和《唐代禅宗的西域流传》等专论②，可见荣氏多年来一以贯之的学术兴趣所在。

以上荣氏第四轮整理与研究工作的完成，标志着吐鲁番学发展第三阶段基本收尾，并为其进入第四阶段的再起步期奠定了坚实基础。关于吐鲁番学的再起步期，笔者大致总结为以下两个方面。

一方面，对旧有整理成果的再"翻新"与查漏补缺。如朱雷先生《吐鲁番出土文书补编》的出版③，以及武汉大学历史学院刘安志教授主持的"吐鲁番出土文书再整理与研究"项目，都是对唐长孺《吐鲁番出土文书》的再"翻新"与查漏补缺。唐长孺先生虽然确立了很好的整理体例，但囿于时代条件，《吐鲁番出土文书》均为黑白图版，且录文存在疏漏，部分小残片甚至遗漏而未被整理。因此，这批吐鲁番出土文书仍极具再整理的学术价值，且任务繁重。同时，首都师范大学历史学院游自勇教授负责的国家社科基金重大项目"旅顺博物馆藏新疆出土汉文文献分类释录与研究"，亦是在荣氏等人《旅顺博物馆藏新疆出土汉文文献》的基础上，就录文与研究方面再作推进。此外，早年小田义久主编的四册《大谷文书集成》存在诸多定名、释录等方面的问题，学界同样应当重启对这批文书的再整理。

另一方面，对新近出土的考古材料进行整理与研究。如前所述，吐鲁番文献第三次集中出土的时间截止于20世纪初。然而，随着近二十年来吐鲁番等地的考古工作取得了显著进展，由此所获第四次集中出土的吐鲁番材料（包括碑刻与文书）也亟待得到系统的整理与研究。墓葬碑刻方面，如2022年新疆文物考古研究所、吐鲁番学研究院对巴达木东墓群中11座唐代墓葬进行了考古发掘，其中北庭副都护程奂墓，是继1984年北庭副都护高耀墓后又一重要考古发现，补充了唐代中晚期中央政

---

① 邓文宽、荣新江录校《敦博本禅籍录校》，南京：江苏古籍出版社，1998年，季羡林序一，第2—3页。另可参荣新江、邓文宽《有关敦博本禅籍的几个问题》，《敦煌学辑刊》1994年第2期，第5—16页。
② 荣新江著，衣川贤次译《ロシア所藏の景徳传灯录》，《禅文化》第161号，1996年，第134—146页；《敦煌本禅宗灯史残卷拾遗》，初刊《周绍良先生欣开九秩庆寿文集》，北京：中华书局，1997年，第231—244页，此据氏著《辨伪与存真：敦煌学论集》，上海：上海古籍出版社，2010年，第123—139页；《唐代禅宗的西域流传》，初刊《禅学研究的诸相：田中良昭博士古稀记念论集》，东京：大东出版社，2003年，第59—68页，此据氏著《丝绸之路与东西文化交流》，北京：北京大学出版社，2015年，第173—184页。
③ 朱雷主编《吐鲁番出土文书补编》，成都：巴蜀书社，2022年。

府对西域治理的史实，以及北庭副都护的相关记载[1]。至于出土文书方面，自2010年起，中国社会科学院考古研究所与吐鲁番学研究院等单位对于新疆鄯善县吐峪沟石窟考古发掘所获新出土文书，虽已有零星图版与研究发表，但仍希望这批新材料可以尽快得到全面的整理与研究[2]。另外，新疆文物考古研究所胡兴军先生主持整理的新疆克亚克库都克烽燧遗址新出土文书，也是近年来最重要的考古发现[3]，我们同样期待能够尽快得见该项目整理与研究成果的发表。

余论：国际化的吐鲁番学

综上所述，吐鲁番学的发展，大致历经四个阶段：草创期的初步整理与研究、发展期的深入调研与著录、全面整理期的大宗吐鲁番文献刊布，以及当前所处的收尾与再起步期的整理与研究。《吐鲁番的典籍与文书》中所收论文，不仅汇总了荣氏在吐鲁番学领域数十年四轮工作的成果，也是吐鲁番学四个发展阶段的具象缩影，串起了数十年来吐鲁番学发展的学术史。

最后，笔者认为本书还展示了荣氏致力于推动吐鲁番学走向国际舞台的努力。本书中，多篇论文或先以外文形式刊于海外学术圈，或后被翻译成外文在海外学术界发表。如《高昌居民如何把织物当做货币（公元3—8世纪）》（第76—104页）一文，就是与美国耶鲁大学汉学家芮乐伟·韩森（Valerie Hansen）合撰，英文稿初刊于国际知名期刊 *Journal of the Royal Asiatic Society*[4]；前述《吐鲁番新出〈前秦建元二十年籍〉的渊源》由西村阳子翻译成日文，与中文本一起收录于土肥义和编《敦

---

[1] 王永强、尚玉平、王龙等《2022年新疆吐鲁番巴达木东墓群考古发掘简报》，《吐鲁番学研究》2023年第2期，第1—16页；尚玉平《新疆吐鲁番巴达木东墓群2022年考古发掘主要收获及初步认识》，《西域研究》2023年第3期，第95—100页。

[2] 李裕群、夏立栋、王龙、张海龙《新疆鄯善吐峪沟西区中部高台窟院发掘报告》，《考古学报》2020年第3期，第429—460页、图版1—24；武海龙、张海龙《唐代中原与西州佛教之交流——以吐峪沟新出〈唐护法沙门法琳别传〉残片为中心》，《西域研究》2022年第1期，第109—113页；付马、夏立栋《新疆吐峪沟新出西州回鹘寺院礼忏仪式文本研究》，《西域研究》2023年第1期，第142—151页。

[3] 胡兴军《新疆尉犁县克亚克库都克烽燧遗址出土〈韩朋赋〉释析》，《西域研究》2021年第2期，第99—104页；新疆维吾尔自治区文物考古研究所《新疆尉犁县克亚克库都克唐代烽燧遗址》，《考古》2021年第8期，第23—44页；胡兴军《新疆尉犁县克亚克库都克烽燧遗址出土唐〈横岭烽状上通海镇为楼兰路截踪事〉文书》，《文物》2023年第3期，第77—83页；胡兴军《新疆尉犁县克亚克库都克烽燧遗址出土勋告文书初步研究》，《西域研究》2024年第1期，第38—57页。

[4] Valerie Hansen & Xinjiang Rong, "How the Residents of Turfan used Textiles as Money, 273-796 CE", *Journal of the Royal Asiatic Society*, vol. 23, no. 2, 2013, pp. 281-305.

煌·吐鲁番出土汉文文书の新研究》[①]。

同样，本书第五部分"综述与书评"所收录的数篇国内外吐鲁番学整理与研究论著的评介，亦是荣氏国际化视野的体现。如荣氏对德国探险家勒柯克（Albert von Le Coq）事迹的介绍，可以让我们对于20世纪初德国"吐鲁番探险队"第二、三次的活动有更多了解（第479—484页）；荣氏对百济康义整理的《柏林藏吐鲁番收集品中的汉文佛教文献》第3卷（第519—524页）和西胁常记整理的《柏林吐鲁番收集品中的汉文印本目录》（第525—534页）所作书评，则向国内学术界介绍了当前海外学者对于德藏吐鲁番文献的整理进度与成果。这些评介在肯定海外学者所作贡献的同时，也为国内吐鲁番文献的整理与研究起到了鞭策与激励作用。

学术交流不应受到语言的羁绊，推动吐鲁番学的国际化交流，不仅有利于学术研究的进步与国际影响力的提升，同时也是检验学者学术水平与成就优劣的重要指标。展望未来，吐鲁番学的发展需要积极与国际学术界接轨，也期待吐鲁番学能够真正与敦煌学在国内外学界比翼齐飞。

（原刊于《中华读书报》2024年3月27日第9版，收入本书增加不少内容与注释。）

[①] 日文版见西村阳子译《吐鲁番新出前秦建元二十年籍の渊源》，土肥义和编《敦煌·吐鲁番出土汉文文书の新研究》，东京：东洋文库，2009年，第213—225页。

参考文献

一、古籍

《八家后汉书辑注》，周天游辑注，上海：上海古籍出版社，1986年。
《白居易诗集校注》，白居易撰，谢思炜校注，北京：中华书局，2006年。
《北史》，李延寿撰，北京：中华书局，1974年。
《般若心经译注集成》，方广锠编纂，上海：上海古籍出版社，2011年。
《册府元龟》，王钦若等编纂，北京：中华书局，1960年影印本。
《长安志》，宋敏求撰，辛德勇、郎洁点校，西安：三秦出版社，2013年。
《朝野佥载》，张鷟撰，赵守俨点校，北京：中华书局，1979年。
《初学记》，徐坚等撰，北京：中华书局，1962年。
《大慈恩寺三藏法师传》，慧立、彦悰撰，孙毓棠、谢方点校，北京：中华书局，2000年。
《大日本古文书·编年文书》，东京：东京大学出版会，1998年。
《大唐开元礼》，萧嵩编，北京：民族出版社，2000年。
《大唐西市博物馆藏墓志》，胡戟、荣新江主编，北京：北京大学出版社，2012年。
《法苑珠林校注》，道世编，周叔迦、苏晋仁校注，北京：中华书局，2003年。
《封氏闻见记校注》，封演撰，赵贞信校注，北京：中华书局，2005年。
《古今岁时杂咏》，蒲积中编撰，徐敏霞校点，西安：三秦出版社，2009年。
《广韵校本》，周祖谟编校，北京：中华书局，1960年。
《桂苑笔耕集校注》，崔致远撰，党银平校注，北京：中华书局，2007年。
《汉纪》，《两汉纪》，荀悦撰，张烈点校，北京：中华书局，2002年。
《汉书》，班固撰，北京：中华书局，1962年。
《汉书西域传地里校释》，岑仲勉校释，北京：中华书局，1981年。

《荆楚岁时记》，宗懔撰，宋金龙校注，太原：山西人民出版社，1987年。

《旧唐书》，刘昫等撰，北京：中华书局，1975年。

《居延汉简》，简牍整理小组编，台北："中研院"历史语言研究所，2014—2017年。

《居延汉简甲乙编》，中国社会科学院考古研究所编，北京：中华书局，1980年。

《居延新简集释》（一），张德芳主编，孙占宇著，兰州：甘肃文化出版社，2016年。

《居延新简集释》（三），张德芳主编，李迎春著，兰州：甘肃文化出版社，2016年。

《开天传信记》，《开元天宝遗事十种》，郑綮撰，丁如明辑校，上海：上海古籍出版社，1985年。

《开元天宝遗事》，王仁裕撰，曾贻芬点校，北京：中华书局，2006年。

《李贺诗歌集注》，李贺撰，王琦等注，上海：上海人民出版社，1977年。

《礼记集解》，孙希旦撰，沈啸寰、王星贤点校，北京：中华书局，1989年。

《令集解》，东京：吉川弘文馆，1985年。

《柳宗元集》，柳宗元撰，北京：中华书局，1979年。

《论语译注》（简体字本），杨伯峻译注，北京：中华书局，2006年。

《南部新书》，钱易撰，黄寿成点校，北京：中华书局，2002年。

《钱注杜诗》，杜甫撰，钱谦益笺注，上海：上海古籍出版社，1979年。

《权德舆诗文集》，权德舆撰，郭广伟点校，上海：上海古籍出版社，2008年。

《全唐诗》（增订本），曹寅等编，中华书局编辑部点校，北京：中华书局，1999年。

《全唐文》，董诰等编，北京：中华书局，1983年。

《全唐文补编》，陈尚君辑校，北京：中华书局，2005年。

《全唐文补遗》（1—9辑），吴钢主编，西安：三秦出版社，1994—2007年。

《日知录集释》，顾炎武撰，黄汝成集释，栾保群、吕宗力校点，上海：上海古籍出版社，2006年。

《入唐求法巡礼行记》，圆仁撰，桂林：广西师范大学出版社，2007年。

《入唐求法巡礼行记校注》，圆仁撰，小野胜年校注，白话文等修订校注，石家庄：花山文艺出版社，1992年。

《三辅黄图校注》，何清谷校注，西安：三秦出版社，2006年。

《沈佺期宋之问集校注》，沈佺期、宋之问撰，陶敏等校注，北京：中华书局，2001年。

《史记》，司马迁撰，北京：中华书局，1959年。

《释迦方志》，道宣撰，范祥雍点校，北京：中华书局，2000年。

《蜀梼杌校笺》，张唐英撰，王文才、王炎校笺，成都：巴蜀书社，1999年。

《说郛三种》，陶宗仪等编，上海：上海古籍出版社，1988年。
《宋本册府元龟》，王钦若等编纂，北京：中华书局，1988年影印本。
《宋高僧传》，赞宁撰，范祥雍点校，北京：中华书局，1987年。
《搜神记》，干宝撰，汪绍楹校注，北京：中华书局，1979年。
《搜神记辑校》，干宝撰，李剑国辑校，北京：中华书局，2019年。
《隋书》，魏徵等撰，北京：中华书局，1973年。
《岁时广记》，陈元靓编，《丛书集成初编》本，上海：商务印书馆，1939年。
《太平广记》，李昉等编，北京：中华书局，1961年。
《太平御览》，李昉等编，北京：中华书局，1960年影印本。
《唐传奇笺证》，周绍良笺证，北京：人民文学出版社，2000年。
《唐大诏令集》，宋敏求编，北京：商务印书馆，1959年。
《唐方镇年表》，吴廷燮编，北京：中华书局，1980年。
《唐会要》，王溥撰，上海：上海古籍出版社，2006年。
《唐六典》，李林甫等撰，陈仲夫点校，北京：中华书局，1992年。
《唐律疏议》，长孙无忌等撰，北京：中华书局，1983年。
《唐律疏议笺解》，长孙无忌等撰，刘俊文笺解，北京：中华书局，1996年。
《唐诗纪事校笺》，计有功撰，王仲镛校笺，成都：巴蜀书社，1989年。
《唐语林校证》，王谠撰，周勋初校证，北京：中华书局，1987年。
《唐摭言》，王定保撰，北京：中华书局，1959年。
《天一阁藏明钞本天圣令校证：附唐令复原研究》（2册），天一阁博物馆、中国社会科学院历史研究所天圣令整理课题组校证，北京：中华书局，2006年。
《通典》，杜佑撰，王文锦等点校，北京：中华书局，1988年。
《魏书》，魏收等撰，北京：中华书局，1974年。
《文昌杂录》，庞元英撰，北京：中华书局，1958年。
《文选》，萧统编，李善注，北京：中华书局，1977年。
《文苑英华》，李昉等编，北京：中华书局，1966年。
《五代会要》，王溥撰，上海：上海古籍出版社，2006年。
《孝子传注解》，幼学の会编，东京：汲古书院，2003年。
《新唐书》，欧阳修、宋祁等撰，北京：中华书局，1975年。
《宣室志》，张读撰，张永钦、侯志明点校，北京：中华书局，1983年。
《玄怪录》，牛僧孺撰，程毅中点校，北京：中华书局，2006年。

《一切经音义三种校本合刊》（修订第二版），徐时仪校注，上海：上海古籍出版社，2023年。

《元稹集》，元稹撰，冀勤点校，北京：中华书局，1982年。

《增订唐两京城坊考》（修订版），徐松撰，李健超增订，西安：三秦出版社，2006年。

《张九龄集校注》，张九龄撰，熊飞校注，北京：中华书局，2008年。

《贞观政要》，吴兢撰，上海：上海古籍出版社，1978年。

《周书》，令狐德棻等编，北京：中华书局，1971年。

《中华道藏》，张继禹主编，北京：华夏出版社，2004年。

《诸子斠证·文子斠证》，王叔岷撰，北京：中华书局，2007年。

《资治通鉴》，司马光等编，北京：中华书局，1956年。

二、敦煌吐鲁番文献

《禅宗北宗敦煌文献录校与研究》，韩传强编著，南京：江苏人民出版社，2016年。

《大谷文书集成》（4册），小田义久编集，京都：法藏馆，1984—2010年。

Descriptive Catalogue of the Chinese Manuscripts from Tunhuang in the British Museum, Lionel Giles, London: The Trustees of the British Museum, 1957.

《敦博本禅籍录校》，邓文宽、荣新江录校，南京：江苏古籍出版社，1998年。

《敦煌宝藏》（140册），黄永武主编，台北：新文丰出版公司，1981—1986年。

《敦煌碑铭赞辑释》，郑炳林辑释，兰州：甘肃教育出版社，1992年。

《敦煌本〈太玄真一本际经〉辑校》，叶贵良辑校，成都：巴蜀书社，2010年。

《敦煌变文集》，王重民等编，北京：人民文学出版社，1957年。

《敦煌变文集新书》，潘重规编著，台北：文津出版社，1994年。

《敦煌禅宗文献集成》，林世田、刘燕远、申国美编，北京：全国图书馆文献缩微复制中心，1998年。

《敦煌道教文献研究：综述·目录·索引》，王卡编著，北京：中国社会科学出版社，2004年。

《敦煌道经·目录编》，大渊忍尔编著，东京：福武书店，1978年。

《敦煌地理文书汇辑校注》，郑炳林辑注，兰州：甘肃教育出版社，1989年。

《敦煌佛教经录辑校》，方广锠辑校，南京：江苏古籍出版社，1997年。

《敦煌古籍叙录》，王重民编著，北京：中华书局，1979年。

《敦煌经部文献合集》，张涌泉主编，北京：中华书局，2008 年。

《敦煌类书》，王三庆编著，高雄：丽文文化事业股份有限公司，1993 年。

《敦煌秘笈》，武田科学振兴财团杏雨书屋编集，大阪：武田科学振兴财团，2009—2013 年。

《敦煌社会经济文献真迹释录》，唐耕耦、陆宏基编，北京：全国图书馆文献缩微复制中心，1990 年。

《敦煌石室地志残卷考释》，王仲荦编著，郑宜秀整理，北京：中华书局，2007 年。

《敦煌吐鲁番唐代法制文书考释》，刘俊文编著，北京：中华书局，1989 年。

《敦煌写本禅籍辑校》，杨富学、张田芳、王书庆辑校，北京：文物出版社，2024 年。

《敦煌学大辞典》，季羡林主编，上海：上海辞书出版社，1998 年。

《敦煌遗书总目索引》，王重民主编，北京：中华书局，1983 年重印本。

《敦煌遗书总目索引新编》，敦煌研究院编，北京：中华书局，2000 年。

《敦煌音义汇考》，张金泉、许建平编著，杭州：杭州大学出版社，1996 年。

《俄藏敦煌文献》（17 册），俄罗斯科学院东方研究所圣彼得堡分所等合编，上海：上海古籍出版社，1992—2001 年。

《法国国家图书馆藏敦煌西域文献》（34 册），上海古籍出版社、法国国家图书馆合编，上海：上海古籍出版社，1995—2005 年。

《高昌残影：出口常顺藏トルファン出土佛典断片图录》，藤枝晃编，京都：法藏馆，1978 年，非卖品。

《国家图书馆藏敦煌遗书》（146 册），任继愈主编，北京：北京图书馆出版社，2005—2012 年。

《海外敦煌吐鲁番文献知见录》，荣新江编著，南昌：江西人民出版社，1996 年。

《和田出土唐代于阗汉语文书》，荣新江编著，北京：中华书局，2022 年。

Katalog chinesischer buddhistischer Textfragmente, Band I-II, Gerhard Schmitt & Thomas Thilo, Berlin: Akademie Verlag, 1975-1985.

Les Documents chinois de la Troisième Expédition de Sir Aurel Stein en Asie Centrale, Henri Maspero, London: The Trustees of the British Museum, 1953.

《旅顺博物馆藏新疆出土汉文佛经选粹》，旅顺博物馆、龙谷大学合编，京都：法藏馆，2006 年。

《旅顺博物馆藏新疆出土汉文文献》（35 册），王振芬、孟宪实、荣新江主编，北京：中华书局，2020 年。

《日本宁乐美术馆藏吐鲁番文书》，陈国灿、刘永增编，北京：文物出版社，1997年。

《台东区立书道博物馆所藏中村不折旧藏禹域墨书集成》，矶部彰编，东京：二玄社，2005年。

《唐代北庭文书整理与研究》，刘子凡编著，上海：中西书局，2024年。

《唐五代韵书集存》，周祖谟编，北京：中华书局，1983年。

《トルファン出土佛典の研究：高昌残影释录》，京都：法藏馆，2005年。

《吐鲁番柏孜克里克石窟出土汉文佛教典籍》，新疆维吾尔自治区吐鲁番学研究院、武汉大学中国三至九世纪研究所编，北京：文物出版社，2007年。

《吐鲁番出土唐代文献编年》，陈国灿编，台北：新文丰出版公司，2002年。

《吐鲁番出土文书》图录本（4册），唐长孺主编，北京：文物出版社，1992—1996年。

《吐鲁番出土文书补编》，朱雷主编，成都：巴蜀书社，2022年。

《吐鲁番出土文献散录》（2册），荣新江、史睿编，北京：中华书局，2021年。

《吐鲁番文书总目（欧美收藏卷）》，荣新江主编，武汉：武汉大学出版社，2007年。

《吐鲁番文书总目（日本收藏卷）》，陈国灿、刘安志主编，武汉：武汉大学出版社，2005年。

《西域考古图谱》，香川默识编，北京：学苑出版社，1999年影印本。

《新获吐鲁番出土文献》（2册），荣新江、李肖、孟宪实主编，北京：中华书局，2008年。

《英藏敦煌社会历史文献释录》（1—20册），郝春文等编著，北京：社会科学文献出版社，2001—2024年。

《英藏敦煌文献（汉文佛经以外部分）》（14册），中国社会科学院历史研究所等合编，成都：四川人民出版社，1990—1995年。

《英国图书馆藏敦煌汉文非佛教文献残卷目录（S.6981—13624）》，荣新江编著，台北：新文丰出版公司，1994年。

《英国图书馆藏敦煌遗书目录（斯6981号—斯8400号）》，方广锠编著，北京：宗教文化出版社，2000年。

《中国国家图书馆藏西域文书·汉文卷》，荣新江、张志清主编，北京：中华书局，2024年。

《中国历史博物馆藏法书大观》第11卷，杨文和主编，京都：柳原书店、上海：上海教育出版社，1999年。

三、专著

岸本美绪《明清交替と江南社会：17世纪中国の秩序问题》，东京：东京大学出版会，1999年。

彼得·弗兰科潘《丝绸之路：一部全新的世界史》，邵旭东、孙芳译，徐文堪审校，杭州：浙江大学出版社，2016年。

陈国灿《斯坦因所获吐鲁番文书研究》，武汉：武汉大学出版社，1995年。

陈国灿《陈国灿吐鲁番敦煌出土文献史事论集》，上海：上海古籍出版社，2012年。

陈国符《道藏源流考》（新修订版），北京：中华书局，2014年。

陈寅恪《隋唐制度渊源略论稿》，北京：中华书局，1963年。

陈于柱《区域社会史视野下的敦煌禄命书研究》，北京：民族出版社，2012年。

程喜霖《汉唐烽堠制度研究》，西安：三秦出版社，1990年。

程喜霖《唐代过所研究》，北京：中华书局，2000年。

程喜霖、陈习刚《吐鲁番唐代军事文书研究（文书篇）》，乌鲁木齐：新疆人民出版社，2013年。

池田温《中国古代籍帐研究》，龚泽铣译，北京：中华书局，2007年。

池田温编《中国古代写本识语集录》，东京：东京大学东洋文化研究所，1990年。

邓小南主编《政绩考察与信息渠道：以宋代为重心》，北京：北京大学出版社，2008年。

邓小南、曹家齐、平田茂树主编《文书·政令·信息沟通：以唐宋时期为主》，北京：北京大学出版社，2012年。

董璐编著《传播学核心理论与概念》（第2版），北京：北京大学出版社，2016年。

杜正胜《从眉寿到长生：医疗文化与中国古代生命观》，台北：三民书局，2005年。

方广锠《佛教大藏经史（八—十世纪）》，北京：中国社会科学出版社，1991年。

方广锠《中国写本大藏经研究》，上海：上海古籍出版社，2006年。

冯培红《敦煌的归义军时代》，兰州：甘肃教育出版社，2013年。

富谷至《文书行政的汉帝国》，刘恒武、孔李波译，南京：江苏人民出版社，2013年。

甘怀真《皇权、礼仪与经典诠释：中国古代政治史研究》，上海：华东师范大学出版社，2008年。

甘怀真编《身份、文化与权力：士族研究新探》，台北：台湾大学出版中心，2012年。

高明士《东亚教育圈形成史论》，上海：上海古籍出版社，2003年。

高明士《中国中古的教育与学礼》，台北：台湾大学出版社，2005年。

高田时雄《敦煌·民族·语言》，钟翀等译，北京：中华书局，2005年。

郜同麟《拘校道文：敦煌吐鲁番道教文献研究》，北京：中国社会科学出版社，2023年。

葛兆光《中国思想史（七世纪至十九世纪中国的知识、思想与信仰）》，上海：复旦大学出版社，2000年。

葛兆光《何为"中国"：疆域、民族、文化与历史》，香港：牛津大学出版社，2014年。

韩传强《禅宗北宗研究》，北京：宗教文化出版社，2013年。

郝春文《唐后期五代宋初敦煌僧尼的社会生活》，北京：中国社会科学出版社，1998年。

郝春文《中古时期社邑研究》，上海：上海古籍出版社，2019年。

郝春文《敦煌学随笔》，杭州：浙江古籍出版社，2024年。

郝春文、陈大为《敦煌的佛教与社会》，兰州：甘肃教育出版社，2013年。

黑田彰《孝子传の研究》，京都：思文阁出版，2001年。

黑田彰《孝子传图の研究》，东京：汲古书院，2007年。

侯旭东《什么是日常统治史》，北京：生活·读书·新知三联书店，2020年。

胡戟等编《二十世纪唐研究》，北京：中国社会科学出版社，2002年。

胡正荣等《传播学总论》（第2版），北京：清华大学出版社，2008年。

荒川正晴《ユーラシアの交通·交易と唐帝国》，名古屋：名古屋大学出版会，2010年；此据中译本《欧亚交通、贸易与唐帝国》，冯培红、王蕾译，兰州：甘肃教育出版社，2023年。

黄文弼《西域史地考古论集》，北京：商务印书馆，2015年。

黄正建主编《中晚唐社会与政治研究》，北京：中国社会科学出版社，2006年。

姜伯勤《敦煌吐鲁番文书与丝绸之路》，北京：文物出版社，1994年。

姜伯勤《敦煌艺术宗教与礼乐文明：敦煌心史散论》，北京：中国社会科学出版社，1996年。

John R. McRae, *The Northern School and the Formation of Early Ch'an Buddhism*, Honolulu: University of Hawaii Press, 1986；此据中译本马克瑞《北宗禅与早期禅宗的形成》，韩传强译，上海：上海古籍出版社，2015年。

雷闻《郊庙之外：隋唐国家祭祀与宗教》，北京：生活·读书·新知三联书店，2009年；此据增订版，北京：生活·读书·新知三联书店，2024年。

雷闻《官文书与唐代政务运行研究》，上海：上海古籍出版社，2023年。

李斌城等《隋唐五代社会生活史》，北京：中国社会科学出版社，1998年。

李锦绣《唐代制度史略论稿》，北京：中国政法大学出版社，1998年。

李锦绣《唐代财政史稿》，北京：社会科学文献出版社，2007年。
李均明《秦汉简牍文书分类辑解》，北京：文物出版社，2009年。
梁启超《中国佛学史稿》，汤仁泽、唐文权编，北京：中国人民大学出版社，2012年。
廖宜方《唐代的母子关系》，台北：稻香出版社，2009年。
林聪明《敦煌文书学》，台北：新文丰出版公司，1991年。
刘安志《敦煌吐鲁番文书与唐代西域史研究》，北京：商务印书馆，2011年。
刘安志《新资料与中古文史论稿》，上海：上海古籍出版社，2014年。
刘后滨《唐代中书门下体制研究：公文形态·政务运行与制度变迁》，济南：齐鲁书社，2004年。
刘后滨主编《日常秩序中的汉唐政治与社会》，北京：社会科学文献出版社，2012年。
刘屹《经典与历史：敦煌道经研究论集》，北京：人民出版社，2011年。
刘屹《神格与地域：汉唐间道教信仰世界研究》，上海：上海人民出版社，2011年。
刘志伟《在国家与社会之间：明清广东里甲赋役制度研究》，广州：中山大学出版社，1997年。
刘志伟、孙歌《在历史中寻找中国：关于区域史研究认识的对话》，香港：大家良友书局，2014年；此据简体版，上海：东方出版中心，2016年。
刘子凡《瀚海天山：唐代伊、西、庭三州军政体制研究》，上海：中西书局，2016年。
刘子凡《万里向安西：出土文献与唐代西北经略研究》，北京：社会科学文献出版社，2024年。
柳洪亮《新出吐鲁番文书及其研究》，乌鲁木齐：新疆人民出版社，1997年。
柳洪亮主编《吐鲁番新出摩尼教文献研究》，北京：文物出版社，2000年。
卢建荣《北魏唐宋死亡文化史》，台北：麦田出版社，2006年。
卢向前《唐代政治经济史综论：甘露之变研究及其他》，北京：商务印书馆，2012年。
鲁惟一《汉代行政记录》（2册），于振波、车金花译，桂林：广西师范大学出版社，2005年。
陆扬《清流文化与唐帝国》，北京：北京大学出版社，2016年。
马海舰、郭瑞《唐太宗昭陵石刻瑰宝》，西安：三秦出版社，2007年。
孟宪实《出土文献与中古史研究》，北京：中华书局，2017年。
孟宪实、王振芬主编《旅顺博物馆藏新疆出土汉文文书研究》，北京：中华书局，2020年。
孟彦弘《出土文献与汉唐典制研究》，北京：北京大学出版社，2015年。
仇鹿鸣《长安与河北之间：中晚唐的政治与文化》，北京：北京师范大学出版社，2018年。

荣新江《归义军史研究：唐宋时代敦煌历史考索》，上海：上海古籍出版社，1996 年。
荣新江《敦煌学十八讲》，北京：北京大学出版社，2001 年。
荣新江《唐代宗教信仰与社会》，上海：上海辞书出版社，2003 年。
荣新江《辨伪与存真：敦煌学论集》，上海：上海古籍出版社，2010 年。
荣新江《隋唐长安：性别、记忆及其他》，上海：复旦大学出版社，2010 年。
荣新江《学术训练与学术规范：中国古代史研究入门》，北京：北京大学出版社，2011 年；此据第二版，北京：北京大学出版社，2022 年。
荣新江《中古中国与粟特文明》，北京：生活·读书·新知三联书店，2014 年。
荣新江《中古中国与外来文明》，北京：生活·读书·新知三联书店，2014 年。
荣新江《丝绸之路与东西文化交流》，北京：北京大学出版社，2015 年。
荣新江《学理与学谊：荣新江序跋集》，北京：中华书局，2018 年。
荣新江《从学与追念：荣新江师友杂记》，北京：中华书局，2020 年。
荣新江《三升斋随笔》，南京：凤凰出版社，2020 年。
荣新江《三升斋续笔》，杭州：浙江古籍出版社，2021 年。
荣新江《敦煌学新论》（增订本），兰州：甘肃教育出版社，2021 年。
荣新江《从张骞到马可·波罗：丝绸之路十八讲》，南昌：江西人民出版社，2022 年。
荣新江《三升斋三笔》，兰州：甘肃文化出版社，2023 年。
荣新江《吐鲁番的典籍与文书》，上海：上海古籍出版社，2023 年。
荣新江《温故与知新》，杭州：浙江古籍出版社，2024 年。
荣新江《满世界寻找敦煌》，北京：中华书局，2024 年。
山田俊《唐初道教思想史研究：〈太玄真一本际经〉の成立と思想》，京都：平乐寺书店，1999 年。
邵文实《敦煌边塞文学研究》，兰州：甘肃教育出版社，2007 年。
沈刚《秦简所见地方行政制度研究》，北京：中国社会科学出版社，2021 年。
孙伯君《西夏文献丛考》，上海：上海古籍出版社，2015 年。
孙继民《敦煌吐鲁番所出唐代军事文书初探》，北京：中国社会科学出版社，2000 年。
孙继民《唐代瀚海军文书研究》，兰州：甘肃文化出版社，2002 年。
孙继民《唐代行军制度研究》（增订本），北京：中国社会科学出版社，2018 年。
孙英刚《神文时代：谶纬、术数与中古政治研究》，上海：上海古籍出版社，2014 年。
谭蝉雪《敦煌民俗：丝路明珠传风情》，兰州：甘肃教育出版社，2006 年。
汤用彤《汤用彤学术论文集》，北京：中华书局，1983 年。

唐长孺《山居存稿》，北京：中华书局，1989 年。

田中良昭《敦煌禅宗文献の研究（第二）》，东京：大东出版社，2009 年。

土肥义和编《敦煌・吐鲁番出土汉文文书の新研究》，东京：东洋文库，2009 年。

汪桂海《汉代官文书制度》，南宁：广西教育出版社，1999 年。

王笛《跨出封闭的世界：长江上游区域社会研究（1644—1911）》，北京：中华书局，1993 年。

王国维《简牍检署考校注》，胡平生、马月华校注，上海：上海古籍出版社，2004 年。

王三庆《敦煌吐鲁番文献与日本典藏》，台北：新文丰出版公司，2014 年。

王永兴《唐勾检制研究》，上海：上海古籍出版社，1991 年。

王永兴《唐代前期西北军事研究》，北京：中国社会科学出版社，1994 年。

王宗昱《〈道教义枢〉研究》，上海：上海文化出版社，2001 年。

巫鸿《武梁祠：中国古代画像艺术的思想性》，柳扬、岑河译，北京：生活・读书・新知三联书店，2006 年。

巫鸿《中国古代艺术与建筑中的"纪念碑性"》，李清泉、郑岩等译，上海：上海人民出版社，2009 年。

吴福秀《〈法苑珠林〉分类思想研究》，北京：中国社会科学出版社，2014 年。

吴丽娱《终极之典：中古丧葬制度研究》，北京：中华书局，2012 年。

吴玉贵《中国风俗通史・隋唐五代卷》，上海：上海文艺出版社，2001 年。

西胁常记《ドイツ将来のトルファン汉语文书》，京都：京都大学学术出版会，2002 年。

西胁常记《中国古典社会における佛教の诸相》，东京：知泉书馆，2009 年。

西胁常记《中国古典时代の文书の世界：トルファン文书の整理と研究》，东京：知泉书馆，2016 年。

向达《唐代长安与西域文明》，北京：商务印书馆，2015 年。

徐时仪《玄应〈众经音义〉研究》，北京：中华书局，2004 年。

许建平《敦煌文献丛考》，北京：中华书局，2005 年。

严耕望《唐代交通图考》，上海：上海古籍出版社，2007 年。

杨念群主编《空间・记忆・社会转型："新社会史"研究论文精选集》，上海：上海人民出版社，2001 年。

野村荣三郎《蒙古新疆旅行日记》，《新西域记》卷下，东京：有光社，1937 年；此据中译本《蒙古新疆旅行日记》，董炳月译，乌鲁木齐：新疆人民出版社，2013 年。

于淑健《敦煌佛典语词和俗字研究：以敦煌古佚和疑伪经为中心》，上海：上海古籍出版社，2012年。

于亭《玄应〈一切经音义〉研究》，北京：中国社会科学出版社，2009年。

余欣《神道人心：唐宋之际敦煌民生宗教社会史研究》，北京：中华书局，2006年。

余欣《敦煌的博物学世界》，兰州：甘肃教育出版社，2010年。

余欣《中古异相：写本时代的学术、信仰与社会》，上海：上海古籍出版社，2011年。

郁贤皓编《唐刺史考全编》，合肥：安徽大学出版社，2000年。

早川庄八《日本古代の文书と典籍》，东京：吉川弘文馆，1997年。

张勃《唐代节日研究》，北京：中国社会科学出版社，2013年。

张广达《文书、典籍与西域史地》，桂林：广西师范大学出版社，2008年。

张立进《政治学视阈的制度文明研究》，北京：群言出版社，2015年。

张涌泉《敦煌写本文献学》，兰州：甘肃教育出版社，2013年。

赵璐璐《唐代县级政务运行机制研究》，北京：社会科学文献出版社，2017年。

赵世瑜《狂欢与日常：明清以来的庙会与民间社会》，北京：生活·读书·新知三联书店，2002年。

赵世瑜《小历史与大历史：区域社会史的理念、方法与实践》，北京：生活·读书·新知三联书店，2006年。

赵世瑜《在空间中理解时间：从区域社会史到历史人类学》，北京：北京大学出版社，2017年。

郑阿财、朱凤玉《敦煌蒙书研究》，兰州：甘肃教育出版社，2002年。

郑炳林、郑阿财主编《港台敦煌学文库》，兰州：甘肃人民出版社，2016年。

郑雅如《情感与制度：魏晋时代的母子关系》，台北：台湾大学文史丛刊114，2001年；修改版收入《古代历史与文化研究辑刊》，台北：花木兰文化出版社，2009年。

郑雅如《亲恩难报：唐代士人的孝道实践及其体制化》，台北：台湾大学出版中心，2014年。

中村裕一《唐代制敕研究》，东京：汲古书院，1991年。

中村裕一《唐代官文书研究》，京都：中文出版社，1991年。

中村裕一《唐代公文书研究》，东京：汲古书院，1996年。

中村裕一《中国古代の年中行事》，东京：汲古书院，2009年。

周叔迦《释家艺文提要》，北京：北京古籍出版社，2004年。

周一良、赵和平《唐五代书仪研究》，北京：中国社会科学出版社，1995年。

周一良《魏晋南北朝史札记》（补订本），北京：中华书局，2015年。

朱溢《事邦国之神祇：唐至北宋吉礼变迁研究》，上海：上海古籍出版社，2014年。

朱悦梅、杨富学《甘州回鹘史》，北京：中国社会科学出版社，2013年。

四、论文

安部聪一郎《日本学界"史料论"研究及其背景》，刘峰译，《中国史研究动态》2016年第4期，第39—43页。

岸本美绪《崇祯十七年的江南社会与关于北京的信息》，底艳译，赵世瑜审校，《清史研究》1999年第2期，第25—32页。

包晓悦《日本书道博物馆藏敦煌吐鲁番"写经残片册"的文献价值》，《文献》2015年第5期，第36—47页。

包晓悦《日本书道博物馆藏吐鲁番文献目录》（上篇），《吐鲁番学研究》2015年第2期，第96—146页。

包晓悦《日本书道博物馆藏吐鲁番文献目录》（中篇），《吐鲁番学研究》2016年第2期，第132—155页。

包晓悦《日本书道博物馆藏吐鲁番文献目录》（下篇），《吐鲁番学研究》2017年第1期，第125—153页。

包晓悦《唐代牒式再研究》，《唐研究》第27卷，北京：北京大学出版社，2022年，第299—333页。

包晓悦《唐代状的性质及其演变》，《中华文史论丛》2023年第4期，第249—265页。

包晓悦《西域发现唐代抄目再研究》，《西域文史》第17辑，北京：科学出版社，2023年，第295—311页。

包晓悦《国图藏唐天宝年间敦煌县印历考——兼论唐代县级的司士类政务运作》，《文献》2024年第6期，第41—60页。

蔡治淮《敦煌写本唐僖宗中和五年三月车驾还京师大赦诏校释》，北京大学中国中古史研究中心编《敦煌吐鲁番文献研究论集》，北京：中华书局，1982年，第650—659页。

常建华《改革开放40年以来的中国社会史研究》，《中国史研究动态》2018年第2期，第5—15页。

赤木崇敏《唐代敦煌县勘印簿羽061、BD11177、BD11178、BD11180小考》，《敦煌写本研究年报》第 5 号，2011 年，第 95—108 页。

陈国灿《吐鲁番出土元代杭州"裏贴纸"浅析》，《武汉大学学报（哲学社会科学版）》1995 年第 5 期，第 41—44 页。

陈国灿《唐西州蒲昌府防区内的镇戍与馆驿》，《魏晋南北朝隋唐史资料》第 17 辑，武汉：武汉大学出版社，2000 年，第 85—105 页。

陈怀宇《从两件德藏吐鲁番文书看景教与道教之联系》，张小贵主编《三夷教研究：林悟殊先生古稀纪念论文集》，兰州：兰州大学出版社，2014 年，第 290—307 页。

陈丽芳《唐代于阗的童蒙教育——以中国人民大学博物馆藏和田习字文书为中心》，《西域研究》2014 年第 1 期，第 39—45 页。

陈涛《日本杏雨书屋藏敦煌本〈驿程记〉地名及年代考》，《南都学刊（人文社会科学学报）》2014 年第 5 期，第 28—31 页。

陈勇《"历史出口说"的"理论出口"——兼说"南朝化"讨论中的"北朝化"问题》，《宗教信仰与民族文化》第 8 辑，北京：社会科学文献出版社，第 68—83 页。

陈昱珍《〈法苑珠林〉所引外典之研究》，《中华佛学学报》第 6 期，1993 年，第 303—328 页。

程喜霖《唐代的公验与过所》，《中国史研究》1985 年第 1 期，第 121—134 页。

程喜霖《从唐代过所文书所见通"西域"的中道》，《敦煌研究》1988 年第 1 期，第 58—67 页。

程喜霖《吐鲁番文书所见唐代镇戍守捉与烽堠》，中国敦煌吐鲁番学会编《敦煌吐鲁番学研究论文集》，上海：汉语大词典出版社，1990 年，第 456—469 页。

程喜霖《论唐代西州镇戍——以吐鲁番唐代镇戍文书为中心》，《西域研究》2013 年第 2 期，第 9—19 页。

程喜霖、赵和平、関尾史郎、李锦绣、马德《敦煌学百年：历史、现状与发展趋势》，《新疆师范大学学报（哲学社会科学版）》2009 年第 2 期，第 96—112 页。

程正《英藏敦煌文献から発见された禅籍について：S6980 以降を中心に（1）》，《驹泽大学佛教学部论集》第 48 号，2017 年，第 145—160 页。

程正《英藏敦煌文献から発见された禅籍について：S6980 以降を中心に（2）》，《驹泽大学佛教学部研究纪要》第 76 号，2018 年，第 147—164 页。

程正《英藏敦煌文献から発见された禅籍について：S6980 以降を中心に（3）》，《驹泽大学佛教学部论集》第 49 号，2018 年，第 73—87 页。

池田昌广《敦煌秘笈の〈汉书〉残卷》，《杏雨》第 16 号，武田科学振兴财团，2013 年，第 115—131 页。

储晓军《唐前司命信仰的演变——兼谈人为宗教对民间神祇的吸收与改造》,《宗教学研究》2010 年第 3 期,第 153—156 页。

川口义照《道世と道宣の撰述书》,《印度学佛教学研究》第 52 号, 1978 年,第 304—306 页。

大津透《唐律令国家の予算について——仪凤三年度支奏抄·四年金部旨符的试释》,《史学杂志》第 95 卷第 12 号, 1986 年;此据中译本《唐律令国家的预算——仪凤三年度支奏抄·四年全金部旨符试释》,苏哲译,《敦煌研究》1997 年第 2 期,第 86—111 页。

大津透《唐仪凤三年度支奏抄·四年金部旨符补考:唐朝の军事と财政》,《东洋史研究》第 49 卷第 2 号, 1990 年,第 225—248 页。

党宝海《吐鲁番出土金藏考——兼论一组吐鲁番出土佛经残片的年代》,《敦煌吐鲁番研究》第 4 卷,北京:北京大学出版社, 1999 年,第 103—125 页。

稻畑耕一郎《司命神像の展开》,《中国文学研究》第 5 期, 1979 年,第 1—17 页。

邓文宽《张淮深平定甘州回鹘史事钩沉》,《北京大学学报(哲学社会科学版)》1986 年第 5 期,第 86—98 页。

邓小南《走向"活"的制度史——以宋代官僚政治制度研究为例的点滴思考》,包伟民主编《宋代制度史研究百年:1900—2000》,北京:商务印书馆, 2004 年,第 10—19 页。

董大学《敦煌本〈金刚经〉注疏的流布——以题记为中心的考察》,《文献》2014 年第 1 期,第 28—37 页。

董大学《般若与禅:敦煌写本〈金刚经〉注疏研究——以北敦 15403 号背与〈晋魏隋唐残墨〉第 36 号为中心》,《敦煌研究》2020 年第 5 期,第 109—114 页。

都筑晶子等《大谷文书の比较研究:旅顺博物馆藏トルファン出土文书を中心に》,《龙谷大学佛教文化研究所纪要》第 49 集, 2010 年,第 15—97 页。

杜斗城《敦煌本〈历代法宝记〉与蜀地禅宗》,《敦煌学辑刊》1993 年第 1 期,第 53—63 页。

范舒《吐鲁番本玄应〈一切经音义〉研究》,《敦煌研究》2014 年第 6 期,第 106—115 页。

范英杰《敦煌本〈史大奈碑〉补考》,《唐史论丛》第 38 辑,西安:三秦出版社, 2024 年,第 298—318 页。

方诚峰《敦煌吐鲁番所出事目文书再探》，《中国史研究》2018年第2期，第117—134页。

方广锠《对黄编〈六百号敦煌无名断片的新标目〉之补正》，《中华文史论丛》第50辑，1991年，第49—71页。

方广锠《敦煌文献中的〈金刚经〉及其注疏》，《世界宗教研究》1995年第1期，第73—80页。

冯焕珍《从〈楞伽经〉印心到〈金刚经〉印心》，《中山大学学报（社会科学版）》2014年第5期，第101—109页。

冯璇《新见旅顺博物馆藏新疆出土汉文文献中的汉史写本考释》，《西域研究》2018年第1期，第1—13页。

付马、夏立栋《新疆吐峪沟新出西州回鹘寺院礼忏仪式文本研究》，《西域研究》2023年第1期，第142—151页。

盖金伟《论"释奠礼"与唐代学校教育》，《新疆师范大学学报（人文社会科学版）》，2007年第4期，第113—119页。

盖金伟、孙钰华《论"释奠礼"与唐代文化权威的构建》，《新疆大学学报（哲学·人文社会科学版）》，2007年第1期，第105—111页。

高明士《唐代的释奠礼制及其在教育上的意义》，《大陆杂志》第61卷第5期，1980年，第218—236页。

高明士《隋唐教育法制与礼律的关系》，《唐研究》第4卷，北京：北京大学出版社，1998年，第151—164页。

高明士《庙学与东亚传统教育》，《唐研究》第10卷，北京：北京大学出版社，2004年，第227—256页。

高田时雄《慧超〈往五天竺国传〉の言语と敦煌写本の性格》，桑山正进编《慧超往五天竺国传研究》，京都大学人文科学研究报告，1992年，第197—212页。

高田时雄《藏经音义の敦煌吐鲁番本と高丽藏》，《敦煌写本研究年报》第4号，2010年，第1—13页。

郜同麟《八种英藏敦煌文献残片的定名与缀合》，《敦煌学》第31辑，台北：乐学书局，2015年，第39—46页。

郜同麟《敦煌吐鲁番道经残卷拾遗》，《敦煌学辑刊》2016年第1期，第34—50页。

葛刚岩《敦煌写本〈文子〉校补》，《敦煌学辑刊》2007年第2期，第168—176页。

龚隽《中古禅学史上的〈心经〉疏：一种解经学的视角》，《世界宗教文化》2021

年第 1 期，第 139—146 页。

管俊玮《从国图藏 BD11178 等文书看唐代公文钤印流程》，《文献》2022 年第 1 期，第 139—154 页。

郭锋《简谈敦煌写本斯二五〇六号等唐修史书残卷的性质和价值》，《敦煌学辑刊》1992 年第 1、2 期，第 88—95、59 页。

韩传强《敦煌写本〈圆明论〉录校与研究》，《敦煌研究》2017 年第 6 期，第 86—99 页。

韩传强、许秀娜《敦煌本〈历代法宝记〉叙录》，《宏德学刊》第 14 辑，北京：商务印书馆，2022 年，第 25—47 页。

韩香《唐代长安译语人》，《史学月刊》2003 年第 1 期，第 28—31 页。

郝春文《敦煌文献与历史研究的回顾和展望》，《历史研究》1998 年第 1 期，第 112—127 页。

郝春文《〈新获吐鲁番出土文献〉读后》，《敦煌研究》2009 年第 1 期，第 112—114 页。

郝春文《敦煌写本学与中国古代写本学》，《中国高校社会科学》2015 年第 2 期，第 67—74 页。

贺世哲《敦煌楞伽经变使用唐译七卷本〈楞伽经〉原因试析》，《敦煌研究》2009 年第 3 期，第 1—6 页。

贺世哲遗著、王惠民整理《敦煌楞伽经变考论》，《敦煌研究》2011 年第 4 期，第 1—14 页。

黑田彰《孝子传图概论》，靳淑敏、隽雪艳译，《中国典籍与文化》2013 年第 2 期，第 117—134 页。

黑田彰《孝子传、列女传的图像与文献》，宋歌、尼倩倩译，隽雪艳校订，《中国典籍与文化》2015 年第 1 期，第 103—119 页。

侯冲整理《金刚峻经金刚顶一切如来深妙秘密金刚界大三昧耶修行四十二种坛法经作用威仪法则·大毗卢遮那佛金刚心地法门密法戒坛法仪则》，《藏外佛教文献》第 11 辑，北京：中国人民大学出版社，2008 年，第 17—231 页。

胡兴军《新疆尉犁县克亚克库都克烽燧遗址出土〈韩朋赋〉释析》，《西域研究》2021 年第 2 期，第 99—104 页。

胡兴军《新疆尉犁克亚克库都克烽燧遗址出土唐〈横岭烽状上通海镇为楼兰路截踪事〉文书》，《文物》2023 年第 3 期，第 77—83 页。

胡兴军《新疆尉犁县克亚克库都克烽燧遗址出土勋告文书初步研究》，《西域研究》2024 年第 1 期，第 38—57 页。

胡耀飞《关于黄巢之死的史料生成——从敦煌 S.2589 号文书出发的探讨》，《丝绸之路研究集刊》第 3 辑，北京：商务印书馆，2019 年，第 224—237 页。

华方田整理《七祖法宝记下卷》，《藏外佛教文献》第 2 辑，北京：宗教文化出版社，1996 年，第 133—165 页。

黄青萍《敦煌写本〈圆明论〉与〈阿摩罗识〉初探——以傅图 188106 号为中心》，《"中研院"历史语言研究所集刊》第 84 本第 2 分，2013 年，第 199—233 页。

黄永武《六百号敦煌无名断片的新标目》，《汉学研究》第 1 卷第 1 期，1983 年，第 111—132 页。

黄正建《中国古文书学的历史与现状》，《史学理论研究》2015 年第 3 期，第 135—139 页。

黄正建《敦煌文书与中国古文书学》，《隋唐辽宋金元史论丛》第 7 辑，上海：上海古籍出版社，2017 年，第 55—62 页。

黄正建《关于"中国古文书学"的若干思考》，《中国史研究动态》2018 年第 2 期，第 46—50 页。

菊池英夫《唐代边防机关としての守捉、城、镇等の成立过程につけて》，《东洋史学》第 27 期，1964 年，第 31—57 页。

科大卫、刘志伟《宗族与地方社会的国家认同——明清华南地区宗族发展的意识形态基础》，《历史研究》2000 年第 3 期，第 3—14 页。

孔祥星《唐代新疆地区的交通组织长行坊——新疆出土唐代文书研究》，《中国历史博物馆馆刊》第 3 期，北京：文物出版社，1981 年，第 29—38、66 页。

雷闻《关文与唐代地方政府内部的行政运作——以新获吐鲁番文书为中心》，《中华文史论丛》2007 年第 4 期，第 123—154 页。

雷闻《国家宫观网络中的西州道教——唐代西州道教补说》，《西域文史》第 2 辑，北京：科学出版社，2007 年，第 117—127 页。

雷闻《榜文与唐代政令的传布》，《唐研究》第 19 卷，北京：北京大学出版社，2013 年，第 41—78 页。

李炳海《古代的泰山神与〈九歌〉的司命》，《华中师范大学学报（哲学社会科学版）》1992 年第 4 期，第 74—78 页。

李方《唐西州的译语人》，《文物》1994 年第 2 期，第 45—51 页。

李刚《唐玄宗诏令传写〈开元道藏〉的时间考辨》，《宗教学研究》1994 年 Z1 期，第 8—10 页。

李锦绣《试论唐代的给侍制度——儒家学说的具体实现》,《学人》第 1 辑,南京:江苏文艺出版社,1991 年,第 396—416 页。

李锦绣《关于斯 2506、伯 2810、4073、2380 文书的再探讨》,《烟台师范学院学报(哲学社会科学版)》2004 年第 3 期,第 41—45 页。

李明伟《丝绸之路研究百年历史回顾》,《西北民族研究》2005 年第 2 期,第 90—106 页。

李全德《〈天圣令〉所见唐代过所的申请与勘验——以"副白"与"录白"为中心》,《唐研究》第 14 卷,北京:北京大学出版社,2008 年,第 205—220 页。

李树辉《柏孜克里克石窟寺始建年代及相关史事研究》,《新疆大学学报(哲学·人文社会科学版)》2006 年第 1 期,第 55—61 页。

李肖、朱玉麒《新出吐鲁番文献中的古诗习字残片》,《文物》2007 年第 2 期,第 62—65 页。

李亚栋《〈吐鲁番柏孜克里克石窟出土汉文佛经典籍〉误漏数则》,《吐鲁番学研究》2014 年第 2 期,第 48—51 页、图版 5。

李亚栋、仵婷《吐鲁番柏孜克里克石窟 1980 年出土佛经残片整理订补》,《吐鲁番学研究》2019 年第 1 期,第 64—71 页。

李裕群、夏立栋、王龙、张海龙《新疆鄯善吐峪沟西区中部高台窟院发掘报告》,《考古学报》2020 年第 3 期,第 429—460 页、图版 1—24。

李昀《吐鲁番本〈文选〉李善注〈七命〉的再发现》,《西域文史》第 9 辑,北京:科学出版社,2014 年,第 135—154 页。

李昀《旅顺博物馆藏〈金刚经〉注疏小考——附李善注〈文选·七命〉补遗》,《旅顺博物馆学苑·2016》,长春:吉林出版集团股份有限公司,2017 年,第 88—111 页。

李正宇《"莫贺延碛道"考》,《敦煌研究》2010 年第 2 期,第 67—74 页。

砺波护《唐代の过所と公验》,《中国中世纪の文物》,京都大学人文科学所,1993 年;此据中译本《唐代的过所与公验》,韩昇编《隋唐佛教文化》,上海:上海古籍出版社,2004 年,第 153—208 页。

林世田《敦煌禅宗文献研究概况》,《北京图书馆馆刊》1995 年 Z1 期,第 81—83 页。

柳洪亮《柏孜柯里克石窟年代试探——根据回鹘供养人像对洞窟的断代分期》,《敦煌研究》1986 年第 3 期,第 58—67 页。

刘安志《库车出土唐安西官府事目历考释》,《西域研究》1997 年第 4 期,第 87—91 页。

刘后滨《文书、信息与权力:唐代中枢政务运行机制研究反思》,《唐宋历史评论》

第 3 辑，北京：社会科学文献出版社，2017 年，第 265—287 页。

刘后滨、顾成瑞《政务文书的环节性形态与唐代地方官府政务运行——以开元二年西州蒲昌府文书为中心》，《唐宋历史评论》第 2 辑，北京：社会科学文献出版社，2016 年，第 109—141 页。

Liu Yi, "Research into the Catalogue of the Daozang of the Early Tang Dynasty: Based on *Nanzhu guan ji* and the Daoist Scriptures of Dunhuang", Poul Andersen & Florian C. Reiter eds. *Scriptures, Schools and Forms of Practice in Daoism: A Berlin Symposium*, Wiesbaden: Harrassowitz Verlag, 2005, pp.185-217.

刘屹《〈本际经〉的"续成"问题及其对南北道教传统的融合》，《华学》第 9、10 辑合刊，上海：上海古籍出版社，2008 年。

刘屹《古灵宝经"未出一卷"研究》，《中华文史论丛》2010 年第 4 期，第 93—101 页。

刘玉峰《试论唐代的公验、过所制度与商品流通的管理》，《敦煌研究》2000 年第 3 期，第 160—168 页。

刘子凡《唐代使职借印考——以敦煌吐鲁番文书为中心》，《敦煌吐鲁番研究》第 16 卷，上海：上海古籍出版社，2016 年，第 201—213 页。

刘子凡《吐鲁番出土〈唐怀洛辞为请公验事〉考释——兼论唐代的捕亡类公验》，《西域研究》2023 年第 3 期，第 67—73 页。

刘振东、耿兆辉《中国古代文化载体的历史滥觞与知识传播的发展衍化》，《河北大学学报（哲学社会科学版）》2019 年第 1 期，第 154—160 页。

陆扬《从墓志的史料分析走向墓志的史学分析——以〈新出魏晋南北朝墓志疏证〉为中心》，《中华文史论丛》2006 年第 4 期，第 95—127 页。

罗慕君、张涌泉《英藏未定名敦煌〈金刚经〉残片考》，《敦煌吐鲁番研究》第 16 卷，上海：上海古籍出版社，2016 年，第 315—335 页。

骆慧瑛《新疆出土〈楞伽经〉——考究其出处、因缘与内容特色》，《丝绸之路研究集刊》第 3 辑，北京：商务印书馆，2019 年，第 187—205 页。

马德《敦煌本唐代"御制经序"浅议》，《敦煌学辑刊》2014 年第 3 期，第 25—42 页。

马格侠《敦煌〈付法藏传〉与禅宗祖师信仰》，《敦煌学辑刊》2007 年第 3 期，第 119—126 页。

妹尾达彦《唐长安城の仪礼空间——皇帝仪礼の舞台を中心に》，《东洋文化》第 72 号，1992 年，第 1—35 页；此据黄正建译《唐长安城的礼仪空间——以皇帝礼仪的舞台为中心》，沟口雄三、小岛毅主编《中国的思维世界》，南京：江苏人民出版社，2006 年，第 466—498 页。

妹尾达彦《都城图中描绘的唐代长安的城市空间——以吕大防〈长安图〉残石拓片图的分析为中心》，朱凤玉、汪娟编《张广达先生八十华诞祝寿论文集》，台北：新文丰出版公司，2010 年，第 211—243 页。

孟宪实、荣新江《吐鲁番学研究：回顾与展望》，《西域研究》2007 年第 4 期，第 51—62 页。

孟彦弘《再谈唐代过所申请、勘验过程中的"副白"与"录白案记"——与李全德先生的商讨》，《隋唐辽宋金元史论丛》第 1 辑，北京：紫禁城出版社，2011 年，第 176—188 页。

孟彦弘《唐代"副过所"及过所的"副白""录白案记"辨释》，《出土文献与汉唐典制研究》，北京：北京大学出版社，2015 年，第 125—157 页。

内藤虎次郎《三井寺藏唐过所考》，万斯年辑译《唐代文献丛考》，上海：商务印书馆，1957 年，第 51—71 页。

内藤乾吉《西域发见唐代官文书の研究》，《中国法制史考证》，东京：有斐阁，1963 年。

乜小红《试论唐代马匹在丝路交通中的地位和作用》，《唐史论丛》第 9 辑，西安：三秦出版社，2007 年，第 152—170 页。

牛志平《试论唐代的孝道》，《晋阳学刊》1991 年第 1 期，第 22—27 页。

潘晟《知识史：一个简短的回顾与展望》，《史志学刊》2015 年第 2 期，第 100—103 页。

彭继红《知识史观：一种新的社会历史方法论》，《湖南师范大学社会科学学报》2000 年第 4 期，第 28—33 页。

彭杰《略论柏孜克里克石窟新发现的汉文〈金刚经〉残卷》，《新疆大学学报（哲学·人文社会科学版）》2015 年第 1 期，第 46—49 页。

彭杰《吐鲁番柏孜克里克石窟新发现汉文写本〈大藏经〉残卷探析》，《丝绸之路研究集刊》第 2 辑，北京：商务印发馆，2018 年，第 339—347 页。

平井宥庆《敦煌本金刚经疏と唐慧净》，《印度学佛教学研究》第 21 卷第 1 号，1972 年，第 146—147 页。

仇鹿鸣《权利与观众——德政碑所见唐代的中央与地方》，《唐研究》第 19 卷，北京：北京大学出版社，2013 年，第 79—111 页。

仇鹿鸣《言辞内外：碑的社会史研究试笔》，《隋唐辽宋金元史论丛》第 7 辑，上海：上海古籍出版社，2017 年，第 39—44 页。

庆昭蓉《从龟兹语通行许可证看入唐前后之西域交通》，《西域文史》第 8 辑，北京：

科学出版社，2013年，第65—83页。

曲金良《敦煌写本〈孝子传〉及其相关问题》，《敦煌研究》1998年第2期，第156—164页。

荣新江《欧洲所藏西域出土文献闻见录》，《敦煌学辑刊》1986年第1期，第119—133页。

荣新江《敦煌写本〈敕河西节度兵部尚书张公德政之碑〉校考》，《周一良先生八十生日纪念论文集》，北京：中国社会科学出版社，1993年，第206—216页。

荣新江《甘州回鹘成立史论》，《历史研究》1993年第5期，第32—39页。

荣新江《敦煌邈真赞所见归义军与东西回鹘的关系》，饶宗颐主编《敦煌邈真赞校录并研究》，台北：新文丰出版公司，1994年，第57—129页。

荣新江《敦煌文献历史研究的回顾与展望》，《敦煌研究》纪念敦煌研究院成立五十周年特刊，1995年；此据荣新江《鸣沙集：敦煌学学术史和方法论的探讨》，台北：新文丰出版公司，1999年，第227—233页。

荣新江《龙家考》，《中亚学刊》第4辑，北京：北京大学出版社，1995年，第144—160页。

荣新江《季羡林先生领导的"西域研究读书班"侧记》，《人格的魅力：名人学者谈季羡林》，延边：延边大学出版社，1996年，第241—245页。

荣新江《ロシア所藏の景德传灯录》，衣川贤次译，《禅文化》第161号，1996年，第134—146页。

荣新江《敦煌本禅宗灯史残卷拾遗》，白化文等编《周绍良先生欣开九秩庆寿文集》，北京：中华书局，1997年，第231—244页。

荣新江《唐代西州的道教》，《敦煌吐鲁番研究》第4卷，北京：北京大学出版社，1999年，第127—144页。

荣新江《〈英藏敦煌文献〉定名商补》，《文史》2000年第3辑，第115—129页。

荣新江《唐代禅宗的西域流传》，《禅学研究の诸相：田中良昭博士古稀记念论集》，东京：大东出版社，2003年，第59—68页。

荣新江《〈史记〉与〈汉书〉——吐鲁番出土文献札记之一》，《新疆师范大学学报（哲学社会科学版）》2004年第1期，第41—43页。

荣新江《中国国家图书馆善本部藏德国吐鲁番文献旧照片的学术价值》，国家图书馆善本特藏部敦煌吐鲁番学资料研究中心编《敦煌学国际研讨会论文集》，北京：北京图书馆出版社，2005年，第267—276页。

荣新江《欧美所藏吐鲁番出土汉文文献：研究现状与评介》，新疆吐鲁番地区文物局编《吐鲁番学研究：第二届吐鲁番学国际学术研讨会论文集》，上海：上海辞书出版社，2006年，第37—41页。

荣新江《阚氏高昌王国与柔然、西域的关系》，《历史研究》2007年第2期，第4—14页、图1（封三）。

荣新江《盛唐长安与敦煌——从俄藏〈开元廿九年（741）授戒牒〉谈起》，《浙江大学学报（人文社会科学版）》2007年第3期，第15—25页。

荣新江《新出吐鲁番文书所见唐龙朔年间哥逻禄部落破散问题》，《西域历史语言研究集刊》第1辑，北京：科学出版社，2007年，第13—44页；日文版见西村阳子译《新出吐鲁番文書に見える唐龍朔年間の哥逻禄部落破散问题》，《内陸アジア言語の研究》XXIII（森安孝夫教授还历记念特集号），2008年，第151—185页、pls. XII—XX。

荣新江《沿着马可·波罗的足迹走访伊朗——2012年初考察纪要》，《国际汉学研究通讯》第5期，北京：北京大学出版社，2012年，第295—312页。

荣新江《丝绸之路就是一条"丝绸"之路》，赵丰主编《丝绸之路：起源、传播与交流》，杭州：浙江大学出版社，2015年，第2—8页。

荣新江《日本散藏吐鲁番文献知见录》，《浙江大学学报（人文社会科学版）》2016年第4期，第18—26页。

荣新江《中国散藏吐鲁番文献知见录》，本书编委会主编《敦煌吐鲁番文书与中古史研究：朱雷先生八秩荣诞祝寿集》，上海：上海古籍出版社，2016年，第26—39页。

荣新江《石碑的力量——从敦煌写本看碑志的抄写与流传》，《唐研究》第23卷，北京：北京大学出版社，2017年，第307—324页。

荣新江《丝绸之路也是一条"写本之路"》，《文史》2017年第2辑，第75—103页。

荣新江《欧美所藏吐鲁番文献新知见》，《敦煌学辑刊》2018年第2期，第30—36页。

荣新江、邓文宽《有关敦博本禅籍的几个问题》，《敦煌学辑刊》1994年第2期，第5—16页。

荣新江、史睿《俄藏敦煌写本〈唐令〉残卷（Дx.3558）考释》，《敦煌学辑刊》1999年第1期，第3—13页。

荣新江、余欣《沙州归义军史事系年（咸通十四年—中和四年）》，《敦煌学》第27辑，台北：乐学书局，2008年，第255—273页。

萨仁高娃《国外藏敦煌汉文文献中的非汉文文献》,《文津学志》第 3 辑,北京:国家图书馆出版社,2010 年,第 143—176 页。

沙梅真《敦煌本〈类林〉的作者及成书年代》,《敦煌研究》2010 年第 2 期,第 98—105 页。

陕西省文物管理委员会《唐长安城地基初步探测》,《考古学报》1958 年第 3 期,第 79—93 页。

尚玉平《新疆吐鲁番巴达木东墓群 2022 年考古发掘主要收获及初步认识》,《西域研究》2023 年第 3 期,第 95—100 页。

邵天松《韩国湖林博物馆藏〈法苑珠林〉卷八二的校勘价值》,《图书馆杂志》2012 年第 6 期,第 92—94 页。

神田喜一郎《新らたに発見せられた般若心経の注本》,《ビブリア:天理图书馆报》第 5 号,1955 年,第 24—25 页。

沈旸《唐长安国子监与长安城》,《建筑师》2010 年第 3 期,第 32—43 页。

石冬梅《〈英藏敦煌文献〉第十二、十三、十四卷残片考实》,《书目季刊》50 卷第 2 期,2016 年,第 45—59 页。

石冢晴通《玄应〈一切经音义〉的西域写本》,《敦煌研究》1992 年第 2 期,第 54—61 页。

孙晓林《试探唐代前期西州长行坊制度》,唐长孺主编《敦煌吐鲁番文书初探二编》,武汉:武汉大学出版社,1990 年,第 169—241 页。

孙英刚《神文时代:中古知识、信仰与政治世界之关联性》,《学术月刊》2013 年 10 月号,第 133—147 页。

孙正军《通往史料批判研究之途》,《中国史研究动态》2016 年第 4 期,第 34—39 页。

汤用彤《从〈一切道经〉谈到武则天》,《汤用彤学术论文集》,北京:中华书局,1983 年,第 349—354 页。

唐俊峰《A35 大湾城遗址肩水都尉府说辨疑——兼论"肩水北部都尉"的官署问题》,《简帛》第 9 辑,上海:上海古籍出版社,2014 年,第 223—240 页。

唐雯《盖棺论未定:唐代官员身后的形象制作》,《复旦学报(社会科学版)》2012 年第 1 期,第 85—94 页。

唐长孺《关于归义军节度的几种资料跋》,《中华文史论丛》第 1 辑,北京:中华书局,1962 年,第 275—298 页。

藤枝晃《"长行马"文书》,《东洋史研究》第 10 卷第 3 号,1948 年,第 213—217 页。

藤枝晃《长行马》，《墨美》第 60 号特集《长行马文书》，1956 年。

田中良昭、程正《敦煌禅宗文献分类目录 III 注抄·伪经论类（1）》，《驹泽大学禅研究所年报》第 24 号，2012 年，第 8—13 页。

吐鲁番地区文物管理所《柏孜克里克千佛洞遗址清理简记》，《文物》1985 年第 8 期，第 49—65 页。

宛盈《隋代佛教经典写造流传的层递呈现——以敦煌写经题记为中心》，《中华文史论丛》2023 年第 4 期，第 181—207 页。

万毅《敦煌本〈升玄内教经〉试探》，《唐研究》第 1 卷，北京：北京大学出版社，1995 年，第 68—86 页。

万毅《日本天理图书馆藏卷敦煌本〈本际经〉论略》，《华学》第 1 期，广州：中山大学出版社，1995 年，第 164—180 页。

万毅《敦煌道教文献〈本际经〉录文及解说》，《道家文化研究》第 13 辑，北京：生活·读书·新知三联书店，1998 年，第 367—484 页。

万毅《道教〈本际经〉的造作及其异名与续成流行的关系》，《论衡丛刊》第 2 辑，成都：巴蜀书社，2002 年，第 275—302 页。

王邦维《北京大学的印度学研究：八十年的回顾》，《北京大学学报（哲学社会科学版）》1992 年第 2 期，第 98—104 页。

王邦维《禅宗所传祖师世系与印度佛教的付法藏系统》，杨曾文、方广锠编《佛教与历史文化》，北京：宗教文化出版社，2001 年，第 199—212 页。

王炳华《"天山峡谷古道"刍议》，《唐研究》第 20 卷，北京：北京大学出版社，2014 年，第 11—29 页。

王惠民《敦煌石窟〈楞伽经变〉初探》，《敦煌研究》1990 年第 2 期，第 1—15 页。

王冀青《唐前期西北地区用于交通的驿马、传马和长行马——敦煌、吐鲁番发现的馆驿文书考察之二》，《敦煌学辑刊》1986 年第 2 期，第 56—65 页。

王静《城门与都市——以唐长安通化门为主》，《唐研究》第 15 卷，北京：北京大学出版社，2009 年，第 23—50 页。

王卡《敦煌道经校读三则》，《道家文化研究》第 13 辑，北京：生活·读书·新知三联书店，1998 年，第 110—129 页。

王侃《〈诸经要集〉与〈法苑珠林〉成书时间及相关问题考辨》，《宗教学研究》2016 年第 4 期，第 116—121 页。

王侃《唐释道世平生著述考略》，《图书馆理论与实践》2018 年第 8 期，第 61—65 页。

王侃《中华书局本〈法苑珠林校注〉补考——兼谈〈法苑珠林〉引书来源问题》，《唐史论丛》第 34 辑，西安：三秦出版社，2022 年，第 349—362 页。

王三庆《〈敦煌变文集〉中的〈孝子传〉新探》，《敦煌学》第 14 辑，台北：新文丰出版公司，1989 年，第 189—220 页。

王三庆《日本天理大学天理图书馆典藏之敦煌写卷》，《第二届敦煌学国际研讨会论文集》，台北：汉学研究中心，1991 年，第 79—98 页。

王三庆《〈般若波罗蜜多心经〉注本价值试论——敦煌塔出土文物之一》，《敦煌学》第 19 辑，台北：学生书局，1992 年，第 87—108 页。

王书庆、杨富学《也谈敦煌文献中的〈付法藏因缘传〉》，《敦煌学辑刊》2008 年第 3 期，第 94—106 页。

王祥伟《敦煌文书 S.6981V（8）+ДX.1419V+S.1600V（1）缀合研究》，《敦煌研究》2019 年第 2 期，第 102—105 页。

王一丹《沿着马可·波罗的足迹走访伊朗（之二）——2016 年 10 月考察纪要》，《国际汉学研究通讯》第 15 期，北京：北京大学出版社，2017 年，第 321—342 页。

王永强、尚玉平、王龙等《2022 年新疆吐鲁番巴达木东墓群考古发掘简报》，《吐鲁番学研究》2023 年第 2 期，第 1—16 页。

王永兴《吐鲁番出土唐西州某县事目文书研究》，《国学研究》第 1 卷，北京：北京大学出版社，1993 年，第 347—400 页。

王湛《中国国家博物馆藏"唐人真迹"文书题跋与递藏考》，《中国国家博物馆馆刊》2022 年第 4 期，第 134—142 页。

王招国《斯 8044、8166、9732 号缀合、定名与作者蠡测》，《佛教文献研究》第 3 辑，桂林：广西师范大学出版社，2019 年，第 311—336 页。

王振芬、孟彦弘《新发现旅顺博物馆藏吐鲁番经录——以〈大唐内典录·入藏录〉及其比定为中心》，《文史》2017 年第 4 辑，第 171—196 页。

王仲荦《试释吐鲁番出土的几件有关过所的唐代文书》，《文物》1975 年第 7 期，第 35—42 页。

王仲荦《敦煌石室出〈沙州都督府图经〉残卷考释》，张涌泉、陈浩主编《浙江与敦煌学：常书鸿先生诞辰一百周年纪念文集》，杭州：浙江古籍出版社，2004 年，第 173—191 页。

文欣《和田新出〈唐于阗镇守军勘印历〉考释》，《西域历史语言研究集刊》第 2 辑，北京：科学出版社，2009 年，第 111—123 页。

吴福秀《〈诸经要集〉与〈法苑珠林〉版本流传之研究》,《钦州师范高等专科学校学报》2006年第1期,第61—64页。

吴丽娱《营造盛世:〈大唐开元礼〉的撰作缘起》,《中国史研究》2005年第3期,第73—94页。

吴丽娱《孤立四十年后的怨冢回归——从新出墓志看唐代官员的归葬问题》,《隋唐辽宋金元史论丛》第4辑,上海:上海古籍出版社,2014年,第7—32页。

吴丽娱《唐代信息研究的特色与展望——以信息传递的介质、功能为重点》,《唐宋历史评论》第4辑,北京:社会科学文献出版社,2018年,第174—195页。

吴丽娱、张小舟《唐代车坊的研究》,《敦煌吐鲁番文献研究论集》第3辑,北京:北京大学出版社,1986年,第250—281页。

吴其昱《薛廷珪朔方节度使韩逊生祠堂碑敦煌残卷考》,柳存仁等《庆祝潘石禅先生九秩华诞敦煌学特刊》,台北:文津出版社,1996年,第63—73页。

吴羽《敦煌写本中所见道教〈十戒经〉传授盟文及仪式考略——以P.2347敦煌文书为例》,《敦煌研究》2007年第1期,第73—78页。

武海龙、彭杰《吐鲁番博物馆所藏〈契丹藏〉佛经残片考释——从〈啰拏说救疗小儿疾病经〉看〈契丹藏〉传入高昌回鹘的时间》,《西域研究》2019年第4期,第90—97页。

武海龙、张海龙《唐代中原与西州佛教之交流——以吐峪沟新出〈唐护法沙门法琳别传〉残片为中心》,《西域研究》2022年第1期,第109—113页。

Valerie Hansen & Xinjiang Rong, "How the Residents of Turfan used Textiles as Money, 273-796 CE", *Journal of the Royal Asiatic Society*, vol. 23, no. 2, 2013, pp. 281-305.

西口芳男《敦煌写本七种对照〈观心论〉》,《禅学研究》第74号,1996年,第123—170页。

新疆维吾尔自治区文物考古研究所《新疆尉犁县克亚克库都克唐代烽燧遗址》,《考古》2021年第8期,第23—44页。

熊明《魏晋南北朝诸〈孝子传〉考论》,《古籍研究》第60卷,合肥:安徽大学出版社,2013年,第209—218页。

徐冲《历史书写与中古王权》,《中国史研究动态》2016年第4期,第43—46页。

徐时仪《敦煌写本〈玄应音义〉考补》,《敦煌研究》2005年第1期,第95—102页。

徐时仪《玄应〈一切经音义〉写卷考》,《文献》2009年第1期,第30—41页。

许建平《敦煌遗书四个残卷的定名》,《文献》2001年第3期,第281—284页。

薛宗正《唐碛西节度使的置废——兼论唐开元时期对突骑施、大食政策的变化》,《历史研究》1993年第6期,第16—33页。

岩本笃志《敦煌秘笈"杂字一本"考——"杂字"からみた归义军期の社会》,《唐代史研究》第14号,2011年,第24—41页。

杨宝玉《〈英藏汉文佛经以外敦煌文献总目索引·总目录〉补正》,白化文主编《周绍良先生纪念文集》,北京:北京图书馆出版社,2006年,第421—434页。

杨富学、王书庆《〈金刚经〉与南宗禅——以敦煌文献为中心》,《敦煌研究》2009年第1期,第74—80页。

杨富学、张田芳《敦煌本回鹘文〈说心性经〉为禅学原著说》,《西南民族大学学报(人文社会科学版)》2018年第1期,第79—86页。

杨为刚《唐代都市小说叙事的时间与空间——以街鼓制度为中心》,《唐研究》第15卷,北京:北京大学出版社,2009年,第111—138页。

杨曾文《神秀所著〈观心论〉及其禅法思想》,隋唐佛教学术讨论会编著《隋唐佛教研究论文集》,西安:三秦出版社,1990年,第68—83页。

叶炜《论唐代皇帝与高级官员政务沟通方式的制度性调整》,《唐宋历史评论》第3辑,北京:社会科学文献出版社,2017年,第49—72页。

伊吹敦《般若心经慧净疏の改变にみる北宗思想の展开》,《佛教学》第32号,1992年,第41—67页。

游自勇《书评:动态的政治制度史——评刘后滨〈唐代中书门下体制研究〉》,《唐研究》第13卷,北京:北京大学出版社,2007年,第583—594页。

游自勇《礼展奉先之敬——唐代长安的私家庙祀》,《唐研究》第15卷,北京:北京大学出版社,2009年,第465—469页。

游自勇、邓雯玥《敦煌写本S.2506V等唐代〈失名史书〉再探》,《敦煌吐鲁番研究》第17卷,上海:上海古籍出版社,2017年,第87—101页。

游自勇、赵洋《敦煌写本S.2078V"史大奈碑"习字之研究》,《魏晋南北朝隋唐史资料》第30辑,2014年,第165—181页;此据修订版,张祎主编《切偲集:首都师范大学历史学院史学沙龙论文集》第2辑,上海:上海古籍出版社,2018年,第117—135页。

于亭《吐鲁番柏孜克里克石窟所出小学书残片考证》,《古籍整理研究学刊》2009年第4期,第33—35页。

余欣《写本时代知识社会史研究——以出土文献所见〈汉书〉之传播与影响为例》,

《唐研究》第 13 卷，北京：北京大学出版社，2007 年，第 463—504 页。

余欣《博物学与写本文化：敦煌学的新境域》，《中国高校社会科学》2015 年第 2 期，第 79—83 页。

余欣、周金泰《从王化到民时：汉唐间敦煌地区的皇家〈月令〉与本土时令》，《史林》2014 年第 4 期，第 58—69 页。

余欣、周金泰《博物学与 Natural History：东西方知识传统的构造》，《历史研究》2023 年第 1 期，第 167—188 页。

张娜丽《敦煌トルファン出土〈玄应音义〉写本について——中国国家图书馆藏王重民所获写真・旅顺博物馆藏断片を中心として》，《相川铁崖古稀记念书学论文集》，东京：木耳社，2007 年，第 245—258 页。

张娜丽《玄奘の译场と玄应の行实——敦煌・吐鲁番文献と日本古写经の传えるもの》，土肥义和、气贺泽保规编《敦煌・吐鲁番文书の世界とその时代》，东京：汲古书院，2017 年，第 331—371 页。

张飘《出土文书所见唐代公验制度》，《史学月刊》2017 年第 7 期，第 47—57 页。

张庆祎《敦煌文书 S.2078V〈史大奈碑〉相关问题研究》，《敦煌学辑刊》2024 年第 1 期，第 68—80 页。

张荣强《〈前秦建元籍〉与汉唐间籍帐制度的变化》，《历史研究》2009 年第 3 期，第 16—38 页。

张荣强《简纸更替与中国古代基层统治重心的上移》，《中国社会科学》2019 年第 9 期，第 180—203 页。

张新鹏《吐鲁番出土四则〈切韵〉残片考》，《汉语史学报》第 14 辑，上海：上海教育出版社，2014 年，第 117—125 页。

张涌泉《敦煌本玄应〈一切经音义〉叙录》，《汉语史研究集刊》第 10 辑，成都：巴蜀书社，2007 年，第 564—579 页。

张雨《法藏 P.4745V〈观心论〉写本残卷录校及研究》，《法音》2022 年第 6 期，第 27—31 页。

张泽咸《唐朝的节日》，《文史》第 37 辑，1993 年，第 65—92 页。

赵超《日本流传的两种古代〈孝子传〉》，《中国典籍与文化》2004 年第 2 期，第 4—10 页。

赵和平《敦煌学的世纪回顾与展望》，《北京理工大学学报（社会科学版）》2000 年第 2 期，第 13—16 页。

赵和平《武则天为已逝父母写经发愿文及相关敦煌写卷综合研究》,《敦煌学辑刊》2006年第3期,第1—22页。

赵晶《谫论中古法制史研究中的"历史书写"取径》,《中国史研究动态》2016年第4期,第46—51页。

赵世瑜、邓庆平《二十世纪中国社会史研究的回顾与思考》,《历史研究》2001年第6期,第157—172页。

赵洋《书评：郑雅如〈亲恩难报：唐代士人的孝道实践及其体制化〉》,《唐研究》第20卷,北京：北京大学出版社,2014年,第531—539页。

赵洋《唐代德政碑再探》,《碑林集刊》第20卷,西安：三秦出版社,2014年,第163—171页。

赵洋《唐代西州道经的流布》,《中华文史论丛》2017年第3期,第163—192页。

赵洋《新见旅顺博物馆藏吐鲁番道经叙录》,《敦煌吐鲁番研究》第17卷,上海：上海古籍出版社,2017年,第189—213页。

赵曜曜、周欣《敦煌写卷P.3768〈文子·道德第五〉考校》,《洛阳师范学院学报》2011年第12期,第85—87页。

赵贞《唐代对外交往中的译官》,《南都学坛（人文社会科学学报）》2005年第6期,第29—33页。

赵贞《杏雨书屋藏羽41R〈杂字一本〉研究——兼谈归义军时期的童蒙识字教育》,《敦煌学辑刊》2014年第4期,第48—68页。

赵宗诚《玉皇经》,《宗教学研究》1983年第2期,第34页。

郑炳林、刘全波《敦煌类书研究的知识史方法与博物学进路》,《西北大学学报（哲学社会科学版）》2022年第6期,第6—14页。

郑雅如《〈韦契义墓志铭〉释读——兼论唐人的孝道意识》,《早期中国史研究》第1卷,2009年,第63—80页。

郑雅如《"中央化"之后——唐代范阳卢氏大房宝素系的居住形态与迁移》,《早期中国史研究》第2卷第2期,2010年,第1—65页。

中国社会科学院历史研究所《天圣令》读书班《〈天圣令·仓库令〉译注稿》,《中国古代法律文献研究》第7辑,北京：社会科学文献出版社,2013年,第250—286页。

周西波《中村不折旧藏敦煌道经考述》,《敦煌学》第27辑,台北：乐学书局,2008年,第81—100页。

朱大星《试论敦煌本〈文子〉诸写本之写作时代及其价值》，《文献》2001年第2期，第202—211页。

朱大星《敦煌写本〈文子〉残卷校异》，《文史》2001年第4辑，第139—148页。

朱大星《敦煌本〈文子〉校补》，《敦煌研究》2004年第6期，第103—105页。

朱丽娜《唐代丝绸之路上的译语人》，《民族史研究》第12辑，北京：中央民族大学出版社，2015年，第212—228页。

朱溢《唐代孔庙释奠礼仪新探——以其功能和类别归属的讨论为中心》，《史学月刊》2011年第1期，第33—40页。

朱玉麒《隋唐文学人物与长安坊里空间》，《唐研究》第9卷，北京：北京大学出版社，2003年，第85—128页。

朱玉麒《唐宋都城小说的地理空间变迁》，《唐研究》第11卷，北京：北京大学出版社，2005年，第525—542页。

朱玉麒《中古时期吐鲁番地区汉文文学的传播与接受——以吐鲁番出土文书为中心》，《中国社会科学》2010年第6期，第182—194页。

朱玉麒《吐鲁番文书中的玄宗诗》，《西域文史》第7辑，北京：科学出版社，2012年，第63—75页。

朱悦梅、李并成《〈沙州都督府图经〉纂修年代及其相关问题考》，《敦煌研究》2003年第5期，第61—65页。

朱振宏《史大奈生平事迹研究》，《台湾师大历史学报》第54期，2015年，第1—44页。

五、学位论文

陈虹妙《敦煌汉文写本〈般若波罗蜜多心经〉及其注疏考》，浙江师范大学硕士学位论文，2015年。

陈王庭《〈玄应音义〉所据唐代早期写本大藏经研究》，上海师范大学硕士学位论文，2010年。

董大学《敦煌本〈金刚经〉注疏叙录》，上海师范大学硕士学位论文，2009年。

高小伟《敦煌本〈圆明论〉校录研究》，兰州大学硕士学位论文，2015年。

何明明《敦煌本〈文子〉残卷研究》，西北师范大学硕士学位论文，2017年。

何晓薇《隋前〈孝子传〉文献初探》，复旦大学硕士学位论文，2004年。

季庆阳《唐代孝文化研究》，陕西师范大学博士学位论文，2011年。

蒋宗福《敦煌禅宗文献研究》，四川大学博士学位论文，2002年。
李军《晚唐中央政府对河陇地区的经营》，兰州大学博士学位论文，2008年。
刘安志《唐朝西域边防研究》，武汉大学博士学位论文，1999年。
马格侠《敦煌所出禅宗早期文献研究》，兰州大学博士学位论文，2009年。
彭杰《吐鲁番柏孜克里克石窟出土汉文佛教文书相关问题研究——以1980—1981年出土文书为中心》，兰州大学博士学位论文，2016年。
王琳琳《唐代边疆边防法律制度研究——以"译语人""化外人"为中心》，中国社会科学院研究生院硕士学位论文，2010年。
王玉楼《汉魏六朝孝子传研究》，暨南大学硕士学位论文，2011年。
杨玉君《〈往五天竺国传〉研究》，中央民族大学硕士学位论文，2013年。

图版目录

第三章　景观与形象——知识传播视角下的历史书写

　　图 3-1　S.10587v+S.10640v 智诜《般若波罗蜜多心经疏》（IDP 图）

　　图 3-2　S.6339r+S.10360r 武则天《新译大乘入楞伽经序》（《敦煌宝藏》图 + IDP 图）

　　图 3-3　S.554r+S.9974r 慧净《般若波罗蜜多心经疏》（IDP 图）

第四章　增删与流布——文本传抄视角下的宗教信仰

　　图 4-1　Syr 1749r（T II B 66）《洞真太微黄书经》（原编号 SyrHT 3（T II B 66 No. 17），IDP 图）

　　图 4-2　Ot.8116r+LM20-1507-C1086d+LM20-1520-36-12《元始五老赤书玉篇真文天书经》（IDP 图 +《旅顺博物馆藏新疆出土汉文文献》图）

　　图 4-3　LM20-1464-33-04《太玄真一本际经》（《旅顺博物馆藏新疆出土汉文文献》图）

　　图 4-4　LM20-1460-37-14《太玄真一本际经》（《旅顺博物馆藏新疆出土汉文文献》图）

　　图 4-5　LM20-1456-17-13+LM20-1462-14-05《太上洞玄灵宝无量度人上品妙经》（《旅顺博物馆藏新疆出土汉文文献》图）

　　图 4-6　LM20-1521-27-18+LM20-1520-29-06《太上洞玄灵宝真文度人本行妙经》（《旅顺博物馆藏新疆出土汉文文献》图）

图 4-7　LM20-1494-23-01+LM20-1462-31-09+LM20-1468-23-03《洞玄灵宝长夜之府九幽玉匮明真科》(《旅顺博物馆藏新疆出土汉文文献》图)

图 4-8　LM20-1462-36-04 → LM20-1456-35-20 → LM20-1450-23-01+LM20-1456-29-15+LM20-1467-20-03《太上洞玄灵宝业报因缘经》卷六(《旅顺博物馆藏新疆出土汉文文献》图)

图 4-9　LM20-1470-22-01+LM20-1497-06-03+Ot.8104r《洞渊神咒经》卷六(《旅顺博物馆藏新疆出土汉文文献》图+IDP图)

图 4-10　LM20-1499-19-04+LM20-1468-33-01a→LM20-1509-C1569f→LM20-1463-25-03+LM20-1508-C1274+LM20-1465-02-03+LM20-1498-37-04+Ot.4395r→LM20-1498-36-02+LM20-1498-32-05+LM20-1498-32-04《太上洞玄灵宝升玄内教经》卷九(《旅顺博物馆藏新疆出土汉文文献》图+IDP图)

图 4-11　Ot.4410r→LM20-1460-25-01《太上洞玄灵宝升玄内教经》卷一(IDP图+《旅顺博物馆藏新疆出土汉文文献》图)

图 4-12　80TBI:001a+80TBI:395a《汉纪·孝武皇帝纪》(《吐鲁番柏孜克里克石窟出土汉文佛教典籍》图)

图 4-13　80TBI:456-6a+80TBI:079a+80TBI:060b《文子·九守篇》(《吐鲁番柏孜克里克石窟出土汉文佛教典籍》图)

图 4-14　81TB10:02a 佚名《般若波罗蜜多心经注》(《吐鲁番柏孜克里克石窟出土汉文佛教典籍》图)

图 4-15　80TBI:219 慧净《金刚般若波罗蜜经注》(《吐鲁番柏孜克里克石窟出土汉文佛教典籍》图)

图 4-16　80TBI:389 慧净《金刚般若波罗蜜经注》(《吐鲁番柏孜克里克石窟出土汉文佛教典籍》图)

图 4-17　80TBI:239 慧净《金刚般若波罗蜜经注》(《吐鲁番柏孜克里克石窟出土汉文佛教典籍》图)

图 4-18　80TBI:744-1a、2a 彦琮《众经目录》(《吐鲁番柏孜克里克石窟1980年出土佛经残片整理订补》图)

表格目录

第一章　日常与不常——信息传递视角下的文书行政

　　表 1-1　汉代官文书传递记录

第三章　景观与形象——知识传播视角下的历史书写

　　表 3-1　"史大奈碑"习字重复内容表

　　表 3-2　中古正史"孝子传"卷目表

　　表 3-3　老莱子故事比较表

　　表 3-4　舜的故事比较表

第四章　增删与流布——文本传抄视角下的宗教信仰

　　表 4-1　LM20-1468-07-07 残存引文比较表

　　表 4-2　LM20-1466-21-09 残存引文比较表

　　表 4-3　《法苑珠林》"述曰"引文比较表

　　表 4-4　旅博藏《一切经音义》残片表

　　表 4-5　《赤书真文》中五方之炁化生比较表

　　表 4-6　吐鲁番出土道经种类表

　　表 4-7　唐代西州的道观

　　表 4-8　吐鲁番道经目录

　　表 4-9　晋写本《汉纪》、传世《汉纪》、《汉书》内容比较表

　　表 4-10　81TB10:02a、P.3904、天理本本内容比较表

后 记

第一本书即将付梓，心中悄然泛起微澜。儿时虽时常独处，却对世界满怀好奇，尤喜考古、历史中的未解之谜，以及光怪陆离的志怪传奇。这些故事如粒粒种子，种下我对考古与历史的憧憬。高三那年，我向同桌表示要将考古专业填作大学志愿。可惜高考发挥失常，但一心赴京求学的我，恰在填报目录里觅得首都师范大学历史学（基地）专业，正合志趣：考古和历史，皆能修习。父母向来尊重我的选择，2008 年，我如愿成为该专业在湖北仅录取的两人之一。

待真正接触考古和历史的专业课程后，方觉以往年少无知，也曾有转专业的想法。但迷茫过后，大三时我仍决定继续攻读历史，并依循学院惯例，选择导师学习撰写学年论文。当时我对秦汉史很感兴趣，尤好黄老和画像石。然而，游师自勇获得百篇优博的《天道人妖——中古〈五行志〉的怪异世界》贯通汉唐、包罗奇闻鬼怪，对我更具吸引力。兼之游师虽 2008 年才任教首师大，但其开设的中国古代史通论与中国古代史史料学，早已在学生中有口皆碑。我便选定游师作为指导教师，以《汉唐天道与德——从〈隋书·五行志〉的"德胜不祥"谈起》为题，讨论董仲舒"天人三论"与汉唐天道观念变迁。

如今回望，彼时择写该学年论文题目，颇具初生牛犊之勇。游师或许察觉我尚能提出些许个人见解，加之本人也萌生继续读研的意愿，自大四起，他便着重对我进行制度史方面的学术训练与写作指导，并推荐我参加中国社会科学院历史研究所（现古代史研究所）黄正建老师主持的《天圣令》读书班。我的研究兴趣遂由秦汉史彻底转向隋唐史，本、硕论文均侧重隋唐制度，对敦煌吐鲁番文献依然缺乏认知。

习字 S.2078v 是我初次接触的敦煌吐鲁番文献。该习字史料价值颇高，荣新江老师曾指出它有写成大文章的潜力，游师则将其作为硕士文献研读课的研读材料分配于我。刚上手这件敦煌文书，我颇感陌生。在借鉴朱玉麒老师删重、复原诗词之法，并检索史料后，却意外在两《唐书》中找到相似表述。经比对，确认其为隋末唐初蕃将史大奈碑的碑文习字。我与游师还就该习字合作撰写论文，后发表于《魏晋南北朝隋唐史资料》。这是我正式发表的首篇敦煌吐鲁番学论文。

2013年8月，游师负责筹办中国敦煌吐鲁番学会成立三十周年国际学术研讨会，我作为会务人员全程参加。在为海内外敦煌吐鲁番学领域的学者们提供服务的同时，会场学习以及与学者们的交流，也极大加深了我对敦煌吐鲁番学的认知。这也是我首次参与中国敦煌吐鲁番学会的活动。

我的"从长安到高昌"的研究之路，正式始于游师推荐我参加荣老师2015年上半年举办的长安读书班。此次读书班聚焦岁时节日主题，我主动承担了七夕和释奠礼的报告任务。读书班历来秉持竭泽而渔的史料梳理原则，除常见正史和笔记小说外，敦煌吐鲁番文献亦不可或缺。这促使我从长安出发，沿途摸索直至敦煌，不仅系统了解了长安学的史料及相应研究框架，更深化了对敦煌文献的认知。本书七夕与释奠礼的章节即脱胎于此。

若说长安读书班引领我自长安走向敦煌，那么继续引导我将步伐延伸至高昌的，便是博士期间参与的"旅顺博物馆藏新疆出土汉文文献"整理工作。彼时旅顺博物馆王振芬馆长联合荣新江、孟宪实二位老师，主持整理馆藏大谷光瑞探险队所获的两万六千余件西域文献。因文献数量庞大且内容丰富，师长们遂召集门下学生协助整理，亦存学术训练之意。我有幸参与其间，不仅迅速掌握吐鲁番文献整理方法，极大提升了自身整理与考辨原始史料的能力，还撰成多篇涉及唐代西州道经、佛经音义与佛教类书的叙录与论文。可以说，本书大部分篇章的雏形皆肇端于此番整理工作。

2019年博士毕业后，我顺利进入中国社会科学院古代史研究所工作。2024年，承蒙荣老师赏识，被列入浙江古籍出版社敦煌学出版中心"新时代敦煌学研究丛书"的作者行列。

以上絮叨，便是我从长安迈向高昌的足迹，亦是本书撰写、成稿与付梓过程的缩影。我从小思维跳脱，兴趣宽泛，这也使得本书涉及面较广，从官文书至道经皆有探讨。但这些论题大多来自长安读书班与旅博文献的整理工作，故仍能以"从长安到高昌"为主线将其贯穿。全书还以"信息传播"为关键词加以统摄：一方面，信息内涵之广，足以囊括多种议题；另一方面，深受游师影响，我尤为关注赵世瑜、刘志伟等先生所阐述的历史人类学，认为人的活动天然伴随信息流转，制度、文本与历史中的人也得以联结。凡此种种，皆为本书得名缘由。本书所论或许未能尽如人意，但若能带来些许启发，亦足矣。

　　幼时算命先生曾言我贵人运颇佳，此言或非虚妄。这些年来，我仍能在学术道路上执着求索，全赖游师十余载的悉心指引与栽培，为我奠定了坚实的学术根基。说来也巧，我竟接连成为游师指导的第二届本科生、第二届硕士生与第二届博士生。至于书稿撰写，或史料直接得自游师，或思路受游师闲聊启发，部分章节亦蒙游师亲笔润饰。此外，游师更以言传身教授我立身处世之道，在为学与做人之间，既蕴笔墨丹青，更见弦外之音。于我这般鲜经世事的书生而言，这些谆谆教诲皆弥足珍贵，助我在当下学术与生活中避开了诸多弯路与波折。

　　多位重要师长亦曾给予我帮助，其中尤以北大荣新江老师为最。我的研究兴趣既承游师启蒙，亦深受荣老师启迪。本书多数篇章的写就，便得益于荣老师主持的长安读书班与旅博文献整理小组，及其惠赐的多本论著。早在硕士阶段，游师便特意安排我赴北大旁听荣老师的学术规范课程，这对我此后学术论文的写作及《隋唐辽宋金元史论丛》等刊物的编辑工作皆裨益良多。更重要的是，本书能纳入"新时代敦煌学研究丛书"并顺利出版，全赖荣老师鼎力提携。

　　首师大郝春文老师既是我老师的老师，也是我求学期间历史学院的院长，从他那里我同样受益颇多。通过参加郝老师主持的英藏敦煌社会文献读书班，在系统习得敦煌文献校录规范的同时，更激发了我对英藏敦煌文献的浓厚兴趣。本书相关章节的撰写均得益于此。工作后，郝老师依然在多方面持续给予我关注与支持。

　　日本广岛大学的荒见泰史老师及桂弘老师也必须感谢。作为我在广岛大学联合培养的指导老师，荒见老师为我赴日交流提供了重要支持。研修期间，固定的课程与ゼミ，以及日常闲聊，皆让我受益匪浅。更难得的是，荒见老师常鼓励我去日本各地游学，并亲自带队和指导观摩日本本土佛教仪轨。这些经历丰富了我的游学生涯，部分见闻与心得也已融入本书。

　　我的三位"直系领导"也需致以特别感谢。第一位是雷闻老师，他虽已调往北京师范大学，但他不仅参与过我硕、博毕业论文答辩，更在我求职之际鼎力相助，对我的学术与职业发展影响至深。第二位是刘子凡师兄，他不久前被调往历史理论研究所，共事五载间，研究室在他领导下有声有色，我们皆坚信以其卓荦之才，前途必不可限量。此刻亦感念昔日搭乘师兄顺风车时一路畅谈的美好时光。第三位是陈丽萍老师，作为现任隋唐五代十国史研究室负责人，她不仅为维系研究室运转尽心尽力，更鞭策鼓励我持续精进，在此深表感恩。

　　此外，还要感谢中国人民大学孟宪实老师，首都师范大学刘屹、张天虹老师，北京大学朱玉麒、史睿老师，社科院古代史所黄正建、孟彦弘老师，日本广岛大学白须净真老师、中国政法大学赵晶老师、旅顺博物馆王振芬馆长等。在求学的不同阶段，诸位师长给予我诸多无私帮助。同时，工作六年来，古代史所诸位所领导、研究室内外诸位老师，以及行政同事们也予以我支持，对此同样心怀感激。

本书的出版，特别要感谢浙江古籍出版社的编辑吉宁韵老师。在全书审校的过程中，吉老师校读细致，始终就书稿问题保持沟通。她不仅补正了书中诸多引文疏漏，更精准指出论述中的一些硬伤，为本书完善提出了诸多宝贵意见，显著提升了学术严谨性。编辑部主任伍姬颖老师亦通篇校阅书稿，提出许多建设性意见。浙古编辑团队严谨认真的工作态度，令人钦佩。此外，书系主编荣老师通读书稿后，还特意将我约至北大中古史中心当面指导书稿格式与编排体例的修改。当然，全书文责由本人承担。

求学与工作路上，少不了并肩同行的好友。他们有一直保持密切联系的徐欢、柯小俊、王博、梁晨、王燕灵等高中同窗，长期维系着学习交流的葛静波、洪霞、金珍、段真子、沈琛、李昀、包晓悦和陈烨轩等学友，以及黄静师姐、张倩男师姐、邵冶、冯璇等同门。这里尤其要感谢马俊杰兄，他为我精心设计并篆刻三方印章，用于日后赠书。

最后，我要感谢父母对我的"放任"。从高考选专业、攻读硕博到工作选择，我始终遵从本心而行，他们从不过度干预，只是默默支持我一路奔赴。对此我既感激又惶恐，愿未来能好好报答他们。

犹记儿时夏夜，躺在家门口纳凉竹床上，抬眼便是漫天繁星，心中涌起无限好奇，感受到浩瀚神秘。我虽不知未来研究兴趣将指向何方，但愿此行，终抵星辰！

赵　洋
2025年6月30日长安稿成